Cartas marruecas

———

Noches lúgubres

Letras Hispánicas

José de Cadalso

Cartas marruecas
─────
Noches lúgubres

Edición de Russell P. Sebold

DECIMOQUINTA EDICIÓN

CÁTEDRA

LETRAS HISPÁNICAS

1.ª edición, 2000
15.ª edición, 2018

Ilustración de cubierta: *In ictu oculi*, J. Valdés Leal

© Ediciones Cátedra (Grupo Anaya, S. A.), 2000, 2018
Juan Ignacio Luca de Tena, 15. 28027 Madrid
Depósito legal: B. 22.335-2011
I.S.B.N.: 978-84-376-1810-4
Printed in Spain

Índice

INTRODUCCIÓN 13

   I. «Soldado y medio filósofo»: vida de Cadalso 16
  II. Ideología y novela en las *Cartas marruecas* 40
     1. Entre hombre de bien y vasallo: el pensamiento de
       Nuño Núñez 40
     2. Costumbrismo y novela en las *Cartas marruecas* 58
 III. Las *Noches lúgubres*: primera obra romántica europea . 80
     1. Contexto histórico y temático 80
     2. Fuentes y cosmovisión 89
     3. Tediato en la morada de su alma. El género de la
       obra 98
     4. El subtexto costumbrista de las *Noches lúgubres* 107

ESTA EDICIÓN 126

SIGLAS Y ABREVIATURAS DE USO FRECUENTE 129

BIBLIOGRAFÍA 131

CARTAS MARRUECAS 141

  Introducción 143
  Carta I. Da noticia Gazel a Ben-Beley de su detención en
    España, de su idea de viajar por ella, y de su amistad con
    Nuño. Le promete informarlo de cuanto observe y le
    pide lo ayude con sus consejos 153
  Carta II. Se toma tiempo Gazel para informar a su maes-
    tro respecto a la diversidad que nota entre los europeos,
    y aun entre los mismos españoles 155
  Carta III. Epítome de la Historia de España, hasta el prin-
    cipio del siglo presente [Gazel a Ben-Beley] 156
  Carta IV. Estado de la Europa, y en especial de España en
    este siglo [Gazel a Ben-Beley] 161

Carta V. Conquistas de las Américas [Gazel a Ben-Beley]..   167

Carta VI. Atraso de las ciencias por falta de protección
[Gazel a Ben-Beley]   167

Carta VII. Falta de educación de la juventud [Gazel a Ben-
Beley]   171

Carta VIII. Nuevo diccionario castellano de Nuño sobre
el sentido propio y abusivo de las voces [Gazel a Ben-
Beley]   177

Carta IX. Continuación de la Carta V. Apología de Cortés.
Retorsión de las declamaciones de los extranjeros [Gazel
a Ben-Beley]   181

Carta X. Relajación de costumbres [Gazel a Ben-Beley] ...   188

Carta XI. Cumplimientos. Familiaridades; sus utilidades e
inconvenientes [Gazel a Ben-Beley]   191

Carta XII. Nobleza hereditaria [Gazel a Ben-Beley]   196

Carta XIII. Continuación del mismo asunto [Gazel a Ben-
Beley]   197

Carta XIV. Explicación de la voz *victoria* según el diccionario de Nuño [Gazel a Ben-Beley]   198

Carta XV. Desprecia cada uno la carrera que no sigue [Gazel
a Ben-Beley]   199

Carta XVI. Historia heroica de España; manuscrito de Nuño
[Gazel a Ben-Beley]   200

Carta XVII. Todo nos fastidia [Ben-Beley a Gazel]   203

Carta XVIII. Pleitos entre padres e hijos [Gazel a Ben-
Beley]   203

Carta XIX. Respuesta a la anterior [Ben-Beley a Gazel]   205

Carta XX. Carácter de los españoles [Ben-Beley a Nuño]..   205

Carta XXI. Continuación del mismo asunto [Nuño a Ben-
Beley]   206

Carta XXII. Cartas para dar parte de boda [Gazel a Ben-
Beley]   210

Carta XXIII. Conclusiones [Gazel a Ben-Beley]   211

Carta XXIV. Perjuicio del empeño de los plebeyos en conseguir la nobleza [Gazel a Ben-Beley]   213

Carta XXV. Diferencia en tratar a una misma persona en
diversos tiempos [Gazel a Ben-Beley]   214

Carta XXVI. Diversidad de las provincias de España [Gazel
a Ben-Beley]   215

Carta XXVII. Fama póstuma [Gazel a Ben-Beley]   219

Carta XXVIII. Continuación del mismo asunto [Ben-Beley
a Gazel]   221

Carta XXIX. Carácter de los franceses [Gazel a Ben-Beley]..   224

Carta XXX. Complacencia de algunos en hablar delante de los que tienen por ignorantes [Gazel a Ben-Beley] 227

Carta XXXI. Libertad del trato civil [Ben-Beley a Gazel] .. 228

Carta XXXII. Elección de libros [Ben-Beley a Gazel] 228

Carta XXXIII. Conversaciones fastidiosas [Gazel a Ben-Beley] 230

Carta XXXIV. Proyectistas [Gazel a Ben-Beley] 232

Carta XXXV. Mudanza de lenguaje en España [Gazel a Ben-Beley] 235

Carta XXXVI. Antítesis: vicio del estilo actual [Gazel a Ben-Beley] 240

Carta XXXVII. Oscuridad de los lenguajes europeos, especialmente del castellano [Gazel a Ben-Beley] 240

Carta XXXVIII. Orgullo de los españoles [Gazel a Ben-Beley] 241

Carta XXXIX. Desarreglo del mundo [Gazel a Ben-Beley] 243

Carta XL. Veneración a los viejos [Gazel a Ben-Beley] 244

Carta XLI. Remedios del lujo [Gazel a Ben-Beley] 245

Carta XLII. Educación de Gazel. Dificultades en escribirse un español a otro [Nuño a Ben-Beley] 249

Carta XLIII. Respeto a la antigüedad [Gazel a Nuño] 251

Carta XLIV. Respuesta a la anterior [Nuño a Gazel] 252

Carta XLV. Noticias de Barcelona. Cadetes de Guardias Españolas [Gazel a Ben-Beley] 256

Carta XLVI. Hombría de bien [Ben-Beley a Nuño] 258

Carta XLVII. Respuesta a la antecedente [Nuño a Ben-Beley] 260

Carta XLVIII. Juicio imparcial del siglo actual [Nuño a Ben-Beley] 260

Carta XLIX. Lastimosa decadencia de la lengua castellana [Gazel a Ben-Beley] 261

Carta L. Traducciones [Gazel a Ben-Beley] 264

Carta LI. Significado de la voz *política* [Gazel a Ben-Beley]... 266

Carta LII. No hay medio entre ser, o no, hombre de bien [Nuño a Gazel] 268

Carta LIII. Miseria del hombre en todas sus edades [Gazel a Ben-Beley] 268

Carta LIV. Significado de la voz *fortuna*, y medios de hacerla [Gazel a Ben-Beley] 269

Carta LV. ¿Para qué quiere el hombre hacer fortuna? [Gazel a Ben-Beley] 269

Carta LVI. Verdadera razón de la decadencia de España [Gazel a Ben-Beley] 272

Carta LVII. Defectos de la historia llamada *universal* [Gazel a Ben-Beley] 275

Carta LVIII. Críticos [Gazel a Ben-Beley] 278

Carta LIX. Método de escribir la historia [Gazel a Ben-Beley] 279

Carta LX. Conversación sobre las naciones [Gazel a Ben-Beley] 281

Carta LXI. Juicio de la historia de *Don Quijote* [Gazel a Ben-Beley] 284

Carta LXII. Respuesta a la XLII [Ben-Beley a Nuño] 285

Carta LXIII. Continuación de la LI [Gazel a Ben-Beley] .. 286

Carta LXIV. Memorias a Gazel [Gazel a Ben-Beley] 287

Carta LXV. Abuso de la virtud de los buenos [Gazel a Ben-Beley] 294

Carta LXVI. Varias clases de escritores [Gazel a Ben-Beley]. 295

Carta LXVII. Pedantería [Nuño a Gazel] 296

Carta LXVIII. Consecuencias del lujo [Gazel a Ben-Beley] . 308

Carta LXIX. Vida retirada [Gazel a Nuño] 308

Carta LXX. Respuesta a la anterior [Nuño a Gazel] 314

Carta LXXI. Continuación de la precedente [Nuño a Gazel] 316

Carta LXXII. Corridas de toros [Gazel a Ben-Beley] 317

Carta LXXIII. Varones insignes de la casa reinante en España [Gazel a Ben-Beley] 318

Carta LXXIV. Medios para restablecer a España [Gazel a Ben-Beley] 320

Carta LXXV. Matrimonios violentos [Gazel a Ben-Beley]. 321

Carta LXXVI. Coquetería [Gazel a Ben-Beley] 324

Carta LXXVII. Efectos del mal gusto pasado en las ciencias [Gazel a Ben-Beley] 326

Carta LXXVIII. Carácter de un sabio escolástico [Gazel a Ben-Beley] 330

Carta LXXIX. Quejas mutuas de viejos y mozos [Gazel a Ben-Beley] 334

Carta LXXX. Abuso del *Don* [Gazel a Ben-Beley] 334

Carta LXXXI. Incertidumbre de cómo se debe portar el hombre [Gazel a Ben-Beley] 339

Carta LXXXII. Quinta esencia del modernismo [Gazel a Ben-Beley] 340

Carta LXXXIII. Signo de los hombres sabios [Gazel a Ben-Beley] 344

Carta LXXXIV. Consuelo de la fama póstuma [Ben-Beley a Gazel] 347

Carta LXXXV. Indiferencia sobre la misma fama [Gazel a
Ben-Beley] 348
Carta LXXXVI. Apariciones de Santiago en las batallas
[Ben-Beley a Gazel] 349
Carta LXXXVII. Respuesta a la anterior [Gazel a Ben-Beley] 350
Carta LXXXVIII. Tiempo perdido, el declamar contra el
lujo [Ben-Beley a Gazel] 353
Carta LXXXIX. Inutilidad de las cartas de asuntos domés-
ticos [Nuño a Gazel] 356
Carta XC. Despídese Gazel de Nuño 358
Nota 359
Protesta literaria del editor de las *Cartas marruecas* 361

NOCHES LÚGUBRES 365

Noche primera 367
Noche segunda 387
Noche tercera 405

Introducción

*A Nuño y Tediato,
amigos de toda la vida.*

*A María Ignacia también,
pues sin ella hubiera quedado
pobre el romanticismo mundial.*

Retrato de José de Cadalso, por P. de Castro Romero.
Museo Provincial de Cádiz.

Es un privilegio editar para Cátedra las dos obras maestras del escritor español más popular del siglo XVIII. La novela epistolar, *Cartas marruecas*, y el poema en prosa, *Noches lúgubres*, son en efecto justamente esto, obras maestras, ninguna más, ninguna menos. El hecho de que las *Noches lúgubres* aparezcan impresas en el segundo lugar en el presente volumen no significa en absoluto que se trate de un escrito de menor importancia que se haya incluido al final, como apéndice. Dos motivos nos habrían inducido a colocar el poema en prosa en el primer lugar: demostrar nuestro convencimiento de la paridad artística que reina entre los dos escritos, y reflejar el hecho de que las *Noches lúgubres* se terminaron de componer antes que las *Cartas marruecas*. Mas ha intervenido una consideración práctica; pues el orden de colocación que hemos observado obedece a la práctica de todas las editoriales que han editado las dos obras juntas, y ello se ha convertido en una fórmula que los libreros y sus ordenadores entienden así, y sólo así.

Para tratar adecuadamente dos temas tan ricos como las *Cartas marruecas* y las *Noches lúgubres*, junto con otro tan sugerente como la «vida corta, pero llena de casos raros» de Cadalso, según él mismo la veía[1], hará falta todo el espacio del que disponemos en esta Introducción. De las obras restantes, por tanto, no nos ocuparemos salvo en la medida en que pueda resultar iluminador colocarlas en el contexto de la vida del autor, o bien buscar en ellas información que ayude a la interpretación de las dos obras objeto de nuestro estudio.

---

[1] Cadalso, Carta a Juan Meléndez Valdés, de abril o mayo de 1775, *Escritos autobiográficos y Epistolario*, ed. de Nigel Glendinning y Nicole Harrison, Colección Támesis, Serie B, Textos, XXV, Londres, Támesis, 1979, pág. 104.

I. «SOLDADO Y MEDIO FILÓSOFO»: VIDA DE CADALSO

El entrañable literato que se describió así[2], se inclinaba a recapacitar sobre los diversos momentos por los que le había conducido su senda vital, y lo hacía, ya con despreocupada gracia, ya con sardónica risa, ya con doloroso aticismo. Sus nueve primeros años, solitarios y desconsolados, Cadalso los despacha con dos líneas en su *Autobiografía* (escrita entre 1773 y 1781): «Nací a mi tiempo regular, muriendo mi madre del parto. Encargóse de mi niñez una tía de mi madre, y de mi educación un tío jesuita»[3]. De hecho su madre se murió, no ese primer día de la existencia del hijo, sino en el segundo cumpleaños de éste; pero el escritor ha captado el absoluto abandono espiritual que sentía en su primera niñez, representando como también total su abandono físico. He aquí la primera de una serie de niñeces solitarias y sensibles de poetas románticos, incluyendo al hijo poético de Cadalso, Meléndez Valdés: «huérfano, joven, solo y desvalido»; y a Gustavo Adolfo Bécquer: «yo era huérfano y pobre... ¡El mundo estaba / desierto... para mí!»[4].

Muchacho tan melancólico llegaría a ser el escritor, de máscara jocosa y carácter tétrico, que en las *Cartas marruecas* define la especie humana como la de «animal tímido, sociable, cuitado», insistiendo en ello por segunda vez: «infeliz y cuitado animal llamado hombre» (XL y LXXXIV). Nótese el adjetivo *cuitado*; José Mor de Fuentes elegiría el correspondiente sustantivo para el título de su traducción de la novela

---

[2] Carta a José Iglesias de la Casa, de mediados de 1775, *Epistolario*, página 112.

[3] Cadalso, *Autobiografía. Noches lúgubres*, ed. de Manuel Camarero, Clásicos Castalia, 165, Madrid, Castalia, 1987, pág. 89.

[4] Juan Meléndez Valdés, *Obras en verso*, ed. de Juan H. R. Polt y Jorge Demerson, Colección de Autores Españoles del Siglo XVIII, 28, Oviedo, Cátedra Feijoo, Centro de Estudios del Siglo XVIII, 1983, t. II, pág. 667; Gustavo Adolfo Bécquer, *Rimas*, ed. de Russell P. Sebold, Clásicos Castellanos, serie nueva, 22, Madrid, Espasa Calpe, 1991, pág. 314.

romántica de Goethe, *Las cuitas de Wérther* (Barcelona, A. Bergnes, 1835); pues esa familia léxica connotaba el matiz de exquisitez de ciertas penas extraordinarias. En el adjetivo *tímido*, de la definición del hombre debida al escritor maduro, ¿queda algo del sentimiento de indefenso del niño abandonado? En el calificativo *sociable*, ¿se refleja algo del deseo de ser amado de ese niño sin madre ni padre? Pues Pepe tampoco le vería la cara a su padre hasta estar a punto de cumplir trece años.

El hidalgo José de Cadalso y Vázquez[5] nació el 8 de octubre de 1741, en la ciudad de Cádiz, que él describiría un día como «un estuchecito de hermosuras» *(Epistolario*, pág. 40). Fueron sus padres José María de Cadalso y Vizcarra, vizcaíno de Zamudio, donde los Cadalso tenían su casa solariega, exornada con un escudo de armas *(Autobiografía*, pág. 88); y Josefa Vázquez y Andrade, hija del cónsul de cargadores a Indias en Cádiz. En esos momentos el vizcaíno era socio de su suegro en el comercio ultramarino. Se había casado con Josefa el 17 de junio de 1734, pero la había dejado sola en Cádiz la mayor parte del tiempo dedicándose al comercio extranjero, primero en América y después en Europa. Nació, después de José, su hermanita María Ignacia —tocaya de la que sería el gran amor de nuestro poeta—, pero la pequeña le dejó por mejor vida aun antes que la madre de los dos. Tras el fallecimiento de ésta, en 8 de octubre de 1743, el frágil superviviente morará en casa de su abuelo materno, José Vázquez Quincoya, al cuidado de María Terrero y Vázquez, la parienta que describiría como «una tía de mi madre». Su madre le había designado como heredero universal, y su abuelo materno le legaría el grueso de su fortuna. Siempre se preocupaba la familia por él, pero nunca más que en un sentido puramente material. El mismo patrón impersonal lo seguiría el gran comerciante, su padre.

---

[5] Como se ve hojeando la citada edición del *Epistolario*, cuando Cadalso firmaba cartas con su nombre completo, siempre escribía *José de Cadalso*, con la preposición. Ya en su misma época, otros le ponían *José Cadalso*, sin la preposición. Pero me ha parecido conveniente respetar la preferencia personal del escritor.

Cadalso padre, al decir del hijo, estimaba mucho al «único hijo que tenía, por cuyo bien [futura herencia] él había guardado un rígido celibatismo» *(Autobiografía*, pág. 94). Pero, fuera de su bienestar material, le tenía abandonado el próspero comerciante, que en un año típico, aparte de sus operaciones normales, disponía de 600.000 pesos para invertir en nuevas empresas comerciales españolas en Europa. El mercader vizcaíno viajaba, viajaba; y treinta años más tarde, al rememorar su relación o falta de relación con su padre, Cadalso apunta el ya aludido dato de que «iba yo a cumplir trece años, sin conocer a mi padre» *(Autobiografía*, pág. 90). Le conoció por fin en París, y al recordar la experiencia añade Cadalso otro detalle aun más desgarrador: «jamás me habló de *tú*» *(Autobiografía*, págs. 93-94). Poco sorprende que años más tarde, al hacer el catálogo de las cartas cambiadas con sus amigos, incluyera «otras a don Joaquín Rovira con el nombre de mi tutor, a quien debo mil veces más que a mis padres» *(Epistolario*, pág. 103). El primero de los veintitrés perdidos *Caracteres* o semblanzas escritas por Cadalso llevaba el epígrafe *Mi padre* (véase la lista, *Autobiografía*, págs. 112-113). ¿Qué escribiría el cuitado huérfano sobre aquel adusto señor que le atendía tan poco?

La falta de apoyo psicológico en su familia, los repetidos cambios de escuela durante su niñez y adolescencia y después el carácter poco sentado de la vida militar llevan, todos juntos al parecer, a una actitud irónica ante la sociedad y una exageración sentimentalista de las emociones normales. Es a la vez tentador preguntar si la deplorable carencia de padres y hermanos durante sus primeros años no habrá dado origen, en la caracterología de Cadalso, a esa constante búsqueda de amigos fraternales —en este capítulo se mencionará a alguno de ellos, y alguno está identificado en nuestras notas a los textos—, o bien, a esa tendencia a hacer de padre a amigos más jóvenes que él, como los poetas de Salamanca[6] y el

---

[6] En una carta de 1782, escrita poco después de la muerte de Cadalso, Juan Meléndez Valdés recuerda agradecido que ese amigo «hizo conmigo todos los oficios que un buen padre con su hijo más querido» *(Poetas líricos del siglo XVIII, I*, ed. de Leopoldo Augusto de Cueto, Biblioteca de Autores Españoles, t. LXI, Madrid, Atlas, 1952, pág. CVII).

sobrino del conde de Floridablanca, Francisco Salinas de Moñino (véase *Autobiografía*, pág. 123).

El ya aludido tío jesuita de Cadalso, Mateo Vázquez, que enseñaba retórica, filosofía y teología en el colegio gaditano de su orden, se encargó de instruir a su sobrino en las primeras letras, pero sin dejar de instar al padre del niño para que le mandara a estudiar con los jesuitas franceses en el célebre Colegio de Luis el Grande, en París. A los nueve años de edad, Cadalso llegó a esa institución docente, dirigida entonces por un tal P. Latour, amigo de Voltaire. En 1754, durante su cuarto año en esas aulas, le avisó su padre de que viajaba a París «para tener el gusto de dar un abrazo a su unigénito hijo», esto es, para por fin conocerle. No se habían visto antes, y no obstante, según las reminiscencias del hijo, cada uno había reconocido al otro en la calle dos horas antes de ser presentados en la posada del comerciante. Recuerda a la vez el antiguo escolar que duró ocho días la visita de su progenitor, «a quien —sigue diciendo— di el gusto de verme ganar el primer premio de mi clase, que era de versión latina a lengua francesa» (*Autobiografía*, págs. 90-91). Más de veinte años después, volvería a usar el latín para ciertas cartas cambiadas con Meléndez Valdés e Iglesias de la Casa, y es menester reconocer que seguía escribiendo con gran pulimento «aquel divino idioma» (*Epistolario*, pág. 107).

La notable aptitud lingüística de Cadalso le venía de su progenitor. «De allí a poco se le antojó [a mi padre] aprender inglés y, para lograrlo, se fue a Inglaterra. Se retiró al campo a vivir con una familia inglesa y logró aprender la lengua con toda perfección» (*Autobiografía*, pág. 91). Se le hizo tan fácil al comerciante el aprendizaje de la lengua inglesa, porque las costumbres de los ingleses eran «muy análogas al carácter de mi padre», y cuando tan grave caballero mandó al hijo que pasase el Canal de la Mancha, esas órdenes no le parecían a éste «capaces de interpretación» *(loc. cit.)*. El hijo estuvo en Inglaterra, en el pueblo de Kingston y en Londres, aparentemente durante los años 1755 y 1756. Aprendió inglés en una escuela mantenida por un partidario de la casa de Stuart, y en ese tiempo le sucedió algo inolvidable. «Allí experimenté por primera vez los efectos de la pasión que se llama amor.

Hubo de serme funesta» *(loc. cit.)*. Observación que apenas oculta el triste recuerdo del tránsito de María Ignacia Ibáñez en 1771, dos años antes de iniciarse la *Autobiografía*. Las aventuras de Cadalso en estos años, en Francia e Inglaterra, se hallan en parte ficcionalizadas en la experiencia de Gazel en las *Cartas marruecas*: «Cuando hice el primer viaje por Europa...» (XXIX).

Desde Madrid le escribió su padre mandándole que retornara a París para dedicar allí al estudio otro año, que fue por todos los indicios el de 1757. Transcurrido ese año en la Ciudad Luz, Cadalso recibió nueva «orden» para volver a España. «Entré en un país que era totalmente extraño para mí —recuerda—, aunque era mi patria. Lengua, costumbres, traje: todo era nuevo para un muchacho que había salido niño de España y volvía a ella con todo el desenfreno de un francés y toda la aspereza de un inglés» *(Autobiografía*, pág. 92). Y en una carta escrita poco después de su repatriación, confiesa que «ya me duele la garganta de las jotas y haches de mis queridos aunque bárbaros paisanos» *(Epistolario*, pág. 37).

Entre 1758 y 1760 Cadalso estudia en Madrid con los jesuitas, en el Real Seminario de Nobles, que era la escuela secundaria más moderna de España; y en esa casa se le empieza a reorientar a la española la profunda preparación humanística que había adquirido en los países del Norte. En las clases de poética, por ejemplo, los jesuitas utilizaban un libro de texto, de publicación muy reciente, basada en la célebre *Poética* (1737), de Ignacio de Luzán, la obra teórica clave para el movimiento neoclásico, en el que Cadalso haría un papel importante. El aludido libro de texto es: *Compendio del arte poética sacado de los autores más clásicos para el uso e instrucción de los caballeros seminaristas del Real Seminario de Nobles de Madrid, por el padre Antonio Burriel, de la Compañía de Jesús. Con licencia: En Madrid* [sin nombre de imprenta], *1757*.

El Cadalso seminarista, de diecisiete y dieciocho años, empezaba a ser conocido como uno de los más elegantes petimetres de Madrid; y el más pintoresco de los recuerdos autobiográficos del autor que se incorporaron a la experiencia del personaje ficticio Nuño Núñez, se refiere a las manías de currutaco del alumno de los jesuitas: «yo he tenido algunas temporadas de petimetre [...] cuando se usaba la hebilla baja en los zapatos [...] me acuerdo que llevaba la hebilla tan sumamente baja, que se me solía quedar en la calle. Y un día, entre otros, que subí al estribo de un coche a hablar a una dama que venía del Pardo, me bajé de pronto del estribo; quedóseme en él el zapato; arrancó el tiro de mulas a un galopeo de más de tres leguas por hora; y yo me quedé a más de media legua de la puerta de San Vicente, descalzo de un pie, y precisamente una tarde hermosa de invierno, en que se había despoblado Madrid para tomar el sol» *(Cartas marruecas,* LXIV). Se corrobora el lujo personal del seminarista petimetre por las cuentas del Real Seminario de Nobles para 1759, donde se anota que en ese año Cadalso compró veinticuatro pares de zapatos[7].

La vida monástica no podía atraer a Cadalso, y era semejante a tal forma de existencia el estar interno en la «cárcel» del Seminario. Sin embargo, para escaparse de esa casa se aprovechó de afectaciones ascéticas y místicas y el hecho de que «mi padre aborrecía con sus cinco sentidos a la Compañía dicha de Jesús». Habiéndole hablado antes al gran comerciante de su voluntad de abrazar la milicia, fingió ahora vocación de jesuita. «La disyuntiva de ser soldado o jesuita era la cosa más extravagante que puede imaginarse —escribe el hijo—, y mi padre, que sin haber estudiado matemáticas tenía el espíritu más geométrico del mundo, no sabía qué hacer con un hijo tan irregular.» Primero, su padre le amenazó con desheredarle, luego le mandó a Cádiz a divertirse durante una temporada; y por fin, entre lacrimosas protestas de que no deseaba apartarle del camino de la devoción, le mandó regresar a Madrid, como si fuera para incorporarse de nuevo al Seminario. Sin embargo, en el Puente de Toledo, le esperaba la berlina de su padre, quien le llevó a cierta hacienda donde le aguardaban a su vez un coche de colleras, con un equipaje completo, y un entre tutor y compañero, con orden de llevarle lo más pronto posible a Londres. «Yo no pude

---

[7] Véase *Cartas marruecas,* ed. de Lucien Dupuis y Nigel Glendinning, Colección Támesis, Serie B, Textos, VI, Londres, Támesis, 1966, pág. 138, nota.

contener la risa al desenlace de tan extraña escena y dije: "Quede Vmd. con Dios, que voy a un paraje excelente para quitar vocaciones de jesuita"» *(Autobiografía,* págs. 92-95).

Acompañado por su tutor, Pepe —se firmaba así también— dio la vuelta a Europa por segunda vez. El nuevo itinerario abarcó más países: Inglaterra, Francia, Flandes, Holanda, Alemania e Italia. Algún día fingía aún «vocación mística» para que el tutor informara al padre y éste le prolongara los viajes. Las actividades de Cadalso en estos años itinerantes (1760-1762) revelan las fuentes de las ideas nuevas que fecundarán las clásicas en que estaba ya imbuido. El tutor le dejó algún tiempo libre en París y Lyon; y «me ocupé en ambas ciudades —explica— en comprar los mejores libros que pude, y lo mismo ejecuté en Londres» *(Autobiografía,* pág. 95).

Debió de comprar libros de Voltaire, Rousseau, Diderot, Saint-Lambert, Mercier, Gessner, Bacon, Locke, Newton, Thomson, Akenside, Young, Hervey y otros escritores modernos, cuyos nombres e ideas aparecen mencionados en sus obras. Empieza entonces también la solitaria meditación sobre tan estimulantes ideas. El antiguo seminarista alude a esto en conexión con la finalidad *curativa* de su nuevo recorrido continental: «El año y medio que duró esta ficción, la reclusión que yo mismo me impuse, la lectura a que me obligué y el mucho tiempo que gastaba solo en mi cuarto, me pegaron este genio que he tenido siempre después, y el amor a los libros. Como aún era yo muy joven y en la edad precisa de tomar incremento las pasiones, contribuyeron estas circunstancias a apagármelas más de lo acostumbrado» *(loc. cit.).* Sería más exacto pensar que esas circunstancias contribuyeron, no a apagar las pasiones de Cadalso (pues precisamente uno de sus mayores atractivos en cuanto escritor son sus pasiones), sino a interiorizarlas; y efectivamente, las pasiones de Dalmiro en las poesías líricas, de Nuño Núñez en las *Cartas marruecas* y de Tediato en las *Noches lúgubres* son de índole ante todo meditativa.

En medio de su turismo, lecturas y meditaciones, le sorprende a Pepe una noticia luctuosa, que él, sin embargo, anota sin emoción y aun con cierto sarcasmo: «Muere mi padre viajando por Dinamarca, en Copenhague, mal satisfecho del

22

Sr. Esquilache y delirando en materias de Estado» *(loc. cit.)*. El furor del mercader Cadalso se debía aparentemente al hecho de que el famoso Secretario de Estado del Despacho de Hacienda no miraba con favor cierto proyecto comercial que le había propuesto. A raíz del óbito del padre de Cadalso se producen pleitos, reveses y pérdidas que dejarán a Pepe prácticamente en la miseria, a pesar de los esfuerzos de Diego de Cadalso, curador de los bienes de su sobrino. El mercader tendría deudas enormes, pero todo ello se revistió del mayor misterio para el más interesado. «Yo nunca supe la verdadera suma de mi patrimonio —comenta el desheredado hijo único—, ni vi jamás el testamento de mi padre, ni supe qué tenía hasta que supe que ya no tenía nada» *(Autobiografía*, pág. 96).

En 1762 Cadalso ingresa en el Regimiento de Caballería de Borbón como cadete, y en esa unidad militar ascenderá lentamente hasta lograr el rango de coronel un mes antes de su muerte. Al hacerse soldado, Cadalso acaso haga por vez primera una reflexión que atribuiría un día a su sosia Nuño Núñez: «¿No ha de mirarse esta carrera como la cuna de la nobleza?» *(Cartas marruecas*, LXX). Participa en la campaña de Portugal, durante la cual, dicen algunos, pasa la frontera disfrazado como inglés gracias a su excelente conocimiento de ese idioma[8]. El personaje autobiográfico de las *Cartas marruecas* repite quizá ciertas palabras del propio Cadalso al aludir a la campaña portuguesa: «Toda la guerra pasada —dice Nuño—, estuve leyendo gacetas y mercurios, y nunca pude entender quién ganaba o perdía» (XIV). En 1764 Pepe levanta cincuenta caballos, con los restos de su fortuna compra una compañía, y asciende a capitán. La experiencia de estos años se ficcionaliza en la carta XLV de las *Cartas marruecas*, en la que Gazel, de viaje en Barcelona, congenia con un cadete que le habla del abnegado servicio de los jóvenes de buena familia. «Lo más que hacen algunos de los nuestros —sigue explicando el cadete— es comprar compañías de ca-

---

[8] Véase Felipe Ximénez de Sandoval, *Vida y muerte de un poeta soldado*, Madrid, Editora Nacional, 1967, págs. 139-141.

ballería o dragones». En algún momento entre su incorporación al Regimiento de Caballería de Borbón y la composición de las *Cartas marruecas*, Cadalso posiblemente haya visitado su ciudad natal, pues tiene tono marcadamente autobiográfico la carta VII, en la que el militar Nuño Núñez apunta reminiscencias de tal viaje: «me acuerdo que yendo a Cádiz, donde se hallaba mi regimiento de guarnición...» En 1765 Cadalso presenta al rey su solicitud de admisión a una de las órdenes militares; y previa la obligatoria información de hidalguía, se le inviste con el hábito de Santiago en 1766.

Las páginas de la *Autobiografía* relativas a estos años contienen curiosas referencias a las relaciones de Cadalso con los correligionarios de sus antiguos maestros. En los años que anteceden al Motín de Esquilache (1766), el jesuita Isidro López, que será acusado de organizar esa manifestación madrileña, mantiene una correspondencia regular con el célebre novelista de su orden José Francisco de Isla, que no se sabe si habrá intervenido de algún modo en esa revuelta; pero también Cadalso se cartea con el P. López. Lo cierto es que en ese momento Pepe estaba situado de tal modo que podía desempeñar un papel delicado en conexión con los jesuitas. Parece que renunció a ello, tal vez por compartir el odio de su padre hacia la Compañía. «Entonces pude haber hecho gran negocio, informando a su favor —dice—, o con el ministerio, informando contra la Compañía, que se llamó de Jesús hasta que se la llevó el diablo» (pág. 97)[9]. La Compañía fue extinguida por breve papal en julio de 1773, y Cadalso apuntaba sus reminiscencias a finales de ese año

Acerca de su intervención en el Motín de Esquilache, Cadalso recuerda: «Salvé la vida al conde de O'Reilly, cuando el populacho de la Puerta del Sol iba a dar fin de él», y queda desilusionado observando tan de cerca «el verdadero carácter del pueblo» (*Autobiografía*, pág. 98). En el mismo año de 1766,

---

[9] En junio o julio de 1773, Cadalso firma una carta dirigida a Tomás de Iriarte con sus iniciales, anotando tal firma con otra de sus bromas irreverentes: «J. C. Abreviatura de mi nombre y apellido, muy semejante al dulcísimo nombre de Jesucristo, que también se suele poner con J. C. —cosa que me llena de consuelo espiritual» (*Epistolario*, pág. 74).

conoce a Jovellanos en Alcalá de Henares. Tiene entonces relaciones amorosas con varias mujeres, pero, curiosamente, la que más le ocupará el pensamiento durante varios años es una dama con quien ha roto: la marquesa de Escalona. Este galanteo «se acabó —dice— luego que vi que en la marquesa no había cosa que dominase mi espíritu ni complaciese mucho mi carne»; y, sin embargo, acerca de un baile de máscaras, en el que coincidió con ella cuatro años más tarde, apunta muy complacido: «La marquesa, enamorada todavía mentalmente de mí y corporalmente de don Antonio Cornel, me conoció, no obstante el disfraz» (*Autobiografía*, páginas 99, 105). También por este tiempo el ingenioso capitán de Caballería halla el modo de relacionarse con el poderoso conde de Aranda, presidente del Consejo de Castilla, vendiéndole su caballo, pues el estadista lo había admirado. Cadalso había escrito una novela alegórica, ahora perdida, titulada *Observaciones de un oficial holandés en el nuevamente descubierto Reino de Feliztá*, en la que elaboraba su «sistema de gobierno», y el gran Aranda, alabado por Voltaire gracias a su postura antijesuítica, se la lee, y le gusta (pág. 100).

Por el descaro de su sátira social *Calendario manual y guía de forasteros de Chipre para el Carnaval de 1768* y por el escándalo de las elegantes damas de la alta sociedad madrileña al reconocer en ella alusiones a sus líos amorosos[10], Cadalso fue desterrado de la Corte por el marqués de Villadarias, inspector de Caballería. «Salí desterrado, empeñado, pobre y enfermizo, de Madrid, la noche última de octubre de 1768» (*Autobiografía*, pág. 102). Mas en la misma página aclara las circunstancias de su extrañamiento: «mi destierro [...] no constó jamás de oficio»; y su separación de la Corte no seguiría bajo un aspecto tan triste como el que presentaba en su comienzo. Al menos a Zaragoza le acompañaba su musa: «Allí empecé a dedicarme a la poesía y compuse la mayor parte de las que publiqué bajo el título de *Ocios de mi juventud*» (pág. 104). También entre 1768 y 1771, tal vez en Zara-

---

[10] Puede consultarse José de Cadalso, *Calendario manual y guía de forasteros de Chipre (1768). Sátira atribuida a...* , ed. de Nigel Glendinning, Madrid, C.S.I.C., 1982.

goza, Cadalso debió de escribir su *Defensa de la nación españo-la contra la carta persiana LXXVIII de Montesquieu*[11]. Viajó a Aragón en ese tiempo el conde de Aranda, que era oriundo de esa provincia; y él «me hizo mil distinciones delante de todo Zaragoza» *(loc. cit.)*. Al poderoso prócer le acompañaba un favorito llamado Joaquín Oquendo, con quien Cadalso ya había trabado amistad en Madrid y sobre quien escribiría uno de sus perdidos *Caracteres*.

En el capítulo segundo de mi libro sobre Cadalso, estudio las amistades tiernas y sentimentales a lo Rousseau que le unieron con los poetas de la Escuela de Salamanca[12]. Con Oquendo, Pepe estaba destinado a tener una amistad similar, y fuera de sus relaciones con los poetas es la mejor documen-tada de todas sus amistades. Eran amistades de las que los in-gleses llaman románticas o apasionadas. Sobre este nuevo ca-riño fraternal y el papel de Joaquín en su creciente ardor, Ca-dalso escribe: «No se hallaba sin mí: todo me lo preguntaba, todo me lo confiaba, todo me lo consultaba; hízome una de aquellas declaraciones que entre los amigos verdaderos son más tiernas y más sólidas y de más noble objeto que las que se hacen los amantes. En fin, nos prometimos una amistad eter-na»; a lo que el valiente capitán de Caballería corresponde con la mayor galantería: «Desembarazado totalmente de amor, me dediqué únicamente a cultivar la amistad de Oquendo» *(Au-tobiografía*, págs. 104-106). Cadalso estaba dispuesto a inten-tarlo todo por su amigo: llevar mensajes a una amante de Oquendo a las altas horas de la noche, a una casa vigilada por los agentes de Aranda, restituirle al favor del conde, etc., aunque se arriesgara en ello la propia seguridad. «Primero es

---

[11] Consúltese José de Cadalso, *Defensa de la nación española contra la carta persiana LXXVIII de Montesquieu*, ed. de Guy Mercadier, France-Ibérie Re-cherche, Université de Toulouse, 1970.

[12] Cap. II, «Con prendas de mi amor reglas del arte», en Russell P. Sebold, *Cadalso: el primer romántico «europeo» de España*, Biblioteca Románica Hispáni-ca, 215, Madrid, Gredos, 1974, págs. 45-58. Véase también el artículo de Da-vid T. Gies, «*Ars amicitiae*, poesía y vida: el ejemplo de Cadalso», en *Coloquio Internacional sobre José Cadalso, Bolonia, 26-29 de octubre de 1982*, Abano Terme, Piovan Editore, 1985, págs. 155-171.

mi amigo que mi fortuna» *(ibíd.,* pág. 108). En una ocasión, Pepe viajó toda una malísima noche en mula para alcanzar a Oquendo, a quien su encolerizado amo, Aranda, ya se arrepentía de haber desterrado. Oquendo ni se lo agradeció, pero el conde compensó tal desaire con un elogio muy de época: «Cadalso —le dijo—, Vmd. es hombre de bien y buen amigo» (pág. 107). No sería la última vez que le traicionaría el desagradecido Oquendo.

Estos últimos sucesos transcurren en Madrid; pero en 1769, antes de regresar a la capital Cadalso había pasado algún tiempo en el cuartel de su escuadrón, en una deprimente aldea aragonesa, desde la que escribe cartas en verso, quejándose en una de ellas de la vida «cargada de tedio» que lleva en ese aislamiento, y en cambio, elogiando en otra la virtud campestre con el fin de convencer a la gran señora madrileña Augusta —seguramente la condesa-duquesa de Benavente madre— de que la abrace: «Vente a la aldea; su sencilla vida / a la naturaleza es parecida»[13]. Se trata de una dialéctica que aparecerá una y otra vez en la vida de Cadalso: cuando está en Madrid o cuando enfoca la naturaleza desde el punto de vista de los madrileños, la añora con toda la sensibilidad de un Rousseau; pero cuando su carrera le obliga a rusticar durante un período prolongado, nuestro petimetre se horroriza de esa primitiva vida de aldea. ¿Filósofo o dandi? ¿Cuál es? Planteo esta disyuntiva en el capítulo III de mi libro sobre Cadalso.

Cadalso está en la Corte entre 1770 y 1773. Se le nombra secretario del tribunal de guerra que juzga a cierto coronel por malversación de fondos; y sirve al Consejo de Castilla al menos en una ocasión como censor de obras literarias. Publica *Los eruditos a la violeta, o curso completo de todas las ciencias, dividido en siete lecciones para los siete días de la semana* y su *Suplemento* en 1772, y extiende esta sátira a su propia profesión componiendo por entonces también *El buen militar a la violeta,* que no se publicaría hasta 1791. En 1773 se dan a la es-

---

[13] *Epistolario*, págs. 51-65; o Biblioteca de Autores Españoles, t. LXI, páginas 259-261, 269-270.

tampa los versos que empezó a hacer en Aragón, bajo el muy romántico título *Ocios de mi juventud*, en cuyos preliminares observa que otro título más fiel —y a cual más romántico— habría sido *Alivio de mis penas*. No resultan fructuosos sus intentos de hacer representar su mejor obra teatral, la más romántica que clásica tragedia *Solaya o los circasianos*, pero sí se lleva a las tablas su tragedia *Don Sancho García*, en el Teatro de la Cruz, entre el 21 y el 25 de enero de 1771, habiéndose estrenado antes en una representación privada en el palacio del conde de Aranda. El papel de doña Ava lo interpreta el gran amor de Cadalso, María Ignacia Ibáñez, quien había de morir en 22 de abril del mismo año, de un agudo tifus. La pasión no había durado sino cuatro o cinco meses, y no obstante, esa muerte influyó profundamente sobre el concepto de las *Noches lúgubres*.

«Sus amores formarán artículo aparte» —comenta Cadalso—; y en efecto, dedicó a María Ignacia otro de sus *Caracteres*. En la misma página de la *Autobiografía* que acabamos de citar se esboza rápidamente el atractivo de la relación entre el soldado y la actriz. Dice Cadalso que habría intervenido en cierta intriga política contra su antiguo amigo Oquendo, «a no haberme enamorado entonces mismo de una famosa cómica llamada [María] Ignacia Ibáñez, la mujer del mayor talento que yo he conocido, y que tuvo la extravagancia de enamorarse de mí, cuando yo me hallaba desnudo, pobre y desgraciado. Su amable trato me alivió de mis pesadumbres; pero murió a los cuatro o cinco meses de un tabardillo muy fuerte, pronunciando mi nombre» (pág. 110). Siguió a la muerte de María Ignacia una enfermedad del mismo Cadalso, tan peligrosa que durante su convalecencia se apiadó de él hasta el pérfido Oquendo. La traición del amigo fraternal de otrora, su vuelta a la hora de esta grave enfermedad, y su nuevo abandono del convaleciente afligieron tan profundamente a Pepe, que el episodio se refleja en sus dos obras maestras. En las *Cartas marruecas* el papel de enfermo lo desempeña Gazel, y Nuño es un Oquendo virtuoso, por decirlo así: «En este estado quedó esta carta tres semanas ha —escribe el joven moro—, cuando me asaltó una enfermedad en cuyo tiempo no se apartó Nuño de mi cuarto» (III). Mas, en las *Noches lúgubres*, el personaje Virtelio es más fiel a su alevoso modelo: «¡Pobre Virtelio! —se lamenta el gravemente enfermo Tediato— ¡Cuánto trabajaste para hacerme tomar algún alimento! [...] ¡ah, Virtelio, Virtelio! Pocos instantes más que hubieses permanecido mío, te hubieran dado fama de amigo verdadero. Pero ¿de qué te serviría? Hiciste bien en dejarme» (noche II).

En la *Autobiografía*, la extrema pobreza de Cadalso en el tiempo de sus amores con María Ignacia y su enfermedad se exorna con una retórica digna de una comedia lacrimosa o novela entre romántica y realista. «Pasé cuarenta y ocho horas sin más alimento que cuatro cuartos de castañas [...]. Un oficial del regimiento, que se hallaba en Madrid, conocía mi miseria y me prestó tres doblones de a ocho, con los cuales pude mandar componer el catre, hacerme sábanas, pagar deudas pequeñas, pero vergonzosas, y gratificar al único que fue mi constante amigo, a saber, mi barbero [...]. Se trató de hacer dinero para pagar deudas y comprar camisas, hallándome tan positivamente desnudo que iba a mudar a casa de Mr. Augé las que él me prestaba, dejándoselas alguna vez bien mojadas en mis lágrimas» (págs. 110-111). Pierre Augé había sido en otro tiempo el ayo de Cadalso y le había hospedado durante el tiempo de sus estudios en París. Después, en España, fue su administrador[14].

En la vida de Pepe, que es casi folletinesca, el contraste es la norma. Durante los tres años madrileños de los que seguimos hablando —literariamente los más fecundos, vitalmente los más dramáticos—, el antiguo hijo de millonario se mueve entre cómicos, le falta comida y no tiene donde dormir; pero otros días asiste a reuniones de nobles, literatos y artistas en el palacio de la elegantísima condesa-duquesa de Benavente y su consorte el marqués de Peñafiel y futuro duque de Osuna. Para el teatro particular de estos señores, Tomás de Iriarte y Ramón de la Cruz escriben piezas, Goya pinta cuadros para su pinacoteca, y la condesa-duquesa compra

---

[14] Véase François López, «Don José de Cadalso y Monsieur Augé», *Homenaje al profesor Russell P. Sebold*, Universidad de Alicante, en prensa.

y hace tocar en su palacio música inédita de Haydn. Ella es una gran conversadora: le encanta hablar de las letras, de la pintura, de los últimos experimentos científicos, de las ideas económicas —es presidenta de las Damas de Honor y Mérito, o sea la rama femenina de la Sociedad Económica de Madrid—, y en fin, es una gran «ilustrada» que encuentra a su perfecto interlocutor en el autor de *Los eruditos a la violeta*, y con él conversa no sólo en la comodidad de su salón, sino en una correspondencia regular que, aunque hoy perdida, Cadalso había catalogado, como ahora mismo veremos.

La condesa-duquesa era objeto de otro de los perdidos *Caracteres* cadalsianos; mas, como sucede en el caso de la Ibáñez, también se conserva de tan noble amiga una iluminadora caracterización breve de la pluma de Cadalso: «En Madrid se hallan otras cartas escritas a la Excma. Sra. Condesa de Benavente, entre cuyas admirables prendas se ha hallado una sola extravagancia, que ha sido estimar mis cartas y conversación, ligándonos una tan sólida y verdadera amistad cual yo nunca creí posible entre personas de distintos sexos. Tanto puede la virtud en un pecho como el suyo y el respeto en un corazón tan humilde como el mío. Si se tuviese más cuidado en escribir las costumbres de la nación, esta amistad formaría época en semejante historia» *(Epistolario,* pág. 103). Cuando los deberes militares de Peñafiel le llevan fuera de Madrid, Cadalso acompaña a la condesa-duquesa en el paseo, en el teatro, en la comida, y no deja de escribir al marqués describiéndole su grato papel de cortejante de su esclarecida esposa. Entre desencantos y reconciliaciones, esta amistad cultiváráse a lo largo de la última década de la vida de Cadalso. Al parecer refiriéndose a una nueva estadía de seis meses en la Corte en 1778, el galante gaditano recuerda: «Me separé de la intimidad con la Benavente, por razón de la mudanza de su genio, debida al influjo de Miguel Arriaga [un antiguo condiscípulo de Cadalso en el Seminario de Nobles]; pero quedamos regularmente, y conjeturo que siempre que me convenga estrechar, estará ella pronta» *(Autobiografía,* pág. 118)[15].

---

[15] Véase el cap. I de mi libro sobre Cadalso, «La condesa-duquesa de Benavente y los placeres de la conversación», págs. 25-44.

En esos agitados primeros años setenta en Madrid y luego en Salamanca, Cadalso se relaciona con dos cenáculos poéticos cuyos participantes se influyen unos a otros en forma significativa. En Madrid es la célebre tertulia que se reúne en la Fonda de San Sebastián, sita en la esquina de la calle del mismo nombre con la plaza del Ángel. A esta tertulia asisten en la mayor armonía literatos españoles e italianos: Nicolás Fernández de Moratín, Tomás de Iriarte y sus hermanos, Ignacio López de Ayala, Vicente de los Ríos, Cerdá y Rico, Pineda, Guevara, Sedano, Muñoz, Gómez Ortega, Pizzi, Conti, Napoli-Signorelli, Bernascone, un francés hispanizado de apellido Dupont, etc. A estas juntas los españoles traen traducciones castellanas de poesías italianas; y los italianos, traducciones italianas de poesías españolas; se habla de todos los aspectos de la poética y la poesía, y posiblemente también de los toros y las mujeres, según dice el mito sobre esta tertulia. Las tertulias, las escuelas y los movimientos literarios son pocas veces instituciones tan bien definidas y reguladas como podría pensarse. Pero la tertulia de San Sebastián tenía suficiente integridad de institución para que fuera posible dirigir cartas a los tertulianos a las señas del café. Cadalso escribe a Nicolás Moratín desde Salamanca, por lo visto en 1774: «Aún no me ha dicho Mr. Dupont si ha recibido la carta francesa que le escribí dirigida a la Fonda de San Sebastián. Pregúntesele Vmd. en mi nombre para sacarme de esta duda» *(Epistolario,* pág. 80).

En uno de los numerosos trozos autobiográficos de las *Cartas marruecas,* Nuño Núñez, sosia del autor, rememora su fiel asistencia a cierta tertulia, y no cabe duda de que el modelo de este trasunto literario fue la tertulia de la Fonda de San Sebastián: «Yo continúo haciendo la vida que sabes —dice con tedio al dirigirse a Gazel—, y visitando la tertulia que conoces. Otras pudiera frecuentar, pero ¿a qué fin?» (XXXIII). En la carta LXXX, donde Gazel habla de las amistades extranjeras de Nuño, parece cierto que los modelos de estas figuras innominadas fueron los contertulios extranjeros de Cadalso en la Fonda de San Sebastián: «De éstos [extranjeros] trata Nuño algunos de los que residen en Madrid, y los quiere como paisanos suyos, pues tales le parecen todos

los hombres de bien en el mundo, siendo para ellos un verdadero cosmopolita, o sea ciudadano universal.» En el saine-
te *Manolo* (1769), de Ramón de la Cruz, el lector se encuentra de buenas a primeras con toda una viñeta costumbrista
inspirada en la tertulia de la Fonda de San Sebastián. Habla
el tabernero tío Matute:

> ¿Se ha de decir que hurtaron cuatro reales
> en una que es acaso la primera
> tertulia de la Corte, donde acuden
> sujetos de naciones tan diversas,
> y tantos petimetres con vestidos
> de mil colores y galón de seda?
> ¿Aquí donde arrimados los bastones
> y plumas que autorizan las traseras
> de los coches, es todo confianza,
> se ha de decir que hay quien faltó a ella?
> ¿Aquí donde compiten los talentos
> dempués de deletreada la *Gaceta*,
> y de cada cuartillo se producen
> diluvios de conceptos y de lenguas?[16].

Quedan claros por estos versos satíricos los orígenes extranjeros de algunos de los tertulianos de la Fonda de San Sebastián y el cosmopolitismo de todos ellos, los ejercicios de
traducción con que se divertían, la índole poética de éstos
(conceptos) y el oficio de que vivía alguno de ellos. Pues existían entonces dos periódicos oficiales cuya impresión se hacía por el Estado en la misma imprenta: la *Gaceta de Madrid*
y el *Mercurio histórico y político*. Tal vez alguno de los tertulios
trabajara para la *Gaceta*, o por el común lugar de impresión
puede haberse producido una confusión en la mente de
Cruz respecto de los periódicos. Como no corrigió sus obras
para la primera edición hasta muchos años después (Imprenta Real, 1786-1791), también pudo confundirse respecto de la
cronología e introducir en su obra un detalle posterior a su
primera composición, pues a comienzos de 1772 el contertu-

---

[16] Ramón de la Cruz, *Sainetes*, I, ed. de John Dowling, Clásicos Castalia,
124, Madrid, Castalia, 1981, pág. 179.

liano Tomás de Iriarte se encargó de la composición del *Mercurio*.

En abril de 1773, Cadalso recibe orden de incorporarse a su regimiento en Salamanca, con el propósito de convalecer allí de su ya referida enfermedad. A poco de haber llegado a tan histórica urbe académica, se halla «de buen humor filosófico, bien establecido con mis libros», según escribe a su gran amigo madrileño Iriarte *(Epistolario*, pág. 70); y no mucho tiempo después conoce al poeta agustino fray Diego Tadeo González, imitador de fray Luis de León y autor de *El murciélago alevoso*, en cuya celda se hacía una tertulia literaria. Pero Cadalso se relacionará más estrechamente con otros poetas más jóvenes de esta llamada segunda Escuela de Salamanca: Juan Meléndez Valdés, José Iglesias de la Casa, Ramón de Cáseda, Juan Pablo Forner, etc., tertulia de la que es socio asimismo Jovellanos, aunque solamente por carta, y en esta forma también se mantendrá Cadalso en contacto con el grupo después de su marcha de Salamanca.

Mas en los primeros meses de 1774 Dalmiro todavía se reúne frecuentemente con sus discípulos, especialmente Batilo y Arcadio, o sea Meléndez e Iglesias. Y Cadalso queda encantado con «la academia de Meléndez y su compañero, que juntos me hacen tertulia dos horas todas las noches, leyendo nuestras obras u las ajenas y sujetándonos cada uno de los tres a la rigurosa crítica de los otros dos» *(Epistolario*, pág. 85). En Salamanca Cadalso comenzó a escribir un *Compendio de arte poética* para Meléndez, «pero el discípulo se igualó al maestro si no le superó, con que se dejó» *(ibíd.*, pág. 102). En la *Autobiografía*, se revela el lugar y el momento de la composición de «mis *Cartas marruecas*, obra crítica que compuse en Salamanca» (pág. 114). En Salamanca puede haber introducido asimismo algún retoque en las *Noches lúgubres*, cuyo texto debió de redactar, no obstante, a raíz de la muerte de su gran pasión, como veremos al estudiar esta obra. Meléndez leyó las *Noches* cadalsianas *(Epistolario*, pág. 102), inspirándose en ellas para su perdida imitación, compuesta en los meses finales de 1774: *Tristemio, diálogos lúgubres en la muerte de su padre*. La influencia de Dalmiro sobre Batilo fue profunda, porque éste tampoco dejó de imitar las *Cartas marruecas*. Se trata de sus *Cartas turcas* o *Cartas de Ibrahim*, también perdidas salvo las dos primeras[17].

Tanto las páginas de la *Autobiografía* como las del *Epistolario*, para los últimos ocho años de la vida de Cadalso, contienen preocupaciones literarias, descripciones malhumoradas de pueblos aburridos donde el ejército le tenía destinado, añoranzas de Salamanca y sus amigos de esa ciudad, idealizaciones filosóficas de su futura vida de literato retirado, compartida con compañeros ilustrados en una aldea tranquila no menos idealizada, nuevas reflexiones sobre la amistad, aspiraciones a ascender a rango militar superior, deseos de retirarse de la milicia, referencias a viajes a Madrid, Cádiz, Gibraltar, etc. Cambia noticias literarias con sus corresponsales: «Pregunte Vmd. a don Vicente de los Ríos a cuántos estamos de la impresión de Villegas» (en la madrileña Imprenta de Sancha, en 1774, se estampó una nueva edición de las obras poéticas de Esteban Manuel de Villegas, preparada por el mencionado Ríos); «Otro amigo ha prometido enseñarme una *Colección de poesías castellanas inéditas* que me asegura ser de mejor gusto que el *Parnaso* [de López de Sedano]» (quizá se trate de la antología inédita compilada por Luis José Velázquez, marqués de Valdeflores, conocido por sus *Orígenes de la poesía castellana*, de 1754) *(Epistolario*, págs. 88, 91). Propone proyectos literarios: «Hago ánimo de formar para mí mismo una colección de mis cartas familiares»; «Me han encantado las noticias que Vmd. me da de los progresos hechos por nuestros académicos [Meléndez y sus amigos], y de haber aprobado mi proyecto de publicar un *Parnaso español de poetas hoy vivos*» *(ibíd.*, págs. 90, 113).

Se refiere a la exigente disciplina de la lima necesaria para seguir el oficio poético: «Si se disipa esta niebla [del tedio], hago ánimo de limar una tragedia» (su perdida tragedia *La Numantina*, sobre el sitio de Numancia); «Vmds. vayan haciendo acopio de sus más selectas poesías [para la antología de poetas entonces vivos], después de pasar muchas limas so-

---

[17] Sobre esto véase Russell P. Sebold, *El rapto de la mente. Poética y poesía dieciochescas*, 2.ª ed., Autores, Temas y Textos, 5, Barcelona, Anthropos, 1989, págs. 341-347.

bre cada composición» *(ibíd.,* págs. 95, 113). Reflexiona sobre la historia de la poesía española, en cuyo renacimiento cree con tal de que se proscriban ciertos modelos. Verbigracia, recuerda que fray Luis de León, Fernando de Herrera y Lope de Vega imitaron a Píndaro en algunos poemas, y luego continúa aludiendo a otras posibles imitaciones de Píndaro, señalando a la par por dónde podía peligrar la poesía de su propio siglo: «No sé si Góngora y sus desatinados secuaces creyeron imitarlo, en cuyo caso sería menester huir de tal camino por no dar en iguales precipicios.» Algunas líneas más abajo reitera esta amonestación, mas expresa ya a la vez su fe en el futuro de la poesía: «Por lo que haremos bien en no proseguir por este término, porque nos exponemos a decir mil locuras infructuosas y a corromper la poesía que *vuelve a renacer» (ibíd.,* pág. 98; la cursiva es mía). Ver una oposición absoluta entre el gongorismo y la poesía auténtica, pura, sencilla y noble es una tendencia valorativa que arranca del mismo Siglo de Oro y llega hasta los días de Bécquer, y sin tenerla en cuenta no se entiende en absoluto la historia del neoclasicismo español en la que desempeña Cadalso un papel determinante[18].

Entre resentimientos y protestas sobre los miserables pueblos donde siempre se destaca su escuadrón, Cadalso se aflige por la ausencia de sus libros, y recordaría al joven viajero que prefería quedarse en su cuarto con sus libros durante sus visitas a las grandes ciudades europeas, así como al militar convaleciente que se alegraba tanto de estar acompañado por sus libros en Salamanca. En los aludidos trozos, se intuye al mismo tiempo el motivo de ciertas desavenencias entre Cadalso y el típico militar de carrera sin aficiones apolíneas, y sin duda ésta fue una de varias razones de la lentitud con que fue ascendiendo de capitán a sargento mayor, a comandante de escuadrón, a teniente coronel, a coronel. El 11 de

---

[18] Sobre estas cuestiones, véase Russell P. Sebold, *Descubrimiento y fronteras del neoclasicismo español,* Madrid, Fundación Juan March / Cátedra, especialmente sus capítulos III («"Aquel buen tiempo de Garcilaso" y el neoclasicismo», págs. 65-89) y IV («"Palabras horrendas y vastas como elefantes": neoclasicismo frente a barroquismo», págs. 91-121).

noviembre de 1774, Cadalso escribe a Iriarte, al parecer desde Montijo (Badajoz): «Es tal el tedio que inspira este pueblo, que ni aun para escribir tengo gusto, ni aun a los amigos de mi mayor aprecio como Vmd. lo es y será siempre. Ésta es una vida indolente, floja, insípida, y como dejé en Madrid mis libros, creyendo que habría mucho que hacer con motivo del nuevo ejercicio, y deseando evitar la nota de estudioso que se me ha echado en cara por los sabios de mi carrera, me hallo más solitario que en la Tebaida. Por lo cual vuelvo y volveré mil veces a repetir a Vmd. el encargo de que me escriba diciéndome cuanto quiera *de re litteraria*» *(ibíd.,* pág. 95).

Los mismos motivos de tedio se acusan en otra carta escrita al mismo amigo seis meses después. No importa que haya cambiado el pueblo. Está en Talavera de la Reina (Toledo): «Ésta es la provincia más triste, más calurosa, más enferma, más inhospitable en España. Estoy mandando un escuadrón en uno de los pueblos más melancólicos de ella. Tengo aquí pocos compañeros, y los tales son poco sociables. He dejado mis libros en Madrid; no hay por acá una persona que me congenie; he tenido mis tercianas, de las cuales nadie se libra en este país, conque estoy sumamente melancólico. Escríbame Vmd. y me volverá el alma al cuerpo» *(ibíd.,* págs. 117-118). Otra carta escrita desde estos aburridos pueblos, dirigida al poeta Iglesias de la Casa, recuerda la forma en que Tediato amolda el *contemptus mundi* ascético a nuevos fines. Escribo las voces clave en cursiva: «Crea Vmd., querido Arcadio, crea Vmd. que para *despreciar el mundo* y seguir mi espíritu filosófico, me sobran experiencias tales cuales no deseo que jamás las tenga persona alguna a quien yo ame» *(ibíd.,* pág. 113).

En otras misivas de estos años, se nos brindan visiones idealizadas del retiro a unas perfectas aldeas arcádicas o rousseaunianas, nuevas añoranzas de Salamanca y nuevas meditaciones sobre la amistad, que son todas compensaciones psicológicas del fastidio moral e incomodidad física que encuentra en esos cargantes pueblos, donde no puede hablar ni con los vivos ni con los muertos. En una carta de 1775 revela que su predilecta composición de lugar «es la de verme a dicha edad [cincuenta años] o mucho antes en una aldea saludable y tranquila, con buenos libros y un criado o dos fieles, en la vecindad de los amigos verdaderos, a quienes visitaré en su casa o recibiré en la mía: siempre alegres, sociables, comunicándonos todas las especies que nos ocurran o bien de invención propia, o bien del trato con los muertos; creciendo en edad, ¡qué viejos seremos tan amables y tan buenos!» *(ibíd.,* pág. 100). Por muy aldea que sea el lugar de retiro imaginado por Cadalso, es evidente que su modelo real, así como el de sus compañeros ideales en ese retiro, son la añorada Salamanca y los muy amados amigos que tenía allí. No es así fortuito que en la misma página reitere su «firme creencia de que hay verdadera amistad en el mundo» y encomie las expresiones afectivas contenidas en las cartas de sus amigos, las cuales «me deleitan porque las considero hijas de una tierna amistad, la cual siendo como es entre nosotros finísima, produce delirios así como el amor, porque *animae carent sexu*».

Pero todo es contradictorio en los afectos, y así Cadalso alterna entre dos actitudes extremas que pueden resumirse con palabras suyas: 1) «Yo nunca tuve hermanos; ni amigos, sino los comunes», es decir, que tuvo conocidos más bien que amigos; y 2) «Nada me importa tanto como mis amigos» *(Epistolario,* págs. 93, 103). El lector de las *Noches lúgubres* sabe que al opinar sobre la amistad Tediato oscila entre las mismas posturas opuestas, reprobando, por una parte, a esos hipócritas que buscan sólo las apariencias de la amistad como instrumento para trepar en la esfera social (noche I), y doliéndose, por otra, de su abandono por el antes dulce amigo que no quiso ya atenderle en su lecho de enfermo (noche II). La única diferencia entre Cadalso y Tediato es que el escritor se inclina más en la dirección de la visión positiva, y el personaje más en la dirección de la negativa. Se entiende así que, en una de las cartas desde Montijo, Cadalso busque una discusión con su doble literario, Tediato, atacando a éste por la vertiente negativa de sus ideas sobre los amigos, como si él mismo no compartiera todas éstas. Censura a Tediato por «su acostumbrada misantropía», y sostiene que «prosigue el buen hombre apurando su hipocondría sobre ese asunto» (págs. 99-100). Sin embargo, la misma misantropía y la misma hipocondría se detectan en el verso de Cadalso, en *Los*

eruditos a la violeta, en las *Cartas marruecas*, en las obras teatrales y en las otras obras menores; y el hecho de que Cadalso
insista tanto en la hipocondría de un ente de ficción que sufre las mismas dudas que él ante la amistad, es una inconfun-
dible confirmación de que esa más noble y generosa de las
emociones humanas le deparó tantas penas como goces.

En 1776 Cadalso termina de componer sus *Epitafios para
los monumentos de los principales héroes españoles*[19], y en una carta del año siguiente informa a Iriarte de que ha escrito una
obra militar titulada *Nuevo sistema de táctica, disciplina y economía para la Caballería Española (Epistolario*, pág. 120), aunque
poco antes había pedido el retiro como teniente coronel. Cadalso sigue haciendo repetidos viajes entre Madrid y los tristes pueblos adonde le lleva su deber, mas también hizo uno
a Cádiz en septiembre de 1777 para visitar a su tío Diego,
«conociendo que si a éste le era doloroso ver a un sobrino
soldado y pobre, le sería gustoso el tenerlo ya teniente coronel» *(Autobiografía*, pág. 116). Hacia 1778 ó 1779 compone
sus *Anales de cinco días, o carta de un amigo a otro*, su última sátira social o «invectiva contra el lujo, modas y usos del siglo
ilustrado», según se describe en la correspondiente portadilla
de la edición de las *Obras* estampada en 1818. En esta sátira,
cuya atribución a Cadalso no creo que haya razón de cues-
tionar, como se ha hecho alguna vez, se encuentra un auto-
rretrato muy reconocible del autor, en la figura de «un buen
mozo con vestido paisano a lo militar, con espada y bastón
[...]; hace versos dulces, castizos y llenos de todo el ardor
poético [...] él ignora el arte de vengarse de sus enemigos; o
los desprecia, o los perdona [...] y es cosa rara que siendo tan
literato, sea al mismo tiempo tan afable con todos; porque
en el *siglo ilustrado* la gran ciencia consiste principalmente en
despreciar a todos, y no mostrar afabilidad a ninguno»[20].

---

[19] *Obras inéditas de don José Cadalso*, ed. de R. Foulché-Delbosc, en *Revue
Hispanique*, t. I (1894), págs. 259-335; *Epitafios*, págs. 269-297. Son bilingües
los *Epitafios*, con texto latino y español.
[20] En *Obras de don José Cadahalso*, Madrid, Repullés, 1818, t. III, págs. 402-
403. Los *Anales de cinco días* los editó por primera vez Antonio Valladares de
Sotomayor, en el *Semanario erudito*, t. XVII, Madrid, 1789, págs. 243-272.

Aquí, además de otros conocidos rasgos, Cadalso se atribuye los del *hombre de bien*, esto es, el esquema de buen hombre y buen ciudadano, honrado, moderado, generoso y filosófico que se expone en las *Cartas marruecas*. Desde marzo de 1779 ocuparon a Cadalso diferentes asuntos relacionados con la defensa de Gibraltar, y fruto de ésta fueron sus *Papeles de la campaña*[21]. En esa acción había de morir de una herida de granada en la sien derecha, en la noche entre el 26 y el 27 de febrero de 1782.

Pepe se creía destinado a permanecer «en esta clase media en que me tiene fortuna» *(Epistolario*, pág. 114); pero de haber gozado de vida más larga, ¿habría superado esos límites? En los últimos años le aquejaba «la mortificación de no haber pagado mis deudas» *(Autobiografía.* pág. 119). Eso sí, volvía a soñar algún día con el retiro filosófico a esa arcádica aldea, pero en medio de tan bello sueño irrumpía la dura realidad. «Tener una casa buena y cómoda en una provincia agradable, con una renta competente —razona hacia 1778—, sería, sin duda, más conveniente y seguro que hacer fortuna. Pero, ¿dónde he de hallar esta India?» *(ibíd.,* pág. 118). En estos últimos años Cadalso recordaría el siguiente trozo de la carta marrueca LXXXIII, de Gazel a Ben-Beley: «el español que publica sus obras hoy las escribe con increíble cuidado, y tiembla cuando llega el caso de imprimirlas. [...] De aquí nace que muchos hombres, cuyas composiciones serían útiles a ellos mismos y honoríficas a la patria, las ocultan». Debía de dolerle mucho a Cadalso que por problemas y demoras de la censura no se hubiesen editado todavía esos dos libros suyos por los que él sentía una predilección especial y que la posteridad miraría como sus obras maestras: las *Noches lúgubres* y las *Cartas marruecas*. No hay, sin embargo, motivo ninguno para pensar que a la hora de su muerte hubiese renunciado a la esperanza ni en la esfera literaria ni en la militar ni en la social. Otro apunte de 1778 representa su enfoque en los días más esperanzados: «En mi edad, que aún no

---

[21] Véase José Gella Iturriaga, «Los *Papeles de la campaña* de Cadalso en un manuscrito de *Varios*», *Boletín de la Real Academia de la Historia*, t. CLXXIII (1976), cuaderno II, págs. 181-238.

es grande; en mis introducciones, que son buenas, y en el concepto que tengo entre las gentes, me puedo prometer fortuna» *(Autobiografía,* 118).

II. Ideología y novela en las «Cartas marruecas»

1. *Entre hombre de bien y vasallo: El pensamiento de Nuño Núñez*[22]

Si atribuyo el pensamiento contenido en las *Cartas marruecas* al único español entre los tres corresponsales ficticios que cambian sus impresiones sobre la España ilustrada, es porque él es la fuente principal de ideas e información para los otros dos autores imaginarios de estas cartas. Durante su larga estancia en la Península, el viajero marroquí Gazel observa de cerca la vida española, pero siempre guiándose al hacerlo por los criterios en los que le ha instruido su amigo español. Las misivas de Gazel sirven para comunicar sus observaciones a su antiguo maestro, Ben-Beley, que lleva vida retirada de filósofo en África, y este sabio marroquí dirige cartas a Gazel y a Nuño, principalmente para señalar su acuerdo con las ideas a un mismo tiempo filosóficas y prácticas del español sobre la vida del hombre individual en la sociedad. (Dentro de un momento quedará claro a cuál de las dos vertientes del pensar de Nuño nos referimos en este momento.) Por las coincidencias entre la vida y las ideas de Nuño y las de Cadalso, se entiende por qué se acostumbra decir que el personaje de nombre y apellido castellanos tan rancios es el álter ego del autor. Después diremos algo sobre la novedad de tal personaje autobiográfico en el viejo género de cartas críticas seudoorientales de Marana, Montesquieu y Goldsmith.

El pensamiento de Nuño/Cadalso se articula en la forma de una ininterrumpida y angustiosa dialéctica entre las dos

---

[22] Sobre el pensamiento de Nuño Núñez, también puede consultarse el cap. VI, «El hombre de bien, Nuño y la crítica romántica en las *Cartas marruecas*», de mi ya citado libro *Cadalso: el primer romántico «europeo» de España.*

caras de su personalidad: la postura de filósofo del Siglo de las Luces, u *hombre de bien*, y la de leal vasallo de la secular monarquía española. La primera postura se expresa con toda la cristalina claridad del lenguaje de la Ilustración, y la otra se encarna en el afecto del militar Nuño por la España tradicional que él como observador de su patria siente siempre en torno suyo. Nótese a la par que este último término de la pugna psicológica de Nuño enlaza con la novela que hay en las *Cartas marruecas*, pues es una novela realista y una de sus funciones es la de representar el correlato *realidad española* de la dolorida visión de vasallo de la problemática nacional. La observación que es la base del análisis filosófico de las costumbres españolas produce al mismo tiempo los apuntes con que trabaja el novelista al crear su simulacro de la sociedad española. Mas de la novela hablaremos en el segundo apartado del presente capítulo.

Primero, estudiaremos la postura del hombre de bien en Nuño. La cualidad filosófica fundamental que se manifiesta en las *Cartas marruecas* es «la imparcialidad que reina en ellas», según dice Cadalso en su Introducción. La característica más estimable del estilo filosófico de Nuño, según Gazel, es a la vez «la imparcialidad que hace tan apreciables sus controversias» (LXXXVII). Aludiendo a la misma virtud filosófica bajo otro nombre, en otra página de su Introducción, Cadalso insiste en que «este justo medio es el que debe procurar un hombre que quiera hacer algún uso de su razón». La computadora revela que el adjetivo *imparcial* se utiliza cinco veces, y el sustantivo *imparcialidad*, siete veces, a lo largo del texto de las *Cartas marruecas*. Además del ejemplo de *justo medio* ya citado, se da otro de *medio justo* en la frase «tomar el medio justo y burlarse de ambos extremos» (LXXIX).

La imparcialidad, llevada a «la conversación de las naciones» (LX), se convierte en tolerancia racional de las diferencias regionales y nacionales. Los viajeros del seiscientos —Tavernier, Bernier, Chardin—, cuyos libros sobre el Oriente inspiraron el género de las cartas críticas seudoorientales habían observado gobiernos patriarcales, oligárquicos e imperiales que funcionaban tan bien como cualquiera de las monarquías y repúblicas conocidas en Europa; y habían hallado en los países exóticos religiones politeístas y monoteístas no cristianas que ejercían tan sana influencia sobre la sociedad como el cristianismo. La máxima expresión de la imparcialidad —la tolerancia cosmopolita— es entonces el ideal de la ciudadanía mundial, que comparten los hombres ilustrados de todos los países.

Para Montesquieu «el corazón es ciudadano de todos los países»[23]. El título definitivo de las *Cartas chinas* de Goldsmith es *The Citizen of the World (El ciudadano del mundo)*, en cuyas páginas se advierte que «es el deber de los doctos [...] persuadir a los hombres a hacerse ciudadanos del mundo»[24]. En 1776 George Washington se considera a sí mismo como «ciudadano de la gran república de la humanidad», y Thomas Paine escribe una de sus obras como «oferta a mis conciudadanos de todas las naciones»[25]. Es en este ambiente cosmopolita en el que se escribieron las *Cartas marruecas*. En nuestras páginas sobre la vida de Cadalso, ya hemos citado el pasaje de la carta LXXX en el que se presenta a Nuño como «ciudadano universal». Pero se hallan ejemplos significativos desde el comienzo de la obra: Nuño ve su nuevo diccionario moral como «útil para todos mis hermanos los hombres» (VIII); tal obra, en efecto, puede «darme entre todos mis conciudadanos más fama y veneración que la que adquirió Confucio» (VIII); «son parientes no sólo todos los españoles, sino todos los hombres» (XI). Reitérase el ideal de la común ciudadanía de todos los seres humanos por el uso de la voz *conciudadano* otras tres veces en las *Cartas marruecas*.

En fin: Nuño «tiene por cosa muy accidental el haber nacido en esta parte del globo, o en sus antípodas, o en otra cualquiera» (III); frase que es interesante comparar con una

---

[23] Barón de Montesquieu, *Lettres persanes* [1721], en *Oeuvres complètes*, ed. de Roger Caillois, París, Gallimard, Bibliothèque de la Pléiade, 81, 86, 1951, 1956, t. I, pág. 228.

[24] Oliver Goldsmith, *The Citizen of the World* [1760, 1762]. *The Bee*, ed. de Austin Dobson y Richard Church, Everyman's Library, 902, Londres, J. M. Dent & Sons, 1934, pág. 52.

[25] *Maxims of Washington*, ed. de John F. Schroeder, Mount Vernon, 1953, pág. 324; Thomas Paine, *The Age of Reason* [1795], Nueva York, Thomas Paine Foundation, s.a., pág. 5.

afirmación del filósofo chino Lien Chi Altangi, personaje de *The Citizen of the World*: «Por mi parte, no siendo el mundo para mí sino una sola ciudad, no me importa mucho en cuál de sus calles me acontezca residir»[26].

Sobre la base de la imparcialidad y la ciudadanía universal Cadalso levanta el esquema de un nuevo hombre público capaz de resolver todos los problemas de España; esquema que representa a la par una de las dos caras de la personalidad de Nuño Núñez que entran en conflicto. Los rasgos fundamentales del *hombre de bien*, se reúnen en el epitafio que le complacería a Ben-Beley ver en su tumba: «Aquí yace Ben-Beley, que fue buen hijo, buen padre, buen esposo, buen amigo, buen ciudadano» (XXVIII). El epitafio que Cadalso compuso para sí mismo contiene una frase en la que se expresa el mismo ideal moral: *probus fuit probosque amavit*, esto es, que fue virtuoso y amó a los virtuosos[27]. El carácter del *hombre de bien* es el resultado de una transacción razonada. Por ejemplo, en la presencia de la «pesadez de los viejos» y el «desenfado de los jóvenes», deberá «tomar el medio justo y burlarse de ambos extremos» (LXXIX). «El hombre grande nunca es mayor que cuando se baja al nivel de los demás hombres», escribe Gazel en la carta LXXVI, aludiendo a una transacción semejante en su sabio mentor Ben-Beley.

El *hombre de bien* procura evitar los extremos al formular juicios sobre las cuestiones filosóficas y prácticas. Coincidiendo por su visión de la crítica con el carácter del nuevo modelo humano que propone, Cadalso explica lo que ha hecho en las *Cartas marruecas*:

> ... yo no soy más que un hombre de bien, que he dado a luz un papel, que me ha parecido muy imparcial, sobre el asunto más delicado que hay en el mundo, cual es la crítica de una nación. (Introducción)

En vísperas de su retorno a Marruecos, Gazel escribe:

---

[26] Goldsmith, *Citizen*, pág. 328.
[27] *Obras inéditas*, ed. de Foulché-Delbosc, en *Revue Hispanique*, t. I (1894), pág. 300.

Mi familia acaba de renovar con otra ciertas disensiones antiguas, en las que debo tomar partido, muy contra mi genio, naturalmente opuesto a todo lo que es facción, bando y parcialidad (XC).

El *hombre de bien* apetece a veces el retiro del mundo para meditar y cobrar fuerzas. Nuño escribe a Ben-Beley, retirado de los asuntos públicos de su país por la edad: «Dichoso tú, que separado del bullicio del mundo empleas tu tiempo en inocentes ocupaciones» (XXI). Mas la tranquilidad que se busca a expensas del bien común de los conciudadanos es un crimen para Cadalso. Nuño razona así con su discípulo marroquí, en la carta LXX: «Pero, Gazel [...], ¿no te parece lastimosa para el estado la pérdida de unos hombres de talento y mérito que se apartan de las carreras útiles de la república? ¿No crees que todo individuo está obligado a contribuir al bien de su patria con todo esmero?» Las reflexiones de Nuño se estimulan por haber sido su compañero moro huésped en el bello refugio campestre a lo Rousseau, al que se ha retirado con toda su familia y servidores un hombre de grandes dotes para los más elevados cargos públicos, simplemente porque prefería leer, meditar y ocuparse del bien de los campesinos del contorno. La conclusión que Nuño endilga a su interlocutor es rotunda: «Conocerás que aunque [tu anfitrión] sea hombre bueno, será mal ciudadano.»

Por la nostalgia casi lacrimosa que inspira la descripción del refugio campestre (LXIX) del «mal ciudadano» —es el tipo de paraje natural tan frecuente en la novela sentimental a lo Rousseau, Marmontel, Bernardin de Saint Pierre y Montengón— parece insinuarse la idea de que frente al retiro total censurable, el apartarse de cuando en cuando puede ser, no sólo atractivo para el *hombre de bien*, sino provechoso para su juicio. He aquí una transacción entre la participación en los asuntos públicos y el alejamiento de ellos, a la cual se había anticipado Rousseau en su célebre novela:

> Empiezo a ver las dificultades del estudio del mundo, y ni aún sé qué lugar hay que ocupar para conocerlo bien. El filósofo está demasiado lejos de él, el hombre de mundo está demasiado cerca de él. El uno ve demasiado para poder refle-

xionar, el otro demasiado poco para poder juzgar el cuadro total[28].

La relación del *hombre de bien* con los demás hombres en la sociedad requiere una nueva transacción entre las ambiciones personales y las necesidades de los prójimos, y así la figura modelo que Cadalso elabora está concebida a la vez como el *conciudadano*. En una obra escrita en francés dos años más tarde, el barón d'Holbach también tiene en cuenta al *conciudadano*: «... el verdadero patriotismo no puede encontrarse sino en aquellos países donde los ciudadanos libres, gobernados por leyes justas, son felices, están unidos, intentan merecer la estima de sus conciudadanos [*concitoyens*]»[29]. La definición cadalsiana del patriotismo se anticipa a la de d'Holbach en la medida en que el español también lo considera como una conciencia social recíproca, más bien que como una norma abstracta para los servicios que el individuo deba a la corporación política bajo cuya autoridad viva. Entre burlas y veras, en la protesta literaria que se halla al final del texto de las *Cartas marruecas*, se alude a un proyecto de libro del autor, cuyo supuesto título será *Elementos del patriotismo*, y su presunta finalidad será «reducir a sistema las obligaciones de cada individuo del estado a su clase, y las de cada clase al conjunto».

Para las necesarias transacciones entre facetas opuestas del carácter del *hombre de bien*, entre éste y la sociedad, y entre todos los hombres que forman ésta, ha de funcionar como catalizador un noble afecto que caracterizaba al hombre primitivo en el estado de la naturaleza, a cuya restauración aspiran los filósofos bajo diferentes nombres: amor social (Pope), benevolencia universal (Goldsmith), compasión (Rousseau). Según Goldsmith, «la benevolencia universal fue lo que primeramente cimentó la sociedad»[30]. Cadalso ha estudiado

---

[28] Jean-Jacques Rousseau, *Julie ou la Nouvelle Héloïse*, París, Garnier, s.a. [1936], t. I, págs. 242-243.
[29] Baron d'Holbach, *Éthocratie, ou le gouvernement fondé sur la morale*, Amsterdam, Chez Marc-Michel Rey, 1776, pág. 288.
[30] Goldsmith, *Citizen of the World*, pág. 71.

las clases sociales meticulosamente: los ricos, los nobles, los sabios, los eruditos, etc., y «en ningún concurso de éstos —concluye— ha depositado naturaleza el bien social de los hombres» (XXXIII). En los corazones de tales hombres no cabe «la mutua benevolencia, el agasajo sincero y la amistad, en fin, madre de todos los bienes sociales». Modernamente, la amistad/amor social/compasión del buen salvaje de Rousseau, la solución de todos los males sociales, se ha de buscar en el corazón de los *hombres de bien*, esto es, «los hombres que se miran sin competencia» *(ibíd.)*. Cadalso propone a hombres de semejante inclinación filosófica para todos los cargos importantes de la nación, pues son confiables quienes «tienen la lengua unísona con el corazón» (VI). Ben-Beley, en quien Nuño encuentra tantas cualidades de *hombre de bien*, hace, en efecto, eco a estas palabras al escribir al amigo español: «... mi sinceridad es tanta, que en nada puede mi lengua hacer traición a mi pecho» (XXXII).

Para mantener tan admirable benevolencia, el *hombre de bien* se ha de someter periódicamente a un severo autoexamen. El Nuño *hombre de bien* es observante de este precepto, y se siente agradecido al hallarse en una situación difícil que tiene la virtud de «haberme precisado a hacer un examen tan riguroso de mi hombría de bien» (LXV). Examen, entiéndase, de todos esos aspectos de la vida en los que se ha buscado el justo medio y la transacción entre extremos. Con los esfuerzos unidos de numerosos hombres caracterizados por el desinterés y la probidad, cosmopolitas capaces de entender las diferencias regionales, patriotas llenos de fe en la hermandad de todos los hombres, hombres de acción que tienen el hábito de pensar en la tranquilidad, hombres modestos de gran encanto social, España podría ponerse a la altura de las demás naciones de Europa, incluso en una época librepensadora, experimental, humanitaria y de orientación internacional como el Siglo de las Luces. Hablando por los hombres de bien y dirigiéndose a sus contemporáneos de otros países, Nuño proclama que una generación de jóvenes españoles está al corriente del nuevo orden y que consigue resultados inesperados:

... nos hemos igualado con ustedes, aunque nos llevaban siglo y cerca de medio de delantera. Cuéntese por nada lo dicho y pongamos la fecha desde hoy, suponiendo que la península se hundió a mediados del siglo XVII y ha vuelto a salir de la mar a últimos del XVIII (LXXVIII).

El *hombre de bien* cadalsiano se asemeja mucho al *philosophe* dieciochesco tan elocuentemente descrito por Denis Diderot en la *Encyclopédie*. El filósofo de Diderot no se satisface con «una vida oscura y retirada, algunas apariencias exteriores de sabiduría»; sino que, al contrario, «la sociedad civil es para él, por así decirlo, una divinidad en la tierra; él la reverencia, la honra con su probidad, con un cumplimiento exacto de sus deberes y con un sincero deseo de no ser un miembro inútil o embarazoso de ella [...]. Cuanta más razón se encuentre en un hombre, más probidad se hallará en él». El filósofo de Diderot es, por consiguiente,

un hombre honrado que se guía en todas las cuestiones por la razón, y que une a un espíritu de reflexión y precisión las maneras y los rasgos de la sociabilidad. [...] ¡qué lejos está el insensible sabio de los estoicos de la perfección de nuestro filósofo! Tal filósofo es un hombre, y el sabio de ellos un fantasma. Ellos se ruborizaban ante lo humano, y él quiere hacer de ello una gloria; ellos querían en su locura aniquilar las pasiones [...] en cambio, él se esfuerza [...] en sacar provecho de ellas[31].

Tanto este noble esquema de Diderot como el de Cadalso tienen una deuda con la figura seiscentista francesa del *honnête homme*, que encarna un sistema moral basado en la probidad más bien que en la caridad cristiana; una tendencia racionalista en cuestiones relativas a la religión y la superstición religiosa; una insistencia en la moderación y el justo medio; la subordinación del yo a la sociedad; y la idea de la felicidad para todos los hombres como meta alcanzable a tra-

---

[31] *Encyclopédie, ou Dictionnaire raisonné des sciences, des arts et des métiers*, 3.ª ed., Liorna, Imprimerie des Éditeurs, 1770-1775, t. XII, págs. 466-467.

vés de la mutua comprensión y la tolerancia[32]. Lo admirable de todos estos esquemas de hombres imparciales, tolerantes, cosmopolitas estriba en la invariable identidad de su carácter, sea cual sea su nación de origen —ninguno de ellos es en el fondo español, francés, inglés, ni de ninguna otra nacionalidad—; mas por lo mismo carecen de la cordial individualidad que cada nacionalidad respira. Sin embargo, Cadalso supera esta deficiencia merced al hecho de que sus rasgos psicológicos individuales, o bien los de Nuño, entran en conflicto con las posturas filosóficas en boga durante la Ilustración.

Examinemos ya el perfil de *vasallo* que Nuño manifiesta en otros momentos. Frente a la aparente fe de Nuño en los ya indicados ideales de la Ilustración, aparecen a lo largo de la obra notas perturbadoras. «Los europeos del siglo presente están insufribles con las alabanzas que amontonan sobre la era en que han nacido» (IV). Se toma nota de la diferencia entre las obras que se escribían en otros tiempos y las del siglo XVIII: «se medían aquéllas por palmos, como las lanzas, y éstas por dedos como los espadines» (Introducción). Tratándose de reformas sociales y económicas propuestas por la Ilustración, «la gente, desazonada con tanto proyecto frívolo, se preocupa contra las innovaciones útiles» (XXXIV). Pero lo más grave es que un programa de reformas basado en el pensamiento universal de la Ilustración puede significar una amenaza para el carácter constitutivo —«lo esencial» (LXXXVII)— de la nación española; y en esto Cadalso se anticipa al concepto de *intrahistoria* que Unamuno formuló más de un siglo después en *En torno al casticismo*. Porque más que las ideas en sí, lo que amenaza las cualidades «esenciales» de la nación española son las relucientes abstracciones de la filosofía de la Ilustación. Responde Gazel a un contrincante, y por sus palabras se descubre que Nuño no es el único que refleja las angustias de Cadalso.

Concédote cierta ilustración aparente que ha despojado a nuestro siglo de la austeridad y rigor de los pasados; pero,

[32] Véase André Lévêque, «L'honnête homme et l'homme de bien au XVIIe siècle», *PMLA*, t. LXXII (1957), págs. 620-632.

¿sabes de qué sirve esta mutación, este oropel que brilla en toda Europa y deslumbra a los menos cuerdos? Creo firmemente que no sirve más que de confundir el orden respectivo, establecido para el bien de cada estado en particular (III).

Cadalso es un hombre moderno y un liberal entusiasta. Mas se siente desgarrado por una profunda crisis de lealtades, una contradicción total entre su lealtad intelectual a su centuria y su lealtad emocional a ese indefinible *quid hispanicum* que encontraba en la tradición nacional. Por una parte, Cadalso se declara crítico imparcial y ciudadano del mundo; por otra parte, los fallos de la «ilustración aparente» le llevan a rechazar la utilidad de los denominadores comunes para juzgar a los pueblos individuales. Las ideas de Cadalso en torno a las traducciones de obras extranjeras ilustran la oposición entre *hombre de bien* y *vasallo*, seguidor del pensamiento ilustrado y español rancio; pues su álter ego afirma que «prescindiendo de lo que han adelantado [los demás países] en física y matemáticas, por lo demás no hacen absoluta falta las traducciones» (XLIX). Evidentemente, no se trata en este momento de afán de modernización, sino al contrario de voluntad de protección a los tradicionales valores humanísticos de España, puesto que en las ciencias, «las voces para tratarlas en todos los países son casi las propias [...], pero en las materias puramente de moralidad, crítica, historia o pasatiempo, suele haber mil yerros en la traducción por las varias índoles de cada idioma» (L).

Nada, por ejemplo, hay en la literatura francesa que haga falta traducir, pues Nuño cree haber descubierto en los escritores clásicos españoles «las semillas que tan felizmente han cultivado los franceses de la mitad última del siglo pasado, de que tanto fruto han sacado los del actual» (XLIX). Verbigracia: «Un párrafo de Voltaire, Montesquieu y otros coetáneos tiene tal abundancia de las tres hermosuras referidas [laconismo, abundancia y energía], que no parecía caber en el idioma francés» *(ibíd.)*. En este contexto resulta iluminativo considerar otra afirmación de Nuño: «Trabajemos nosotros en las ciencias positivas, para que no nos llamen bárbaros los extranjeros» (LXXVIII). No para que nos pongamos al día, sino para que no sufra nuestro secular orgullo. El corazón de Cadalso está en conflicto con su mente: tiende a mirar hacia el resto de Europa en busca de normas críticas, pero siempre vuelve los ojos hacia España como el único contexto en el que su propio espíritu encuentra alguna identidad personal y humana. A causa de su mayor lealtad al corazón, la crítica de Cadalso, Larra, Costa y Unamuno nunca llega a ser más que un desesperado gesto personal ante el problema de España, con sólo alguna rara excursión por el campo de las ideas puras.

En su sugerente prólogo de 1917 a las *Cartas marruecas*, Azorín declara que «aparte de las *Noches*, la trascendencia de Cadalso estriba, por lo que respecta a la revolución romántica, en que al hacer la crítica de los valores históricos y sociales, pone frente a ellos, instintiva y fatalmente, el propio yo»[33]. Las cartas seudoorientales de Cadalso, como los artículos de Larra, son a un mismo tiempo crítica y confesión, confesión de un crítico cuya crisis personal se amalgama con la de la nación. Cadalso y Larra viven entre dos afirmaciones alarmantes sobre la suerte de España. «El descuido de España lloro —se lamentaba Feijoo en 1739—, porque el descuido de España me duele»[34]. «Me duele España» —decían, según legendaria atribución, los miembros de la Generación del 98. Cadalso y Larra conocían a fondo la melancólica dificultad de ser españoles, y es hora ya de ver cómo el autor de las *Cartas marruecas* prepara la estructura de su obra para la incorporación de esa desgarradora experiencia a sus páginas.

En la Introducción a las *Cartas marruecas*, Cadalso nos advierte que no va a detenerse «en decir el carácter de los que las escribieron», pues «esto último se inferirá de su lectura». Por tanto, el autor insinúa desde el principio que existe una dimensión subjetiva en el libro, que ésta ha de buscarse en la caracterización de los corresponsales imaginarios, y que tal caracterización se ha de inferir del estilo. Los personajes de ficción son

---

[33] José de Cadalso, *Cartas marruecas*, ed. de Azorín, Madrid, Casa Editorial Calleja, 1917, pág. 13.

[34] Benito Jerónimo Feijoo, *Honra y provecho de la agricultura*, en *Teatro crítico universal*, nueva impresión, Madrid, Ibarra, 1769, t. VIII, pág. 353.

siempre proyecciones de las personalidades de sus creadores, y el estilo es la impronta que deja en la lengua la personalidad del autor. Los tres corresponsales encarnan, por ende, ideas y rasgos de Cadalso. Mas Nuño, por su pensamiento, por su fe de vida, por sus circunstancias personales, es el gemelo de Cadalso. Incluso está escribiendo el mismo libro.

Esto se revela por la carta XXXIX. Gazel entra una mañana en el cuarto de Nuño, y mientras espera para que éste se vista, se entretiene hojeando un manuscrito del amigo español, titulado *Observaciones y reflexiones sueltas*: «era un laberinto de materias sin conexión —recuerda Gazel—. Junto a una reflexión muy seria sobre la inmortalidad del alma, hallé otra acerca de la danza francesa, y entre dos relativas a la patria potestad, una sobre la pesca del atún». Tenemos aquí un curioso ejemplo de metaliteratura. Pues con esta descripción se capta también perfectamente la organización interior de las *Cartas marruecas*. Las *Observaciones* son el álter ego de las *Cartas marruecas*, de igual modo que Nuño es el de Cadalso. La puesta en escena de la carta XXXIX acaso se haya estimulado por una visita matutina de Meléndez Valdés al cuarto de Cadalso mientras escribía la obra que comentamos.

Más importante que la descripción de la organización interior de la obra, empero, es la explicación, de Nuño, de tal antiestructura:

> —Mira, Gazel; cuando intenté escribir mis observaciones sobre las cosas del mundo y las reflexiones que de ellas nacen, creí también sería justo disponerlas en varias órdenes, como religión, política, moral, filosofía, crítica, etc.; pero cuando vi el ningún método que el mundo guarda en sus cosas, no me pareció digno de que estudiase mucho el de escribirlas. Así como vemos al mundo mezclar lo sagrado con lo profano, pasar de lo importante a lo frívolo, confundir lo malo y lo bueno, dejar un asunto para emprender otro, retroceder y adelantar a un tiempo, afanarse y descuidarse, mudar y afectar constancia, ser firme y aparentar ligereza, así también yo quiero escribir con igual desarreglo *(ibíd.)*.

Comentario que recuerda la oximorónica descripción que da Feijoo de la organización interior de su obra en el Prólogo al tomo I del *Teatro crítico*: «un riguroso misceláneo». Mas, mientras que Feijoo prefería esta forma libre porque daba a sus tomos «más apacible variedad», Cadalso ha descubierto en la informe forma de su obra un nuevo medio mimético: representando el caos del mundo con un estilo que es otro caos, se lleva el realismo al género ensayístico. La renuncia a un orden lógico para su libro es a la par una nueva expresión de la desilusión del crítico que fracasó al buscar la imparcialidad. Veremos más tarde que el «desarreglo» de la escritura cadalsiana tiene también hondas implicaciones para la dimensión novelística de la obra.

Se debe al deseo de Cadalso de dar cabida a sus reacciones subjetivas de español angustiado la mayor innovación introducida en el género de las cartas críticas seudoorientales. En las *Lettres persanes*, de Montesquieu, no hay ningún corresponsal francés; y tampoco hay ningún corresponsal inglés en *The Citizen of the World*, de Goldsmith. Lo más cerca que se llega a tal cosa en estas obras es un «traductor» francés que escribe el Prefacio de las *Cartas persas*; y dos personajes ingleses, el «caballero vestido de negro» y Beau Tibbs, que participan en los sucesos que los corresponsales chinos de Goldsmith narran. Mas ninguna de estas figuras escribe cartas ni expresa opiniones sobre el país del que se trata. Así, frente al aparente mayor objetivismo de las cartas críticas seudoorientales de otras naciones europeas —trátase de opiniones expresadas por corresponsales que no tienen lazos personales con esas naciones—, en las *Cartas marruecas* está presente, en cambio, por todos lados el elemento de la conciencia subjetiva española, debido a la ininterrumpida intervención del corresponsal de nacionalidad española, Nuño Núñez.

Mas, se me objetará, Nuño no escribe sino diez de las noventa cartas. Aun Ben-Beley escribe una más que él, pues es autor de once, y Gazel escribe sesenta y nueve. Sin embargo, las ideas y los sentimientos de Nuño son el germen inspirador de todas estas cartas; pues los otros corresponsales citan y parafrasean, no sólo las ya mencionadas *Observaciones* de Nuño, sino también su diccionario, su *Historia heroica de España*, extractos de otros escritos históricos del español y trozos de muchas cartas suyas, llegando a copiarse, en la carta XXXIII, que nominalmente es de Gazel, una carta entera de Nuño, no incluida en la cuenta anterior de diez. Es más: en sus cartas a Ben-Beley, Gazel cita una y otra vez la conversación de Nuño, y donde no entrecomilla lo dicho por su cicerone, parafrasea sus opiniones señalando su propia conformidad con ellas con expresiones como: «Soy del dictamen de Nuño»; o bien «Del mismo dictamen es mi amigo Nuño»; y pocas páginas hay que no lleven acotaciones dialogales como «dice Nuño», «me dijo Nuño», «decía Nuño», «prosiguió Nuño», «suele decirme Nuño», «añadió Nuño», etc.

No se trata simplemente de la incorporación a estas páginas del pensamiento y las vivencias de un español representativo de la Ilustración. El cordial subjetivismo de ese yo angustiado que Azorín percibía en las *Cartas marruecas* no se explicaría únicamente por la presencia del Cadalso crítico y escritor en la obra. Nuño no es meramente portavoz de Cadalso. Nuño es todo lo que significa el término *álter ego* que he usado. A la vez que el Cadalso crítico y escritor, es también el Cadalso hombre; y son fiel e inconcuso testimonio de esto las frecuentes alusiones autobiográficas contenidas en las *Cartas marruecas*, las más importantes de las cuales quedan citadas en nuestro primer capítulo. Leyendo las *Cartas marruecas*, ningún lector que conozca la vida de Cadalso dejará de sentirse en la magnética compañía de su autor.

El nombre del corresponsal español, Nuño Núñez, revela asimismo la índole autobiográfica del personaje. El autor y el personaje son militares, admiradores los dos de los grandes héroes del pasado, y el primer Nuño Núñez fue precisamente un héroe castellano del siglo XI a quien varios historiadores a partir de El Toledano, han identificado con Nuño Rasura, el legendario juez de Castilla y abuelo de Fernán González[35]. El nombre de pila *Nuño* recuerda a otros notables militares como Nuño González de Lara el Bueno, amigo de la infancia de Alfonso X el Sabio y más tarde uno de los nobles disidentes de su corte; y *Núñez* es también el apellido de

---

[35] Véase Justo Pérez de Urbel, *Historia del condado de Castilla*, Madrid, C.S.I.C., 1945, t. I, págs. 163-164, 349.

famosos héroes de la conquista de América, como Álvar Núñez de Vaca y Vasco Núñez de Balboa. *Nuño Núñez* es, por tanto, un nombre simbólico que representa una noción de la quintaesencia del heroísmo español, como la que pudiera tener siempre en mente un soldado deseoso de emular las grandes hazañas de otros siglos. Con el nombre *Nuño Núñez* se anuncia desde la primera carta ese punto de vista subjetivo de las *Cartas marruecas* que ha de oponerse a su otro punto de vista filosófico. Cuando un escritor se proyecta en el disfraz de *vasallo*, parece natural que romantice el pasado, especialmente el pasado épico.

Frente al *patriota*, al *buen ciudadano*, al *crítico imparcial*, al *hombre de bien* y todos los valores objetivos adjuntos a este ideal humano, el otro Nuño, el Nuño *vasallo*, confiesa con orgullo: «Yo nací para obedecer, y para esto basta amar a su rey y a su patria: dos cosas a que nadie me ha ganado hasta ahora» (VIII). El buen ciudadano examina y cuestiona las condiciones existentes para poder hacer una contribución útil a unas reformas razonadas. En cambio, el vasallo no pone nada en duda: obedece a ciegas. La mentalidad de vasallo es la forma que toma el subjetivismo español de Nuño/Cadalso al entrar en conflicto con el *hombre de bien* que alienta en el mismo personaje. Esto se destaca cuando Nuño mira el género de la historia heroica francesa en el contexto de la producción total de libros franceses durante el siglo XVIII. Los valores intelectuales setecentistas, abrazados por los tres corresponsales, ceden a las convicciones afectivas del corresponsal español: «... no tienen los franceses una historia de sus héroes tan metódica como yo quisiera y ellos merecen [...]. En lugar de llenar toda Europa de tanta obra frívola como han derramado a millares en estos últimos años, ¡cuánto más beneméritos de sí mismos serían si nos hubieran dado una obra de esta especie!» (XVI).

Las ideas y las reacciones personales contenidas en las *Cartas marruecas* dan nacimiento a toda una serie de contradicciones que corresponden a la polaridad *hombre de bien/vasallo*. El mayor atractivo de las reacciones respecto de las ideas tiene su origen en el papel dominante de Nuño, el vasallo leal y la encarnación literaria del siempre cordial yo de Cadalso. Consideremos las ideas de Cadalso sobre la conmemoración de las vidas de los virtuosos, por una parte, y las hazañas de los grandes héroes militares, por otra parte: «... si en lugar de las historias de los guerreros [...] se hubiesen escrito con exactitud las vidas de los hombres buenos, tal obra, ¡cuánto más provechosa sería!» (XXVIII). Cadalso dedica toda esta carta a la fama póstuma, afirmando que «ninguna fama póstuma es apreciable sino la que deja el hombre de bien», palabras que recuerdan el epitafio de Ben-Beley. Cadalso insiste en ello, y podría juzgarse que desprecia a los guerreros que han dejado fama tras sí: «Que un guerrero transmita a la posteridad la fama de conquistador [...] ¿qué ventajas producirá su nombre? Los siglos venideros sabrán que hubo un hombre que destruyó medio millón de sus hermanos»; lo cual trae a la memoria la opinión de Goldsmith de que «el alarde del heroísmo en esta era ilustrada se considera justamente como una distinción de muy baja categoría, y la humanidad empieza ahora a contemplar con el debido horror a estos enemigos del hombre»[36]. Es muy ilustrado, muy de su siglo, el Cadalso que escribe la carta XXVIII, mas de ningún modo hay que olvidar que en una carta anterior, dos veces más larga —la IX— vindica y elogia a Hernán Cortés, a quien los ilustrados europeos solían mirar como brutal carnicero. Es más: en la carta XVI vuelve sobre el tema de «Hernán Cortés, héroe mayor que los de la fábula».

El Cadalso admirador romántico del pasado épico de España elogia la lealtad castellana —«los castellanos son, de todos los pueblos del mundo, los que merecen la primacía en línea de lealtad» (XXVI)—, y en cambio, el Cadalso pensador ilustrado admira la industria y las actividades útiles de los catalanes, que lograron, especialmente en la manufactura textil, notables avances durante la segunda mitad del siglo XVIII[37]. El hombre de la Ilustración que alienta en Cadalso cambiaría ambas Américas por dos provincias como Cataluña (XLV). Mas los talentos de los catalanes, tan necesarios para la in-

---

[36] Goldsmith, *Citizen of the World*, pág. 105.
[37] Véase James Clayburn La Force, Jr., *The Development of the Spanish Textile Industry 1750-1800*, Berkeley, University of California Press, 1965.

troducción de las técnicas del comercio y las manufacturas modernas, no los levantan por encima de la categoría de sirvientes para el Cadalso soldado romántico —sirvientes de primera clase, eso sí, pero sirvientes al fin—: «Si yo fuera señor de toda España, haría a los catalanes mis mayordomos» *(loc. cit.).*

Goldsmith desprecia al decadente noble hereditario, que no tiene talento ni virtudes propias, pero que se satisface con que «uno de sus antepasados poseyera estas cualidades doscientos años antes de que él viviera»; y Rousseau se sentiría muy molesto, dice, «si no tuviera otra prueba de mi mérito que la de un hombre que está muerto desde hace quinientos años»[38]. Cadalso se une a estos sarcasmos de escritores ilustrados, definiendo así la nobleza decadente: «Nobleza hereditaria es la vanidad que yo fundo en que, ochocientos años antes de mi nacimiento, muriese uno que se llamó como yo me llamo, y fue hombre de provecho, aunque yo sea inútil para todo» (XIII). En cambio, se le hace muy difícil al Cadalso escritor satírico de la Ilustración mantener su acerbo humorismo ante una cordial figura que tiene su modelo en el hambriento y vanidoso pero simpático escudero a quien sirve el buen Lázaro en el *Lazarillo de Tormes.* Véase el párrafo de la carta XXXVIII que empieza: «Todo lo dicho es poco en comparación de la vanidad de un hidalgo de aldea. Éste se pasea majestuosamente en la triste plaza de su pobre lugar...». A partir del adverbio *majestuosamente,* no es ya el crítico imparcial quien escribe, sino el vasallo inclinado a romantizar las costumbres pintorescas del pasado español.

El Cadalso crítico imparcial se da cuenta de que la industria y el comercio han atraído poco a los españoles: «no es mucho que [...] la continuación de estar con las armas en la mano les haya hecho mirar con desprecio el comercio e industria mecánica» (III). Por el contrario, el Cadalso admirador de la España heroica del pasado se resiste a creer que cualquier aspecto de la vida española estuviera subdesarrolla-

---

[38] Goldsmith, *Citizen of the World,* pág. 88; Rousseau, *Nouvelle Héloïse,* t. I, pág. 157.

do en aquellas gloriosas centurias, aun cuando tenga que recurrir al silogismo para sostener su visión. Razona así:

> En los tiempos inmediatos a la conquista de América, no había las fábricas extranjeras en que se refunde hoy el producto de aquellas minas, porque el establecimiento de las dichas fábricas es muy moderno respecto de aquella época; y no obstante esto, había lujo pues había profusión, abundancia y delicadez (respecto que si no lo hubiera habido, entonces no se hubiera gastado sino lo preciso). Luego hubo en aquel tiempo un lujo considerable, puramente nacional (XLI).

Quiere decirse que existía una industria de lujo puramente español. Mas tal modo de *razonar* representa la derrota de la razón por la fantasía histórica. En otra página Cadalso cuestiona el progreso industrial de la Ilustración con respecto a las centurias anteriores: «Mil artes se han perdido de los que florecieron en la antigüedad; y los que se han adelantado en nuestra era, ¿qué producen en la práctica, por mucho que ostenten en la especulativa?» (IV). Pero no se piense que la desaparición de ciertas industrias españolas de otro tiempo sea ocasión de emprender análisis socioeconómicos y reformas; es motivo de un lamento.

Con el último ejemplo de la oposición *hombre de bien/vasallo* resaltará más claramente que nunca la importancia de lo militar como símbolo de lo subjetivo en las *Cartas marruecas*, porque aparece donde menos se pensaría y donde a primera vista no parece tener ningún parentesco con el tema del que se trata. Me refiero a la reacción de Nuño ante la afectada carta de su hermana afrancesada, tan plagada de galicismos y de sintaxis francesa violentamente sobrepuesta a la española, que sin saber francés no se comprende el castellano de tan singular dama (XXXV). Indignado, Nuño/Cadalso recuerda las glorias de la historia castellana. Lo lógico hubiera sido que evocara los nombres de escritores de siglos anteriores, porque se trata de la expresión escrita. Podría haber preguntado qué habrían sacado en limpio de la extraña jerga de su hermana Gonzalo de Berceo, don Juan Manuel, el arcipreste de Hita, Pero López de Ayala, o Juan de Mena. Lo sorprendente a primavera vista es que Cadalso no busca su término de comparación en las letras, sino en las armas y, concretamente, en el héroe legendario de la independencia de Castilla, Fernán González, preguntándose «cómo había de entender esta carta el conde Fernán Gonzalo [sic]» *(ibíd.)*.

Las *Cartas marruecas* son la confesión espontánea y contradictoria de un patriota y militar que ha fracasado al intentar servir a su patria en la calidad de crítico ilustrado. El sentimentalismo nacionalista de Cadalso ha vencido a su intelectualismo cosmopolita. Como crítico es un fracasado, pero sólo en el nivel de las reformas prácticas. Más cerca de nosotros la generación del 98 fracasó en el mismo sentido. Sin embargo, las *Cartas marruecas* son un enorme éxito como documento humano, y por sus formas expresivas, por su manera de enfrentarse con el famoso *problema de España*, por su cálido atractivo para el lector, se anticipan a los ensayos de Mariano José de Larra, Joaquín Costa, Ángel Ganivet y Miguel de Unamuno.

2. *Costumbrismo y novela en las* Cartas marruecas

Hoy casi nadie se ocupa de las *Cartas marruecas* sin aludir a la vertiente costumbrista de la obra, ya sea para conectar ésta con la *tendencia* costumbrista de todos los tiempos, tal como se da en la *Celestina*, la novela picaresca, la comedia del Siglo de Oro, el *Día de fiesta por la mañana* y el *Día de fiesta por la tarde*, de Juan de Zabaleta, las *Visiones*, de Torres Villarroel, etc., o ya para sugerir que Cadalso es uno de los importantes antecedentes dieciochescos de la *escuela* costumbrista decimonónica de Mesonero y Larra. Sin embargo, no se ha estudiado ninguno de estos dos asertos de modo sistemático, ni en conexión con las *Cartas marruecas*, ni en conexión con otras importantes obras costumbristas de la segunda mitad del setecientos.

La vieja *tendencia* costumbrista representa un fenómeno amorfo, ya que no existe literatura de ninguna clase sin que intervengan las costumbres; y decir que una obra determinada siga o refleje este costumbrismo tradicional es decir muy poca cosa. En cambio, *escuela* significa un nuevo modo de interpretar y utilizar los materiales descriptivos que en tiempos anteriores se han unido, en parte, simplemente por la acumulación. *Escuela* requiere la conciencia de un nuevo cometido de parte de los escritores, de una nueva temática, de un nuevo programa para el uso de ésta, de unos nuevos procedimientos para su imitación literaria. Y Cadalso participa plenamente en esta toma de conciencia, a la que ya en 1796 Juan Pablo Forner le ponía un nombre significativo: «la escuela general de las costumbres»[39].

La nueva conciencia de lo que significa *describir* y lo que haya de describirse empieza a formarse en España hacia mediados del siglo XVIII, en realidad un poco antes con la *Vida* de Torres Villarroel (1743). La representación literaria —la pintura— de la realidad se altera profundamente cuando el escritor empieza a fijarse con atención en cada detalle menudo de los miles que constituyen cualquier segmento de esa realidad. La nueva visión del entorno humano, que producirá una nueva literatura, se condiciona por la divulgación de nuevos métodos científicos, que a su vez se convierten en nuevos métodos literarios. Concretamente, pienso en el *Novum organum scientiarum* (1620), cuyo procedimiento inductivo para descubrir la verdad en el terreno de lo físico dependía de la reunión de infinitos datos relativos al fenómeno investigado: fruto todos ellos de la observación directa. El auge de la influencia de Bacon en España corresponde a la época de la rivalidad científica entre el Feijoo innovador y el Torres tradicionalista (1720-1750), y en la obra de éste el hábito de la observación e inducción dio nacimiento al carácter realista de las extensas descripciones de tipos populares contenidas en sus *Pronósticos* y en su *Vida*[40]. La primera obra que

---

[39] [Juan Pablo Forner], *La escuela de la amistad o el filósofo enamorado. Comedia. Precede una Apología del vulgo con relación a la poesía dramática*, Madrid, Imprenta de Fermín Villalpando, 1796, pág. VI. Otro curioso antecedente terminológico del costumbrismo decimonónico que se halla en la misma *Apología* es la frase siguiente: «este cuadro o espejo de las costumbres viciosas» (pág. XXV).

[40] Puede consultarse Russell P. Sebold, *Novela y autobiografía en la «Vida» de Torres Villarroel*, Letras e Ideas, minor, 5, Barcelona, Ariel, 1975. Los *Pronósticos* se estudian en el Apéndice II.

puede considerarse como sistemáticamente realista, no solamente basada en observaciones, sino también en apuntes del autor, quien opinaba que tener conocimientos exhaustivos del medio físico del hombre aseguraba una fiel interpretación de su conducta, es la novela *Fray Gerundio de Campazas* (1758; 1768), del padre Isla. En este caso ha influido el *Ensayo sobre el entendimiento humano* (1690), de John Locke, y sobre todo su idea de que todo cuanto podemos saber, llega a las puertas de nuestro intelecto a través de esos cinco sentidos corporales con que observamos nuestro mundo[41]. Desde principios del siglo también se ha hecho sentir sobre la literatura el influjo de la *Óptica* (1704), de Isaac Newton; y el sensismo de Locke viene a consolidarse y extenderse por el aporte del *Tratado de las sensaciones* (1754), del abate de Condillac, cuyas ideas formarían los intelectos de varias generaciones de españoles de los siglos XVIII y XIX. He estudiado la relación de todas estas ideas con la poesía de Cadalso, en la que la inmediatez, el dinamismo, el colorido y el sonido también son las notas más características de la realidad descrita, con la simple diferencia de que en esos versos se han representado las facetas del mundo natural más aptas para la interpretación lírica[42].

Ahora se trata de mirar esta nueva conciencia de la realidad en la prosa de las *Cartas marruecas*, no ya a través del prisma de la historia, sino a través del otro más iluminativo de la técnica literaria. Todo lector de Mesonero y Larra sabe que, a la vuelta de cada página, estos maestros del costumbrismo decimonónico reflexionan sobre su proceso creativo, por ejemplo, en los primeros párrafos de *El álbum*, de Larra. Nos dicen adónde, a qué horas van a buscar los apuntes que se convertirán en cuadros de costumbres, cómo recogen los materiales, cómo los elaboran, etc. En esos pasajes Larra, Mesonero, Estébanez Calderón, etc. usan una terminología

---

[41] Consúltese la Introducción a José Francisco de Isla, *Fray Gerundio de Campazas*, ed. de Russell P. Sebold, Colección Austral, A257-A258, Madrid, Espasa Calpe, 1992.
[42] Sobre la presencia de las ideas de Locke, Condillac y Newton en el verso de Cadalso, véase el capítulo IV de mi ya citado libro de 1974.

muy particular: *costumbres, usos, observar, observación, curiosidad, curioso, apuntar, retrato, retratar, cuadro, pintura, pintar, pintor, descripción, imparcial, imparcialidad*, etc.

Mas he aquí que estos mismos términos se hallan utilizados ya en 1774, en las *Cartas marruecas*, con referencia a las mismas actividades. El sustantivo *costumbre*, normalmente en plural, *costumbres*, está utilizado cincuenta veces en el texto de las *Cartas marruecas*; su sinónimo *usos*, ocho veces, y en varias ocasiones aparecen reunidos en el sintagma *usos y costumbres*. El verbo *observar*, típico de las ciencias y la literatura de la Ilustración, y el sustantivo *observación*, figuran usados, respectivamente, diecinueve y once veces, en relación con los personajes y costumbres que Cadalso se propone trasladar a sus páginas[43]. La inspiración que sostiene al costumbrista en su búsqueda de materiales estimulantes está nombrada con la voz *curiosidad* en ocho pasajes, y aparece usado una vez el adjetivo *curioso*. (Más tarde Ramón de Mesonero Romanos usará el sobrenombre «El Curioso Parlante».) La fase intermedia entre la observación y la escritura, indispensable para la conservación de los materiales, se representa por siete ejemplos del verbo *apuntar*. Y el producto del proceso imitativo tiene varios nombres en el texto del libro que comentamos: *retrato*, seis veces; *pintura*, cuatro veces; *descripción*, tres veces; y *cuadro*, dos veces. La actividad que lleva a esos productos está aludida por el empleo de *pintar* siete veces y *retratar* tres veces. Y se resume en otra página la noción de la misma actividad en el sustantivo *pintor*. Por fin, para ser convincentes, las imágenes creadas por estos procedimientos se han de captar con *imparcialidad*, o de modo *imparcial*. Estos términos, que se utilizan respectivamente siete y cinco veces, los seguirían usando Mesonero y Larra; y aplicados a la descripción y la narración, tenían en la crítica dieciochesca y decimonónica el mismo sentido que tiene para nosotros *objeti-*

---

[43] El sustantivo *observación* es, significativamente, la primera palabra del título de la perdida novela de Cadalso, *Observaciones de un oficial holandés en el nuevamente descubierto reino de Feliztá*, de la que habla en su *Autobiografía* (pág. 100). Es asimismo la primera palabra del ya mencionado libro de Nuño, *Observaciones y reflexiones sueltas*.

vidad cuando hablamos de las cualidades realistas de un simulacro literario.

Miremos algunos de estos términos en contextos representativos. El título completo de la obra que el autor está «editando» es: *Cartas escritas por un moro llamado Gazel Ben-Aly, a Ben-Beley, amigo suyo, sobre los usos y costumbres de los españoles antiguos y modernos, con algunas respuestas de Ben-Beley, y otras cartas relativas a éstas* (Introducción de Cadalso), donde se ejemplifica el ya aludido sintagma *usos y costumbres*. Pero lo más notable es que según tal título el tema único y central son las costumbres de los españoles; y la voz *costumbres* aparece también en el primer período de la Introducción. «*Observaré* las costumbres de este pueblo», escribe Gazel en la Carta I, y subrayo la voz clave. En su posada de Barcelona, Gazel se encontró con un amable militar joven: «no pude aguantar un minuto más mi *curiosidad* acerca de su clase, y así le pregunté quién era» (XLV; la cursiva es mía). En la carta LXIX, Gazel ha podido recrear cierto accidente de coche que sufrió con todas sus pintorescas circunstancias, «porque lo *apunté* muy individualmente en el diario de mi viaje» (la cursiva es mía). Nuño usa amanuenses y copiantes como los novelistas del siglo XIX: para la recopilación de las ideas extravagantes de los petimetres enloquecidos a quienes visita en el hospital, en la carta LXXXII, «he encargado —dice Nuño— al criado que les asiste de que *apunte* todo lo que oiga gracioso en este particular» (la cursiva es mía). Y en la carta LXVII: «llamé a mi copiante», dice Nuño[44]. «Éste es el *cuadro* del an-

---

[44] Aparte de las interesantes descripciones costumbristas y/o novelísticas de tipos humanos contemporáneos que Cadalso dejó completamente elaboradas, existen algunas cartas que podrían considerarse como páginas de un cuaderno de novelista. Contienen toda suerte de apuntes con los que se habría podido formar otros personajes que, no obstante, no llegaron a vivir como tales. Pienso especialmente en las cartas LXIII, LXIV, LXXV y LXXXII, en las cuales, respectivamente, está apuntada copiosa información sobre los políticos, los artesanos de la industria de la vestimenta, los maridos, y las actitudes de los petimetres. La carta LXXV plantea el tema del matrimonio forzado y desigual que el teatro burgués lo mismo que la novela analizaba entonces y seguiría analizando, por ejemplo, en *El sí de las niñas* (1806), de Moratín hijo, y en la carta indicada Cadalso no deja de anticiparse a varios aspectos de esta obra.

tiguo lujo. ¿Cómo *retrataremos* el moderno?», ejemplo de la carta XLI con dos cursivas pertinentes. (Hay un ejemplo aun más significativo de *cuadro* en las *Noches lúgubres*, que estudiaremos en otro apartado más abajo.) Vaya otro ejemplo con dos cursivas, que viene de otra carta del moro Gazel: «Estábamos el otro día en una casa de concurrencia pública donde se vende café y chocolate, con un joven francés de los que acabo de *pintar*, y que por cierto en nada desmentía el *retrato*» (XXIX).

Otro procedimiento para recoger materiales que comparte Cadalso con los costumbristas posteriores es el paseo en el que se puede observar una gran variedad de tipos humanos, o bien la visita a barrios de diferentes niveles sociales. Al inicio de la carta XL, Gazel escribe: «Paseábame yo con Nuño la otra tarde por la calle principal de la Corte, muy divertido de ver la variedad de gentes.» Larra busca la misma variedad; pues, según explica en *El álbum*, «el escritor de costumbres no desdeña muchas veces salir de un brillante *rout*, o del más elegante sarao, y previa la conveniente transformación de traje, pasar en seguida a contemplar una escena animada de un mercado público o entrar en una simple horchatería a ser testigo del modesto refresco de la capa inferior del pueblo»[45]. Ya en el paseo, ya en su propia vida, no se le escapa al ojo escrutador de Cadalso ningún modelo costumbrista. Recuérdese esta ya citada observación de Cadalso sobre su amistad con la condesa-duquesa de Benavente: «Si se tuviese más cuidado en escribir las costumbres de la nación, esta amistad formaría época en semejante historia»[46].

Es innegable que Cadalso es costumbrista, que practica el costumbrismo; y no se me diga que sea anacrónico aplicarle tales términos, pues lo sería igualmente aplicárselos a Mesonero, Larra y Estébanez Calderón. Dice Corominas que el adjetivo y sustantivo *costumbrista* todavía no figuraba registrado en el *Diccionario de la lengua española*, de la Real Academia Española, en la edición de 1899. Dato poco útil, porque tam-

---

[45] Mariano José de Larra, *Artículos completos*, ed. de Melchor de Almagro San Martín, Madrid, Aguilar, 1944, págs. 265-266.
[46] *Epistolario*, ed. cit., pág. 103.

poco se hallaba incluido todavía en la edición de 1914. Se admitió *costumbrista*, por fin, en la edición de 1925. Es más: hace un momento, miré la decimoséptima edición del diccionario académico, de 1947, y en ese año todavía no estaba *costumbrismo*, pues este sustantivo no había de admitirse hasta la segunda mitad del siglo XX, en la decimoctava edición del diccionario de la Academia, de 1956.

Según Cadalso, ¿cuál es la motivación de su dedicación al costumbrismo, y a la vista de esa motivación cómo define la temática de sus páginas costumbristas? Lo que más le concierne a Cadalso/Nuño es la decadencia de las costumbres a lo largo de las centurias, y la posible medicina para ese mal. Trátase en realidad de una cuestión doble, pues en lo que atañe a la decadencia y al posible resurgimiento, las costumbres y la lengua se nos presentan unidas por un indisoluble lazo. En la carta XXXVI, alude de paso al fenómeno de «la corrupción de la lengua, consiguiente a la de las costumbres». Mas donde establece muy claramente la ilación, es en la carta anterior: «En España, como en todas partes, el lenguaje se muda al mismo paso que las costumbres; y es que, como las voces son invenciones para representar las ideas, es preciso que se inventen palabras para explicar la impresión que hacen las costumbres nuevamente introducidas» (XXXV). De ahí que Cadalso también se interese, a lo largo de las *Cartas marruecas*, por otros varios problemas lingüísticos, como son las traducciones y el galicismo.

El problema de las costumbres nuevas y las palabras nuevas necesarias para nombrarlas forma parte de una problemática esencial a toda la Ilustración, de la que Feijoo trata en su conocida carta sobre la *Introducción de voces nuevas*: esto es, la necesidad de buscar o crear términos nuevos para las ideas nuevas y los inventos nuevos de los tiempos nuevos. Antes de Cadalso, también el poeta José Antonio Porcel sentía la misma necesidad de léxico nuevo para saber bandearse en el siglo nuevo: «Nuevos modelos de pensar traen por consiguiente nuevas maneras de explicarse»[47]. En un tiempo en el

---

[47] José Antonio Porcel, *Juicio lunático*, en *Actas de la Academia del Buen Gusto*, Biblioteca Nacional, MS. 18.476[13], fol. 22.

que Larra todavía se siente vivir en «el siglo ilustrado», Mesonero seguirá ocupándose de la alteración de las costumbres,
en *Las costumbres de Madrid* (1832), prefacio a sus *Escenas ma-
tritenses*: «El transcurso del tiempo y los notables sucesos que
han mediado desde los últimos años del siglo anterior, han
dado a las costumbres de los pueblos nuevas direcciones [...]
Los españoles, aunque más afectos en general a los antiguos
usos, no hemos podido menos de participar de esta metamorfosis»[48].

Los conceptos aparejados costumbres decadentes/lengua
decadente y costumbres nuevas/palabras nuevas, formulados
en las *Cartas marruecas*, representan, bien mirado, una reelaboración de las ideas de Horacio sobre el uso lingüístico:
«Pues nada puede haber que no se altere, / cuando el uso lo
quiere, / que es de las lenguas dueño, juez y guía»[49]. En conexión con tan ininterrumpidas alteraciones de los usos y
costumbres, Cadalso explica el propósito de su obra, que es
básicamente el de hacer el diagnóstico del mal de la patria:
«cuando hablan de remediar los atrasos de España, aunque
todos tengan el mayor interés en trabajar a restablecerla [...],
es imposible que acierten. Para curar a un enfermo, no bastan las noticias generales de la facultad ni el buen deseo del
profesor; es preciso que éste tenga un conocimiento particular del paciente, del origen de la enfermedad, de sus incrementos y de sus complicaciones» (LXXIV). La angustiosa
diagnosis de la decadencia de la patria —«el asunto más delicado que hay en el mundo, cual es la crítica de una nación»
(Introducción de Cadalso)— es en el fondo un estudio costumbrista comparativo de la decadencia, de las sucesivas pérdidas de nivel, partiendo del principio de que «toda nación
se ha establecido por la austeridad de costumbres» (LXVIII).
El costumbrismo de Cadalso, sus paseos, sus apuntes, sus

---

[48] Ramón de Mesonero Romanos, *Las costumbres de Madrid*, I, en *Obras*,
ed. de Carlos Seco Serrano, Biblioteca de Autores Españoles, CXCIX, Madrid, Atlas, 1967, pág. 37.
[49] Tomás de Iriarte, traducción del *Arte poética* de Horacio (1777), en *Colección de obras en verso y prosa de Tomás de Iriarte*, Madrid, Imprenta Real, 1805,
t. IV, págs. 10-11.

pinturas y sus cuadros —el «estudiar las costumbres actuales» (LXXXII)— son los instrumentos y métodos diagnósticos de este médico de su patria. No otro sería el propósito, ni otros serían los instrumentos de esos grandes diagnosticadores de España llamados Mesonero y Larra.

De los libros europeos que Gazel manda a Ben-Beley, el sabio africano se queda con muy pocos, y entre éstos hay «dos de los que reforman las costumbres» (XXXII). ¿Cuál sería el género de tales libros? ¿Tratados de moral, fábulas, novelas, poemas? En el gracioso cuento de los anteojos relatado en la carta LX, el oficial francés no era nada apto «para hacer especulaciones morales sobre las costumbres de los pueblos», indirecta con la que se subraya precisamente la conveniencia de hacer semejantes especulaciones. En la carta LXVII, se observa que «la epopeya es para los modernos el ave fénix de quien todos hablan y a quien nadie ha visto»; mas, al contrario, en la LXXVIII, se nos dice que «las poesías heroicas y satíricas son las obras tal vez más útiles a la república literaria, pues sirven para perpetuar la memoria de los héroes y corregir las costumbres de nuestros contemporáneos». ¿Cómo se resuelve esta aparente contradicción? Suele decirse que la novela, un género parcialmente satírico, es la epopeya de los tiempos modernos. (Lo han dicho Cervantes, Isla, Antonio Alcalá Galiano y otros muchos.) ¿Hemos de entender, por tanto, que las *Cartas marruecas* son cierta clase de poema épico actual o novela diseñada para la corrección de las costumbres de los contemporáneos de Cadalso?

A la conclusión de la carta XLI se halla otro término iluminador para la aportación de Cadalso a la formación del costumbrismo moderno: «Hasta aquí he hablado con relación a la política, pues considerando sólo las costumbres, esto es, hablando no como estadista, sino como *filósofo*, todo lujo es dañoso, porque multiplica las necesidades de la vida, emplea el entendimiento humano en cosas frívolas» (la cursiva es mía). Hablar de las costumbres es, en fin, ser filósofo, y las costumbres son un objeto idóneo para la especulación filosófica. En este aspecto, tiene interés señalar que en 1793, once años después de la muerte de Cadalso, se estampó en la madrileña Imprenta de don Benito Cano un poema de trescientas cincuenta y cuatro páginas, de Isidoro Pérez de Celis, cuyo tema son las costumbres y cuyo título es precisamente *Filosofía de las costumbres*. Pero aun más interesante es el hecho de que los costumbristas decimonónicos emplearían el término *filósofo* en la mismísima forma que Cadalso. Por ejemplo, en *El cesante*, Mesonero se designa a sí mismo como «escritor *filósofo*», y al artículo de costumbres que está escribiendo en ese momento lo llama «este cuadro animado y *filosófico*[50]». En las notas al texto de las *Cartas marruecas*, el lector encontrará el adicional ejemplo de Mesonero, de «observador filósofo».

Ahora bien: ¿cuáles son los criterios de la temática que se somete a las diagnosis costumbristas cadalsianas? No tiene el temario de las *Cartas marruecas* más cotos que la «variedad de trajes, leyes, idiomas y monedas» que caracteriza a los reinos de la Península (I), «todos los usos y costumbres dignos de la observación» (II), y «otras costumbres [...], clima, religión y gobierno» (XI). En la carta XXI, se hace una distinción —fundamental para todo el costumbrismo— entre el enfoque urbano y el enfoque regional: «La multitud y variedad de trajes, costumbres, lenguas y usos, es igual en todas las cortes por el concurso de extranjeros que acude a ellas; pero las provincias interiores de España, que por su poco comercio, malos caminos y ninguna diversión, no tienen igual concurrencia, producen hoy unos hombres compuestos de los mismos vicios y virtudes que sus quintos abuelos. [...] Por cada petimetre que se vea mudar de moda siempre que se lo manda su peluquero o sastre, habrá cien mil españoles que no han reformado un ápice en su traje antiguo.» Distinción válida todavía para el costumbrismo ochocentista, pues Mesonero y Larra se ocuparán de los usos y costumbres de la Corte, y Estébanez Calderón y Fernán Caballero se concentrarán en los de las provincias.

Al definir los distintos ámbitos y enfoques del costumbrismo, Cadalso nunca pierde de vista el estrecho vínculo entre costumbre y lengua al que ya nos hemos referido. Vienen a

---

[50] Mesonero, *El cesante*, en *Obras*, ed. Seco Serrano, BAE, t. CC, págs. 44, 45. La cursiva es mía.

la memoria unas palabras de la *Autobiografía*, citadas antes con otro propósito, pero que al mismo tiempo representan tal vez la primera observación costumbrista realizada por Cadalso: «Lengua, costumbres, traje: todo era nuevo para un muchacho que había salido niño de España y volvía a ella con todo el desenfado de un francés y toda la aspereza de un inglés» (pág. 92). Hallándose entre los habitantes de una ciudad antigua, Gazel descubre que «sus conversaciones son correspondientes a sus costumbres. Aquí no se habla de los sucesos que hoy vemos ni de las gentes que hoy viven, sino de los eventos que ya pasaron y hombres que ya fueron» (XLIII). Nuño insiste en la misma distinción entre ciudad y campo y en el mismo acoplamiento de costumbres e idioma, con ocasión de la visita de Gazel a Bilbao: «Aunque en la capital misma la gente se parece a la de otras capitales, los habitantes del campo y provincias son verdaderamente originales. Idioma, costumbres, trajes son totalmente peculiares, sin la menor conexión con otros» (LXVII). Quiero insistir en la importancia del punto de poética costumbrista expresado en este último período sin verbo; pues no puede de ningún modo ser costumbrista el escritor que no se fije en la peculiaridad de las costumbres, el traje y el idioma de los modelos humanos a quienes retrata.

Conviene mirar un par de las muy modernas descripciones, pinturas, retratos o cuadros que dan a esta obra su marcado aire de actualidad, y el examen de ellos nos preparará a la vez para la transición a lo que hace falta decir sobre las *Cartas marruecas* como novela. Pues el proceso descriptivo —observación, apuntes, sencillo estilo enumerativo, como de lista, que revela su origen en los apuntes de lo observado— es idéntico para el costumbrista y el novelista realista. Ya se ha dicho que la filosofía sensista observadora de la Ilustración dio ímpetu a esta corriente que llega hasta nuestros días. Todo ello se percibe inmediatamente en las descripciones siguientes. He aquí el retrato del compañero de Nuño en la muy novelística aventura que tuvo en el camino de Cádiz: «Iba anocheciendo, cuando me encontré con un caballerete de hasta unos veintidós años, de buen porte y presencia. Llevaba un arrogante caballo, sus dos pistolas primorosas, calzón y ajustador de ante con muchas docenas de botones de plata, el pelo dentro de una redecilla blanca, capa de verano caída sobre el anca del caballo, sombrero blanco finísimo y pañuelo de seda morado al cuello» (VII). Lo que urge destacar para el claro entendimiento de la aportación de Cadalso y los otros costumbristas y novelistas del siglo XVIII a la literatura moderna, es que mientras que los objetos descritos puedan haber cambiado a lo largo de las centurias, la forma escueta, abierta, de inventario, de la descripción sigue siendo la misma, y merced a ella en los siglos modernos se ha aprehendido de modo directo la realidad inmediata, oscurecida en épocas anteriores por no concedérsele importancia frente a las verdades superiores de la filosofía y la teología, o bien por representarse esa realidad en forma alegórica, emblemática o culterana.

La puesta en escena de la tertulia recreada en la carta LVI, nos introduce en un ámbito social que no sorprendería a ningún lector encontrar en una novela de fines del siglo XIX: «Entré cuando acababan de tomar café y empezaban a conversar. Una señora se iba a poner al clave; dos señoritos de poca edad leían con mucho misterio un papel en el balcón; otra dama estaba haciendo una escarapela; un oficial joven estaba vuelto de espaldas a la chimenea; uno viejo empezaba a roncar sentado en un sillón a la lumbre; un abate miraba al jardín, y al mismo tiempo leía algo en un libro negro y dorado; y otras gentes hablaban. Saludáronme, al entrar, todos, menos unas tres señoras y otros tantos jóvenes que estaban embebidos en una conversación al parecer la más seria.» Ello es que estamos con tal descripción en pleno mundo moderno, y en el trozo que acábase de citar figura otra señal de esta modernidad, la voz *conversación*. En latín *conversor, conversari, conversatus sum* y en castellano antiguo *conversar* tenían también la acepción de «morar o convivir con»; mas a partir de la Ilustración, cuando convivir es ante todo cambiar ideas, no se conoce más acepción de *conversar* que la actual[51]. En el

---

[51] Sobre la conversación y la diseminación de una nueva cultura en la España setecentista, véase Joaquín Álvarez Barrientos, «El *violeto* de Cadalso como *bel esprit*», *Homenaje al profesor Russell P. Sebold*, Universidad de Alicante, 1998, en prensa.

setecientos, en efecto, se llama «literatura conversable» a los ensayos y a las cartas cambiadas entre amigos. La conversación es el cemento de la sociedad moderna, y es el cemento de las relaciones entre los habitantes de ese atractivo simulacro de la sociedad moderna que se llama novela. Es, por ende, iluminador el dato de que en las *Cartas marruecas* se utiliza el sustantivo *conversación*, con la acepción actual comentada, veintinueve veces, y el verbo *conversar* una vez.

El encuentro con el caballerete gaditano lleva a algunas de las más pintorescas conversaciones representadas en la obra de Cadalso; conversación es la sustancia de la tertulia en la sala descrita en la carta LVI; y la conversación en dos formas (con los libros y con los hombres) completa el otro ejemplo de descripción costumbrista y novelística que voy a citar. Gazel sufrió un accidente de coche en un paraje aislado, hacia la hora del anochecer —ya hemos aludido a este episodio—, pero por suerte se encontró a poco con un caballero ilustrado que moraba en esa comarca:

> ... en una peña a la orilla de un arroyo, vi un hombre de buen porte en acción de meterse un libro en el bolsillo, levantarse, acariciar un perro y ponerse un sombrero de campo, tomando un bastón más robusto que primoroso. Su edad sería de cuarenta años y su semblante era apacible, el vestido sencillo, pero aseado, y sus ademanes llenos de aquel desembarazo que da el trato frecuente de las gentes principales, sin aquella afectación que inspira la arrogancia y vanidad. Volvió la cara de pronto al oír mi voz, y saludóme (LXIX).

Es significativo, para el costumbrismo y la novela, que Gazel reconozca la relación entre esta aventura suya y la de Nuño en el camino de Cádiz: «Acordéme luego de tu encuentro con el caballero ahijado del tío Gregorio» (LXIX). Podrían citarse otras muchas descripciones extensas, directas, auténticamente *fotográficas*, de caminos, calles, salas, dormitorios, casas de campo, que parecen de Galdós o uno de sus contemporáneos. Mas otro instrumento de la imitación realista, más fácil de citar por más breve, y que servirá igualmente para completar nuestra consideración del cariz actual de la

70

descripción y la conversación en las *Cartas marruecas*, son las frecuentes acotaciones dialogales.

Siguen una serie de fragmentos, extraídos de su contexto en las *Cartas marruecas*, pero aun así el lector reconocerá en ellos el tipo de acotación dialogal descriptiva que es todavía la regla en las novelas de los siglos XIX y XX: «... se levantó muy sofocado el apologista, miró a todas partes, y viendo que nadie le sostenía, jugó como por distracción con los cascabeles de sus dos relojes, y se fue diciendo...» (IV); «Calló mi amigo, y nos fuimos a nuestro acostumbrado paseo» (VIII); «... me dice un señorito, mirándose los encajes de la vuelta [adorno de su puño]» (VIII); «... dijo Nuño, doblando el papel, guardando los anteojos y descansando de la lectura» (IX); «... concluyó con estas voces, interrumpidas con otras tantas carcajadas de risa» (XIII); «... y luego tomó un polvo [tabaco] y se sonrió, y prosiguió...» (LXVII); «...dijo, dando vueltas a la caja entre el dedo pulgar y el índice» (LXVII).

Es especialmente curioso por su familiaridad y vulgaridad novelísticas el detalle de la media que Nuño se está poniendo —se trata de otra acotación dialogal— cuando Gazel le cuestiona sobre la desorganización de sus *Observaciones y reflexiones sueltas*. (Ya se ha comentado esta visita matinal de Gazel a Nuño.) «No pude menos de extrañar este desarreglo, y aun se lo dije a Nuño, quien sin alterarse ni hacer más movimiento que suspender la acción de ponerse una media, en cuyo movimiento le cogió mi reparo, me respondió...» (XXXIX). Se da también algún trozo descriptivo realista que, no siendo acotación dialogal, sí es acompañante del diálogo. Nuño escucha callado la conversación de varios extranjeros sobre el uso del tratamiento *don*, o sea la *donimanía*. «Con la cabeza, que movía de arriba abajo, con las cejas que arqueaba, con los hombros que encogía algunas veces, y con la alternativa de poner de cuando en cuando ya el muslo derecho sobre la rodilla izquierda, ya el muslo izquierdo sobre la rodilla derecha, significaba, a mi ver, que no tenía cosa que decir en contra» (LXXX).

Para extender estas consideraciones a lo que es propiamente novelístico en las *Cartas marruecas* y concluirlas de modo adecuado, será menester distinguir entre tipos y personajes, identificar los elementos del argumento y meditar un poco sobre el subgénero que la novela de Cadalso representa dentro del amplio género de tales narraciones. Hablar de costumbrismo y novela realista es en realidad hablar de dos fases —ya diacrónicas, ya sincrónicas— de un mismo fenómeno. Pues es inconcebible que llegara a producirse la novela de un Alarcón, un Galdós, un Pereda, una Pardo Bazán, un Palacio Valdés, sin la larga interacción experimental entre tentativas costumbristas y tentativas novelísticas que se inicia hacia mediados del siglo XVIII, abarca la época de Mesonero y Larra y preside la publicación de importantes novelas realistas de Antonio Flores, Jacinto de Salas y Quiroga, Pascual Riesgo, Luis Rivera y Roberto Robert en los decenios 1840-1860. La concurrencia de prácticas costumbristas y novelísticas en obras individuales de este último género la reconoce Galdós, en una carta de 1879 afirmando que Mesonero, «habiendo fundado en España el cuadro de costumbres, echó las bases de la novela contemporánea»; y en el prólogo a *La desheredada* (1881), vuelve a confesar su deuda con Mesonero, en quien admira esa «manera o estilo, de la cual nos servíamos los que con mayor o menor fortuna nos dedicábamos a cultivar *la literatura de costumbres en forma de fábula* [novela] *o en forma de cuadro*»[52]. Destáquese que para Galdós cuadro y novela son simples variantes de un mismo género: la literatura de costumbres.

Ahora bien: la razón por la que las descripciones cadalsianas de personajes y sus medios nos han parecido tan novelísticas, tan modernas, es que se realizaron ya con los mismos medios que emplearía Galdós para las suyas. Mas durante largos años se hizo imposible expresar semejante juicio sintético, no solamente enlazando dos siglos, sino siquiera las dos épocas de Mesonero y Galdós dentro de una misma centuria, debido a un mal libro de un crítico por otra parte muy respetado: *Costumbrismo y novela* (Berkeley, University of California Press, 1960; reimpresiones), de José F. Montesinos. En esas páginas el autor arguye que «el costumbrismo tipifi-

---

[52] Para una compilación de las referencias de Galdós a Mesonero, véase William H. Shoemaker, *La crítica literaria de Galdós*, Madrid, Ínsula, 1979, pág. 249. La cursiva es mía.

ca casos y personas, mientras que la ficción los singulariza»
(pág. 34). Hoy diríamos *individualiza*. A lo largo de todo el libro, Montesinos opone *tipos* a *individuos*, al reiterar su argumento de que los tipos que pululan en el costumbrismo de
la primera mitad del ochocientos retardan la eclosión de la
novela por impedir que nazcan los individuos indispensables para ésta[53].

Montesinos debió consultar *Aspects of the Novel* (1927), de
E. M. Forster. Como los ciudadanos de los países democráti-
cos, los personajes novelísticos nacen iguales: a la hora de su
alumbramiento todas las efigies que pueblan las novelas son
personajes «planos», según el término de Forster, es decir, tipos, por ser recopilaciones de apuntes sobre varios modelos
reales de las mismas esferas sociales, sexos, edades, etc. Los
personajes secundarios de las mejores novelas continúan
siendo tipos a lo largo de sus existencias ficticias; los protagonistas de esas obras, en cambio, se van redondeando al ser
colocados repetidamente en situaciones apremiantes a las
que forzosamente han de responder, y de la consistencia-in-
consistencia de sus respuestas a las circunstancias deriva su
individualidad, su carácter de personajes «redondos», al decir
de Forster[54]. Cadalso es un novelista nato, y a cada paso su
instinto y talento de tal le tienta con la posibilidad de convertir una figura que ha observado en efigie redonda.

---

[53] Me ocupo de los perjudiciales efectos del libro *Costumbrismo y novela* en
un ensayo de igual título, en mi libro *De ilustrados y románticos*, Madrid, Ediciones El Museo Universal, 1992, págs. 109-113.

[54] Forster no ha hecho más que enunciar lo que los novelistas y críticos de
cierta penetración siempre habían sabido. Su teoría sobre la distinción entre
personajes planos y redondos, así como sobre el redondeamiento de éstos
por los sucesos que dejan su impronta sobre ellos, ya está presente, verbigracia, junto con el segundo de los términos del crítico inglés, en el prólogo de
Isla a *Fray Gerundio*: «los artífices de novelas útiles y de poemas épicos ins-
tructivos [...] recogen de éste, de aquél, del otro y del de más allá todo aquello que les parece conducente para la perfección de su idolillo, en aquella especie o línea en que le quieren sacar *redondeado*. Aplícanselo a él con inven-
tiva, con proporción y con gracia, fingiendo los lances, pasos y sucesos que
juzgan más naturales para encadenar la historia con las hazañas y las hazañas
con la historia, y cátate aquí un poema épico, en prosa o verso, que no hay
más que pedir» (ed. de Sebold, t. I, págs. 104-105; la cursiva es mía).

Entre los apuntes de Gazel sobre Francia, llama mucho la atención del estudioso de la novela el siguiente: «La misma desenvoltura de los jóvenes, insufrible a quien no les conoce, tiene un no sé qué que los hace amables. Por ella se descubre todo el hombre interior» (XXIX). He aquí justamente lo que busca el hacedor de novelas: el hombre interior, para redondear el perfil exterior. Un personaje secundario, plano, en vías de redondearse a lo Forster, es el ya mencionado descendiente del escudero del *Lazarillo de Tormes* que aparece momentáneamente en la carta XXXVIII: «Todo lo dicho es poco —escribe Gazel— en comparación de la vanidad de un hidalgo de aldea. Éste se pasea majestuosamente en la triste plaza de su pobre lugar, embozado en su mala capa, contemplando el escudo de armas que cubre la puerta de su casa medio caída, y dando gracias a la Providencia divina de haberle hecho don Fulano de Tal», etc. En el paso del artículo indefinido *un* al pronombre demostrativo *Éste*, se deja atrás la índole genérica del personaje plano, y el prisma se acera a la individualidad del personaje redondo. A partir del indicado demostrativo, vemos como desde dentro del orgulloso hidalgo su por otra parte absurdo y contradictorio entorno, definido por el adverbio *majestuosamente* y el locativo *en la triste plaza de su pobre lugar*. Sentir el mismo novelista lo que siente dentro de sí una figura risible es la clave para redondearla: basta recordar personajes galdosianos, risibles y sin embargo completos, convincentes y simpáticos, como don Francisco Bringas, don José Ido del Sagrario y don Frasquito Ponte Delgado.

El afán individualizador del novelista se destaca también en la ya citada carta LXIX sobre el caballero ilustrado que mora en el campo. Esta carta es una mina de materiales novelísticos. Sobre la compañía de personas cultas que vive en tan distinguida sencillez rústica —el caballero, su esposa, sus hijos, sus leales criados— Gazel apunta estas palabras: «me había movido demasiado la curiosidad de toda aquella escena, y me parecían muy *misteriosos* sus personajes para no *indagar el carácter de cada uno*» (las cursivas son mías). Indagar el carácter de cada uno: esto precisamente es lo que los novelistas se proponen hacer con sus protagonistas o personajes redondos. Sirvan los tres ejemplos que acabamos de considerar para ilustrar la relación entre los personajes planos y redondos. Mas ya habría que decir algo sobre los tres corresponsales de las *Cartas marruecas*. No hay faceta material ni acción de la vida humana que sea demasiado vulgar para caber en el esquema de las *Cartas marruecas*, mas ésta es una novela ante todo intelectual o de ideas, en el sentido de que los tres corresponsales se plantean las formas vitales como cuestiones para el análisis y ventilan estas cuestiones en forma escrita: sus cartas.

Cada carta trae cierto número de pequeños acuerdos, desacuerdos y transacciones entre las posturas intelectuales de su autor y su destinatario; y merced al aliciente de la constante renovación de sus ideas, Ben-Beley, Gazel y Nuño Núñez van redondeando sus percepciones e interpretaciones de la realidad española, así como su carácter moral, pues no pocas veces con los aspectos de la vida pública y privada cuya disección hacen se les brindan pruebas de su propia hombría de bien. El menos afectado por la dialéctica epistolar que los une es el viejo sabio Ben-Beley, que vive en el retiro en África, mas aun así encuentra en el ejemplo de Nuño la confirmación de su propia filosofía pragmática y se consuela viendo al joven Gazel fiel a las enseñanzas de su fe, pese a las deslumbrantes tentaciones de la sociedad europea. Nuño encuentra en el muy selecto público de Ben-Beley y Gazel y en sus equivocadas interpretaciones de lo español el incentivo que ha menester para acabar de deslindar sus ideas sobre el patriotismo, la unidad nacional y el regionalismo, el arte del estadista, la historia comparada de España y Francia, el carácter de los españoles, el heroísmo, la ilustración y la falsa ilustración, la industria, el comercio, la vida social, etc. Es Gazel quien tiene una existencia más semejante a la de un personaje de novela corriente, pues en sus epístolas le vemos viajar por la Península sin parar, como antes ha viajado por el norte de Europa, y cuando no viaja se le ve pasearse por la Corte, el resultado de lo cual es que le sorprendemos en encuentros, tropiezos y choques con gente de todas las esferas sociales: éste es el crisol en que se redondea psicológicamente y forma las ideas que le permiten mantener su constante relación dialéctica con Nuño. No hay que poner ejemplos; el lector los encontrará nuevos en cada carta.

¿Qué tipo de novela nos ofrece Cadalso en las *Cartas marruecas*? Por su forma es evidentemente una novela epistolar, como las *Lettres persanes*, de Montesquieu, las *Chinese Letters*, de Goldsmith, *Pamela*, de Sheridan, *Clarissa Harlowe*, de Sheridan, *Julie ou la Nouvelle Héloïse*, de Rousseau, *Les liaisons dangereuses*, de Choderlos de Laclos. Todas son novelas dieciochescas, aunque son de subgéneros distintos: las dos primeras, como las *Cartas marruecas*, son novelas de ideas; las restantes son novelas sentimentales y de seducción. Diferencia que parece enorme, y sin embargo no lo es. Pues ni en las novelas de Montesquieu, Goldsmith y Cadalso, ni en las de Sheridan, Rousseau y Laclos, se vive de modo directo las aventuras de los protagonistas. La Ilustración lo somete todo al análisis y la intelectualización, desde lo más público hasta las emociones más íntimas, y la novela epistolar es uno de los vehículos de semejantes disquisiciones. Los lectores nos encontramos con Pamela, Clarissa y Julie algún tiempo después de sus aventuras amorosas; no las viven ya, sino que nos las cuentan y —sobre todo— las analizan. Lo mismo sucede con las discusiones de tertulia y otras conversaciones en las tres novelas intelectuales seudoorientales; no escuchamos ya el intercambio, sino que éste es tema de un examen realizado *a posteriori*, con el estilo expositivo de una carta. Este paralelo me ha parecido esencial para señalar que no sería lícito tomar por rasgo antinovelístico en las *Cartas marruecas* la falta de participación inmediata de los personajes en las acciones representadas en la obra. Ben-Beley, Nuño Núñez y Gazel están a la misma distancia de la acción que Pamela, Clarissa y Julie. Esa distancia no se debe a que sean obras de ideas las novelas epistolares seudoorientales, sino a que sean obras analíticas igual que las novelas epistolares sentimentales del XVIII. El ángulo desde el cual se contempla la realidad es el mismo en ambas variantes del género epistolar. Simplemente se ha escogido un sector diferente de la vida para la contemplación.

Epistolar se refiere al formato, al esquema narrativo de la novela de Cadalso, mas hace falta proponer a la par una clasificación temática para completar su descripción genérica. Casi hemos propuesto ya la solución de este problema. Sin embargo, tendremos que tomar en cuenta algún dato adicional para que quede completamente clara la explicación ya ensayada. En las primeras líneas de su Introducción a las *Cartas marruecas*, Cadalso se refiere a Cervantes, a la novela, a la ficción, a las cartas y a las costumbres, temas que quedan anotados en nuestra edición, y al final de ese mismo preliminar el autor afirma que emprende «la crítica de una nación». En la historia de Nuño, Gazel y Ben-Beley trataráse, por lo tanto, de cierta clase de novela epistolar social. Mas ¿qué es lo que Cervantes puede haber aportado a esto? Dice Cadalso que en la historia de don Quijote «el sentido literal es uno, y el verdadero es otro muy diferente» y que en la novela de Cervantes hay «muchas escenas de la vida bien criticadas» (LXI). ¿Cabe mejor definición de la novela social, de su cometido y de la ironía (sentido literal, sentido verdadero) que la caracteriza? Queda citada la observación de Cadalso sobre la austeridad de costumbres que permitía el establecimiento de naciones nuevas en el medievo. Lo único que se precisa añadir es que *la crítica de una nación* —el examen comparativo de la conservación o la pérdida de sus costumbres primitivas— puede montarse sobre cualquiera de los dos modelos que quedan mencionados: 1.º) el cuadro de costumbres, o ficción corta, que puede darse de modo independiente, o bien asociarse como parte íntegra suya con el segundo modelo; 2.º) la novela. La distinción principal —muy importante— entre el cuadro costumbrista, o social, y la novela costumbrista, o social, es la zozobrosa profundidad de la conciencia personal de los problemas nacionales que se puede representar en unos personajes cuya trayectoria literaria abarca doscientas o trescientas páginas, en lugar de quedarse en las veinte o treinta de un boceto costumbrista.

Las *Cartas marruecas* se caracterizan por una aparente falta de argumento que se ha alegado como rasgo antinovelístico en algunos estudios. Mas la verdad es que existe en la obra abundante información argumental relativa a la historia íntima de los corresponsales: la vida de Gazel en África antes de venirse a Europa, sus viajes por el norte del continente antes de bajar a España, sus recorridos de las provincias españolas, sus amigos africanos y españoles, sus admiradoras femeninas españolas y sus asuntos familiares; la carrera militar de Nuño, su vida literaria, sus tertulias, sus amores, sus pleitos, sus relaciones con su hermana, etc. Es más: en la *Nota* que sigue a la última carta, se nos habla de las vidas de los personajes después del tiempo representado por las noventa cartas que conocemos, o sea que tenemos en dicho apartado uno de los epílogos típicos de la novela de los siglos XVIII y XIX, con los que se quería satisfacer a esos lectores que se sentían doloridos al tener que separarse de unos compañeros con quienes habían llegado a encariñarse compartiendo sus regocijos y cuitas.

Si el lector se fija poco en el argumento novelístico de las *Cartas marruecas*, no es porque no esté allí en su innegable conjunto; es simplemente que esa trama guarda con el contenido conceptual de la obra una relación muy especial que comenta Cadalso en su ya citada carta XXXIX. Me refiero al *desarreglo* con que Cadalso quiere escribir para imitar la falta de método que el mundo observa en sus asuntos; y ya que las historias de Gazel y Nuño —las tramas de sus novelas vitales— están pensadas a la par como ilustraciones de los temas cuya crítica se aborda en sus cartas, queda evidente que, al barajarse el orden temático, los contenidos argumentales que los ilustran también se van a introducir sin esquema a primera vista evidente, y el lector podrá fácilmente perder de vista la concatenación de los sucesos de las vidas de Nuño y Gazel. El *desarreglo* de las materias en las *Cartas marruecas*, y el consecuente *desarreglo* del argumento es, en efecto, un importante antecedente de los intrincados argumentos de varios hilos que los novelistas románticos usarán para simular el caos de la sociedad humana, técnica que describirán con términos semejantes al de Cadalso: *desaliño, descosimiento, desunión, desenlazamiento* y *desorden*[55].

Viene muy al caso lo que dice Montesquieu en *Algunas reflexiones sobre las «Cartas persas»*, páginas autocríticas que aparecen antepuestas a esta obra. Citamos por la versión del abate librepensador José Marchena (1768-1821):

---

[55] Véase el ensayo «La novela en su laberinto», en mi libro *De ilustrados y románticos*, págs. 127-131.

Nada ha gustado tanto en las *Cartas persas* como encontrar en ellas, sin pensarlo, una especie de novela. [...] en las novelas ordinarias, las digresiones sólo están permitidas cuando constituyen por sí mismas una nueva novela. No pueden introducirse razonamientos porque, al no haber sido concebido ninguno de los personajes para razonar, ello alteraría el proyecto y la naturaleza de la obra. Pero, en forma de cartas, en las que los actores no son elegidos y los temas de que tratan no dependen de ningún proyecto o plan preconcebido, el autor se permite la ventaja de poder añadir filosofía, política y moral a una novela, y de *ligar el todo mediante una cadena secreta y, en cierto modo, desconocida*[56].

En las palabras finales de este pasaje tenemos reducido a un concepto claro y conciso lo que decíamos sobre esa desarreglada concatenación de objetos de la crítica y fragmentos de la vida de los personajes, debido a la cual perdemos de vista la cadena de los sucesos; cosa que no sucede en una novela ordinaria. Pero ni las *Cartas persas* ni las *Cartas marruecas* son «novelas ordinarias», como muy bien dice Montesquieu, y así se unen sus contenidos por «una cadena secreta y, en cierto modo, desconocida». No se piense, empero, que no sean novelas. Montesquieu aplica el término *novela (roman)* a su obra; y Cadalso también lo maneja en conexión con sus cartas críticas seudoorientales *(lance de novela*, VII), pues en éstas se trata de una novela de ideas, de la variante social.

Concluyamos con un símbolo clásico del realismo, que se halla también a la conclusión de las *Cartas marruecas*. En la tragedia *Hamlet* (1603), de Shakespeare, el personaje titular reflexiona sobre el teatro y explica que «the purpose of playing [...] is to hold, as 'twere, the mirror up to nature» (el propósito de la representación [...] es, como si así fuera, ofrecer el espejo a la naturaleza) (acto II, escena III). En 1831, en *Le rouge et le noir* (cap. XLIX), Stendhal define la novela en los mismos términos: «Un roman est un miroir qui se promène sur une grande route» (Una novela es un espejo que se pasea

[56] Montesquieu, *Cartas persas*, estudio preliminar de Josep M. Colomer, traducción de José Marchena, Clásicos del Pensamiento, 13, Madrid, Tecnos, 1986, págs. 3-4. La cursiva es mía.

por un camino real). Situándose cronológicamente entre estos ejemplos, la variante cadalsiana de este símbolo no resulta nada difícil de interpretar. «Nos agrada nuestra figura vista en este espejo, aunque el cristal no sea lisonjero», le dicen al autor los lectores en la *Protesta literaria*, al final de las *Cartas marruecas*. Con las palabras *aunque el cristal no sea lisonjero*, se recalca la objetividad —Cadalso habría dicho *imparcialidad*— del enfoque realista de las *Cartas marruecas*.

III. LAS «NOCHES LÚGUBRES»:
PRIMERA OBRA ROMÁNTICA EUROPEA

1. *Contexto histórico y temático*

Cadalso mismo destacó la radical novedad literaria de las *Noches lúgubres* imaginando para ellas una edición de diseño tan original que tal vez no llegue a hacerse nunca: «La impresión sería en papel negro con letras amarillas» *(Cartas marruecas*, LXVII). En 1926, Azorín insistió en la novedad de la obra: «¿Cuál es la primera obra romántica española? Las *Noches lúgubres*, de Cadalso. [...] La obra de Cadalso es puramente romántica»[57]. Es más: antes de las *Noches lúgubres*, no existe en *ninguna* literatura del mundo obra en la que el tema central y exclusivo sea el injusto rechazo de un protagonista inocente por el cielo, por sus prójimos y por todas las instituciones humanas. Protagonista que a la vez ve en su propia pena la sinécdoque de todo el dolor humano, y no espera ya encontrar compasión sino en la naturaleza, sobre la que, por un lado, parece erigirse como nueva divinidad terrestre, y con la que, por otro lado, piensa fundirse materialmente por el acto liberador de la muerte voluntaria. A la postura de Tediato aportan elementos Locke, Shaftesbury, Thomson, Young, Akenside, Goldsmith, Rousseau y Johann Robeck, autor este último de la *Exercitatio philosophica de morte voluntaria* (1736; 1758). Mas ninguno de ellos llega a tal postura. Ni

---

[57] Azorín, *El romanticismo español*, en *El oasis de los clásicos*, Madrid, Biblioteca Nueva, 1952, pág. 255.

Goethe, que escribió y publicó *Las cuitas del joven Wérther* en 1774. Por añadidura, el texto de *Wérther* que se lee y cita hoy representa una revisión sustancial de 1786; y la composición de las *Noches lúgubres* antecede en varios años a la primera versión de *Wérther*.

En las *Cartas marruecas* (LXVII), de 1774, Cadalso menciona las *Noches* como una obra ya terminada, y se expresa en el mismo sentido en una carta dirigida a Meléndez Valdés en 1775 *(Epistolario*, pág. 102). Ahora bien: ¿cuándo de hecho se escribieron las *Noches lúgubres?* En las mismas páginas de la obra se nos ofrece un documento fidedigno que nunca se ha tomado en cuenta para fecharla. Tal documento pertenece a «la parte verdadera» de las *Noches* a la que Cadalso se refiere en su *Epistolario* (loc. cit.), y consta de una pregunta retórica que Tediato se hace hacia el final de la noche I, mientras ayuda a levantar la lápida sepulcral de su amante muerta: «¿Quién me diría dos meses ha que me había de ver en este oficio?» El motivo de las *Noches*, en su forma definitiva, fue la inesperada muerte de María Ignacia Ibáñez en 22 de abril de 1771, que está ficcionalizada en el óbito de la innominada dama de cabellos de oro que Tediato llora. En fin: la pregunta retórica de Tediato representa una alusión de Cadalso a la fecha de la muerte de María Ignacia, y quiere decirse que en la composición de las *Noches* el escritor llegaba por lo menos al final de la primera hacia el 22 de junio de 1771.

Me he referido a la *forma definitiva* de las *Noches lúgubres*, porque no es imposible que, ya antes de la muerte de María Ignacia, Cadalso tuviera escrita la noche I o aun toda la obra con otra finalidad, y que después simplemente la adaptara a las nuevas circunstancias. En la carta marrueca LXVII, sorprende a primera vista la referencia de Cadalso al destinatario de «las *Noches lúgubres*, que he compuesto a la muerte de un amigo mío», pero al decir esto piensa en el plan primitivo de la obra. La notable escasez de referencias al sexo femenino de la persona lamentada, que señalamos en nuestras notas, también hace pensar en una adaptación de última hora, así como en una posible fecha de composición anterior al año de 1771.

Se me objetará que no significa nada la anterioridad de la composición de las *Noches lúgubres*, ya que el *Wérther* se editó en 1774, y la obra de Cadalso tardó hasta 1789 en imprimirse. En realidad, empero, los textos hoy conocidos del *Wérther* y las *Noches lúgubres* empezaron a influir sobre el gran público de lectores en más o menos las mismas fechas; pues recuérdese que la revisión sustancial de la novela alemana no se estampó hasta 1786, sólo tres años antes de la publicación del poema en prosa español. Es más: ya a partir de 1773 ó 1774, la tétrica obra de Cadalso venía influyendo sobre otros escritores merced a la lectura del perdido original del autor y otras varias copias manuscritas de mano ajena. Meléndez leyó la obra en la letra del autor, y ya en 1774 —año en que se publicó el *Wérther*— escribió su *Tristemio: diálogos lúgubres en la muerte de su padre*. El poema de Meléndez *A la mañana en mi desamparo y orfandad* (1777) y la *Epístola de Jovino a Anfriso, escrita desde el Paular* (1779-1780), de Jovellanos, manifiestan la misma desgarrada desilusión y el mismo ambiente tenebroso depresivo que las *Noches* cadalsianas. En el teatro —evidentemente, a través de las copias manuscritas— se acusa muy pronto la influencia de las *Noches lúgubres*. En las comedias lacrimosas *El delincuente honrado*, de Jovellanos, y *El precipitado*, de Trigueros, ambas de 1773, se dan escenas influidas por la cosmovisión ruptural de las *Noches lúgubres*, por su intensidad emocional y por sus ambientes sombríos. (Incluso son semejantes a Tediato los nombres de los protagonistas de Jovellanos y Trigueros: Torcuato, Amato.)

Sorprende que se escribieran las *Noches lúgubres* en España hacia 1770 ó 1771, y sorprende aun más la índole de la obra. Hace ya muchos años que Paul van Tieghem señalaba que el singular libro de Cadalso «se caracteriza por un romanticismo fuertemente acentuado, que es muy poco usual en Europa hacia 1770»[58]. El plan de Tediato de desenterrar a su amada muerta, llevar esos queridos restos a casa, acostarlos en un lecho junto al suyo, herirse de muerte y, ya moribundo, pegar fuego a su morada, para así acompañar a esa putrefacción en la muerte, no es —insisto en ello— posterior a ninguna

---

[58] Paul van Tieghem, *La Poésie de la nuit et des tombeaux*, en *Le Préromantisme*, París, Alcan, 1930, t. II, pág. 165.

de las conocidas obras de la literatura romántica del suicidio. Pues queda claro ya que las *Noches lúgubres* se escribieron antes que la supuesta fuente de toda esa literatura, la novela del suicida Wérther. Después, influidas ya por Cadalso, ya por Goethe, se irán jalonando a lo largo de los decenios finales del siglo XVIII y los primeros del XIX otras epopeyas egoístas en las que el suicidio es un tema decisivo.

Para empezar, no hay que olvidar las ya mencionadas obras españolas de Meléndez, Jovellanos y Trigueros (Amato quiere «reducirse a la nada»), en las cuales el suicidio está claramente aludido. En la primera novela norteamericana, *The Power of Sympathy* (1789), de William Hill Brown, se descubrió al joven Harrington «nadando en su propia sangre; quedaban pocas señales de vida; la bala le había penetrado el cerebro [...]. Una carta que había escrito para mí [el personaje Worthy] reposaba sin sellar sobre la mesa, y a su lado se halló *Las cuitas de Wérther*»[59]. Otros ejemplos que pueden simplemente mencionarse, por ser más conocidos, son *Ultime lettere di Iacopo Ortis* (1802), de Ugo Foscolo; *René* (1802, 1805), de Chateaubriand; *Obermann* (1804), de Senancour; *Chatterton* (1835), de Vigny; *Don Álvaro o la fuerza del sino* (1835), del duque de Rivas; *Alfredo* (1835), de Joaquín Francisco Pacheco; *La Confession d'un enfant du siècle* (1836), de Musset; *El trovador* (1836), de García Gutiérrez, etc. Nada importa para el grado de romanticismo de las *Noches lúgubres* o de la técnica de Cadalso el que Tediato no llegue a quitarse la vida. Tampoco consuman su suicidio René, Obermann ni Octave (en la novela autobiográfica de Musset), mas nadie negaría que el tema del suicidio aparece en forma obsesionantemente romántica en estas obras. En efecto: el suicidio que nunca se ejecuta en la carne, pero sigue contemplándose, es una más dolorosa, por más lenta, muerte voluntaria, y brinda al escritor infinitas más posibilidades líricas que el brusco e irrevocable desenlace sangriento. (Veremos que Cadalso entendía esto perfectamente.)

---

[59] William Hill Brown, *The Power of Sympathy*, ed. de William S. Kable, Columbus, Ohio, Estados Unidos, Ohio State University Press, 1969, página 175.

La ficción imita la ficción: ahí está Harrington, que sigue el ejemplo de Wérther. Mas, para entender la influencia de obras como las *Noches* de Cadalso y el *Wérther* de Goethe, hay que tomar en cuenta que la realidad también imita la ficción. En enero de 1777, Christel von Lassberg se ahogó en el río Ilm, cerca de la casa de Goethe, y en un bolsillo del vestido de la desgraciada doncella se encontró un ejemplar del *Wérther*[60]. En Bonn, un buen día se pegó un tiro el hijo de la adolorida señora Hohenhausen, dejando tras sí un ejemplar anotado del *Wérther* de Goethe[61]. Un día de 1835, en París, fue al teatro a ver una representación del drama *Chatterton*, de Vigny, un joven resuelto a herirse de muerte con su arma oculta en el mismo momento en que sobre la escena el desilusionado protagonista se envenenara *(ibídem,* pág. 124). Según la prensa europea de esos tiempos eran legión los tristes jóvenes que amenazaban sofocar su *Weltschmerz* o *mal du siècle* emulando a los célebres personajes suicidas.

En España sucedía lo mismo debido al siniestro influjo de las *Noches lúgubres* sobre lectores jóvenes y descreídos, que suspiraban por su perdida inocencia a la vez que afrontaban con goce los embates de su *fastidio universal.* Quintana advierte contra este peligro en su reseña de las *Noches lúgubres*, viendo en éstas «el aborto monstruoso de una imaginación lisiada»[62]. Mas tan severas palabras debían de encarecer el atractivo de la obra para los jóvenes rebeldes. En Córdoba, en 1819, el hijo de una viuda analfabeta maltrataba a sus hermanitos y amenazaba quitarse la vida. La única explicación con que daba la pobre viuda era que su desilusionado hijo leía y volvía a leer repetidamente en cierto pequeño libro, y ella pidió a su vecino que lo examinara para determinar si podía ser peligroso para el malhumorado joven. El vecino lo

[60] Henry y Mary Garland, *The Oxford Companion to German Literature*, Oxford, Clarendon Press, 1976, pág. 518.

[61] José Deleito y Piñuela, *El sentimiento de tristeza en la literatura contemporánea*, Barcelona, Editorial Minerva, s.a. [¿1922?], pág. 67.

[62] Manuel José Quintana, reseña de las *Noches lúgubres*, en *Variedades de Ciencias, Literatura y Artes*, Madrid, Oficina de Don Benito García y Compañía, t. I, 1803, pág. 314.

denunció ante el tribunal de la Inquisición. Era un ejemplar de la edición de Cabrerizo de las *Noches lúgubres*, estampada en Valencia en 1817. Se condenó el diminuto libro por «contener muchas expresiones escandalosas, peligrosas e inductivas *al suicidio, al desprecio de los padres y al odio general de todos los hombres*»[63]. Las palabras finales de los inquisidores son interesantes, porque son una confirmación de la importancia del tema del suicidio en una obra donde de hecho no se realiza ese acto en sí. Pero lo más interesante es que al aludir al odio general de todos los hombres que podía aprenderse en esas páginas, los mismos inquisidores revelan haber sentido el *fastidio universal* romántico que late en ellas.

En la literatura del suicidio, en España lo mismo que en toda Europa, la ficción imita la ficción. En *El casarse pronto y mal* (1832), según se indica en nuestras notas a las *Noches*, Larra parafrasea las poco piadosas palabras de Tediato sobre los padres, y al final de ese cuadro el «sobrino» del costumbrista se pega un tiro. (Es uno de varios suicidios ficticios en las páginas de Larra que parecen anunciar su propio suicidio.) Miremos asimismo un gracioso pasaje de la sátira *Costumbres de los poetas y la melancolía*, publicada en 1840, en el *Semanario Pintoresco Español*:

> Jacobo Medina tenía un carácter [...] adusto. No iba jamás a sociedad alguna, ni recitaba otros versos que los elegíacos; leía las *Noches lúgubres* de Cadalso, y vestía siempre de luto, en verano y en invierno. Aficionado, como el búho, a las sombras de la noche, abominaba la luz del sol que lo distraía de sus profundas y melancólicas abstracciones. [...] El fin de Medina ha sido trágico y lamentable. [...] se degolló con una navaja de afeitar; los socorros no alcanzaron, y expiró como había vivido, maldiciendo la sociedad y renegando del mundo[64].

Vestirse de luto, preferir las tinieblas nocturnas, abominar el sol, entretenerse con melancólicas abstracciones, maldecir

---

[63] Véase Edith F. Helman, Introducción a Cadalso, *Noches lúgubres*, El Viento Sur, 7, Santander-Madrid, Antonio Zúñiga Editor, 1951, pág. 44. La cursiva es mía.

[64] Citado por Donald E. Schurlknight, en «Another Document in Support of Cadalso's Romanticism», *Romance Notes*, t. XXVII (1986), págs. 163-166.

la sociedad, separarse del mundo, matarse son todos elementos que el triste Medina, igual que el hijo de Córdoba, de 1819, aprendió en las *Noches lúgubres*.

Con el poema en prosa de Cadalso también se introduce en la literatura española el tema relacionado del doble suicidio. Pero ¿cómo? Pues ya está muerta la hermosa dama de cabello de oro a quien Tediato ama. Desaparece la aparente contradicción cuando se toma en cuenta que, según el plan de Tediato, los amantes morirán dos veces, primero separadamente, y luego juntos. El personaje femenino ha muerto por primera vez dos meses antes, de no se sabe qué causa; y Tediato, sin duda habiéndose herido con el «acero» que menciona después en la noche II, tendrá ya la muerte en el cuerpo antes que las llamas consuman su casa —tal será su primera muerte—: «... morirá mi cuerpo junto a ti, cadáver adorado, y expirando incendiaré mi domicilio, y tú y yo nos volveremos ceniza en medio de las de la casa» (noche I). Volverse juntos ceniza será la segunda muerte de ambos, compartida: un simbólico doble suicidio.

En numerosas obras españolas posteriores a la composición de las *Noches lúgubres* se expresa la voluntad del suicidio doble en dos desgraciados amantes, ya como firme intención de llevar ese acto a cabo, ya como simple sueño de morir juntos para librarse de las injustas trabas religiosas y sociales que les privan de la felicidad a la que los hijos de la naturaleza tenemos derecho. Pienso en obras como las siguientes: *El delincuente honrado* (1773), de Jovellanos; el poema *La tormenta* (compuesto entre 1810 y 1820), de Martínez de la Rosa; *La conjuración de Venecia* (1830, 1834), del mismo autor; *El bulto vestido del negro capuz* (1835), de Patricio de la Escosura; y *Los amantes de Teruel* (1837), de Hartzenbusch. La motivación de los suicidios dobles, lo mismo que de los individuales, se resume sucintamente en la tremebunda pero hermosa profecía del astrólogo sobre Macías, en la novela de Larra, *El doncel de don Enrique el Doliente*: «es de aquellos hombres en quienes el amor es siempre precursor de la muerte»[65]; concepto con

---

[65] Mariano José de Larra, *El doncel de don Enrique el Doliente*, ed. de José Luis Varela, Letras Hispánicas, 76, Madrid, Cátedra, 1978, pág. 184.

el que habría estado completamente de acuerdo la condesa de S., que se suicida por amor al final de la novela *Dos mujeres* (1842), de Gertrudis Gómez de Avellaneda.

También en el suicidio doble, la vida imita la ficción, y no hay mejor ejemplo que una de las cartas de la ya mencionada Avellaneda. Escribe al sensato abogado Ignacio de Cepeda, en quien su imaginación le lleva a ver un gran romántico: «Cepeda, dejemos esta horrible vida, este mundo en el cual ya estaríamos separados por una barrera insuperable. Muramos ambos, vida mía, y vamos a buscar juntos [...] esa felicidad que no pudimos conseguir en la tierra. Esta mujer [...], Cepeda, esta mujer, que tú crees acaso alegre y ansiosa de diversiones, estaría pronta, a una palabra tuya, a dejarlo todo y a morir contigo, si tú le decías: ¡Yo soy desgraciado y quiero morir!»[66]. La última poetisa romántica, Carolina Coronado, quien no murió hasta 1911, mantuvo insepulto, vestido de levita y en constante capilla ardiente durante veinte años el cadáver de su marido, Horace Perry —«El Silencioso», según ella exigía que se le llamara—, hasta que pudieron compartir los mismos funerales[67]. Confróntense las palabras de la Avellaneda a Cepeda con las de Tediato en la conclusión de la noche I, donde apostrofa a la muerta: «Objeto antiguo de mis delicias... ¡Hoy objeto de horror para cuantos te vean! Montón de huesos asquerosos... ¡En otros tiempos, conjunto de gracias! Oh tú, ahora imagen de lo que yo seré en breve», etc.; y quedará claro que tanto en el caso del suicidio doble como en el del individual, el gran valor literario del presente tópico es retórico; y por esto mismo existen tantas obras en las que el suicidio es tema más bien que acción.

Tópico tan de moda como el suicidio doble estaba destinado a inspirar parodias. En el cuadro costumbrista *El romanticismo y los románticos* (1837), de Mesonero, el ficticio so-

---

[66] Gertrudis Gómez de Avellaneda, *Autobiografía y cartas*, ed. de Lorenzo Cruz de Fuentes, Madrid, Imprenta Helénica, s.a., pág. 138.

[67] Véase Ramón Gómez de la Serna, *Mi tía Carolina Coronado*, Buenos Aires, Emecé, 1942, págs. 141-187. Libro en el que merced a la semejanza general de los temas hay un capítulo titulado «El primer romántico de España, Cadalso el desenterrador».

brino del costumbrista le decía a su vecinita de enfrente «que era preciso que se muriesen para ser felices, que se matara ella, y luego él iría a derramar flores sobre su sepulcro, y luego se moriría también y los enterrarían bajo una misma losa»[68]. No es menos graciosa la sátira tardía de Galdós, motivada por poemas, novelas y dramas románticos y, qué duda cabe, por el mismo cuadro de Mesonero. En *Misericordia* (1897), en un duro momento de sus amores, Luquitas y Obdulia expresan su «propósito firme de ir a algún poético lugar donde pudieran quitarse la miserable vida, bien abrazaditos, expirando al mismo tiempo, sin que el uno pudiera sobrevivir al otro» (cap. VIII).

Sin tomar en cuenta las *Noches lúgubres*, se nos escaparía el sentido histórico de los ejemplos posteriores del suicidio romántico en España que hemos mencionado, los cuales pudieran haberse tomado por imitaciones aisladas de modas literarias extranjeras. La decisiva influencia de las *Noches lúgubres* se confirma por el hecho de que en el siglo XIX pocas obras se dan a la imprenta con tanta frecuencia como el poema en prosa cadalsiano: se trata de cuarenta y siete ediciones. Por contraste, en el siglo XIX las *Cartas marruecas* tuvieron sólo dieciocho ediciones (véase nuestra Bibliografía). Es significativo que la mayor concentración de ediciones de las *Noches lúgubres* se dé en el primer tercio del siglo XIX: veintitrés, pues esos años son los más determinantes para la eclosión del segundo romanticismo. En el segundo tercio del ochocientos, que son todavía importantísimos años románticos —la rima LXX de Bécquer es una interpretación posromántica de las *Noches* cadalsianas[69]— se acusa otra concentración muy apreciable, aunque algo reducida: dieciocho ediciones; y solamente en el último tercio del siglo baja de modo notable la producción de ediciones nuevas: seis. (Véase nuestra Bibliografía.) La obra contaba con una presencia

---

[68] Ramón de Mesonero Romanos, *Obras, II*, ed. de Carlos Seco Serrano, Biblioteca de Autores Españoles, t. CC, Madrid, Atlas, 1967, pág. 67a.
[69] Véase Gustavo Adolfo Bécquer, *Rimas*, ed. de Russell P. Sebold, Clásicos Castellanos, serie nueva, 22, Madrid, Espasa Calpe, 1991, notas a la rima LXX, págs. 323-326.

dinámica en el mundo editorial y literario, y resulta evidente su influencia, su profunda influencia.

2. *Fuentes y cosmovisión*

La más citada de las fuentes literarias de las *Noches lúgubres* es la menos decisiva para su composición. Urge, por ende, precisar el alcance de su aportación. Bajo el título de sus *Noches*, Cadalso puso la explicación «imitando el estilo de las que escribió en inglés el doctor Young», mas estas palabras sólo equivalían a una frase adverbial como «al modo lúgubre nórdico». Su sentido es, en efecto, idéntico al de las referencias de Cadalso a Londres y Young en su graciosa descripción de las condiciones idóneas para la publicación de las *Noches*: «Si el cielo de Madrid no fuese tan claro y hermoso y se convirtiera en triste, opaco y caliginoso como el de Londres [...], me atrevería yo a publicar las *Noches lúgubres*, que he compuesto [...] por el estilo de las que escribió el doctor Young» *(Cartas marruecas, LXVII)*. En ambos casos, Cadalso simplemente alude a una larga tradición dieciochesca inglesa de composiciones poéticas sobre la muerte, la cual arranca de *A Nocturnal Reverie* (1713), de la condesa de Winchilsea; y por ser uno de los ejemplos más desarrollados de esa tradición, el poema ascético anglicano *The Complaint or Night Thoughts on Life, Death, and Immortality* (1742-1745), de Edward Young, se convierte en símbolo de ella para toda Europa.

Para aclarar esto, veamos un par de referencias semejantes a Young. En una nota, al comienzo de *L'Éclipse de lune* (1770), Louis-Sébastien Mercier explica la índole de este breve escrito: «il est dans le goût d'Young, mais je l'ai composé en français»[70]. En una carta de 1778, Meléndez Valdés explica el tono de unas endechas que había compuesto: «Yo quise seguir en algo el vuelo del inimitable Young y aquel aire original inglés» (BAE, t. LXIII, pág. 79), donde las palabras más

---

[70] En Mercier, *L'An deux mille quatre cent quarante: Rêve s'il en fût jamais*, Amsterdam, van Harrevelt, 1771, pág. 190.

significativas son las finales: *aquel aire original inglés*. En unas páginas de 1803 sobre lo gótico en la literatura, el norteamericano Joseph Dennie apunta que el «Dr. Beattie has somewhere cautioned youthful readers of sensibility to beware of immoderately indulging in the perusal of such works as the *Night Thoughts* of Young»[71]. Subráyese el sintagma *such works (tales obras)*. No se trata del poema inglés de mediados del siglo anterior, sino de todo un género de obras sombrías, en el fondo muy inexactamente asociadas con el poema de Young. Pues el género cuyo efecto en los lectores jóvenes sensibles temen Beattie y Dennie abarca todas las obras mencionadas en el apartado anterior: las melancólicas historias de Tediato, Wérther, Harrington, Obermann, René, Chatterton, etcétera.

Paradójicamente, el poema de Young influyó poco sobre el género que lleva su nombre, porque los versos del sacerdote anglicano son devotos y sermoneadores, representando así todo lo contrario de las trágicas historias románticas a las que acabo de aludir. Según Chateaubriand, el estilo de Young no era suficientemente personal para el gusto que imperaba al rayar el siglo XIX; y en nuestro siglo, el ya citado Paul van Tieghem, aludiendo al carácter de las *Noches lúgubres*, escribe: «C'est le triomphe du macabre et du forcené, et nous sommes bien loin des *Nuits* de Young» (ed. cit., t. II, pág. 165). Es cierto que al traducir los *Night Thoughts* al francés (1769), Pierre Le Tourneur los dotó de un tono algo más romántico, pero la esencia de la obra siguió siendo la misma.

En resumen: solamente dos elementos del poema inglés de más de diez mil versos han influido a Cadalso. 1) El nombre del sepulturero Lorenzo, con quien dialoga Tediato, viene acaso del nombre del amigo ausente, Lorenzo, a quien apostrofa Young en su largo lamento. 2) En los versos 150-188 del libro III de Young, se relata un episodio, de ambiente nocturno, fúnebre, cuya acción es una inhumación, en lugar de una exhumación: el sacerdote anglicano, autor del poema, describe el enterramiento clandestino de su hijastra protestante Narcisa, a media noche, en una tumba robada, en la

---

[71] En *The Achievement of American Criticism*, ed. de C. A. Brown, Nueva York, The Ronald Press Company, 1954, pág. 66.

Francia católica. Dato este último que, pese a representar el anticipo más cercano de las *Noches lúgubres* que brinda Young, ni mencionan críticos que han dado importancia al supuesto influjo del poeta inglés.

Es más importante la segunda de las fuentes que hace falta considerar, porque en ella se une al tema fúnebre un argumento más similar al de las *Noches lúgubres*. Es una leyenda muy diseminada en Occidente y sobre la que se basaron romances populares españoles, páginas de la novelista María de Zayas y la comedia *La difunta pleiteada*, de Lope de Vega. Nigel Glendinning ha estudiado esta fuente en el artículo de 1961 recogido en nuestra Bibliografía, así como en las Introducciones a sus dos ediciones de las *Noches lúgubres*. Dos jóvenes enamorados quieren casarse, pero se lo impiden sus padres y las circunstancias. El amante rechazado huye desilusionado al extranjero, y los padres de la chica la obligan a casarse con otro pretendiente que no es de su agrado. Poco después de la boda ella se muere de tristeza. Vuelve su primer amante, y con la ayuda de un sacristán se propone desenterrarla para unirse con ella en la muerte suicidándose. Mas cuando abre la tumba, su amada difunta resucita. Él la lleva a su casa, donde viven felices hasta que el marido de la presunta fallecida pone pleito al amante. Triunfa el amor, y el marido pierde su pleito. Glendinning destaca otros paralelos secundarios entre las dos obras, pero el más interesante es el plan para la unión amorosa en la muerte, que es el mismo, aunque Cadalso lo tratará de modo muy distinto.

En las notas a las *Noches lúgubres* quedan citadas numerosas fuentes en las que se inspiró Cadalso, entre ellas la que quisiera destacar ahora por su singular importancia. Se trata de la carta CXVII de *The Citizen of the World*, o *Chinese Letters*, obra cuya influencia sobre las *Cartas marruecas* queda indicada más arriba. En los trozos que traduzco a continuación, el concepto de la muerte es más materialista, más humano, más inconsolable que en Young, por ejemplo, y no parece haber más promesa de vida futura, de ultratumba, que en las *Noches lúgubres*. Es más: cada detalle contenido en las líneas siguientes tiene su paralelo en el poema en prosa de Cadalso —el lector los encontrará fácilmente—, y todos los elementos cadalsianos inspirados por los siguientes de Goldsmith serán símbolos inconfundibles de la cosmovisión romántica de Tediato.

> El reloj acaba de dar las dos, la bujía agonizante se levanta y se hunde en el candelabro [...] nada está despierto sino la meditación, la culpa, la orgía y la desesperación [...] el ladrón hace su ronda de medianoche, y el suicida levanta su brazo culpable contra su propia persona sagrada. Dejadme [...] seguir el paseo solitario, donde la vanidad, siempre cambiante, no hace sino unas cuantas horas que caminaba delante de mí [...] ¡Qué lobreguez se tiende en torno mío! La lámpara mortecina débilmente emite su resplandor amarillo; no se oye más sonido que el de las campanas del reloj, o el lejano perro guardián [...] una hora como ésta bien puede mostrar la vacuidad de la vanidad humana [...] huérfanos, cuyas circunstancias son demasiado humildes para que sea posible remediarlas [...] ¡Por qué, por qué nací yo hombre, y sin embargo veo el sufrimiento de los miserables a quienes no puedo aliviar! [...] ¡Por qué se formó este corazón mío con tanta sensibilidad![72].

El que habla en estas líneas está desesperado; se halla aislado de sus prójimos, si bien no rechazado por ellos, y tampoco hay asomo de socorro celeste. Las dos de la madrugada, una luz que se extingue, la lobreguez, no hay más acompañante que la meditación, pues el libertino se ahoga inconsciente en la orgía, y el ladrón y el suicida van solos por sus caminos. Pero más vale el paseo solitario que cualquier compañía que no sean los pensamientos del propio paseante. Las campanas de una tétrica edificación religiosa y los lejanos ladridos sólo puntúan la soledad de todo el entorno. El día aún no ha nacido; a tal hora no hay pretensiones; vemos al desnudo el triste penar de quien antes fingía figurar en altas esferas. Y acaba nuestro adolorido hablante meditando sobre los indefensos huérfanos a quienes las circunstancias no permiten socorrer, pero sobre cuyo triste destino vierte las lágrimas de la superior sensibilidad con que tuvo el inútil pri-

---

[72] Goldsmith, *Citizen of the World*, ed. cit., págs. 311-313.

vilegio de nacer. ¿Y cómo no iba a acabar meditando sobre la orfandad el personaje de Goldsmith?, pues se había dado cuenta de que ante el cosmos todo hombre es huérfano, y ese llanto era en realidad para sí mismo. Cadalso debió de leer esta carta en la forma indicada; miremos ahora algunos trozos clave de las *Noches lúgubres* que acusan la presencia de la misma cosmovisión en Tediato.

Este sentirse sin compañía ni divina ni humana, con el alma tan vacía como el mundo de fuera, este situarse en medio de dos vacíos concéntricos —el macrocósmico y el microcósimo—, lleva al perpetuo llanto, interior cuando no exterior, y posiblemente al suicidio. Porque es el dolor romántico para el que Meléndez Valdés acuñaría el término *fastidio universal* en 1794, los franceses *mal du siècle* en 1833, y los alemanes *Weltschmerz* en 1847, sin que los compatriotas de Goldsmith llegasen nunca a darle nombre, a pesar de haberse dado ya elementos de la cosmovisión romántica en los poemas *Spring* y *Summer* (1727, 1728), de James Thomson. ¿Cómo caracteriza Cadalso la situación del romántico ante el cosmos? En el umbral de la noche III, solo ante el paisaje nocturno de la ciudad, como el personaje de Goldsmith, Tediato sostiene que ningún hombre —ni el poderoso, ni el sabio, ni el mendigo— se halla más seguro ante la Fortuna

> ... que yo en esta esquina, lleno de aflicciones, privado de bienes, con mil enemigos por fuera, y un tormento interior capaz. por sí solo, de llenarme de horrores, aunque todo el orbe procurara mi infelicidad.

¡Qué sitio hay más solitario, triste y desconsolado que una *esquina* de calle en las altas horas de la noche! El vacío macrocósmico al que se halla lanzado este primer personaje romántico español está representado por *mil enemigos por fuera*; y su vacío microcósmico, la carcoma de su alma, se expresa con el sintagma *tormento interior*. Nótese que la causa más poderosa de su melancolía es la interior, pues la causa exterior, la malicia del mundo, es ya en Tediato como en los románticos posteriores, en gran parte, proyección del paisaje espiritual del poeta o personaje adolorido sobre su entorno social. Con las palabras de Tediato, Cadalso se anticipa en más de veinte años a la descripción del dolor romántico que hace Meléndez Valdés al ponerle nombre, en su segunda elegía moral *A Jovino: el melancólico* (1794): «... mi espíritu insensible / del vivaz gozo a la impresión suave, / *todo* lo anubla en su tristeza oscura, / materia en *todo* a más dolor hallando / y a este *fastidio universal* que encuentra / en *todo* el corazón perenne causa»[73]. Dicho de otro modo, semejantes poetas y personajes se sienten huérfanos: huérfanos de Dios y huérfanos de compañía humana, olvidados, rechazados, abandonados.

Ningún poeta del siglo XVIII o XIX ha descrito más concisamente la triste orfandad del romántico ante el universo, que Meléndez Valdés en su oda *A la mañana, en mi desamparo y orfandad* (1777): el romántico es, en fin, «huérfano, joven, solo y desvalido» (ed. cit., t. II, pág. 667). Es por la experiencia egoísta de sentirse separados, huérfanos, de cuanto existe, por lo que el solitario paseante de Goldsmith y Tediato se preocupan por los niños huérfanos. Pues, en el fondo, no se trata tanto de la compasión como de la búsqueda de una metáfora que capte su propia aflicción. De ahí las palabras que Tediato dirige al niño huérfano de madre, hijo de Lorenzo, que encuentra dormido en el atrio de la iglesia al final de la noche II: «tristes como tú busco yo. Sólo me conviene la compañía de los míseros». Más claras aún en este sentido son las exclamaciones de Tediato a la vista de todos los niños hambrientos y enfermos de Lorenzo: «¡Qué corazón el mío! ¡Qué inhumano si no se partió al ver tal espectáculo!... Excusa tiene: mayores son sus propios males y aún subsiste» (noche III).

Excusa tienen todas las generaciones románticas; pues, a despecho del egoísmo que respiran sus palabras, el dolor de la separación que sufren no es de su creación. Su aflicción y los consuelos que se aplicarán son producto de la Ilustración

---

[73] Juan Meléndez Valdés, *Obras en verso*, ed. cit., t. II, pág. 1.008. Las cursivas son mías. El pronombre *todo* sirve para encarecer la totalidad de los vacíos macrocósmico y microcósmico. Acerca de este poema y la terminología romántica, véase mi estudio «Sobre el nombre español del dolor romántico», en mi ya citado libro *El rapto de la mente*, 2.ª ed., págs. 157-169.

y solamente pueden explicarse en el contexto materialista de la Ilustración. Esto es bien sabido. Mas hay que recordar los detalles esenciales para entendernos. Los sensistas Locke y Condillac enseñaron que todos nuestros conocimientos, desde los datos simples hasta las teorías más sofisticadas, derivan exclusiva y únicamente de las percepciones de nuestros cinco sentidos corporales. No hacía falta ya la revelación divina, y al cortarse la vía cognoscitiva entre hombre y Dios, cortóse asimismo la vía consolativa. El hombre quedó huérfano de Dios. Mas también iba a quedarse huérfano de sus prójimos. Según Rousseau, no hay pecado original, y aun en la corrompida sociedad moderna todo hombre nace con el corazón puro del primitivo buen salvaje. El hombre siempre ha sido por naturaleza un ser solitario, decía el ginebrino, pero en el estado de la naturaleza superaba su aislamiento y su acometividad mediante la bella emoción de la compasión, prácticamente perdida ya para los modernos. La agresiva malicia de las sociedades complejas de Europa, la vieja preferencia por la soledad y la pérdida de la compasión, todas juntas, dejan huérfano a todo ser sensible, sin más refugio que ese malherido corazón descrito por los poetas, en el que goza atormentándose con la contradicción entre las transgresiones de sus compañeros y su propia aspiración a revivir la virtud del hijo de la naturaleza.

Más desesperado por su orfandad que por la muerte de su amada, Tediato aspira a unirse con algo fuera de sí, aun cuando le cause más pena. En las primeras líneas de las *Noches lúgubres*, se expresa usando un verbo significativo, que escribo en cursiva: «¡Qué noche! La oscuridad, el silencio pavoroso interrumpido por los lamentos que se oyen en la vecina cárcel, *completan* la tristeza de mi corazón.» Dolorosa unión entre poeta y naturaleza. Reitérase la misma idea algunas líneas más abajo, y tenemos uno de los primeros ejemplos de una figura que será una constante del romanticismo, esto es, el paisaje como extensión del alma del poeta: «Cruel memoria —se lamenta Tediato—, más tempestades formas en mi alma que esas nubes en el aire.» El mundo inhóspito que Tediato contempla es muchas veces simplemente la imagen refleja de su propia psique. Muestra muy clara de esto es la tétrica des-

95

cripción de Lorenzo debida a Tediato, en la que, en realidad, éste sigue pintando su propio estado de ánimo: «Él es: el rostro pálido, flaco, sucio, barbado y temeroso; el azadón y pico que trae al hombro; el vestido lúgubre, las piernas desnudas; los pies descalzos, que pisan con turbación; todo me indica ser Lorenzo, el sepulturero del templo, aquel bulto cuyo encuentro horrorizaría a quien le viese» (noche I). Pero ¿ve alguien la misma imagen que Tediato?

Otra manifestación de la fuerte voluntad de Tediato de lograr alguna clase de unión entre su cuitado espíritu y el cosmos son sus repetidos intentos de limitar la cantidad de luz que ilumine sus sufrimientos. Verbigracia, en la noche II: «¡Bienvenida seas, noche, madre de delitos, destructora de la hermosura, imagen del caos de que salimos! Duplica tus horrores; mientras más densas, más gratas me serán tus tinieblas». «Las tinieblas son mi alimento», dirá en el mismo apartado. Y más adelante: «Domina, noche, domina más y más sobre un mundo que por sus delitos se ha hecho indigno del sol». En el ochocientos, el poeta romántico Gabriel García y Tassara dirá: «Yo soy mi propio Dios, solo en mi cielo»[74]; pero con el imperativo repetido *domina*, dirigido a la naturaleza, Tediato ya parece estar ejercitando las dotes de tal divinidad.

Lo dicho hasta aquí es indicio de una fe cristiana muy tibia o casi inexistente, ya sea debido a la filosofía materialista del Siglo de las Luces, ya a las desilusiones de la experiencia. Séneca apuntó esta duda en una de sus epístolas: *Videbimus an tantum dis vacet ut privatorum negotia procurent.* Ya veremos si les sobra a los dioses bastante tiempo para ocuparse en los negocios de las personas privadas *(Epistulae morales,* lib. XIX, 110, 2). Y Cadalso haría eco a este apunte con un verso de su tragedia *Don Sancho García,* que fue censurado: «Dudo si el cielo de los hombres cuida»[75]. La misma idea se trasluce en las palabras siguientes de Tediato: «Tomaría por testigos de

[74] En el poema *El crepúsculo, Poesías,* Madrid, Rivadeneyra, 1872, pág. 96.
[75] Véase Nigel Glendinning, *Vida y obra de Cadalso,* Madrid, Gredos, 1962, pág. 51.

mi virtud a esos astros. Los astros darían su giro sin cuidarse del virtuoso que padece ni del inicuo que triunfa» (noche II). Tediato es deísta, mas en el deísmo no halla el consuelo que brindaba el Dios desaparecido y que él necesita desesperadamente.

Lo más cerca que Tediato llega al consuelo es ejercitar esas virtudes y derechos que según Rousseau le son enajenables como hijo de la naturaleza. Su bondad, por ejemplo. Explica su falta de amigos. «¡Jamás los tuve, ni en la maldad porque jamás fui malo, ni en la bondad porque ¡ninguno me ha igualado en lo bueno! Por eso soy el más infeliz de los hombres» (noche II). También le queda el diálogo con la naturaleza, a la que los deístas de la Ilustración le han dado no pocos atributos de la divinidad: «Pero la voz de mi corazón... aquella voz que penetra el firmamento, ¿cómo me privarás de ella?» *(ibíd.).* Casi parece haberse elevado en vicario del Ser Supremo, que se manifiesta a través de la naturaleza. A las duras palabras del Justicia, en la noche II, Tediato responde indignado: «no insultes una alma que tengo más noble... un corazón más puro... sí, más puro, más digna habitación del Ser Supremo que el mismo templo» —concepto que debió de asustar a algún inquisidor—, y más tarde, en el soliloquio de la cárcel, esa misma noche, se enorgullece de su «alma superior a todo lo que naturaleza puede ofrecer». En este momento por poco le disputa al Ser Supremo su eminencia.

Se comprende, por ende, que Tediato sepa hablar autoritativamente de lo que puede agradarle a tal divinidad en cuanto al culto. Al nombrar a este Dios de los filósofos naturalistas de la Ilustración, Tediato le llamará Criador —pues los deístas aceptaban que hubiese habido Creación—: «Ya han saludado al Criador algunas campanas de los vecinos templos con el toque matutino. Sin duda lo habrán ya ejecutado los pájaros en los árboles con música más natural y más inocente y, por tanto, más digna» (noche I). Otro concepto merecedor de la atención inquisitorial, pues afirma Tediato que las campanas de la iglesia son indignas como instrumentos para alabar a Dios.

Desde luego, el ejemplo máximo de la dificultad del romántico para relacionarse con la divinidad y los prójimos es

97

el destino cruel que ha decretado que, para unirse con su amada, tendrá que quitarse la vida, o cuando menos, llevar esa idea siempre en la cabeza, mientras escuche «la mofa de los hombres» y «la risa universal, que es eco de los llantos de un mísero» (noche II).

3. *Tediato en la morada de su alma. El género de la obra*

Se manifiesta ya en las *Noches lúgubres* la tendencia agenérica que será característica de todo el romanticismo, pues algunos han intentado relacionar las técnicas de la obra con las del teatro, y otros han buscado los modelos de importantes técnicas suyas en los diálogos didácticos de la antigüedad y el Renacimiento. Mas lo dicho en los dos capítulos precedentes basta para afirmar inconcusamente que el género principal que entra en este feliz consorcio de formas literarias es el lírico. Hablar del cosmos, de la noche, de las tormentas, de la injusticia del cielo, de la falsa amistad de los prójimos, de la triste suerte de los humildes, de la fugacidad del amor, del ansia de abandonar esta vida, siempre en función del propio yo y sus cuitas y dudas metafísicas subjetivas: he aquí la quintaesencia de la temática de la poesía lírica. Teatro, diálogo didáctico, lírica, y respecto de esta última aun hay otro elemento nuevo: la prosa. En las *Noches lúgubres* tenemos un poema lírico en prosa, prosa dialogada. Es el primer poema en prosa de la literatura española; y como tal, tendrá que inscribirse su título a la cabeza de la lista que incluye distinguidas obras como las *Leyendas* de Gustavo Adolfo Bécquer y *Platero y yo* de Juan Ramón Jiménez.

Corróborase el carácter lírico de las *Noches* por las agudas observaciones de El Editor, en las casi idénticas ediciones de 1817 de las imprentas valencianas de Cabrerizo y Mompié. En ambas se identifica el tema en la forma siguiente: El autor, «colocando la escena en la silenciosa mansión del sepulcro, pinta el último extremo del delirio de una pasión», así como las «ilusiones de un amor extravagante» (Cabrerizo, pág. IV; Mompié, págs. IV-V). Tal es desde siempre el tema más frecuentado por los poetas líricos. Tal es el tema de infinitas baladas intimistas de Julio Iglesias, Raphael, Luis Eduardo Aute y Joan Manuel Serrat que pueden escucharse ahora mismo en la radio. El yo acongojado, solo ante la eternidad y el universo, es el sello del género lírico, y con la computadora se demuestra de modo concluyente la filiación entre las *Noches lúgubres* y la lírica, en fin, el egoísmo y *yoísmo* del sujeto lírico de la obra, Tediato.

La obra entera contiene un total de 7.720 palabras, de las cuales 5.956 o sea el 77,15 por ciento de las palabras, se hallan puestas en boca de Tediato. Miremos a la vez las estadísticas relativas a las noches individuales, pues revelan un significativo movimiento ascendente a través de los tres diálogos. La noche I contiene 3.612 palabras, de las cuales 2.616, o sea el 72,42 por ciento de las palabras de esta noche, se encuentran en parlamentos de Tediato. El texto de la noche II consta de 3.336 palabras, de las cuales 2.647, o sea el 79,34 por ciento de sus palabras, son proferidas por Tediato. Y la III y cortísima última noche se despacha en 772 palabras, de las cuales 693, o sea el 89,76 por ciento de sus palabras, son de Tediato. Nótese que la concentración de texto en la primera persona del protagonista, ya muy fuerte en la primera noche, va montando dramáticamente del 72,42 por ciento al 79,34 por ciento cuando se pasa de la primera a la segunda noche, y del 79,34 por ciento al 89,76 por ciento —casi el 90 por ciento— cuando se llega a la tercera noche. Por tales estadísticas queda excluido el teatro como posible género dominante en la presente obra, a menos que, según aguda observación de mi colega Saúl Roll, se quiera pensar en la escena trágica unipersonal, cultivada por Iriarte en su *Guzmán el Bueno*, por ejemplo.

«Triste, enfermo, apartado del mundo» (noche II): así describe Tediato su estado psíquico, coincidiendo con la postura espiritual de su primo Nuño Núñez, que «se halla ahora separado del mundo y, según su expresión, encarcelado dentro de sí mismo» *(Cartas marruecas,* I). Los dos están encarcelados en las moradas de sus almas. El hecho de que en la noche II Tediato esté encarcelado en una cárcel de cal y canto, donde se practican crueles torturas, es, a la par que episodio del poema, metáfora de la más espantosa cárcel mental con peores torturas, de la que nunca se liberará el adolorido protagonista, por dondequiera que vaya su cuerpo. Salir al aire libre, mirar el cielo, observar a los prójimos que andan por las calles, no significa una liberación para Tediato, pues ya hemos dicho que él ha coloreado el cosmos con los tristes tintes de su psique recreándolo todo a su propia imagen.

Por esto, el lector casi no encuentra arrimadero o agarradero, al tratar de instalarse imaginariamente en el mundo de las *Noches lúgubres* para identificarse con los personajes y participar psicológicamente en los avatares de éstos. Al contrario, se halla el lector en un sitio y entre unos objetos que no parecen tener exterior ni contornos reconocibles. Se comprende que Montesinos apuntara lo siguiente sobre las circunstancias de Tediato: «Se diría que no existe sino aquello que puede ser resonancia a la queja de Tediato: truenos y relámpagos, cárceles y cementerios, carceleros y enterradores»[76]. Ello es que, entre interpretaciones de la realidad que no pueden haber emanado sino del fondo de un alma atormentada, por una parte, y la ausencia, por otra, en el mundo de Tediato, de cualquier lugar suficientemente físico para que sea posible *estar* en él, el lector va experimentando más y más la sensación de estar tan encerrado en el espíritu-cárcel de nuestro místico de la muerte como lo está él mismo. El que el lector sienta íntimamente lo que es estar encarcelado en un espíritu torturado se logra por la técnica cadalsiana de negar en lo posible la realidad física.

Pues de hecho ¿qué sabemos del templo, de la cárcel, de la casa, de las calles, que aparentemente son las escenas de los diálogos entre Tediato y los cuatro personajes secundarios? ¿De qué datos concretos relativos a ellos disponemos? Inmersas en los parlamentos de los personajes se hallan referencias de una sola palabra a los tres edificios indicados y a las calles. Por medio de ellas nos enteramos de que el templo o iglesia tiene una «llave», una «puerta», «umbrales», una «lámpara», una «campana», «sepulturas», «túmulos», «losas», «ho-

---

[76] José F. Montesinos, «Cadalso o la noche cerrada», *Cruz y Raya*, abril de 1934, pág. 55.

yos», «alhajas», un «atrio», una «imagen» suspendida en su pared exterior y una «esquina» delante de su entrada. Por referencias similares descubrimos que la cárcel tiene «patíbulo», «puertas», «paredes», «calabozos», «grillos», «cadenas», «esposas», «cepo», «argollas», «mordazas», «cerrojos», una «tarima», «piedras». De los verbos «abra», «abre» y «abrir» deducimos que la casa de Lorenzo tiene una puerta, pero nada más sabemos de su domicilio. En fin: ninguna de estas construcciones tiene rasgo distintivo alguno; y el motivo de esto es que en las *Noches lúgubres*, más bien que auténticos lugares o espacios físicos, tenemos *ideas* de lugares, abstracciones intelectuales referentes a meros tipos de lugares.

¿Quién, al oír articularse la voz *cárcel*, no se forma automáticamente, sin pensar siquiera, una imagen mental que incluye paredes, puertas, cerrojos, calabozos, grillos, etc.? Del mismo modo, si oyéramos pronunciarse las palabras *iglesia* y *casa*, sería imposible que no se nos presentaran al punto ante los ojos de la mente imágenes que tuviesen los rasgos arquitectónicos puramente genéricos que se proporcionan por las citadas alusiones de una sola palabra. De las calles entre el templo y la cárcel, y entre ésta y la casa de Lorenzo, solamente sabemos por deducción que los personajes apenas andan por ellas: «Poco falta»; «No está lejos» (noche II). Se llega a cualquier parte con dos pasos; casi parecen borrarse las distancias y negarse el espacio entre un sitio y otro.

Acción y tiempo quedan igualmente borrosos, entre lo real y lo irreal. Los hablantes realizan los movimientos físicos más o menos insignificativos que ellos mismos mencionan. *Acción*, empero, en el sentido del conjunto de actos que da nacimiento al argumento de una obra de ficción, esto prácticamente no existe en las *Noches lúgubres*. Es más: la escasa acción de la obra sólo está presente en la medida en que es objeto de la negación; pues se priva de todo su sentido por no lograrse su propósito. En la noche I, en el templo, la única acción es el intento fracasado de levantar la losa que cubre la sepultura de la doncella muerta. En la noche II, la acción se limita a la equivocada detención de Tediato por asesino, su encarcelamiento y su liberación. En la noche III, de vuelta en el templo, no hay acción ninguna; Tediato menciona el pico y el azadón del sepulturero, pero no se utilizan. En vez de acción, hay pasión, y la escena de ésta es naturalmente el alma del protagonista, más bien que cualquier sitio físico.

Negándose la acción, no se registra una clara sucesión de acontecimientos unos tras otros; y como consecuencia, piérdese asimismo en gran parte la noción del tiempo. Tediato es consciente de la hora solamente cuando son las dos de la madrugada —hora de sus citas con Lorenzo, que se halla mencionada dos veces en la primera noche y una vez en la segunda—, o cuando es cuestión de las horas transcurridas entre sus citas con Lorenzo para la macabra empresa que le llevaría a la negación sublime de toda la realidad. «¡Que no se hayan pasado más de diez y seis horas desde que dejé a Lorenzo! —exclama al inicio de la noche II—. ¿Quién lo creería?» Cuyas palabras finales destacan el tinte de irrealidad con que la visión de Tediato colorea los pocos datos exactos que llegan a su atención. Lo mismo ocurre con extensiones mayores de tiempo. Hacia la conclusión de la noche I, aludiendo al momento en que aún no había fallecido la dama de la cabellera de oro, Tediato pregunta —son palabras ya citadas en parte con otro propósito—: «¿Quién me diría dos meses ha que me había de ver en este oficio? Pasáronse más aprisa que el sueño, dejándome tormento al despertar. Desapareciéronse como humo que deja las llamas abajo y se pierde en el aire.» Son típicas del estilo de Cadalso estas imágenes neoascéticas del sueño y el humo —estudiamos ejemplos en las notas—, y con ellas simplemente se traduce a una forma nueva la neblinosa visión de la realidad que le impone a Tediato su encierro en la cárcel de su alma. «Para mí nunca sale el sol —explica al final de la noche I—. Las horas todas se pasan en igual oscuridad para mí. Cuantos objetos veo en lo que llaman día, son a mi vista fantasmas, visiones y sombras, cuando menos... algunos son furias infernales.»

Nuestra realidad es la irrealidad de Tediato, que ve el mundo exterior como lo puede ver quien sufre de una profunda psicosis. Solamente de cuando en cuando, al entrar en contacto con personas, cosas o sucesos que de alguna manera pueden interpretarse como símbolos de su experiencia interior y sus sentimientos, se da cuenta Tediato de la existencia de eso que está ahí afuera; y aun entonces parece incapaz de aprehender la realidad objetiva que poseen esos seres y circunstancias. Tediato parece estar suspendido en el vacío, porque las alusiones de Cadalso al lugar, a la acción y al tiempo están limitadas al mínimo necesario para que el lector pueda imaginar al atormentado amante como dotado de alguna clase de existencia. Y avanzando a tientas entre lugares, objetos y momentos de perfil tan incierto, el lector llega a conocer por su parte lo que es estar encarcelado en un alma «triste, enferma, apartada del mundo». Toda noción de prioridad y causa parece tan vaga como las sombras entre las que se mueve Tediato, y el cosmos entero viene a ser como una fotografía ampliada de esa celda del alma en la que el protagonista sufre un aislamiento espiritual muy afín ya al del hombre del siglo XX.

La irrealidad del mundo cotidiano para Tediato se reitera por un curioso aspecto de la obra. Ninguno de los personajes tiene nombre: nueva negación de la realidad. *Tediato* (<*tedio*) no es nombre de una persona, sino de un alma que padece el tedio; un alma que no existe sino en la medida en que está provista de la facultad de sentir el tedio y la melancolía. La mayor parte de los personajes —pues no tienen más realidad que pasajeras menciones— no tienen nombre de ninguna clase; se los identifica simplemente con términos genéricos, como Justicia, Carcelero, Niño, asesinos o autores y cómplices del asesinato, cadáver, malhechores, facinerosos, «los que cuidan de este templo», fieles, el perro del sepulturero, la familia, etc. El nombre del sepulturero, *Lorenzo*, parece una excepción a la regla, pero en realidad es otro término genérico. Por el uso *Lorenzo* se iba convirtiendo en designación del confidente a quien el entristecido dirigía sus lamentaciones ante la pérdida de un ser querido. Ya hemos dicho que se llamaba *Lorenzo* el amigo lejano a quien Young dirigía sus reflexiones sobre el sepelio clandestino de su hijastra en Francia. Y *Lorenzo* se llamaría el destinatario de *Ultime lettere di Iacopo Ortis*, del novelista italiano Foscolo.

Observábamos que el aislamiento espiritual de Tediato parece afín al del hombre del siglo XX. Parece igualmente moderno el concepto cadalsiano de la cárcel del espíritu, o sea la representación del alma o corazón, ya como un lugar espiritual interior, dentro del hombre, o ya como el infeliz habitante de tal lugar. «Ya se disipan todas las tinieblas de mi alma», dice Tediato en la noche II, mas las tinieblas las solemos encontrar en lugares cerrados, o bien en paisajes nocturnos. La explicación sigue, pues los ruidos y las voces de la cárcel de mampostería, continúa diciendo Tediato, «estremecen lo sensible de mi corazón, no obstante lo fuerte de mi espíritu. Frágil *habitación* de una alma superior a todo lo que naturaleza puede ofrecer». He escrito la voz clave en cursiva. Imagen al parecer tan moderna era, no obstante, vieja ya en el tiempo de Cadalso, quien la toma de los ejercicios meditativos de los místicos y ascetas clásicos, en cuyas páginas ya se caracterizaba el alma como castillo, cárcel o prisionera. Verbigracia, Santa Teresa de Jesús, posiblemente influida por la novela sentimental *Cárcel de amor*, de Diego de San Pedro, escribe: «este castillo [del alma] tiene, como he dicho, muchas moradas, unas en lo alto, otras en bajo, otras a los lados; y en el centro y mitad de todas éstas tiene la más principal, que es adonde pasan las cosas de mucho secreto entre Dios y el alma»[77]. Con el deísta Cadalso se introduce en este esquema una alteración desoladora para el alma afligida: se suprime la visita de Dios. La escena es igual, mas en ella las «cosas de mucho secreto» le pasan sola y únicamente al desesperado sujeto lírico, hombre frágil y cada vez más limitado por lo terrenal, a despecho de las pretensiones filosóficas y literarias de universalidad con que se engalana la Ilustración.

En los *Ejercicios espirituales* se da una variante de esta figura léxicamente más cercana a la adaptación cadalsiana. El fundador de la Compañía de Jesús explica que el penitente debe iniciar el primer ejercicio imaginando que su alma está encarcelada en un «lugar» físico, que es su cuerpo: «El primer preámbulo es composición de lugar [...]. En la invisible [simbólica], como es aquí de los pecados, la composición será ver con la vista imaginativa y considerar mi ánima ser *encarcerada* en este cuerpo co-

---

[77] Santa Teresa de Jesús, *El castillo interior o las moradas*, ed. de Tomás Navarro Tomás, Clásicos Castellanos, 1, Madrid, Espasa Calpe, 1962, pág. 6.

rruptible»[78]. Recuérdese que el primo de Tediato, Nuño Núñez, también se halla como «encarcelado dentro de sí mismo». Cadalso estudió durante largos años con los jesuitas, y no se habrá escapado de hacer los ejercicios de San Ignacio.

Los escritores de creación descubrieron muy pronto que la citada composición de lugar ignaciana les brindaba una mina rica para metáforas originales. En su *Vida*, Torres Villarroel confiesa que «iba insensiblemente perdiendo la inocencia, y amontonando una población de vicios y desórdenes en el alma»[79], figura según la que su espíritu se convierte en lugar habitado, *poblado*. En la segunda parte de *Wérther*, el «editor» explica que el desventurado joven, «*encerrado* perpetuamente en sí mismo, consagrado a la idea fija de una sola pasión, perdido en su laberinto sin salida [...], se iba acercando cada vez más a su triste fin»[80]. El concepto cadalsiano del alma como un espacio interior parece muy moderno, porque los literatos siguieron recurriendo a él a lo largo del siglo XIX y todavía en el siglo XX. Basten dos ejemplos.

Para los escritores posteriores el alma sería con tanta frecuencia un paisaje como un lugar cerrado. En la última estrofa del poema *Soledad del alma*, de Gertrudis Gómez de Avellaneda, se lee: «Siempre perdidas —vagando en su estéril desierto—/ ... / gimen las almas... / ¡Nada hay que pueble o anime su gran soledad!»[81]. (Aquí, lo mismo que en Santa Teresa y Cadalso, el alma es a un mismo tiempo ocupante y lugar ocupado: nómada por el desierto, y desierto.) En *Nada menos que todo un hombre*, de Unamuno, empieza a revelarse el enigmático carácter de Alejandro Gómez en esta forma: «Fue como si un relámpago de luz tempestuosa alumbrase

[78] San Ignacio de Loyola, *Ejercicios espirituales*, ed. de José María Pemán, Colección Cisneros, 63, Madrid, Ediciones Atlas, 1944, págs. 41-42. La cursiva es mía.

[79] Diego de Torres Villarroel, *Vida*, ed. de Russell P. Sebold, Temas de España, 162, Madrid, Taurus Ediciones, 1985, pág. 138.

[80] J. W. Goethe, *Wérther*, trad. de la Revista de Occidente, prólogo de Carmen Bravo-Villasante, Biblioteca Universal Salvat, Barcelona, Salvat, 1973, pág. 177. La cursiva es mía.

[81] Gertrudis Gómez de Avellaneda, *Obras*, ed. de José María Castro y Calvo, t. I (BAE, t. CCLXXII), Madrid, Atlas, 1974, pág. 353b.

por un momento el lago negro, tenebroso de aquella alma, haciendo relucir su sobrehaz»[82]. Imagen que recuerda palabras ya citadas de Tediato hacia el comienzo de la noche I: «Cruel memoria, más tempestades formas en mi alma que esas nubes en el aire».

Es muy feliz la conclusión de las *Noches lúgubres* en lo que atañe a la relación entre realidad y procedimiento mimético. La noche III —y así la obra— termina *in medias res*[83]. Lorenzo y Tediato están a punto de coger el pico y el azadón para ir una vez más al sepulcro de la que fue hermosa doncella de cabello de oro, donde por lo visto harán un nuevo intento de desenterrarla. El adolorido amante le dice al guardián de los difuntos: «Andemos, amigo, andemos», y no hay ya nada más. Final abierto. La locura de Tediato es más contemplativa que activa. No es capaz de ejecutar una acción tan violenta como la de quemarse vivo o moribundo junto a un cadáver. Sin embargo, tener la *idea* de tal acción siempre presente es de gran utilidad para Tediato, pues sirve para ensalzar su sentido del drama de su angustiado yo; y su único solaz —«dulce melancolía» (noche III)— estriba en la contemplación solipsista de ese drama interior, que él simboliza proyectándolo sobre la pantalla del cosmos en la forma de un acto que sería muy sonado y comentado si llegase a cometerlo. No era, empero, probable que llegara ese momento —de ahí el arte del final abierto de la obra—, porque si de hecho se suicidara Tediato, se privaría para siempre jamás de la voluptuosa gratificación masoquista que encuentra en la contemplación de la injusticia universal —«la mofa de los hombres», «la risa universal»— que le ha convertido en «víc-

---

[82] Miguel de Unamuno, *Tres novelas ejemplares y un prólogo*, Colección Austral, Buenos Aires, Espasa-Calpe, 70, 1943, pág. 139.

[83] A principios del siglo XIX, un par de escritorzuelos se aprovecharon de tal conclusión para «completar» la obra, que no estaba de ningún modo incompleta. En la edición de 1815, se insertó una apócrifa «conclusión» de la noche III; y en la de 1822, se insertó la igualmente apócrifa noche IV, así como otro documento falso titulado *Carta de un amigo de Cadalso sobre la exhumación clandestina del cadáver de la actriz María Ignacia Ibáñez*, de donde procedió la exagerada interpretación biográfica de la obra que se mantuvo durante mucho tiempo.

tima inocente» de sus aspiraciones al noble sentimiento del humanitarismo, según él lo veía (noches II y III).

Cada una de las dos primeras noches contiene cuatro veces más palabras que la tercera (véanse las comparaciones estadísticas citadas más arriba). Si miráramos tan sólo las respectivas extensiones materiales de las tres noches, no dejaría de parecer desproporcionadamente breve la noche III. Pero esta *desproporción* es el precioso símbolo final de la falta absoluta de distinción entre realidad interior y realidad exterior para Tediato; pues dondequiera que terminara la triste historia de Tediato, aunque la noche tercera llegara a quinientas páginas, la conclusión sería la misma: Tediato continuaría todavía —indefinidamente— en la angustiada contemplación de su yo. Esa doncella de manos blancas y cabello de oro no era, en el fondo, sino otro símbolo del desencanto de Tediato consigo mismo y con el mundo: «Oh tú, ahora *imagen* de lo que yo seré en breve» (noche I; la cursiva es mía). Mas no sería tan en breve, pues en las *Noches lúgubres* la idea de la muerte, más bien que un elemento de finalidad, es el sostén de una forma de vida psicótica. El tema de la obra es la contemplación del suicidio y su proceso, no el suicidio en sí.

4. *El subtexto costumbrista de las* Noches lúgubres[84]

Merced a la crítica de los últimos años, van quedando claros los lazos que unen la mentalidad del Cadalso ensayista ilustrado de las *Cartas marruecas* con la del Cadalso poeta en prosa romántico de las *Noches lúgubres*. Es romántico, casi esproncediano, el final de las *Cartas*, cuyos lectores en ese momento no se engañan ya por el disfraz «jocoso» del autor, pues «tu naturaleza es tétrica y adusta», le recuerdan con insistencia (Protesta literaria)[85]. Al mismo tiempo, en medio

---

[84] En su forma original, el presente apartado se publicó como artículo, en la revista *Dieciocho*, t. XXI (1998), págs. 7-20.

[85] Espronceda usará la mismísima máscara al final del *Canto a Teresa*: «mi propia pena con mi risa insulto» (José de Espronceda, *El estudiante de Salamanca. El diablo mundo*, ed. de Marrast, Castalia, 1978, pág. 238).

del ambiente romántico de las *Noches lúgubres* se nos presentan frecuentes reflejos del riguroso pensamiento de la Ilustración. Verbigracia, la explicación científica que da Tediato de los fantasmas —en realidad, meras sombras— que asustan a Lorenzo: «Lo que te espanta es tu misma sombra con la mía. Nacen de la postura de nuestros cuerpos respecto de aquella lámpara» (noche I). Sin embargo, me parece mucho más trascendente el punto de contacto entre las dos obras maestras cadalsianas que se propone en el presente apartado. Ya hemos examinado la visión costumbrista que informa las *Cartas marruecas*, retrato de la España moderna que es un indispensable modelo para la escuela de Mesonero y Larra, mas he aquí que las tres noches de las *Noches lúgubres* también están impregnadas de un costumbrismo de enfoque marcadamente contemporáneo, con la única diferencia de que en el poema lírico en prosa tales temas se desplazan al segundo término[86].

No es, en el fondo, nada sorprendente que la primera obra plenamente romántica de Europa —las *Noches lúgubres*, de 1771— encierre, por decirlo así, una segunda obra subtextual de prisma realista; pues, como he mostrado en diversas ocasiones, el realismo y el romanticismo tienen raíces comunes en la filosofía sensista dieciochesca, y toda la corriente literaria de la época llevaba a una representación más objetiva y documentada del marco social de la vida humana, ya fuese en ficciones de tema vulgar, o ya en otras de arrebatado tono confesional. El famoso precepto del verso 361 del *Arte poética* de Horacio, *Ut pictura poesis erit*, recibía un nuevo ímpetu de la fuerte insistencia del sensismo en la observación de la realidad, y tanto críticos como escritores se obsesionaban por el elemento de cuadro en el traslado literario de la vida humana. Así, Luzán, en el capítulo XIII, «De las imáge-

---

[86] Un editor de principios del siglo XX parece haber intuido el carácter dual de las *Noches lúgubres* que señalamos ahora. Me refiero al uso de los términos *poeta* y *costumbrista* en el título descriptivo que ese editor puso a la obra de Cadalso: *Noches lúgubres. Una de las más bellas obras del poeta y costumbrista, escrita al borde del sepulcro, con todas las fantasías que inspira el terror*, Madrid, Pueyo, 1918.

nes simples y naturales», del libro II de su *Poética*, insiste en el aspecto de la copia pictórica de la realidad utilizando frases y términos como los siguientes: *pintura y viva descripción de los objetos, de las acciones, de las costumbres, de las pasiones; copia, original, pintar, pintura, dibujar, colorear, pinceladas, delineamientos, pincel, colores, subidos colores, escorzo, pintura muy natural*[87]. Es más: en las páginas indicadas, tales voces se utilizan repetidamente, y el sintagma *pintura y viva descripción* se repite en las variantes *pinturas y descripciones, una viva imagen del objeto que describen,* y *pintan viva la imagen del objeto.* ¿Hace falta decir que éstos son los mismísimos términos que Mesonero y Larra usarán a la vuelta de cada página? Sobre todo con la combinación de las palabras *pintura* y *descripción*, que se da tres veces, queda clara la nueva definición dieciochesca de la descripción, antecedente *sine qua non* del cuadro de costumbres decimonónico.

Miremos más de cerca la tendencia pictórica del setecientos. En las acotaciones y los parlamentos de comedias de costumbres y comedias lacrimosas de la escuela neoclásica, pululan las menciones de pormenores de la vida «privada y vulgar» —adjetivación de época—, como la ropa sucia echada sobre los muebles, los enseres de la casa, listas de cosas a hacer, la porquería del perro que ensucia la alfombra, los quitasoles, sombreros y bastones, la cerveza, el tabaco, los periódicos, las facturas, las rentas, dineros invertidos en fábricas, etc., que hacen falta para dibujar el cuadro de la moderna burguesía[88]. La acotación inicial de *La señorita malcriada*, de Iriarte, nos ofrece un cuadro del género paisajístico: «*El teatro representa una parte de jardín con vista de una casa que tiene salida a él por el frente, y a los lados varias calles de árboles*» (ed. cit., pág. 331). *El Pensador* (1762-1767), de José de Clavijo y Fajar-

---

[87] Ignacio de Luzán, *La poética*, ed. de Russell P. Sebold, Textos Hispánicos Modernos, 34, Barcelona, Labor, 1977, págs. 249-260.

[88] Sobre tales detalles de ambientación realista en las acotaciones y los parlamentos de la comedia de costumbres dieciochesca, a partir de *La petimetra*, de Moratín padre, véase Russell P. Sebold, «Ambientación realista y alta comedia en el teatro iriartiano», en Introducción biográfica y crítica, *El señorito mimado. La señorita malcriada*, ed. de Russell P. Sebold., Clásicos Castalia, 83, Madrid, Castalia, 1978, págs. 100-124.

do, *La Pensadora Gaditana* (1763-1764), de Beatriz Cienfuegos, y las *Cartas marruecas* (1774), del propio Cadalso, son obras cuya técnica y atractivo para el lector dependen de la repetida introducción de cuadros de la vida contemporánea a lo largo de todos sus números y cartas[89]. Las lágrimas no son el único medio del que se valen autores de comedias lacrimosas, como *El delincuente honrado* y *El precipitado*, para convencernos de su moraleja social; pues les resultan igualmente útiles los cuadros de la actualidad burguesa, o «cuadros en acción», según decía Denis Diderot, exponente de la teoría de tal procedimiento pictórico[90]. Y por fin, ¿hay más hábiles cuadros de costumbres contemporáneas que los cartones y los tapices de Goya?

Es en tal marco histórico, que aun podría ampliarse con referencias a cuadros contenidos en novelas setecentistas, en el que el autor de las *Noches lúgubres* formula su brevísima teoría del cuadro social y el realismo, con la cual se vertebra la dimensión de los tres diálogos nocturnos que nos interesa de momento. La base de tal exposición teórica, contenida en la noche I, es un «retrato» del hombre social, a partir de los primeros años de su vida:

> ¿Qué es un hijo? Sus primeros años... un retrato horrendo de la miseria humana. Enfermedad, flaqueza, estupidez, molestia y asco... Los siguientes años... un dechado de los vicios de los brutos, poseídos en más alto grado... Lujuria, gula, inobediencia... ambición, soberbia, envidia, codicia, venganza, traición y malignidad; pasando de ahí... ya no se mira al hombre como hermano de los otros, sino como a un ente supernumerario en el mundo. Créeme, Lorenzo, créeme. Tú

---

[89] Sobre el cuadro de costumbres en *El Pensador*, véase Russell P. Sebold, «Clavijo en el costumbrismo», *ABC*, domingo, 15 de enero de 1995, pág. 91.

[90] Sobre el uso del cuadro en *El delincuente honrado*, de Jovellanos, véase Russell P. Sebold, «Jovellanos, dramaturgo romántico», *Anales de Literatura Española* (Universidad de Alicante), núm. 4, 1985, págs. 415-437; Sebold, «Jovellanos, dramaturgo romántico», en *Ilustración y neoclasicismo. Primer suplemento (4/1),* ed. de David T. Gies y Russell P. Sebold, Barcelona, Crítica, 1992, págs. 180-189; o Sebold, «Gaspar Melchor de Jovellanos y el drama romántico», en *Historia de la literatura española. Siglo XVIII (II),* coordinador Guillermo Carnero, Madrid, Espasa Calpe, 1995, t. VII, págs. 823-836.

sabrás cómo son los muertos, pues son el objeto de tu trato...
yo sé lo que son los vivos... Entre ellos me hallo con demasiada frecuencia... Éstos son... no... no hay otros; todos a cual
peor... yo sería peor que todos ellos si me hubiera dejado
arrastrar de sus ejemplos. [...] nada significan esas voces que
oyes de padre y madre, hermano, hijo y otras tales; y si significan el carácter que vemos en los que así se llaman, no quiero ser ni tener hijo, hermano, padre, madre, ni me quiero a
mí mismo, pues algo he de ser de todo esto.

No cabe imagen más amplia, más abarcadora ni más desesperante de la sociedad humana como conjunto; y para el
tema que nos ocupa son altamente sugerentes los sustantivos
retrato y *dechado* contenidos en estas líneas.

Es, empero, infinitamente más revelador un brevísimo trozo de diálogo de Lorenzo y Tediato que se halla encuadrado
entre las palabras de la pintura social debida al desilusionado
protagonista. Helo a continuación:

> Lorenzo.—¡Qué cuadro el que pintas!
> Tediato.—La naturaleza es el original *(ibíd.)*.

Ahí está: el término que sería el más característico del género costumbrista, que iba naciendo: *cuadro*, aplicado, además, a una visión del conjunto de la realidad social. Tan importante sustantivo se halla asociado a la par con un verbo
que los costumbristas del ochocientos seguirían utilizando a
cada paso: *pintar*. «¡Qué cuadro el que *pintas*!» Es tanto más
importante el valor de antecedente de la terminología costumbrista decimonónica que posee este pasaje, cuanto que el
término que Luzán y los demás literatos dieciochescos prefe-
rían era *pintura*, y no *cuadro*. (El lector recordará que hay dos
ejemplos de *cuadro* en las *Cartas marruecas*.) En el comentario
de Tediato a la exclamación de Lorenzo: «La naturaleza es el
original», aparecen otros dos términos frecuentes en la poética y la teoría del arte de abolengo clásico. Una de varias acepciones de *naturaleza* para Aristóteles, Horacio y sus seguido-
res es: lo que existe en torno nuestro, mundo, o bien realidad; mientras que *original* es el objeto real que el escritor,
pintor o escultor se propone imitar, o sea modelo. Decir, por

ende, que la naturaleza es el original, es precisamente lo mismo que decir que la realidad es el modelo. Sucinta y clarísima definición del realismo fotográfico, que antecede en sesenta y ocho años a la invención del daguerrotipo.

Interesa confrontar tal concepto del cuadro social con lo que dirían Mesonero y Larra sobre su confección. Mas dicho sea de paso que ni en la novela ochocentista se propone idea más exacta que la cadalsiana de lo que constituye un traslado literario del mundo real. En 1845, al dedicar su novela *María la hija de un jornalero* a Eugène Sue, Wenceslao Ayguals de Izco insistiría en que el novelista ha de «eslabonar hábilmente la fábula con la realidad»[91]; y en el decenio de 1860 se introduciría en España la palabra *realismo*, mas nos quedamos siempre en lo mismo: la imagen más fiel de la vida humana es la que se basa directamente en la realidad. *La naturaleza es el original.* Ahora bien: ¿cómo explican la preceptiva realista los intermediarios entre Cadalso y la novela realista decimonónica, quiero decir, Mesonero y Larra? La noción implícita en la definición cadalsiana es que los ejemplares de la raza humana que el escritor observa son una muestra representativa —*cross section*— del conjunto de la sociedad, y la mismísima concepción se encarna en un pasaje iluminador de la primera obra costumbrista de Mesonero Romanos, *Mis ratos perdidos o ligero bosquejo de Madrid en 1820 y 1821. Obra escrita en español y traducida al castellano.* El Curioso Parlante describe una tertulia, elegante asamblea de caballeros y damas, y sobre ella reflexiona en esta forma: «Pude con bastante serenidad mirar el entretenido cuadro que formaba en grande el conjunto de la sociedad, igual en un todo al que mi diosa y yo habíamos representado»[92].

---

[91] Wenceslao Ayguals de Izco, *María la hija de un jornalero*, Madrid, Imprenta de D. Wenceslao Ayguals de Izco, 1845-1846, t. I, pág. 7.

[92] *Mis ratos perdidos o ligero bosquejo de Madrid en 1820 y 1821. Obra escrita en español y traducida al castellano por su autor*, Madrid, Imprenta de Don Eusebio Álvarez, 1822, pág. 6. Consultado por la edición facsimilar de Madrid, Méndez Editores, 1984. Puede verse asimismo en *Obras de don Ramón de Mesonero Romanos, I*, ed. de Carlos Seco Serrano, Biblioteca de Autores Españoles, CXCIX, Madrid, Atlas, 1967, pág. 7a.

El criterio de la muestra, epítome de toda la sociedad, figura asimismo en las páginas de Larra, concretamente en el cuadro titulado *La diligencia*, donde se describe a los pasajeros que esperan la próxima salida: «el patio de las diligencias [...] es uno de los teatros más vastos que puede presentar la sociedad moderna al escritor de costumbres. Todo es allí materiales, pero hechos ya y elaborados; no hay sino ver y escoger»[93]. Más allá de esto, lo único que hay es una insistencia cada vez más tenaz en la importancia de informarse a fondo sobre los detalles, los pormenores, las minucias y las menudencias de la convivencia humana en la sociedad cuyo carácter se quiera captar. En 1832, Mesonero afirma que para ello es imprescindible en el escritor «un genio observador [...], gracejo natural, estilo fácil, erudición amena y, sobre todo, un estudio continuo del mundo y del país en que vive»[94]. ¿Cómo negar los ecos, cómo seguir dudando con el poco clarividente Montesinos la enorme deuda de la novela realista de Galdós con el costumbrismo? Pues Galdós insistirá en la importancia de «la erudición social» para quienes se proponen escribir novelas[95], con lo que hace eco al «estudio continuo del mundo» de Mesonero. Son también una misma cosa esa «naturaleza que es el original», de Cadalso, y «la erudición social», de Galdós. ¿Cómo negar la evidente ilación teórica y técnica entre los literatos del setecientos y los del ochocientos, entre Cadalso y Galdós, por ejemplo? Unamuno desbarraba al llamar fósil a Cadalso[96].

Conocemos ahora la poética de la obra detrás de la obra, y es hora de preguntar por la sección representativa de la población madrileña que se halla retratada en las *Noches lúgubres*. Según la forma en que se los cuente —porque algunas figuras representan más de un tipo humano—, están presentes en las *Noches lúgubres* entre treinta y cinco y cuarenta tipos

---

[93] Larra, *Artículos completos*, ed. cit., pág. 161.
[94] Mesonero, *Las costumbres de Madrid*, BAE, t. CXCIX, pág. 37a.
[95] Benito Pérez Galdós, *Ensayos de crítica literaria*, ed. de Laureano Bonet, Ediciones de Bolsillo, 190, Barcelona, Península, 1972, pág. 176.
[96] Miguel de Unamuno, «Sobre la erudición y la crítica», *Ensayos*, Madrid, Publicaciones de la Residencia de Estudiantes, 1916-1918, t. VI, pág. 99.

humanos de los que reaparecen más tarde en los cuadros de costumbres. Es evidente que, junto con los pocos personajes que se presentan en primer término, tomo en cuenta también a todos los que aparecen descritos, o solamente mencionados, en los parlamentos de Tediato, Lorenzo, el Justicia, el Carcelero y el Niño, los cuales son así los más rigurosamente subtextuales. En la noche I, reuniendo a personajes activos y pasivos, tenemos la siguiente compañía humana: un amante enlutado, un poeta melancólico, un posible suicida —los tres encarnados en Tediato—, los esposos disfrutando en su lecho conyugal, la cría en su cuna, los ancianos descansando en su cama, un sepulturero, un transeúnte nocturno, los compañeros de trabajo de Lorenzo, los compañeros de Tediato, el hombre de palacio (posiblemente ministro) duque de Faustotimbrado, el indiano, un difunto que murió de repente, el perro mastín de Lorenzo, concurrentes piadosos al templo, el padre, la madre, el hermano, el hijo, el amigo y el cadáver de la amada.

En las noches II y III, se unen al grupo anterior los tipos siguientes: el mal amigo Virtelio, el bohemio (otra cara de Tediato que ya comentaremos), varios asesinos, el moribundo, el cadáver de la víctima, el Justicia, los verdugos, el Carcelero, soldados, prisioneros (Tediato y otros a quienes se oye llorar), un bulto/mendigo o sea el Niño, una familia desgraciada de siete hijos sin madre, «mil enemigos», «todos los infelices» de nuestra especie. Queda claro por qué es difícil realizar un censo exacto de la población de personas, personajes y personillas que andan por las sombras de las *Noches lúgubres*; porque a la vista de términos como *mil enemigos* y *todos los infelices* —y hay otros similares—, el subtexto de la obra lo mismo podría tener miles o aun millones de pobladores, que solamente treinta y cinco a cuarenta.

Antes de seguir adelante, es preciso insistir de nuevo en que estamos mirando el subtexto de las *Noches lúgubres*. A tal nivel no puede existir el realismo sino como potencia, y en este aspecto viene a ser importante para el arte del subtexto un elemento que también lo es para el de la obra en sí. Me refiero al carácter espectral, casi irreal de los seres que se mueven por el mundo de Tediato, así como al perfil poco definido y vago de los lugares de la casi inexistente acción de las *Noches lúgubres*. Como he explicado en los apartados anteriores, la indefinición del mundo real es indispensable para la caracterización de Tediato como un miserable psicológicamente encarcelado en su propia mente. Sin embargo, lo que hace posible que quepa en el subtexto de tan breve obra una muestra tan amplia de la sociedad humana es precisamente ese desarrollo limitado, limitadísimo, que se da a cada uno de los tipos individuales. En el nivel subtextual, los tres sitios que tienen una arquitectura tan fantasmal en el primer término de las *Noches lúgubres* también cumplen una función nueva; pues sirven para sugerir la amplitud del horizonte social. Templo, cárcel y casa: entre los dos primeros, teatro del culto religioso y teatro en el que se castigan todos los crímenes, se extiende la gama de los valores morales que dan carácter a todas las acciones humanas. Y casa: se trata del centro de la vida íntima de cada uno de los millones de socios de la hermandad universal.

La temática de los principales costumbristas ochocentistas —Mesonero, Larra, Estébanez Calderón— se centra en las costumbres y las instituciones. Intervienen muy variados tipos, y se cruzan sus caminos repetidamente. (Son similares en este aspecto las *Cartas marruecas*.) Más fácil, por ende, será recurrir a la otra variante del costumbrismo decimonónico para una rápida comparación que ilumine la convencionalidad de los tipos individuales que se presentan en el subtexto de las *Noches lúgubres*. Me refiero a colecciones como *Los españoles pintados por sí mismos* (1843-1844), en las que el contenido se organiza por cuadros centrados cada uno en un diferente tipo social; cosa que tenemos en esencia, en las *Noches lúgubres*, en la obra detrás de la obra.

Tipos que se dan tanto en *Los españoles pintados por sí mismos* como en nuestros cuadros subtextuales son: el poeta, el ministro, el indiano, el justicia o alguacil y el mendigo. Gracias a la generosidad de Lee Fontanella, me ha sido posible consultar para esta confrontación otra obra hoy rarísima, organizada en la misma forma que *Los españoles pintados por sí mismos* y que habría sido muy del gusto de Tediato y del Cadalso de las *Noches lúgubres*. Se trata de una larga obra en verso del poeta esproncediano Mariano Chacel y González (1846-1882), que Cejador describe como «dinamitero, bohemio y calavera»[97], autor de las 383 páginas de la *Galería de retratos lúgubres*, ilustrada por SMIT y publicada en Madrid en la Imprenta de Campuzano Hermanos, en 1873. No he visto otro ejemplar de tan singular obra, de la que me regaló una fotocopia completa el mencionado amigo y colega. Queda evidente por el título que el tema central es la muerte, el óbito, la expiración, la defunción en diversos tipos sociales. Ahora bien: los tipos cadalsianos que reaparecen en tan sombrío ámbito costumbrista son: el poeta, el suicida, el presidiario, el sepulturero, el asesino, el moribundo, el verdugo, el carcelero y el mendigo. En fin: entre las dos obras maestras cadalsianas tenemos antecedentes de las dos variantes del costumbrismo decimonónico; el cuadro de la sociedad *(Cartas marruecas)* y los retratos de los tipos *(Noches lúgubres)*.

Aun cuando el costumbrismo sea esencialmente más descriptivo que narrativo, ambos procedimientos son indispensables para su cultivo, y no se sostiene sin su fecunda interacción. Larra lo explica en relación con Mesonero: «Ayudándose de pequeñas tramas dramáticas, cortas invenciones verosímiles —dice— [Mesonero] ha sabido ofrecernos el resultado de su observación con singular tino y gracejo, y exponer a nuestra vista el estado de nuestras costumbres»[98]. En el mismo artículo (pág. 753), Larra se refiere al «justamente apreciado» Cadalso de las *Cartas marruecas;* y en efecto, esas cartas de Cadalso que son más memorables por su costumbrismo tienen a la par un innegable elemento de episodio: por ejemplo, la VII, que es la aventura de Nuño Núñez con el encantador pero mal instruido joven andaluz con quien se encontró en el camino de Cádiz; la LVI, en la que Gazel visita una casa particular donde se reúne la más frívola de las tertulias, cuyo ambiente se describe con una técnica novelística abso-

[97] Julio Cejador y Frauca, *Historia de la lengua y literatura castellana*, Madrid, Tipografía de la Revista de Archivos, Bibliotecas y Museos, 1918, t. VIII, pág. 404.
[98] Mariano José de Larra, *Panorama matritense*, en *Artículos completos*, ed. cit., pág. 760.

lutamente decimonónica, por decirlo así; y la LXIX, también de técnicas descriptivas y dialogales de novela moderna, en la que Gazel visita la deliciosa casa de campo y demás dependencias de la finca donde un buen hombre, pero mal ciudadano, hace vida retirada. Véase el análisis de estas cartas arriba, en II.2.

Recordemos una vez más que en el presente apartado nos enfocamos sobre una obra subtextual, o quizá una simple voluntad de obra que Cadalso no llegó a realizar. Mas aun en los escuetos apuntes para personajes con los que trabajamos, no deja de insinuarse el indispensable consorcio de descripción y narración. Verbigracia, en la primera página de la obra, Tediato contempla los diversos medios sociales en los que se introduce el terror y llanto en tan tempestuosa y horrible noche, y aparece esta frase trimembre: «El lecho conyugal, teatro de delicias; la cuna en que se cría la esperanza de las casas; la descansada cama de los ancianos venerables». Lecho conyugal, puesta en escena; teatro de delicias, sucinta pero completa descripción y narración de una acción tan antigua como el mundo, y sin embargo siempre nueva. La cuna, la esperanza de las casas: nueva escena, bullicio de todos aquellos que acuden a servir y mimar al vástago. La descansada cama de los ancianos a quienes se venera: nuevos mimos, pero motivados esta vez por un espíritu admirativo, o bien adquisitivo. Nótese a la par, en este tríptico de la niñez, la plenitud adulta y la senectud, una amplia visión del horizonte vital, semejante a la del horizonte social que vimos antes en el otro tríptico del templo, la cárcel y la casa.

Reunidos Tediato y Lorenzo en el templo, al comienzo de la noche I, proceden a su tremebundo cometido, y a la pregunta de Lorenzo sobre si se ha de cerrar por dentro Tediato responde: «Entorna solamente la puerta, porque la luz no se vea desde fuera si acaso pasa alguno... tan infeliz como yo; pues de otro modo no puede ser.» Por un lado, este pasaje es importante para la representación del aislamiento espiritual de Tediato. Por otro, más clásico ejemplo de costumbres románticas no cabe que la figura creada por la imaginación de Tediato: el solitario y melancólico paseante nocturno. En 1885, al caracterizar el tono innovador de las *Noches lúgubres*, José

117

Yxart vio en ellas un ejemplo adelantado del romanticismo melenudo de 1837[99]. Y en el mentado año de 1837, pues es de ese año el cuadro costumbrista de Mesonero *El romanticismo y los románticos*, tenemos, en efecto, un famoso descendiente del solitario y melancólico paseante nocturno del subtexto cadalsiano, quiero decir, el sobrino del Curioso Parlante, quien «recorrió día y noche los cementerios [...] aprendió el lenguaje de los búhos y las lechuzas [...], y se perdió en la espesura de los bosques; [donde] interrogó a las ruinas de los monasterios»[100]. Ramiro, en la novela *Los bandos de Castilla o el caballero del Cisne* (1830), de López Soler, es otro solitario y meditabundo paseante nocturno; y se trata de un tipo que aparece con no poca frecuencia en las láminas de libros de la época romántica.

Cuadros algo más desarrollados en sí, o bien susceptibles de mayor desarrollo por su parentesco con conocidos temas costumbristas del setecientos y ochocientos, son los del duque de Faustotimbrado, el indiano, el perro mastín, el padre, la madre, el bohemio, el equipo de justicias, verdugos y carceleros, y la familia desgraciada. Miremos primero al bohemio. ¿Un bohemio en pleno siglo ilustrado? ¿Qué anacronismo es éste?, se me preguntará. Pues bien, en el largo y romantiquísimo primer parlamento de la noche II, donde Tediato se proclama víctima de la «lástima», del «menosprecio» y de la «burla»; de «la mofa de los hombres», y de «la risa universal, que es eco de los llantos de un mísero», también intenta convertir su persona en emblema de su *fastidio universal*: «No tomé alimento. No enjugué las lágrimas. Púseme el vestido más lúgubre» (noche II). Estas tres frasecitas son todas sugerentes. *No tomé alimento.* ¿Se concibe que sea gordo un poeta romántico? *No enjugué las lágrimas.* ¿Hace falta comentar estas palabras en el contexto del romanticismo, primero o segundo? *Púseme el vestido más lúgubre.* He aquí el detalle que interesa más para el costumbrismo y la historia del romanticismo.

---

[99] José de Cadalso, *Obras escogidas*, ed. de José Yxart, Barcelona, Corteza, 1885, pág. VI.

[100] Mesonero, *Obras*, II, ed. de Seco Serrano, BAE, t. CC, pág. 64b.

Tediato busca en su indumentaria un símbolo de su sensibilidad y desesperación. He aquí el primer antepasado de los bohemios de las épocas romántica, posromántica y modernista, así como de los *hippies, flower children* y *punkis* de nuestro tiempo. El poeta de pose bohemia no se bañaba, no se afeitaba, no se limpiaba las uñas, se dejaba crecer el pelo hasta los hombros, se vestía de negro. Su aspecto era una extensión de su furor poético y su llanto. *Púseme el vestido más lúgubre.* Para apreciar la trascendencia de tan escueta descripción, recordemos los pormenores esenciales del retrato del sobrino del Curioso Parlante, en el cuadro *El romanticismo y los románticos.* Usaba tan desventurado joven un «estrecho pantalón», una «levitilla de menguada faldamenta», un «pañuelo negro descuidadamente añudado», se le notaban «dos guedejas de pelo negro y barnizado»; «las patillas, la barba y el bigote formando una continuación de aquella espesura, daban con dificultad permiso para blanquear a dos mejillas lívidas, dos labios mortecinos, una afilada nariz, dos ojos grandes y de mirar sombrío [...], y no hay que decir que tan uniforme tristura ofrecía no sé qué de siniestro e inanimado»[101]. Recordemos también el caso de Zorrilla, que se vistió de ropa prestada para leer su famoso poema en las exequias de Larra, «llevando únicamente propios conmigo mis negros pensamientos, mis negras pesadumbres y mi negra y larguísima cabellera»[102]. Pero ya lo había previsto todo Cadalso. *Púseme el vestido más lúgubre.*

Lorenzo intenta adivinar cuál de las tumbas Tediato querrá abrir; y de buenas a primeras da con uno de los temas que afectan más profundamente a las costumbres morales dieciochescas:

> LORENZO.—No; pues al túmulo inmediato a ése, y donde yace el famoso indiano, tampoco tienes que ir, porque aunque en su muerte no se le halló la menor parte del caudal que se le suponía, me consta que no enterró nada consigo;

---

[101] *Ibíd.,* pág. 64a.
[102] José Zorrilla, *Recuerdos del tiempo viejo,* en *Obras completas,* ed. de Narciso Alonso Cortés, Valladolid, Librería Santarén, 1943, t. II, pág. 1.745.

porque registré su cadáver. No se halló siquiera un doblón en su mortaja.

TEDIATO.—Tampoco vendría yo de mi casa a su tumba por todo el oro que él trajo de la infeliz América a la tirana Europa (noche I).

En esos mismos años, Jovellanos componía su comedia lacrimosa *El delincuente honrado*, en la que la suerte casi trágica del noble bastardo Torcuato, así como su salvación del hacha del verdugo, giran en torno al hecho de que su padre, el alcalde de casa y corte don Justo, es un indiano, que de joven abandonó a su novia y fue a buscar su fortuna en las Indias. En *Don Álvaro o la fuerza del sino*, del duque de Rivas, que tiene su fuente directa en *El delincuente honrado*, todo gira en torno al conflicto entre «la infeliz América» y «la tirana Europa», por usar los términos de Cadalso; conflicto que lleva al héroe medio indio e indiano a su destrucción[103]. La lírica contemporánea refleja a cada paso la desgarradora oposición entre la noble inocencia del mundo natural y la corrompida moralidad de la elegante civilización europea. En el romance *La noche*, los árboles, los vientecillos y las esencias de las flores —dice Meléndez Valdés— «me enajenan y me olvidan / de las odiosas ciudades, / y de sus tristes jardines, / hijos míseros del arte»[104]. El pensamiento de Rousseau es el evidente foco común de estas cuatro visiones costumbristas.

En 1988, publiqué en *ABC* un ensayo titulado «Los perros en la literatura», sobre todo en la de los siglos XVIII y XIX, y de alguna manera se me escapó uno de los mejor caracterizados ejemplares del setecientos. Allí salen la perra de *La petimetra*, que no respeta las alfombras; el perrito Jazmín de Pepita en *La señorita malcriada*, cuya pérdida se pone en el *Diario* dos veces cada semana; Bigotillos, que avisa sobre las llegadas ladrando en *El viejo y la niña*; y la perrita Clú, que se come a su amito Eusebio a fiestas en la novela de Montengón, así como muy sabios y voluntariosos canes de la nove-

---

[103] Véase mi ya citado artículo «Jovellanos, dramaturgo romántico».

[104] Juan Meléndez Valdés, *Obras en verso*, ed. cit., t. I, pág. 386ab.

la romántica[105]. El perro de la Ilustración que quedó desairado en esa ocasión es desde luego el leal mastín de Lorenzo. La caracterización del ente que nos interesa ahora ocupa a los dialogadores de la noche I a lo largo de once parlamentos; y si de momento le digo ente y no perro, es por los dos niveles —textual y subtextual— sobre los que tratamos. Más de la mitad del texto de esos parlamentos responde a la realidad de la obra primaria en la que se enfoca a ese misterioso ser como a un aparente fantasma; y al nivel secundario canino costumbrista pertenecen solamente las líneas que entresaco a continuación. Aun así tenemos delante el más extenso de los retratos costumbristas contenidos en la obra detrás de la obra.

> TEDIATO.—Resplandecían sus ojos [...] Oí una especie de resuello no muy libre [...] huía de mi tacto. Mis dedos parecían mojados en sudor frío y asqueroso.
> LORENZO.—Pues esa misma tarde [...] eché menos un mastín que suele acompañarme, y no pareció hasta el día siguiente. ¡Si vieras qué ley me tiene! Suele entrarse conmigo en el templo y mientras hago la sepultura, no se aparta de mí un instante. Mil veces, tardando en venir los entierros, le he solido dejar echado sobre mi capa, guardando la pala, el azadón y los demás trastos de mi oficio.
> TEDIATO.—[...] te fuiste; el perro se durmió dentro del hoyo mismo. Entrada la noche despertó. Nos encontramos solos él y yo en la iglesia. [...]. No pudo salir entonces, y lo ejecutaría al abrir las puertas y salir el sol (noche I).

Por su lealtad y su inteligencia este mastín innominado es un compañero muy digno de perros como Clú y Bigotillos. Y el Lorenzo padre de familia parece sentir tanto afecto por su mastín como por cualquiera de sus hijos, tal vez más. Pues los fragmentos reproducidos muy bien pueden considerarse como muestra de la nueva sentimentalidad hacia las mascotas que va emergiendo en la literatura. *¡Si vieras qué ley me tiene!*

---

[105] Véase mi ya citado libro *De ilustrados y románticos*, Madrid, Ediciones El Museo Universal, 1992, págs. 197-202.

Teniendo en cuenta las ideas de Cadalso en torno a la paternidad y la maternidad, no era fácil que Tediato se propusiera abrir el sepulcro de su padre o madre para una postrera despedida, pero tan negativas ideas dan nacimiento a un par de temas costumbristas que resultarán fecundos tanto para el ochocientos como para el setecientos. ¿A qué obra acudirá Larra, en *El casarse pronto y mal*, para caracterizar a la indiferente paternidad de los frívolos que buscan su gloria en cortar una figura elegante en la sociedad de buen tono? Pues, a las *Noches lúgubres*, desde luego. El despreocupado galán deísta Augusto, en el cuadro indicado, «insistía en que era independiente [de su padre]; que en cuanto a haberle criado y educado, nada le debía, pues lo había hecho por una obligación imprescindible, y a lo del ser que le había dado, menos pues no se lo había dado por él, sino por las razones que dice nuestro Cadalso, entre otras lindezas sutilísimas de ese jaez»[106]. Ahora bien: esto deriva directamente de lo que dice Tediato sobre los padres: «Nos engendran por su gusto, nos crían por obligación [...], nos desheredan por injusticia, nos abandonan por vicios suyos» (noche I). En fin: los hijos no son sino producto del placer sexual: el gusto.

Las madres del gran mundo son poco menos egoístas y pecadoras; «nos engendran también por su gusto», mas su principal interés costumbrista radica en la frivolidad de las damas de la alta sociedad, de la que Cadalso se ocupa en más de una ocasión, a partir de su *Calendario manual* (1768). Las madres —dice el melancólico Tediato— «nos hurtan las caricias que nos deben, y las depositan en un perro o en un pájaro» (noche I). Se trata de la actualización como gran moda de una convención poética de la antigüedad; pues recuérdese al tierno confidente pajaril que la Lesbia de Catulo tenía en ese gorrión que murió dejándola tan desconsolada. En la novela de Fielding, Tom Jones quería regalar un gentil tordo a su Sofía; en la poesía del dulce Batilo, Filis tenía su paloma; y en el mundo real, como revelan retratos debidos a Mengs y Goya, las duquesas y marquesas se acompañaban por perri-

---

[106] Larra, *Artículos*, ed. cit., pág. 63.

tos del mismo color que sus vestidos, con cintas del mismo color que las que adornaban los vestidos de sus caprichosas amas. Las elegantes amigas de perros y pájaros que aparecen en el subtexto de las *Noches lúgubres* reaparecen en la parodia intelectual cadalsiana *Los eruditos a la violeta*, otra obra costumbrista, aunque de enfoque más limitado. Con tal paralelo se confirma de nuevo el costumbrismo de las *Noches*. En fin: en la lección tercera de *Los eruditos*, sobre la filosofía antigua y moderna, se instruye al violeto sobre la conducta propia de las tertulias; y entre otros exquisitos consejos, se ofrece el siguiente:

> Si en el concurso viereis algunas damas atentas a lo que decís, lo que no es del todo imposible, como no vaya por allí algún papagayo con quien hablar, algún perrito a quien besar, algún mico con quien jugar o algún petimetre con quien charlar, ablandad vuestra erudición, dulcificad vuestro estilo, modulad vuestra voz, componed vuestro semblante y dejaos caer con gracia sobre las filósofas que ha habido en otras edades[107].

El título nobiliario del hombre de palacio, duque de Faustotimbrado (noche I), parece anticiparse a los títulos fingidos de varios pícaros que se presentan como nobles en las comedias de costumbres: verbigracia, el marqués de Fontecalda, en *La señorita malcriada* (1788), de Iriarte; y el barón de Montepino, en *El barón* (1803), de Leandro Fernández de Moratín, en el que se menciona también al marqués de Famagosta, la vizcondesa de Mostagán y el duque de Ultonia, supuestos parientes y futuros parientes del barón impostor.

En *El delincuente honrado* (1773), Jovellanos se arma de la compasión de Rousseau y el humanitarismo del penalista liberal Beccaria para examinar y condenar la cruel inflexibilidad con que las autoridades querían aplicar las leyes sobre los duelos. Mas Cadalso se anticipa en dos años a Jovellanos en aplicar la retórica de *De los delitos y de las penas* (1764), de

---

[107] Cadalso, *Cartas marruecas. Los eruditos a la violeta*, Colección Crisol, 82, Madrid, Aguilar, 1944, págs. 380-381.

Beccaria, a la representación literaria de las costumbres penales, como se ve por las palabras del Carcelero en las *Noches lúgubres*. La crueldad tradicional de las instituciones penales volvía sádicos a los agentes de la justicia: «¿Compasión, yo? ¿De quién? —pregunta el Carcelero— [...] he guardado los presos que he tenido, como si guardara fieras en las jaulas. Pocas palabras, menos alimento, ninguna lástima, mucha dureza, mayor castigo y mucha amenaza. [...] Mi voz, entre las paredes de esta cárcel, es como el trueno entre montes [...] a pocas horas de estar bajo mi dominio han temblado los hombres más atroces» (noche II). Se oyen ecos de la polémica beccariana en *Don Álvaro o la fuerza del sino*, del duque de Rivas; y en *El verdugo*, de Espronceda, este personaje parece aludir a *El delincuente honrado* al quejarse lastimoso: «yo sin delito / soy criminal». Es más: la crueldad que enorgullecía, casi enloquecía, al Carcelero de Cadalso acaba volviendo loco rematado al sayón de Espronceda: «El tormento que quiebra los huesos / y del reo el histérico *¡ay!* / y el crujir de los nervios rompidos / bajo el golpe del hacha que cae, / son —confiesa— mi placer / ... / ¡gozo en mi horror!»[108].

Aludí al arte costumbrista de Goya, mas hay otro costumbrista del lienzo que cualquier conocedor de la pintura europea del siglo XVIII recordará en seguida a la vista de la descripción que el niño Lorenzo, hijo del sepulturero del mismo nombre, hace de su triste familia: «Mi abuelo murió esta mañana. Tengo ocho años y seis hermanos más chicos que yo. Mi madre acaba de morir de sobreparto. Dos hermanos tengo muy malos con viruelas; otro está en el hospital; mi hermana se desapareció desde ayer de casa. Mi padre no ha comido en todo hoy un bocado de la pesadumbre» (noche II). Pienso en Jean-Baptiste Greuze (1725-1805), a quien se suele llamar pintor de lo patético burgués; pero los cuadros costumbristas de familias, de Greuze, que vienen a la memoria son de gente de circunstancias más humildes. Se trata de *La piedad filial*, *Los esponsales* y *Campesino que lee la Sagrada Escri-*

---

[108] José de Espronceda, *Poesías líricas y fragmentos épicos*, ed. de Robert Marrast, Clásicos Castalia, 20, Madrid, Castalia, 1970, págs. 240-244.

tura a su familia. Las tres pinturas son de los primeros años del decenio de 1760, se expusieron en los salones descritos por Diderot, y Cadalso muy bien pudo ver alguna de ellas en París. Son lienzos diseñados para arrancarnos lágrimas; pues en ellas, un abuelo moribundo da sus últimos consejos a su numerosa familia; un padre, rodeado de los suyos, da su más rico tesoro, la mano de su hija, a un joven campesino de expresión idealista; y otro padre recurre al único consuelo que puede ofrecer a su hambrienta progenie, la lectura de la Biblia.

¿Quién puede contemplar tales cuadros, ya pintados, ya escritos, sin que se le sacudan todas esas hebras que unen a criatura con criatura, sin que se conmueva y se horrorice a la par? Pues siendo suficientemente profundos el dolor, la conmiseración y el odio a la injusticia, pueden acabar en el odio de sí mismo. «No quiero ser ni tener hijo, hermano, padre, madre —decía Tediato—, ni quiero a mí mismo, pues algo he de ser de todo esto» (noche I). *La naturaleza es el original.*

Esta edición

Lucien Dupuis y Nigel Glendinning establecieron las más exigentes normas de fidelidad textual reconociendo y usando por primera vez como bases de sus ediciones de Cadalso el mejor manuscrito de las *Cartas marruecas* y el mejor de las *Noches lúgubres*. Se trata del MS 10.688 de la Biblioteca Nacional, de las *Cartas marruecas*, copia manuscrita que procedió de la biblioteca de los duques de Osuna (sigla O); y de la copia manuscrita de las *Noches lúgubres* contenida en un volumen de *Papeles varios históricos* (MS Egerton, 626), de la Biblioteca Británica, Londres (sigla B). No existe el manuscrito autógrafo de ninguna de las dos obras, pero las copias indicadas parecen haberse ejecutado sobre ellos. Opto así por acatar las mismas bases textuales que Dupuis y Glendinning. Para la aclaración de las dudas de palabra y frase que son inevitables cuando no existe el autógrafo, he tomado en cuenta, para las *Cartas marruecas*, las lecciones de los otros manuscritos y los impresos antiguos registrados más abajo y designados con las siglas siguientes: C, F, G, H, L y S. Para el mismo tipo de dudas en el texto de las *Noches lúgubres*, he consultado con frecuencia la versión del *Correo de Madrid* (sigla C). También he tenido siempre a la vista los textos de las siguientes ediciones críticas modernas: para las *Cartas marruecas*, las de Tamayo, Dupuis-Glendinning, Arce, Camarero y Caso González; y para las *Noches lúgubres*, las de Helman, Glendinning, Camarero y Sebold (1993).

Al resolver lecciones dudosas concretas en el texto de ambas obras, he mantenido la práctica que seguí en mi edición anterior de las *Noches lúgubres*. Considerando: 1) la pérdida de los manuscritos autógrafos, 2) el hecho de que todas las copias manuscritas y todos los impresos antiguos representen en su conjunto la voluntad textual del autor, y 3) el hecho de que Cadalso fuera un escritor de gran talento, puede concluirse que la variante que sirva para expresar con mayor claridad y felicidad literaria la idea de un pasaje determinado, será con cierta probabilidad de acierto la forma expresiva que el autor hubiera preferido. Sirven para legitimar esta conclusión dos excelentes estudios de los manuscritos e impresos antiguos de las *Cartas marruecas* realizados por Emilio Martínez Mata. Existe en la Biblioteca Nacional un manuscrito muy defectuoso de las *Cartas marruecas* (BN MS 21.030), que así no se ha aprovechado para editar la obra, pero analizándolo en relación con la copia manuscrita de los duques de Osuna y las restantes copias manuscritas e impresos antiguos, Martínez Mata ha logrado reconstruir un estema de textos, según el cual el MS 21.030 representa una fase intermedia entre la primera redacción de la obra (reflejada por O) y las demás versiones que reflejan una tercera redacción del autor. (Aunque en forma muy viciada, la copia manuscrita no estudiada anteriormente refleja la segunda redacción de Cadalso). Martínez Mata demuestra de modo convincente que son de Cadalso muchas innovaciones ideológicas y estilísticas, introducidas en las copias manuscritas e impresos que son posteriores a O. Con lo cual se justifica sobradamente la práctica de preferir la variante más clara y más pulida para pasajes dudosos. Esas variantes claras y felices son seguramente testimonio de las correcciones estilísticas que es sabido Cadalso introdujo en las *Cartas marruecas* hacia el año 1778. Resultó exagerada la decisión de Caso González de basar su edición de las *Cartas marruecas* exclusivamente en la edición de Sancha; y sin embargo, sirvió para llamar la atención sobre el hecho de que esa edición príncipe en libro, de 1793, contiene algunas aclaraciones textuales singularmente acertadas. Ciertas variantes igualmente felices del texto de las *Noches lúgubres*, provenidas del *Correo de Madrid*, representarán sin duda revisiones semejantes del autor.

Modernizo la ortografía y la puntuación en ambas obras, y el formato del diálogo en las *Cartas marruecas*. Para la claridad utilizo ciertas convenciones que se entenderán por el contexto: por ejemplo, *Corte*, con mayúscula, es Madrid, mientras que *corte*, con minúscula, es cualquier otra capital. En las notas, doy las variantes únicamente en los casos en los que tienen interés para establecer una lección superior a la que existía en el texto base de la obra en cuestión. He procurado limitar la anotación léxica, gramatical, histórica y literaria al mínimo; mas, a pesar de la aparente sencillez de estos textos, contienen muchas dificultades que no se habían explicado anteriormente. Para utilizar el espacio de las notas del modo más eficaz posible, no anoto normalmente ninguna voz que se halle explicada adecuadamente en el *Diccionario de la lengua española*, de la Real Academia Española (ed. de 1992), o en el *Pequeño Larousse ilustrado*. Tampoco he hecho normalmente notas sobre referencias históricas y literarias que se aclaran consultando la parte enciclopédica del *Pequeño Larousse ilustrado*. Pues tales obras de consulta están al alcance de todo el mundo. Así, no se anotan palabras como *mesa franca, entrepuentes, lanceta, pragmática, escarapela, coturno, librea, petimetre, conato, estrado, supernumerario,* ni nombres históricos como los Siete Sabios de Grecia, Jorge Juan, Guadalete, Diego de Velázquez de Cuéllar, Jenofonte, Juan de Escalante, Pánfilo de Narváez, Álvaro de Bazán, Atanagildo, Walia, El Brocense, Antonio de Solís, Pedro Simón Abril, etc. En la parte del Índice relativa a las *Cartas marruecas*, doy, entre corchetes, los nombres de los autores y destinatarios de las cartas individuales, pues en el texto de la obra el uso repetido de la fórmula *Del mismo al mismo* deja muchas veces en la mayor confusión al lector sobre quién escribe a quién. La parte del Índice correspondiente a las *Cartas marruecas* está tomada de la edición de Sancha, menos mis interpolaciones entre corchetes. Al final del manuscrito O, el copista se refiere a su Índice, pero no consta.

---

* La parte del Índice correspondiente a las *Cartas marruecas* está tomada de la edición de Sancha, menos mis interpolaciones entre corchetes. Al final del manuscrito O, el copista se refiere a su Índice, pero no consta.

Siglas y abreviaturas de uso frecuente

Autoridades   *Diccionario de Autoridades*, o sea Real Academia Española, *Diccionario de la lengua castella-
na*, Madrid, Imprenta de Francisco del Hierro,
1726-1739, 6 vols.

B   Copia manuscrita de las *Noches lúgubres*, de la
Biblioteca Británica de Londres.

C   Texto del *Correo de Madrid*, de
1) *Cartas marruecas*, febrero a julio de 1789.
2) *Noches lúgubres*, diciembre de 1789 a enero
de 1790.

Covarrubias   Sebastián de Covarrubias y Orozco, *Tesoro de
la lengua castellana o española* (1611, 1674), ed.
de Martín de Riquer, Barcelona, Horta, 1943.

F   Manuscrito Ferrari de las *Cartas marruecas*, Biblioteca de la Real Academia de la Historia.

G   Manuscrito parcial Gayangos, de las *Cartas
marruecas*, de la Biblioteca Nacional.

H   Manuscrito de las *Cartas marruecas*, de la Hispanic Society of America, Nueva York.

L   Manuscrito de las *Cartas marruecas*, del Museo
Lázaro Galdiano, Madrid.

ME   Texto de las *Noches lúgubres*, en *Miscelánea erudita de piezas escogidas*, 1792.

O   Manuscrito Osuna, de las *Cartas marruecas*, de
la Biblioteca Nacional.

S   Edición príncipe en libro (1793), de la Imprenta de Sancha, de las *Cartas marruecas*.

Terreros   Esteban de Terreros y Pando, *Diccionario caste-
             llano con las voces de ciencias y artes*, tomos I-III,
             Madrid, Imprenta de la Viuda de Ibarra, 1786-
             1788; t. IV, Madrid, Imprenta de don Benito
             Cano, 1793.

Bibliografía

Nota: No se recogen aquí trabajos de índole biográfica ni ediciones y estudios de obras secundarias y menores de Cadalso cuyas referencias bibliográficas se han dado en nota al citarse en las páginas de la Introducción.

I. Manuscritos y ediciones de las «Cartas marruecas»

Copia manuscrita, basada al parecer en el original del autor, MS 10.688 de la Biblioteca Nacional. Consta de 158 folios sin numerar, y procede de la colección de los duques de Osuna (sigla O).

Copia manuscrita parcial: Introducción, ocho cartas y parte de la IX. Encuadernada, junto con otros documentos manuscritos, en el MS 17.845 de la Biblioteca Nacional. Procede de la colección de D. Pascual de Gayangos (sigla G).

Copia manuscrita de 192 folios sin numerar que forma parte de la colección de la Hispanic Society of America, Nueva York (sigla H).

Copia manuscrita, MS 128 de la Biblioteca del Museo Lázaro Galdiano, Madrid (sigla L).

Copia manuscrita que Ángel Ferrari legó a la Biblioteca de la Real Academia de la Historia. Arce basó su edición en este manuscrito (sigla F).

Cartas marruecas, en *Correo de Madrid*, núm. 233 (sábado, 14 de febrero de 1789) a núm. 280 (miércoles, 29 de julio de 1789) (sigla C).

Cartas marruecas del coronel D. Joseph Cadahalso, Madrid, Imprenta de Sancha, 1793. Edición príncipe en libro. Dos impresiones del mismo año (sigla S).

Cartas marruecas, Barcelona, Imprenta de Piferrer, 1796.

Hasta la primera edición crítica, de 1935, las restantes ediciones conocidas son, en forma resumida: en *Obras*, Madrid, Repullés, 1803; París, Gillé, 1808 (traducción); Madrid, Repullés, 1813; Valencia, Cabrerizo, 1817; Valencia, Mompié, 1817; Madrid, ¿1817? (Palau); en *Obras*, Madrid, Repullés, 1818; en *Obras*, Burdeos, Lawalle, 1818; Isla de León, José Periu, 1820; Tolosa, Bellegarrigue, 1820; Perpiñán, Alzine, 1820; en *Obras*, Madrid, ¿1821? (Tamayo); en *Obras*, Madrid, 1823 (Tamayo); Tolosa, Bellegarrigue, 1824 (Palau); París, J. Smith, 1827; París, Pillet Ainé, 1835; en BAE, t. XIII ed. de Eugenio de Ochoa, Madrid, 1850; en *Obras escogidas*, ed. de José Yxart, Barcelona, Corteza, 1885; ed. de Azorín, Madrid, Calleja, 1917; Madrid, Razón y Fe, ¿1932? Comparándose esta lista resumida de ediciones antiguas con la correspondiente de las *Noches lúgubres* que se da abajo, queda claro que las *Cartas marruecas* contaron con mucha menos demanda de parte de los lectores, aunque, por otra parte, nunca dejó de ser asequible la obra.

Cartas marruecas, ed. de Juan Tamayo y Rubio, Clásicos Castellanos, 112, Madrid, Espasa Calpe, 1935. Reimpresiones.

Cartas marruecas, selección y ed. de Juan Tamayo y Rubio, Biblioteca Clásica Ebro, 32, Zaragoza, Editorial Ebro, 1941. Reimpresiones.

Cartas marruecas, nota preliminar de F. S. R., Colección Crisol, 82, Madrid, Aguilar, 1944. (Contiene también *Los eruditos a la violeta*, su *Suplemento* y *El buen militar a la violeta*.) Reimpresiones.

Cartas marruecas, ed. de Lucien Dupuis y Nigel Glendinning, Colección Támesis, Serie B — Textos VI, Londres, Támesis Books Limited, 1966; reimpresión, 1971.

Cartas marruecas, ed. de Rogelio Reyes Cano, Madrid, Editora Nacional, 1975.

Cartas marruecas, ed. de Joaquín Arce, Letras Hispánicas, 78, Madrid, Ediciones Cátedra, 1978 (con las *Noches lúgubres*); reimpresiones.

Cartas marruecas, ed. de Mariano Baquero Goyanes, Bruguera-Libro Clásico, 13, Barcelona, Editorial Bruguera, 1981.

Cartas marruecas, ed. de Manuel Camarero, Castalia Didáctica, 7, Madrid, Castalia, 1984.

Cartas marruecas, ed. de Joaquín Marco, Clásicos Universales Planeta, 105, Barcelona, Editorial Planeta, 1985 (con las *Noches lúgubres).*

Cartas marruecas, ed. de Rogelio Reyes Cano, Textos Universitarios, 8, Barcelona, PPU, 1989 (con las *Noches lúgubres).*

Cartas marruecas, ed. de José Miguel Caso González, Colección Austral, A94, Madrid, Espasa Calpe, 1996.

II. Manuscritos y ediciones de las «Noches Lúgubres»

Copia manuscrita contenida en un volumen de *Papeles varios históricos*, MS Egerton, 626, Biblioteca Británica, Londres, fols. 179r-211r. Copia realizada por dos copistas, al parecer hacia 1775, tal vez basada en el perdido manuscrito autógrafo, y posiblemente para el uso del marqués de Astorga (sigla B).

Copia manuscrita de principios del siglo xix, ejecutada por cuatro copistas, probablemente con anterioridad a 1830, Biblioteca de Cataluña, Barcelona, MS 165, fols. 211r-239v. Inutilizable por sus numerosos y enormes defectos.

Noches lúgubres, en *Correo de Madrid*, núm. 319, miércoles, 16 de diciembre de 1789, a núm. 325, miércoles, 6 de enero de 1790 (sigla C.).

Noches lúgubres, en la *Miscelánea erudita de piezas escogidas de elocuencia, poesía, etc., ya publicadas, ya inéditas*, Alcalá, Oficina de la Real Universidad, 1792, t. I, págs. 107-174 (sigla ME).

Noches lúgubres: por el coronel D. Josef Cadalso. Imitando el estilo de las que escribió en inglés el Doctor Young, Barcelona, Imprenta de Sastres, 1798. Este volumen, que representa la primera edición de las *Noches* en un libro compuesto exclusivamente de obras de Cadalso, contiene también la tragedia *Don Sancho García.*

No doy la información bibliográfica completa sobre las numerosas ediciones de las *Noches lúgubres* que se estamparon con anterioridad a la publicación de la primera edición erudita (1933); pero incluyo todas las conocidas en forma resumida, pues estos datos —el crecido número de ediciones— nos brindan la demostración más clara posible de ciertas reflexiones en torno a la influencia de Cadalso sobre el romanticismo decimonónico que se han formulado en la Introducción. En fin, entre principios del siglo xix y principios del xx se sacan a luz las ediciones siguientes: Barcelona, Sastres, 1802; en *Obras*, t. IV, Madrid, Repullés, 1803 (dos impresiones en el mismo año); Barcelona, Sastres, 1804; Madrid, Repullés, 1815 (se inserta por primera vez el apócrifo final de la tercera noche); Valencia, Cabrerizo, 1817; Valencia, Mompié, 1817; Valencia, Estevan, 1817; París, Crepelet, 1817; Madrid, Repullés, 1818; Madrid, Repullés, 1818, en t. III de *Obras*; Madrid y París, Barrios, 1818; Barcelona, Piferrer, 1818; Burdeos, Lawalle Joven, 1818; París, Robié, 1819 (dos impresiones); París, Ponthieu, 1821 (traducción al francés); Madrid, sin nombre de impresor, 1822 (se insertan por primera vez la apócrifa noche cuarta y la carta de M. A.); Burdeos, Lawalle Joven y Sobrino, 1823; Burdeos, Beaume, 1827; Barcelona, Piferrer, 1828; Barcelona, Josep Torner, 1828; Zaragoza, Heras, 1831; Madrid, Oficina del Establecimiento Central, 1840; Zaragoza, Imprenta Nacional, 1843 (dos impresiones); Madrid, Oficina del Establecimiento Central, 1844; Madrid, Marés, 1847; Barcelona, Oliveres y Matas, 1847; Madrid, Imprenta de M. R. y Fonseca, 1848; Madrid, sin nombre de imprenta [Oficina del Establecimiento Central], ni año [¿1848?]; Barcelona, Oliveres y Matas, 1850; Barcelona, Agustín Marcobal, 1850; Madrid, José María Marés, 1852; Reus (Tarragona), Imprenta y Librería de Juan Bautista Vidal, 1852; ediciones y/o reimpresiones de Marés, sin fecha, pero probablemente pertenecientes a los años 1855, 1856, 1857, 1862 y 1864; Madrid, Marés, 1858; Barcelona, Calle del Bou en la Plaza Nueva [¿folletín de 1860?]; Madrid, Marés, 1867; Madrid, Despacho, Calle de Juanelo, número 19, sin año [¿1870?]; Madrid, Juanelo, 1879; Madrid, Juanelo, sin año [¿1880?]; Madrid, Juanelo, sin año [¿1885?]; Barcelona, Corteza, 1885; Madrid, L. Esteso, 1918; Madrid, Pueyo, 1919.

Noches lúgubres, ed. de Emily Cotton, Liverpool, Publications of the Bulletin of Spanish Studies, Plain Text Series, núm. 2, 1933.

Noches lúgubres, Colección Cisneros, 45, prólogo de Antonio Jiménez-Landi, Madrid, Atlas, 1943.

Noches lúgubres, prólogo de Luis Alberto Menafra, Buenos Aires, Emecé Editores, 1943.

Noches lúgubres, ed. de Edith F. Helman, El Viento Sur, 7, Santander-Madrid, Antonio Zúñiga, Editor, 1951.

Noches lúgubres, ed. de Nigel Glendinning, Clásicos Castellanos, 152, Madrid, Espasa Calpe, 1961; reimpresiones.

Noches lúgubres, ed. de Edith F. Helman, Temas de España, 65, Madrid, Taurus, 1968. Es reimpresión de la edición de Helman de 1951.

Noches lúgubres, ed. de Joaquín Arce, Biblioteca Anaya, 8, Salamanca, Ediciones Anaya, 1970.

Noches lúgubres, edición de Joaquín Arce, Letras Hispánicas, 78, Madrid, Ediciones Cátedra, 1978 (con las *Cartas marruecas);* reimpresiones.

Noches lúgubres, ed. de Joaquín Marco, Clásicos Universales Planeta, 105, Barcelona, Editorial Planeta, 1985 (con las *Cartas marruecas).*

Noches lúgubres, ed. de Manuel Camarero, Clásicos Castalia, 165, Madrid, Editorial Castalia, 1987 (con la *Autobiografía).*

Noches lúgubres, ed. de Rogelio Reyes Cano, Textos Universitarios, 8, Barcelona, PPU, 1989 (con las *Cartas marruecas).*

Noches lúgubres, ed. de Nigel Glendinning, Colección Austral, A304, Madrid, Espasa Calpe, 1993. Versión revisada de la edición de Glendinning de 1961. Se han suprimido gran parte de las notas relativas a las variantes y las fuentes, y se hallan incorporadas como apéndices las continuaciones apócrifas de las *Noches*, no incluidas en la primera versión de esta edición. Salvo otra indicación, se ha de entender que nuestras referencias a la edición de Glendinning son a la de 1961.

Noches lúgubres, ed. de Russell P. Sebold, Clásicos Taurus, 23, Madrid, Taurus Ediciones, 1993.

III. Estudios sobre Cadalso y sus obras

Baquero Goyanes, Mariano, *Perspectivismo y contraste: De Cadalso a Pérez de Ayala*, Campo Abierto, 10, Madrid, Gredos, 1963.

— Introducción a *Cartas marruecas*, ed. de Mariano Baquero Goyanes, Bruguera-Libro Clásico, 13, Barcelona, Editorial Bruguera, 1981, págs. VII-LXIII, especialmente los apartados 9-12 sobre lo novelístico en las *Cartas marruecas.*

Cadalso, Cádiz, Diputación de Cádiz, 1983, 2 vols.

Camarero, Manuel «Las *Noches lúgubres*: historia de un éxito editorial», *Cuadernos Hispanoamericanos*, núm. 389 (noviembre de 1982), págs. 331-343.

— «Cosmopolitismo y casticismo en las *Cartas marruecas*», *Dieciocho*, t. 21 (1998), págs. 37-47.

CAVAZZANA, Rosanna, «Teatralización de las *Noches lúgubres* de Cadalso por Luis A. Morante», *Revista de Estudios de Teatro* (Buenos Aires), t. I (1959), págs. 5-13.

Coloquio Internacional sobre José Cadalso, Bolonia, 26-29 de octubre de 1982 [Actas], Abano Terme, Piovan Editore, 1985.

COTTON, Emily, «Cadalso and his Foreign Sources», *Bulletin of Spanish Studies*, t. VIII (1931), págs. 5-18.

COX, R. Merritt, «A New "Novel" by Cadalso», *Hispanic Review*, t. XLI (1973), págs. 655-668.

DALE, Scott, *Novela innovadora en las «Cartas marruecas», de Cadalso*, New Orleans, University Press of the South, 1998.

— «Experiencias inmediatas en las *Cartas marruecas* de Cadalso», *Romance Review*, t. VI (1996), págs. 115-135.

— «Viajes en las *Cartas marruecas* de Cadalso», *Bulletin of Hispanic Studies*, t. LXXIII (1996), págs. 143-151.

DEACON, Philip, «José de Cadalso, una personalidad esquiva», *Cuadernos Hispanoamericanos*, núm. 389 (1982), págs. 327-330.

DOWLING, John, «La sincronía de *El delincuente honrado* de Jovellanos y las *Noches lúgubres* de Cadalso», *Nueva Revista de Filología Hispánica*, t. XXXIII (1984), págs. 218-223.

— «Las *Noches lúgubres* de Cadalso y la juventud romántica del ochocientos», en *Coloquio Internacional sobre José Cadalso, Bolonia, 26-29 de octubre de 1982*, Abano Terme, Piovan Editore, 1985, págs. 105-124.

— «The English Chaplain and the Spanish Colonel: Edward Young, José Cadalso, and the Growth of Spanish Romanticism», *Dieciocho*, t. IX (1986), págs. 126-137.

EDWARDS, June K., *Tres imágenes de Cadalso: El crítico. El moralista. El creador*, Sevilla, Secretariado de Publicaciones de la Universidad de Sevilla, 1976, págs. 97-137.

GLENDINNING, Nigel, «New Light on the Text and Ideas of Cadalso's *Noches lúgubres*», *The Modern Language Review*, t. LV (1960), págs. 537-542.

— «New Light on the Circulation of Cadalso's *Cartas marruecas* Before its First Printing», *Hispanic Review*, t. XXVIII (1960), páginas 136-149.

— «The Traditional Story of "La difunta pleiteada", Cadalso's

Noches lúgubres, and the Romantics», *Bulletin of Hispanic Studies*, t. XXXVIII (1961), págs. 206-215.

— *Vida y obra de Cadalso*, Madrid, Gredos, 1962.

— «Structure in the *Cartas marruecas* of Cadalso», en *The Varied Pattern: Studies in the Eighteenth Century*, t. I, ed. de Peter Hughes y David Williams, Toronto, A. M. Hakkert, 1971, págs. 51-76.

— «La vida del autor y la realidad de su tiempo en las *Cartas marruecas* de Cadalso», *Homenaje a Juan López Morillas. De Cadalso a Aleixandre: Estudios sobre literatura e historia intelectual españolas*, ed. de José Amor y Vázquez y A. David Kossoff, Madrid, Castalia, 1982, págs. 237-245.

— «Sobre la interpretación de las *Noches lúgubres*», *Revista de Literatura*, t. XLIV (1982), págs. 131-139.

GÓMEZ DE LA SERNA, Ramón, «El primer romántico de España, Cadalso el desenterrador», en *Mi tía Carolina Coronado*, Buenos Aires, Emecé Editores, 1942, págs. 33-41.

HAFTER, Monroe Z., «Escosura's *Noches lúgubres*, An Unpublished Play Based on Cadalso's Life», *Bulletin of Hispanic Studies*, t. XLVIII (1971), págs. 36-43.

HAIDT, Rebecca, «Other Bodies, Other Selves: The Virtuous Masculine Body in the *Cartas Marruecas*», cap. IV de *Embodying Enlightenment*, Nueva York, St., Martin's Press, 1998, págs. 151-184.

HELMAN, Edith F., «The First Printing of Cadalso's *Noches lúgubres*», *Hispanic Review*, t. XVIII (1950), págs. 126-134.

— «*Caprichos* and *Monstruos* of Cadalso and Goya», *Hispanic Review*, t. XXVI (1958), págs. 200-222.

Hombre de bien. Estudios sobre la vida y la obra de Cadalso, Departamento de Literatura Española, Universidad de Granada, 1982.

HUGHES, John B., «Dimensiones estéticas de las *Cartas marruecas*», *Nueva Revista de Filología Hispánica*, t. X (1956), págs. 194-202.

— «Las *Cartas marruecas* y la *España defendida*, perfil de dos visiones de España», *Cuadernos Americanos*, t. II (1958), págs. 139-153.

— *José de Cadalso y las «Cartas marruecas»*, Madrid, Tecnos, 1969.

IAROCCI, Michael P., «Sobre el silencio en las *Cartas marruecas*», *Hispanic Review*, t. LXV (1997), págs. 157-174.

ILIE, Paul, «Cadalso and the Epistemology of Madness», *Dieciocho*, t. IX (1986), págs. 174-187.

LAMA, Miguel Ángel, «Las *Noches lúgubres* de Cadalso o el teatro a oscuras», *Hispanic Review*, t. LXI (1993), págs. 1-13.

137

LaRubia Prado, Francisco, «Cadalso y el malestar de la razón ilustrada», en *Razón, tradición y modernidad: Re-visión de la Ilustración hispánica*, ed. de Francisco LaRubia Prado y Jesús Torrecilla Cabañas, Madrid, Tecnos, 1996, págs. 207-233.

Maravall, José Antonio, «De la Ilustración al Romanticismo: El pensamiento político de Cadalso», *Mélanges à la mémoire de Jean Sarrilh*, París, Centre de Recherches de l'Institut d'Études-Hispaniques, 1966, t. II, págs. 81-96.

Marichal, Juan, «Cadalso: el estilo de un "hombre de bien"», en *Teoría e historia del ensayismo hispánico*, Alianza Universidad, 383, Madrid, Alianza Editorial, 1984, págs. 109-116. Trabajo originalmente publicado en *Papeles de Son Armadans*, en marzo de 1957.

Martínez Mata, Emilio, «Un nuevo manuscrito de las *Cartas marruecas* de José Cadalso», *El siglo que llaman ilustrado. Homenaje a Francisco Aguilar Piñal*, Madrid, C.S.I.C., 1996, págs. 619-627.

— «Las redacciones de las *Cartas marruecas* de José Cadalso», *Homenaje al profesor Russell P. Sebold*, Universidad de Alicante, en prensa.

Palomo, María del Pilar, «El descenso de Cadalso a los infiernos», *Prohemio*, t. III (1972), págs. 29-43.

Pérez Magallón, Jesús, «Epistolaridad y novela: Afán de Ribera y Cadalso», *Anales de Literatura Española*, núm. 11 (1995), páginas 155-172.

Pope, Randolph D., «Intrusos en el templo: profanando tumbas en las *Noches lúgubres*», *Dieciocho*, t. XXI (1998), págs. 21-36.

Ramírez Araujo, Alejandro, «El cervantismo de Cadalso», *Romanic Review*, t. XLIII (1952), págs. 256-265.

Reding, Katherine, «A Study of the Influence of Oliver Goldsmith's *Citizen of the World* Upon the *Cartas marruecas* of José Cadalso», *Hispanic Review*, t. II (1934), págs. 226-234.

Schurlknight, Donald E., «Cadalso: Tensión vital, tensión literaria», *Revista de Estudios Hispánicos*, t. XIII (1979), págs. 429-437.

— «El hombre de la "mente anochecida": de Young a Cadalso», *Cuadernos Hispanoamericanos*, núm. 356 (febrero de 1980), páginas 371-379.

— «El fin de la segunda *Noche*: cumbre del egoísmo de Tediato», *Hispanófila*, núm. 81 (1984), págs. 11-16.

Sebold, Russell P., *Cadalso: el primer romántico «europeo» de España*, Madrid, Gredos, 1974.

— «El suicidio romántico, 1774-1851», *ABC*, domingo, 1 de agosto de 1989, pág. 48; recogido en Russell P. Sebold, *De ilustrados y románticos*, Madrid, Ediciones El Museo Universal, 1992, páginas 65-69.

— «Cadalso, poeta modelo», *ABC*, jueves, 21 de noviembre de 1991, pág. 33; recogido en *De ilustrados y románticos*, págs. 29-33.

— Introducción a *Noches lúgubres*, ed. de Russell P. Sebold, Clásicos Taurus, 23, Madrid, Taurus Ediciones, 1993, págs. 11-145.

— «El primer drama romántico español (1770), *ABC*, viernes, 1 de octubre de 1993, pág. 72 [sobre *Solaya o los circasianos*, de Cadalso].

— «La novela social de Cadalso», *ABC*, lunes, 9 de octubre de 1995, pág. 56 [sobre las *Cartas marruecas*].

— «La primera obra romántica europea», *ABC*, jueves, 28 de marzo de 1996, pág. 77 [sobre las *Noches lúgubres*].

— «Cadalso en los grillos de su escritura», *Dieciocho*, t. XIX (otoño 1996), págs. 263-274 [trabajo polémico con el que se refuta la pretensión de que el análisis grafológico de la escritura de Cadalso ponga en duda su carácter romántico].

— «Los verdaderos sabios de la poesía», en *El siglo que llaman ilustrado: Homenaje a Francisco Aguilar Piñal*, ed. de Joaquín Álvarez Barrientos y José Checa Beltrán, Madrid, C.S.I.C., 1996, págs. 807-813 [sobre la crítica de la poesía en *Los eruditos a la violeta*].

— «El subtexto costumbrista de las *Noches lúgubres* de Cadalso», *Dieciocho*, t. XXI (primavera 1998), págs. 7-20.

VARELA, José Luis, «Cadalso y el ensayo», *Serta Philologica Fernando Lázaro Carreter*, t. II, Madrid, 1983, págs. 549-555.

WARDROPPER, Bruce W., «Cadalso's *Noches lúgubres* and Literary Tradition», *Studies in Philology*, t. XLIX (1952), págs. 619-630.

XIMÉNEZ DE SANDOVAL, Felipe, *Cadalso (Vida y muerte de un poeta soldado)*, Madrid, Editora Nacional, 1967, págs. 239-260.

Cartas marruecas

CARTAS MARRUECAS

DEL CORONEL

D. JOSEPH CADAHALSO.

EN MADRID
EN LA IMPRENTA DE SANCHA
AÑO DE MDCCXCIII.

Portada de la primera edición de las Cartas marruecas, 1793.

INTRODUCCIÓN

Desde que Miguel de Cervantes compuso la inmortal novela en que criticó con tanto acierto algunas viciosas costumbres de nuestros abuelos[1], que sus nietos hemos reemplazado con otras, se han multiplicado las críticas de las naciones más cultas de Europa en las plumas de autores más o menos imparciales[2]; pero las que han tenido más aceptación entre los hombres de mundo y de letras son las que llevan el nombre de *Cartas*, que se suponen escritas en este o en aquel país

---

[1] He aquí la base del paralelo entre el *Quijote* y las *Cartas marruecas*. A últimos del setecientos se consideraba que la novela de Cervantes tenía como finalidad, no solamente la parodia del género caballeresco, sino la reforma de todas las malas costumbres de la sociedad española. En su *Análisis del Quijote* (1780), el amigo y contertulio de Cadalso en la Fonda de San Sebastián don Vicente de los Ríos nos ofrece otro testimonio de esa opinión al afirmar que «la corrección de las costumbres en general, y no solamente el desterrar los libros de caballería, fue el objeto que se propuso Cervantes» *(Análisis del Quijote*, por el teniente coronel D. Vicente de los Ríos, académico de número, y *Vida de Miguel de Cervantes Saavedra*, escrita por D. Martín Fernández de Navarrete, Barcelona, Imprenta de la Viuda e Hijos de Gorchs, 1834, pág. 85).

[2] A la vista de la aparición, en las primeras líneas de un nombre cual *Cervantes* y términos como *novela, costumbres, crítica* e *imparcial*, ningún lector podrá dudar sobre el género de la obra cuya lectura emprende. Se trata de una novela social en la que se han de representar y analizar las costumbres de modo imparcial para acceder a un nuevo entendimiento o crítica también imparcial del carácter de España. Es preciso recordar que Cadalso veía el *Quijote* del mismo modo, como novela, pero a la vez como crítica de la patria. El lector tampoco deberá olvidar que *imparcial*, además de su sentido habitual en el terreno intelectual, significa para Cadalso —así como para Larra después— lo mismo que hoy día se entiende por *objetivo* cuando se trata de la simulación de la realidad en las obras de invención. Véase la Introducción para un comentario más extenso sobre estas cuestiones.

por viajeros naturales de reinos no sólo distantes, sino opuestos en religión, clima y gobierno. El mayor suceso[3] de esta especie de críticas debe atribuirse al método epistolar[4], que hace su lectura más cómoda, su distribución más fácil, y su estilo más ameno, como también a lo extraño del carácter de los supuestos autores: de cuyo conjunto resulta que, aunque en muchos casos no digan cosas nuevas, las profieren siempre con cierta novedad que gusta.

Esta ficción[5] no es tan natural en España, por ser menor el número de viajeros a quienes atribuir semejante obra. Sería increíble el título de *Cartas persianas, turcas o chinescas*[6], escritas de este lado de los Pirineos. Esta consideración me fue

---

[3] *suceso:* «éxito feliz, salida feliz, logro, fortuna» (Terreros). Con tal sentido es un latinismo, y está presente ya en textos de fray Luis de León, Herrera, Cervantes y Góngora. En el párrafo siguiente se encuentra otro ejemplo: *con suceso*, esto es, con éxito; y a lo largo de las *Cartas* se hallarán casos adicionales, en singular y plural. Ni Covarrubias ni Autoridades ni el diccionario académico de 1780 registran la acepción que nos interesa.

[4] *método epistolar:* Cadalso concreta la clasificación genérica de su novela. Es una novela social epistolar. Véase de nuevo la Introducción.

[5] Es significativo que a las ya indicadas alusiones al género novelístico siga otra nueva: la voz *ficción*, y —lo que es más— en un mismo párrafo con una nueva referencia a las *costumbres* y luego a las *costumbres y usos*. No sólo se revela así el marcado interés costumbrista de las *Cartas marruecas*, sino el hecho de que en las presentes páginas se da el mismo parentesco entre novela y costumbrismo que en *Fray Gerundio de Campazas*, de Isla, y que en numerosos cuadros de costumbres y novelas del siglo XIX.

[6] Cadalso declara sus modelos en el género novelístico que cultiva: las *Lettres persanes* (1721), del barón de Montesquieu (1689-1755); *L'Espion turc*, por el título abreviado más usado, o sea *L'Espion du Grand Seigneur dans les cours des princes chrétiens ou mémoires pour servir à l'histoire de ce siècle depuis 1637 jusqu'à 1682* (París, 1684-1686, 6 vols.), de Giovanni Paolo Marana (1642-1693), obra citada ya por Feijoo y que influyó sobre el aspecto costumbrista de su estilo ensayístico; y las *Chinese Letters*, de Oliver Goldsmith (1730?-1774), publicadas bajo este título, en el *Public Ledger*, en 1760, pero al reeditarse como libro en 1762, se les cambió el título a *Letters from a Citizen of the World to His Friends in the East*, o simplemente *The Citizen of the World*. No cabe duda que estas tres obras, muy conocidas e influyentes durante la Ilustración, son las que Cadalso tenía en cuenta. Pero también existen unas *Lettres d'un turc à Paris* (1731), de un tal Poulain de Saint-Foix; y unas *Cartas chinescas* (1739-1740), de Jean Baptiste d'Argens. A su vez las *Cartas marruecas* parecen haber influido sobre las por la mayor parte perdidas *Cartas de Ibrahim, o Cartas turcas*, que Meléndez Valdés escribió entre 1780 y 1787.

siempre sensible, porque, en vista de las costumbres que aún conservamos de nuestros antiguos, las que hemos contraído del trato de los extranjeros, y las que ni bien están admitidas ni desechadas, siempre me pareció que podría trabajarse sobre este asunto con suceso, introduciendo algún viajero venido de lejanas tierras, o de tierras muy diferentes de las nuestras en costumbres y usos.

La suerte quiso que, por muerte de un conocido mío, cayese en mis manos un manuscrito[7], cuyo título es: *Cartas escritas por un moro llamado Gazel*[8] *Ben-Aly, a Ben-Beley, amigo suyo, sobre los usos y costumbres de los españoles antiguos y modernos, con algunas respuestas de Ben-Beley, y otras cartas relativas a éstas*.

Acabó su vida mi amigo antes que pudiese explicarme si eran efectivamente cartas escritas por el autor que sonaba, como se podía inferir del estilo, o si era pasatiempo del difunto, en cuya composición hubiese gastado los últimos años de su vida. Ambos casos son posibles[9]: el lector juzgará lo que piense más acertado, conociendo que si estas *Cartas* son útiles o inútiles, malas o buenas, importa poco la calidad del verdadero autor.

Me he animado a publicarlas por cuanto en ellas no se trata de religión ni de gobierno; pues se observará fácilmente que son pocas las veces que por muy remota conexión se toca algo de estos dos asuntos.

---

[7] En el capítulo XI de la primera parte del *Quijote*, Cervantes cuenta cómo por casualidad un día encontró en Toledo y compró a un muchacho los cartapacios y otros papeles en que Cide Hamete Benengeli había compuesto en lengua arábiga la historia del valeroso caballero.

[8] Véase la nota 24 más abajo.

[9] Es decir, que la obra puede tener más de un autor: el *amigo* de Cadalso y los moros mencionados en su título, de igual modo que el *Quijote* es de Cervantes y de Cide Hamete Benengeli. Recuérdese que el *Fray Gerundio* (1758; 1768), que es el «Don Quijote de los predicadores», según su autor, el padre Isla, también tiene en cierto modo su Cide Hamete, pues la versión castellana de los manuscritos orientales de los que el autor finge sacar su erudita y verídica historia es de Isaac Ibrahim Abusemblat, co-epíscopo del Gran Cairo. Por varios pasajes de las *Cartas marruecas* el lector verá que Cadalso también conocía este antecedente perfectamente.

No hay en el original serie alguna de fechas, y me pareció trabajo que dilataría mucho la publicación de esta obra el de coordinarlas[10]; por cuya razón no me he detenido en hacerlo ni en decir el carácter de los que las escribieron. Esto último se inferirá de su lectura. Algunas de ellas mantienen todo el estilo, y aun el genio, digámoslo así, de la lengua arábiga, su original; parecerán ridículas sus frases a un europeo, sublimes y pindáricas[11] contra el carácter del estilo epistolar y común; pero también parecerán inaguantables nuestras locuciones a un africano. ¿Cuál tiene razón? No lo sé. No me atrevo a decidirlo, ni creo que pueda hacerlo sino uno que ni sea africano ni europeo. La naturaleza es la única que pueda ser juez; pero su voz, ¿dónde suena? Tampoco lo sé. Es demasiada la confusión de otras voces para que se oiga la de la común madre en muchos asuntos de los que se presentan en el trato diario de los hombres.

Pero se humillaría demasiado mi amor propio dándome al público como mero editor de estas cartas. Para desagravio de mi vanidad y presunción, iba yo a imitar el método común de los que, hallándose en el mismo caso de publicar obras ajenas a falta de suyas propias, las cargan de notas, comentarios, corolarios, escolios, variantes y apéndices[12]; ya agraviando el texto, ya des-

---

[10] El problema de las fechas de las cartas y la decisión de no coordinarlas —lo mismo que la cuestión de las lagunas textuales, planteada al final de esta Introducción y en la Nota al final de toda la obra— es una de las muchas tácticas de la parodia de la erudición que caracteriza a este apartado, así como a toda la obra, y con la que Cadalso se acerca de nuevo a Cervantes, cuyo Prólogo e *historia* son paródicos en el mismo sentido. No es infrecuente que los papeles perdidos durante algún tiempo, o descuidados, manifiesten los defectos que Cadalso atribuye a sus documentos ficticios, y aun más, tratándose de cartas familiares cuyos autores no se han cuidado de pulirlas mucho. Así, en la medida en que las *Cartas marruecas* son una novela, la minuciosa descripción de tales características textuales es a la vez una técnica realista, porque como resultado el narrador se reviste del perfil de investigador honrado, y los documentos gozan de la apariencia de la autenticidad.

[11] *pindárico:* No en el sentido habitual de perteneciente al poeta griego Píndaro, sino en el traslaticio de demasiado subido de tono, demasiado poético para la prosa.

[12] *notas, comentarios, corolarios, escolios, variantes y apéndices:* En el Prólogo a la primera parte del *Quijote*, Cervantes dice que no quería dar la historia de su caballero a la estampa «sin acotaciones en las márgenes y sin anotaciones en

figurándolo, ya truncando el sentido, ya abrumando al pacífico y humilde lector con noticias impertinentes, o ya distrayéndole con llamadas importunas, de modo que, desfalcando al autor del mérito genuino, tal cual lo tenga, y aumentando el volumen de la obra, adquieren para sí mismos, a costa de mucho trabajo, el no esperado, pero sí merecido nombre de fastidiosos. En este supuesto, determiné poner un competente número de notas en los parajes en que veía, o me parecía ver, equivocaciones en el moro viajante[13], o extravagancias en su amigo, o yerros tal vez de los copiantes, poniéndolas con su estrella, número o letra, al pie de cada página, como es costumbre.

Acompañábame otra razón que no tienen los más editores. Si yo me pusiese a publicar con dicho método las obras de algún autor difunto siete siglos ha, yo mismo me reiría de la empresa, porque me parecería trabajo absurdo el de indagar lo que quiso decir un hombre entre cuya muerte y mi nacimiento habían pasado seiscientos años; pero el amigo que me dejó el manuscrito de estas *Cartas*, y que, según las más juiciosas conjeturas, fue el verdadero autor de ellas, era tan mío y yo tan suyo, que éramos uno propio[14]; y sé yo su modo de pensar como el mío mismo, sobre ser tan rigurosamente mi contemporáneo, que nació en el mismo año, mes, día e instante que yo; de modo que por todas estas razones, y alguna otra que callo, puedo llamar esta obra mía sin ofender a la verdad, cuyo nombre he venerado siempre, *aun cuando la he visto atada al carro de la mentira triunfante* (frase que nada significa y, por lo tanto, muy propia para un prólogo como éste u otro cualquiera)[15].

---

el fin del libro». He aquí uno de muchos paralelos que Alejandro Ramírez Araujo estudia en su artículo «El cervantismo de Cadalso», en *Romanic Review*, t. XLIII (1952), págs. 256-265.

[13] *viajante:* «El que hace viajes» *(Autoridades);* viajero. No tenía el sentido especializado comercial que tiene hoy. También en el XVIII se decía todavía *viajador.*

[14] Al confesar así su autoría, Cadalso se vale de un chiste semejante al siguiente cervantino en el ya citado Prólogo: «aunque parezco padre, soy padrastro de don Quijote».

[15] Aparte de su evidente función satírica en el presente contexto, tan ampulosa fraseología parece relacionarse con la historia de la Verdad, privada de

—Aun así —díceme un amigo que tengo, sumamente severo y tétrico en materia de crítica—, no soy de parecer que tales notas se pongan[16]. Podrían aumentar el peso y tamaño del libro, y éste es el mayor inconveniente que puede tener una obra moderna. Las antiguas se pesaban por quintales, como el hierro, y las de nuestros días por quilates como las piedras preciosas; se medían aquéllas por palmos, como las lanzas, y éstas por dedos como los espadines: conque así, sea la obra cual sea, pero sea corta.

Admiré su profundo juicio, y le obedecí, reduciendo estas hojas al menor número posible, no obstante la repugnancia que arriba dije; y empiezo observando lo mismo respecto a esta introducción, preliminar, advertencia, prólogo, proemio, prefacio o lo que sea[17], por no aumentar el número de los que entran confesando lo tedioso de estas especies de preparaciones y, no obstante su confesión, prosiguen con el mismo vicio, ofendiendo gravemente al prójimo con el abuso de su paciencia. Algo más me ha detenido otra consideración, que a la verdad es muy fuerte, y tanto, que me hube[18] de resolver a no publicar esta corta obra: a saber, que no ha de gustar, ni puede gustar. Me fundo en lo siguiente:

Estas *Cartas* tratan del carácter nacional, cual lo es en el día, y cual lo ha sido. Para manejar esta crítica al gusto de

---

su reino, desterrada del mundo y reemplazada por la Mentira, para la que Dupuis-Glendinning, en su correspondiente nota, remiten a Mateo Alemán, *Guzmán de Alfarache*, primera parte, lib. III, cap. VII, así como a Gracián, *Agudeza y arte de ingenio*, disc. XXVIII.

[16] En el Prólogo a la primera parte del *Quijote*, Cervantes se aconseja sobre lo mismo con «un amigo mío, gracioso y bien entendido», quien acaba por expresar el mismo parecer negativo que el amigo de Cadalso: «si bien caigo en la cuenta, este vuestro libro no tiene necesidad de ninguna cosa de aquellas que vos decís que le falta, porque todo él es una invectiva contra los libros de caballerías, de quien nunca se acordó Aristóteles, ni dijo nada San Basilio, ni alcanzó Cicerón», etc.

[17] Ensartar una serie de sinónimos por efecto burlesco es un conocido rasgo estilístico cervantino, mas no se halla un antecedente concreto de este ejemplo cadalsiano en ninguno de los dos Prólogos del *Quijote*.

[18] En el manuscrito O hay *hubo*. Tiene más sentido la lección de C, H y L, que acojo.

unos, sería preciso ajar la nación, llenarla de improperios, y no hallar en ella cosa alguna de mediano mérito. Para complacer a otros, sería igualmente necesario alabar todo lo que nos ofrece el examen de su genio, y ensalzar todo lo que en sí es reprensible. Cualquiera de estos dos sistemas que se siguiese en las *Cartas marruecas* tendría gran número de apasionados; y a costa de mal conceptuarse con unos, el autor se hubiera congraciado con otros. Pero en la imparcialidad[19] que reina en ellas, es indispensable el contraer el odio de ambas parcialidades. Es verdad que este justo medio[20] es el que debe procurar seguir un hombre que quiera hacer algún uso de su razón; pero es también el de hacerse sospechoso a los preocupados de ambos extremos. Por ejemplo: un español de los que llaman rancios irá perdiendo parte de su gravedad, y casi casi llegará a sonreírse cuando lea alguna especie de sátira contra el amor a la novedad; pero cuando llegue al párrafo siguiente y vea que el autor de la carta alaba en la novedad alguna cosa útil, que no conocieron los antiguos, tirará el libro al brasero y exclamará:

—¡Jesús, María y José! Este hombre es traidor a su patria.

Por la contraria, cuando uno de estos que se avergüenzan de haber nacido de este lado de los Pirineos vaya leyendo un panegírico de muchas cosas buenas que podemos haber contraído de los extranjeros, dará sin duda mil besos a tan agradables páginas; pero si tiene la paciencia de leer pocos renglones más, y llega a alguna reflexión sobre lo sensible que es la pérdida de alguna parte apreciable de nuestro antiguo carácter, arrojará el libro a la chimenea y dirá a su ayuda de cámara:

---

[19] Nótese que se recalca la aspiración a la imparcialidad, expresada antes en el primer párrafo de esta Introducción.

[20] *justo medio:* Este ideal del hombre de bien, por el que los personajes, aunque muchas veces tropezando, intentan guiarse a lo largo de la novela, se vuelve a expresar todavía en la XC y última carta, cuando Gazel explica los motivos que le obligan a concluir su estancia en España: «Mi familia acaba de renovar con otra ciertas disensiones antiguas, en las que debo tomar partido, muy contra mi genio, naturalmente opuesto a todo lo que es facción, bando y parcialidad.»

—Esto es absurdo, ridículo, impertinente y execrable, abominable y pitoyable[21].

*En consecuencia de esto[22], si yo, pobre editor de esta crítica, me presento en cualquiera casa de una de estas dos órdenes, aunque me reciban con algún buen modo, no podrán

---

[21] *pitoyable:* Absurdo galicismo dieciochesco, por *lamentable* o *lastimoso,* que no llegó a ser registrado en los diccionarios de la época.

[22] Los asteriscos o estrellas con que empiezan y terminan este párrafo, el siguiente, varios párrafos más en las cartas X y XVIII y algunas frases cortas en las cartas VIII y IX, así como la concienzuda explicación de fiel copista que se halla en el presente lugar, forman parte de la parodia de la erudición que se inicia en la Introducción y se extiende por toda la obra. (Se relaciona con tal sátira de la crítica textual la *Nota* que sigue a la carta XC, en la que se advierte que en el manuscrito había otras tantas cartas que seguirán siempre inéditas «por ser de tan mala letra».) La parodia también se mantiene con cautelosas advertencias insertas en el mismo texto, en letra cursiva, por ejemplo: *Aquí está borrado el manuscrito* (carta XVIII); *Aquí estaba roto el manuscrito, con lo que se priva al público de la continuación de un asunto tan plausible* (carta LXXI). Por otra parte, tales *lagunas* se compaginan perfectamente con la naturaleza esporádica y espaciada, fragmentaria y reticente, de la correspondencia epistolar, cuyas características llevan inevitablemente a silenciar y sólo sugerir por su ausencia más de un aspecto intrigante, de los cuales en cualquier otro género demandaríamos una explicación completa; y Cadalso también ha manejado con arte estos rasgos habituales de la forma carta (véase Michael P. Iarocci, «Sobre el silencio en las *Cartas marruecas*», en *Hispanic Review,* t. LXV, 1997, págs. 159-176). La mejor demostración de la eficacia de esa parte de la parodia erudita que se refiere a supuestos problemas textuales es que los editores modernos se han engañado por ella, creyendo que no se trataba de dificultades afrontadas por ese editor ficticio tan amigo del autor que eran «uno propio», sino de defectos del perdido original de Cadalso o de las copias de éste, de las que los diversos copistas reales sacaban sendos traslados. Con levísimas variantes, existe en el mismo lugar la misma explicación de supresiones y correcciones, es decir, en el breve párrafo final de la Introducción, en los dos textos impresos del *Correo de Madrid* de 1789, en la edición de Sancha (S) de 1793, en el manuscrito Ferrari, en el manuscrito G de la Biblioteca Nacional y en los del Museo Lázaro Galdiano y la Hispanic Society of America, de Nueva York (faltan en el manuscrito Osuna los dos párrafos finales de la Introducción). Se trata de seis textos diferentes que se unen en este aspecto, aunque muchas veces se han considerado como representativos de diferentes tradiciones textuales en su conjunto. Los copistas trabajaban, por tanto, con diferentes copias del original perdido, y no parece muy probable que todas éstas fuesen defectuosas en los mismos sitios. Pero aun aceptando tal improbabilidad, ¿puede concebirse la posibilidad de que todos ellos explicasen esos defectos con las mismísimas palabras, con la diferencia de solamente una o dos? La conclusión es evidente. No hay que dudar ya de que es-

quitarme que yo me diga, según las circunstancias: En este instante están diciendo entre sí: *Este hombre es un mal español*; o bien: *Este hombre es un bárbaro*. Pero mi amor propio me consolará (como suele a otros en muchos casos), y me diré a mí mismo: yo no soy más que un hombre de bien, que he dado a luz un papel, que me ha parecido muy imparcial, sobre el asunto más delicado que hay en el mundo, cual es la crítica de una nación*.

En el manuscrito de donde se copió éste[23], hay algunos párrafos, y aun cartas rayadas, como significando ser la mente del autor suprimirlas o corregirlas; y el que ha hecho esta copia la saca completa, indicando lo rayado con una estrella al principio y otra al fin.

---

tamos ante uno de los mejores ejemplos del humorismo de Cadalso. Todo ello vuelve a quedar claro cuando se toma en cuenta que ha titubeado de modo muy curioso algún editor moderno interpretando la advertencia cursiva inserta en la carta XVIII como reflejo de la perplejidad de un copista de carne y hueso, para suponer luego, en cambio, que la muy semejante advertencia de la carta LXXI era una mera ficción literaria. Y por último, si se trataba de lagunas reales, ¿por qué han omitido de sus textos de las cartas casi todos los editores modernos las estrellas o asteriscos indicadores de tales deficiencias?

[23] Copio este párrafo explicativo de la edición de S, porque resulta más clara —más explicativa— esta versión que las otras.

CARTA I

Gazel a Ben-Beley

He logrado quedarme en España después del regreso de nuestro embajador[24], como lo deseaba muchos días ha, y te lo escribí varias veces durante su mansión en Madrid. Mi ánimo era viajar con utilidad, y este objeto no puede siempre lograrse en la comitiva de los grandes señores, particularmente asiáticos y africanos. Éstos no ven, digámoslo así, sino la superficie de la tierra por donde pasan; su fausto, los ningunos antecedentes por dónde indagar las cosas dignas de conocerse, el número de sus criados, la ignorancia de las lenguas, lo sospechosos que deben ser en los países por donde caminan, y otros motivos, les impiden muchos medios que se ofrecen al particular que viaja con menos nota.

Me hallo vestido como estos cristianos, introducido en muchas de sus casas, poseyendo su idioma, y en amistad muy estrecha con un cristiano llamado Nuño Núñez, que es hombre que ha pasado por muchas vicisitudes de la suerte, carreras y métodos de vida. Se halla ahora separado del mundo y, según su expresión, encarcelado dentro de sí mismo[25].

---

[24] En 1766, aproximadamente dos años antes que Cadalso empezara a sacar apuntes para las *Cartas marruecas*, fue recibido en Madrid como embajador el escritor marroquí Sidi Hamel Al Ghazzali, cuyo nombre aparecía en la prensa como El Gazel, y de aquí procederá el nombre del personaje ficticio de Cadalso. Ficticio, pero realista, como lo es por otra parte toda la novela.

[25] En la carta VII, el mismo Nuño dirá: «Días ha que vivo en el mundo como si me hallase fuera de él.»

En su compañía se me pasan con gusto las horas, porque procura instruirme en todo lo que pregunto; y lo hace con tanta sinceridad, que algunas veces me dice: *De eso no entiendo*; y otras: *De eso no quiero entender*. Con estas proporciones hago ánimo de examinar no sólo la Corte, sino todas las provincias de la Península. Observaré las costumbres[26] de este pueblo, notando las que le son comunes con las de los otros países de Europa, y las que le son peculiares. Procuraré despojarme de muchas preocupaciones[27] que tenemos los moros contra los cristianos, y particularmente contra los españoles.

Notaré todo lo que me sorprenda, para tratar de ello con Nuño y después participártelo con el juicio que sobre ello haya formado. Con esto respondo a las muchas que me has escrito pidiéndome noticias del país en que me hallo. Hasta entonces no será tanta mi imprudencia que me ponga a hablar de lo que no entiendo, como lo sería decirte muchas cosas de un reino que hasta ahora todo es enigma para mí, aunque me sería esto muy fácil. Sólo con notar cuatro o cinco costumbres extrañas, cuyo origen no me tomaría el trabajo de indagar, ponerlas en estilo suelto y jocoso, añadir algunas reflexiones satíricas, y soltar la pluma con la misma ligereza que la tomé, completaría mi obra, como otros muchos lo han hecho.

Pero tú me enseñaste a mí, venerado maestro, tú me enseñaste a amar la verdad. Me dijiste mil veces que el faltar a ella es delito hasta en las materias frívolas. Era entonces mi corazón tan tierno, y tu voz tan eficaz cuando me imprimiste en él esta máxima, que no la borrará la sucesión de los tiempos.

---

[26] Este sintagma —*observar las costumbres*— se utilizará centenares de veces en los cuadros de costumbres y las novelas de todo el siglo XIX.

[27] *preocupación:* Valía lo mismo que *prejuicio* en el siglo XVIII. Son iluminativas dos definiciones de época: «la primera impresión que hace una cosa en el ánimo de alguno, de modo que no le permite admitir otras especies o asentir a ellas» *(Autoridades)*; «ofuscación del entendimiento, causada, o por pasión, o por el error de los sentidos, o por el modo de concebir, o por la crianza, o por el ejemplo de aquellos con quienes tratamos, viene a ser una falsa impresión hecha de antemano» (Terreros).

Alá te conserve una vejez sana y alegre, fruto de una juventud sobria y contenida, y desde África prosigue enviándome a Europa las saludables advertencias que acostumbras. La voz de la virtud cruza los mares, frustra las distancias y penetra el mundo con más excelencia que la luz del sol, pues esta última cede parte de su imperio a las tinieblas de la noche, y aquélla no se oscurece en tiempo alguno. ¿Qué será[28] de mí en un país más ameno que el mío, y más libre, si no me sigue la idea de tu presencia, representada en tus consejos? Esta será una sombra que me seguirá en medio del encanto de Europa; una especie de espíritu tutelar, que me sacará de la orilla del precipicio; o como el trueno, cuyo estrépito y estruendo detiene la mano que iba a cometer el delito.

CARTA II

Del mismo al mismo

Aún no me hallo capaz de obedecer a las nuevas instancias que me haces sobre que te remita las observaciones que voy haciendo en la capital de esta vasta monarquía. ¿Sabes tú cuántas cosas se necesitan para formar una verdadera idea del país en que se viaja? Bien es verdad que, habiendo hecho varios viajes por Europa, me hallo más capaz, o por mejor decir, con menos obstáculos que otros africanos; pero aun así, he hallado tanta diferencia entre los europeos, que no basta el conocimiento de uno de los países de esta parte del mundo, para juzgar de otros estados de la misma. Los europeos no parecen vecinos. Aunque la exterioridad los haya uniformado en mesas, teatros y paseos, ejércitos y lujo, no obstante, las leyes, vicios, virtudes y gobierno son sumamente diversos, y por consiguiente las costumbres propias de cada nación.

---

[28] *será:* El MS O tiene *sería.* Aceptamos, sin embargo, la forma que tienen las ediciones antiguas y los otros manuscritos, pues sintácticamente es mejor.

Aun dentro de la española, hay variedad increíble en el carácter de sus provincias. Un andaluz en nada se parece a un vizcaíno; un catalán es totalmente distinto de un gallego; y lo mismo sucede entre un valenciano y un montañés. Esta Península, dividida tantos siglos en diferentes reinos, ha tenido siempre variedad de trajes, leyes, idiomas y monedas[29]. De esto inferirás lo que te dije en mi última sobre la ligereza de los que por cortas observaciones propias, o tal vez sin haber hecho alguna, y sólo por la relación de viajeros poco especulativos, han hablado de España.

Déjame enterar bien en su historia, leer sus autores políticos, hacer muchas preguntas, muchas reflexiones, apuntarlas, repasarlas con madurez, tomar tiempo para cerciorarme en el juicio que forme de cada cosa , y entonces prometo complacerte. Mientras tanto, no te hablaré en mis cartas sino de mi salud, que te ofrezco, y de la tuya que deseo completa, para enseñanza mía, educación de tus nietos, gobierno de tu familia y bien de todos los que te conozcan y traten.

CARTA III

Del mismo al mismo

En los meses que han pasado desde la última que te escribí, me he impuesto en la historia de España; he visto lo que de ella se ha escrito desde tiempos anteriores a la invasión de nuestros abuelos y su establecimiento en ella.

Como esto forma una serie de muchos años y siglos, en cada uno de los cuales han acaecido varios sucesos particulares, cuyo influjo ha sido visible hasta en los tiempos presentes, el extracto de todo esto es obra muy larga para remitida en una carta, y en esta especie de trabajos no estoy muy práctico. Pediré a mi amigo Nuño que se encargue de

---

[29] *idiomas y monedas:* El MS O tiene la lección defectuosa de *idioma y moneda.* Acogemos la lección estilísticamente superior de S.

ello, y te lo remitiré. No temas que salga de sus manos viciado el extracto de la historia de su país por alguna preocupación nacional, pues le he oído decir mil veces que, aunque ama y estima a su patria por juzgarla dignísima de todo cariño y aprecio, tiene por cosa muy accidental el haber nacido en esta parte del globo, o en sus antípodas, o en otra cualquiera.

En este estado quedó esta carta tres semanas ha, cuando me asaltó una enfermedad en cuyo tiempo no se apartó Nuño de mi cuarto; y haciéndole en los primeros días el encargo arriba dicho, lo desempeñó luego que salí del peligro. En mi convalecencia me lo leyó, y lo hallé en todo conforme a la idea que yo mismo me había figurado; te lo remito tal cual pasó de sus manos a las mías. No lo pierdas de vista mientras durare el tiempo de que nos correspondamos sobre estos asuntos, por ser ésta una clave precisa para el conocimiento del origen de todos los usos y costumbres dignos de la observación de un viajero como yo, que ando por los países de que escribo, y del estudio de un sabio como tú, que ves todo el orbe desde tu retiro.

«La Península llamada España sólo está contigua al continente de Europa por el lado de Francia, de la que la separan los montes Pirineos. Es abundante en oro, plata, azogue, hierro, piedras, aguas minerales, ganados de excelentes calidades y pescas tan abundantes como deliciosas. Esta feliz situación la hizo objeto de la codicia de los fenicios y otros pueblos. Los cartagineses, parte por dolo y parte por fuerza, se establecieron en ella; y los romanos quisieron completar su poder y gloria con la conquista de España; pero encontraron una resistencia que pareció tan extraña como terrible a los soberbios dueños de lo restante del mundo. Numancia, una sola ciudad, les costó catorce años de sitio, la pérdida de tres ejércitos y el desdoro de los más famosos generales; hasta que, reducidos los numantinos a la precisión de capitular o morir, por la total ruina de la patria, corto número de vivos y abundancia de cadáveres en las calles (sin contar los que habían servido de pasto a sus conciudadanos, después de concluidos todos sus víveres), incendiaron sus casas, arrojaron sus niños, mujeres y ancianos a las llamas, y salieron a morir en el campo raso con las armas en la mano[30]. El grande Escipión[31] fue testigo de la ruina de Numancia, pues no puede llamarse propiamente conquistador de esta ciudad; siendo de notar que Lúculo[32], encargado de levantar un ejército para aquella expedición, no halló en la juventud romana reclutas que llevar, hasta que el mismo Escipión se alistó para animarla.

»Si los romanos conocieron el valor de los españoles como enemigos, también experimentaron su virtud como aliados. Sagunto sufrió por ellos un sitio igual al de Numancia, contra los cartagineses; y desde entonces formaron los romanos de los españoles el alto concepto que se ve en sus autores, oradores, historiadores y poetas. Pero la fortuna de Roma, superior al valor humano, la hizo señora de España como de lo restante del mundo, menos algunos montes de Cantabria, cuya total conquista no consta de la historia, de modo que no pueda revocarse en duda. Largas revoluciones inútiles de contarse en este paraje trajeron del Norte enjambres de naciones feroces, codiciosas y guerreras, que se establecieron en España; pero con las delicias de este clima tan diferente del que habían dejado, cayeron en tal grado de afeminación y flojedad, que a su tiempo fueron esclavos de otros conquistadores venidos del Mediodía. Huyeron los godos españoles hasta los montes de una provincia hoy llamada Asturias, y apenas tuvieron tiempo de desechar el sus-

---

[30] Se entiende el entusiasmo de este pasaje sobre el sitio de Numancia recordando que Cadalso escribió un tragedia sobre este tema. Está perdida, pero existe la siguiente descripción de ella en una carta dirigida a Meléndez Valdés: «*La Numantina*. Tragedia en cinco actos. En el prólogo de ella he puesto cuanto juzgo necesario en materia de teatro. Otra hay sobre el mismo asunto compuesta por el catedrático de poética de San Isidro, y fue la que me dio la idea para ésta» (Cadalso, *Escritos autobiográficos y epistolario*, ed. de Nigel Glendinning y Nicole Harrison, Londres, Támesis, 1979, pág. 102). La otra tragedia aludida es la *Numancia destruida*, de Ignacio López de Ayala, que yo edité en la Biblioteca Anaya, 94 (Salamanca, 1971).

[31] Grande quizá, pero no se trata del más grande de los Escipiones, que fue El Africano, sino de Escipión Emiliano (185-129 a. de J. C.), que fue el vencedor de Numancia y el destructor de Cartago.

[32] Se trata de Lucio Licinio Lúculo, el primero y menos conocido de su nombre, cónsul en 151 a. de J. C., fundador de la *nobilitas* de su familia y máxima autoridad militar en la Hispania Citerior durante algún tiempo.

to, conocer su ignorancia, llorar la pérdida de sus casas y ruina de su reino, cuando volvieron a salir mandados por Pelayo, uno de los mayores hombres que naturaleza haya producido[33].

»Desde aquí se abre un teatro de guerras que duraron cerca de ocho siglos. Varios reinos se levantaron sobre las ruinas de la monarquía goda española, destruyendo el que querían edificar los moros en el mismo terreno, regado con más sangre española, romana, cartaginesa, goda y mora de cuanto se puede ponderar con horror de la pluma que lo escriba y de los ojos que lo vean escrito. Pero la población de esta Península era tal, que después de tan largas y tan sangrientas guerras, aún se contaban veinte millones de habitantes en ella. Incorporáronse tantas provincias tan diferentes en dos coronas, la de Castilla y la de Aragón, y ambas en el matrimonio de don Fernando y doña Isabel, príncipes que serán inmortales entre cuantos sepan lo que es gobierno. La reforma de abusos, fomento de las ciencias, humillación de los soberbios, amparo de la agricultura, y otras operaciones semejantes, formaron esta monarquía.

»Ayudóles la naturaleza con un número increíble de vasallos insignes en letras y armas, y se pudieron haber lisonjeado de dejar a sus sucesores un imperio mayor y más duradero que el de la Roma antigua (contando las Américas nuevamente descubiertas), si hubieran logrado dejar su corona a un heredero varón. Nególes el cielo este gozo a trueque de tantos como les había concedido, y su cetro pasó a la casa de Austria, la cual gastó los tesoros, talentos y sangre de los españoles en cosas ajenas de España, y en conciliarla el odio de

---

[33] En esta época Pelayo es quizá el personaje histórico que más interés despierta en los literatos españoles. En 1754, en Madrid, se publica *El Pelayo: Poema*, de Alonso de Solís Folch de Cardona Rodríguez de las Varillas, conde de Saldueña, una epopeya entre barroca y neoclásica, de enorme interés pero injustamente descuidada. La tragedia *Pelayo* de Jovellanos es de 1769; y la tragedia *Hormesinda* de Moratín el Viejo, en la que Pelayo es un personaje principal, se escribe en 1770. Quintana es autor de otro *Pelayo* trágico (1805); y todavía Espronceda en su juventud escribe un poema neoclásico inacabado, titulado *El Pelayo*. El antecedente más remoto de todas estas obras parece ser *El Pelayo* (1605), poema épico de Alonso López Pinciano.

toda Europa por el exceso de ambición y poder a que llegó Carlos I, hasta que cansado de tantas prosperidades, o tal vez conociendo con prudencia la vicisitud de las cosas humanas, no quiso exponerse a sus reveses, y dejó el trono a su hijo don Felipe II.

»Este príncipe fue tan ambicioso y político como su padre, pero menos afortunado, de modo que, siguiendo los proyectos de Carlos, no pudo hallar los mismos sucesos aun a costa de ejércitos, armadas y caudales gastados en propagar las ideas de su ambición. Murió dejando su pueblo extenuado con las guerras, afeminado con el oro y plata de América, disminuido con la población de un mundo nuevo, disgustado con tantas desgracias y deseoso de descanso. Pasó el cetro por las manos de tres príncipes poco aptos para manejar tan grande monarquía, y en la muerte de Carlos II no era España sino el esqueleto de un gigante[34]».

Hasta aquí mi amigo Nuño. De esta relación inferirás, como yo: primero, que esta Península no ha gozado una paz que pueda llamarse tal en cerca de dos mil años, y que por consiguiente es maravilla que aún tengan hierba los campos y aguas sus fuentes (ponderación que suele hacer Nuño cuando se habla de su actual estado); segundo, que habiendo sido la religión motivo de tantas guerras contra los descendientes de Tarif, no es mucho que sea objeto de todas sus acciones; tercero, que la continuación de estar con las armas en la mano les haya hecho mirar con desprecio el comercio e industria mecánica; cuarto, que de esto mismo nazca lo mucho que cada noble en España se envanece de su nobleza; quinto, que los muchos caudales adquiridos rápidamente en las Indias distraen a muchos de cultivar las artes mecánicas en la Península y de aumentar su población.

Las demás consecuencias morales de estos eventos políticos irás notando en las cartas que te escribiré sobre estos asuntos.

---

[34] Un escritor anónimo del mismo reinado de Carlos II había hablado del «cuerpo místico y ya cadáver de la desventurada monarquía».

CARTA IV

Del mismo al mismo

Los europeos del siglo presente están insufribles con las alabanzas que amontonan sobre la era en que han nacido. Si los creyeras, dirías que la naturaleza humana hizo una prodigiosa e increíble crisis precisamente a los mil y setecientos años cabales de su nueva cronología. Cada particular funda una vanidad grandísima en haber tenido muchos abuelos no sólo tan buenos como él, sino mucho mejores, y la generación entera abomina de las generaciones que la han precedido. No lo entiendo

Mi docilidad aún es mayor que su arrogancia. Tanto me han dicho y repetido de las ventajas de este siglo sobre los otros, que me he puesto muy de veras a averiguar este punto. Vuelvo a decir que no lo entiendo; y añado que dificulto si ellos se entienden a sí mismos.

Desde la época en que ellos fijan la de su cultura, hallo los mismos delitos y miserias en la especie humana, y en nada aumentadas sus virtudes y comodidades. Así se lo dije con mi natural franqueza a un cristiano que el otro día, en una concurrencia bastante numerosa, hacía una apología magnífica de la edad, y casi del año, que tuvo la dicha de producirle. Espantóse de oírme defender la contraria de su opinión; y fue en vano cuanto le dije, poco más o menos del modo siguiente:

—No nos dejemos alucinar de la apariencia, y vamos a lo sustancial. La excelencia de un siglo sobre otro creo debe regularse por las ventajas morales o civiles que produce a los hombres. Siempre que éstos sean mejores, diremos también que su era es superior en lo moral a la que no produjo tales proporciones; entendiéndose en ambos casos esta ventaja en el mayor número. Sentado este principio, que me parece justo, veamos ahora qué ventajas morales y civiles tiene tu siglo de mil setecientos sobre los anteriores. En lo civil, ¿cuáles

161

son las ventajas que tiene? Mil artes se han perdido de los que florecieron en la antigüedad; y los que se han adelantado en nuestra era, ¿qué producen en la práctica, por mucho que ostenten en la especulativa? Cuatro pescadores vizcaínos en unas malas barcas hacían antiguamente viajes que no se hacen ahora sino rara vez y con tantas y tales precauciones que son capaces de espantar a quien los emprende. De la agricultura, la medicina, sin preocupación no puede decirse que hayan logrado más sucesos en la práctica, aunque ofrecen tantos en la especulación.

»Por lo que toca a las ventajas morales, aunque la apariencia favorezca nuestros días, ¿en la realidad qué diremos? Sólo puedo asegurar que este siglo tan feliz en tu dictamen ha sido tan desdichado en la experiencia como los antecedentes. Quien escriba sin lisonja la historia, dejará a la posteridad horrorosas relaciones de príncipes dignísimos destronados, quebrantados tratados muy justos, vendidas muchas patrias dignísimas de amor, rotos los vínculos matrimoniales, atropellada la autoridad paterna, profanados juramentos solemnes, violado el derecho de hospitalidad, destruida la amistad y su nombre sagrado, entregados por traición ejércitos valerosos, y sobre las ruinas de tantas maldades levantarse un suntuoso templo al desorden general.

»¿Qué se han hecho esas ventajas tan jactadas por ti y por tus semejantes? Concédote cierta ilustración aparente que ha despojado a nuestro siglo de la austeridad y rigor de los pasados; pero ¿sabes de qué sirve esta mutación, este[35] oropel que brilla en toda Europa y deslumbra a los menos cuerdos? Creo firmemente que no sirve más que de confundir el orden respectivo, establecido para el bien de cada estado en particular.

»La mezcla de las naciones en Europa ha hecho admitir generalmente los vicios de cada una, y desterrar las virtudes respectivas. De aquí nacerá, si ya no ha nacido, que los nobles de todos los países tengan igual despego a su patria, for-

---

[35] *este:* El MS. O tiene *ese,* pero estilísticamente en el presente pasaje es superior la lección, *este,* del *Correo de Madrid* y el MS. del Museo Lázaro Galdiano.

mando entre todos una nueva nación separada de las otras, y distinta en idioma, traje y religión[36]: y que los pueblos sean infelices en igual grado, esto es, en proporción de la semejanza de los nobles. Sigue a esto la decadencia general de los estados, pues sólo se mantienen los unos por la flaqueza de los otros, y ninguno por fuerza suya o propio vigor. El tiempo que tarden las cortes en uniformarse exactamente en lujo y relajación tardarán también las naciones en asegurarse las unas de la ambición de las otras: y este grado de universal abatimiento parecerá un apetecible sistema de seguridad a los ojos de los políticos afeminados; pero los buenos, los prudentes, los que merecen este nombre, conocerán que un corto número de años las reducirá todas a un estado de flaqueza que les vaticine pronta y horrorosa destrucción.

»Si desembarcasen algunas naciones guerreras y desconocidas en los dos extremos de Europa, mandadas por unos héroes de aquellos que produce un clima[37], cuando otro no da sino hombres medianos, no dudo que se encontrarían en la mitad de Europa, habiendo atravesado y destruido un hermosísimo país. ¿Qué obstáculos hallarían de parte de sus ha-

---

[36] Larra, que en tantos aspectos se puede decir que es el Cadalso del ochocientos, escribirá, en su cuadro costumbrista *El álbum:* «Hay más puntos de contacto entre una reunión de *buen tono* de Madrid y otra de Londres o de París, que entre un habitante de un cuarto principal de la calle del Príncipe y otro de un cuarto bajo del Avapiés, sin embargo de ser estos dos españoles y madrileños» (en *Artículos completos,* ed. de Melchor de Almagro San Martín, Madrid, Aguilar, 1944, pág. 265).

[37] Según una de varias teorías deterministas de mucha influencia en el setecientos, el hombre es producto del terreno y el clima en los que la suerte ha decretado que pase su existencia. Tal concepto determinista también se halla expresado en escritores como Feijoo, Montesquieu, Rousseau, Voltaire, etc.; y desempeña un papel importante en la novela satírica del padre Isla, *Fray Gerundio de Campazas.* Otro ejemplo, donde también se trata de héroes es de Feijoo. El benedictino recuerda los grandes triunfos que los antiguos españoles se llevaban cuando se les encendía el espíritu marcial, y luego reflexiona: «En el mismo clima vivimos, de las mismas influencias gozamos que nuestros antepasados. Luego cuanto es de parte de la naturaleza, la misma índole, igual habilidad, iguales fuerzas hay en nosotros que en ellos, y acaso superiores a las de otras naciones» *(Glorias de España,* primera parte, en Feijoo, *Obras escogidas,* ed. de Vicente de la Fuente, Biblioteca de Autores Españoles, t. LVI, Madrid, Atlas, 1952, pág. 194a).

bitantes? No sé si lo diga con risa o con lástima: unos ejércitos muy lucidos y simétricos sin duda, pero compuestos de esclavos debilitados por el peso de sus cadenas, y mandados por unos generales en quienes falta el principal estímulo de un héroe, a saber, el patriotismo[38]. Ni creas que para detener semejantes irrupciones sea suficiente obstáculo el número de las ciudades fortificadas. Si reinan el lujo, la infidelidad y otros vicios semejantes, frutos de la relajación de las costumbres, éstos sin duda abrirán las puertas de las ciudades al enemigo. La mayor fortaleza, la más segura, la única invencible, es la que consiste en los corazones de los hombres, no en lo alto de los muros ni en lo profundo de los fosos.

»¿Cuáles fueron las tropas que nos presentaron en las orillas del Guadalete los godos españoles? ¡Cuán pronto, en proporción del número, fueron deshechos por nuestros

---

[38] *patriotismo:* Es uno de los primeros ejemplos conocidos en la lengua española. Cuando Feijoo quería hablar del patriotismo y la patriotería, en el discurso X del tomo III (1729) de su *Teatro crítico universal,* tuvo que recurrir a los términos que aparecen en el título siguiente: *Amor de la patria y pasión nacional.* En el último tomo (1760) de sus *Cartas eruditas,* en cambio, Feijoo usa ya el sustantivo *patriotismo* al referirse al elogio exagerado que se ha hecho de cierto médico español en toda Europa y cuyo origen parece por tanto «proceder de la pluma de un español, atribuyéndolo a la pasión del patriotismo», donde parecen combinarse los dos conceptos que el benedictino separaba en el *Teatro crítico.* Cinco años antes, en 1755, se había hablado del «patriotismo inglés» en una obra francesa traducida al castellano. Para el análisis de los ejemplos de 1755 y 1760, véase Pedro Álvarez de Miranda, *Palabras e ideas: el léxico de la Ilustración temprana en España (1680-1760),* Anejo LI del *Boletín de la Real Academia Española,* Madrid, 1992, págs. 242-243. Los primeros ejemplos de *patriotism* en inglés son de 1726 y 1738, según el *Oxford English Dictionary;* y el primer ejemplo de *patriotisme* en francés, según el diccionario de Paul Robert, es de 1750. Ni *Autoridades,* ni el diccionario académico de 1780 ni Terreros registran *patriotismo.* Se encuentran otros textos de *patriotismo* en las cartas XVI, XXI, LXX, LXXI y en la protesta al final de toda la obra. Tiene interés, por fin, el siguiente comentario de 1785 sobre el patriotismo progresivo de Cadalso: «Pero lo que hace más apreciables las pocas obras que se han publicado del señor Cadalso, es su juicioso modo de pensar y el espíritu de humanidad y de patriotismo que resalta en ellas. La razón y la filosofía no pueden menos de haber hecho muchos progresos en un país en donde un intrépido oficial, cuyo ejercicio es el manejo de los instrumentos de la muerte, escribe de ese modo» (Juan Sempere y Guarinos, *Ensayo de una biblioteca de los mejores escritores del reinado de Carlos III,* Madrid, Imprenta Real, 1785-1789, t. II [1785], pág. 33).

abuelos, duros, austeros y atrevidos! ¡Cuán largo y triste tiempo el de su esclavitud! ¡Cuánta sangre derramada durante ocho siglos para reparar el daño que les hizo la afeminación, y para sacudir el yugo que jamás los hubiera oprimido, si hubiesen mantenido el rigor de las costumbres de sus antepasados!»

No esperaba el apologista del siglo en que nacimos estas razones, y mucho menos las siguientes, en que contraje todo lo dicho a su mismo país, continuando de este modo:

—Aunque todo esto no fuese así en varias partes de Europa, ¿puedes dudarlo de la tuya? La decadencia de tu patria en este siglo es capaz de demostración con todo el rigor geométrico. ¿Hablas de población? Tiene diez millones escasos de almas, mitad del número de vasallos españoles que contaba Fernando el Católico. Esta disminución es evidente. Veo algunas pocas casas nuevas en Madrid, y tal cual ciudad grande; pero sal por esas provincias y verás a lo menos dos terceras partes de casas caídas, sin esperanza de que una sola pueda algún día levantarse. Ciudad tienes en España que contó algún día quince mil familias, reducidas hoy a ochocientas. ¿Hablas de ciencias? En el siglo antepasado[39] tu nación era la más docta de Europa, como la francesa en el pasado, y la inglesa en el actual; pero hoy, del otro lado de los Pirineos, apenas se conocen los sabios que así se llaman por acá. ¿Hablas de agricultura? Ésta siempre sigue la proporción de la población. Infórmate de los ancianos del pueblo, y oirás lástimas. ¿Hablas de manufacturas? ¿Qué se han hecho las antiguas de Córdoba, Segovia y otras? Fueron famosas en el mundo, y ahora las que las han reemplazado están muy lejos de igualarlas en fama y mérito: se hallan muy en sus principios respecto a las de Francia e Inglaterra.

---

[39] *el siglo antepasado:* Es decir, el siglo XVI, que tanto para Cadalso como para todos los demás ilustrados era el único digno de llamarse Siglo de Oro, por la superioridad de aquel tiempo en las ciencias, la filosofía, la teología, el derecho, la retórica y la poesía; y los hombres de la Ilustración creían ser los primeros sucesores dignos del siglo de Vives, Garcilaso, fray Luis de León y fray Luis de Granada.

Me preparaba a proseguir por otros ramos, cuando se levantó muy sofocado el apologista, miró a todas partes, y viendo que nadie le sostenía, jugó como por distracción con los cascabeles de sus dos relojes, y se fue diciendo:

—No consiste en eso la cultura del siglo actual, su excelencia entre todos los pasados y venideros, y la felicidad mía y de mis contemporáneos. El punto está en que se come con más primor; los lacayos hablan de religión; los maridos y los amantes no se desafían; y desde el sitio de Troya hasta el de Almeida[40], no se ha visto producción tan honrosa para el espíritu humano, tan útil para la sociedad y tan maravillosa en sus efectos, como los polvos *Sans pareille*[41] inventados por Monsieur Frivolité[42] en la calle de San Honorato en París.

—Dices muy bien —le repliqué—; y me levanté para ir a mis oraciones acostumbradas, añadiendo una, y muy fervorosa, para que el cielo aparte de mi patria los efectos de la cultura de este siglo, si consiste en lo que éste ponía su defensa.

---

[40] *Almeida:* Ciudad y plaza fuerte portuguesa, situada cerca de la frontera española, sitiada por las fuerzas españolas en 1762. Cadalso estuvo en esta acción.

[41] *polvos Sans pareille:* Polvos con la misma fragancia que un agua de colonia considerada entonces como muy elegante. Es sabido que la sátira sobre los seudointelectuales de Cadalso, *Los eruditos a la violeta*, se titula así porque esos pretenciosos jóvenes que afectaban dominar todas las ciencias que estaban de moda se perfumaban con la esencia de esta flor, y así también se les llama *violetos*. De hecho se perfumaban con diferentes colonias, según nos dice el maestro en la primera lección de la mencionada obra: «me inflaman los primorosos aplausos de tanto erudito barbilampiño, peinado, empolvado, adonizado y lleno de aguas olorosas de lavanda, *Sans pareille*, ámbar, jazmín, bergamota y violeta, de cuya última voz toma su nombre mi escuela» (Madrid, Sancha, 1772, pág. 6). En *Los aldeanos críticos* (1758), obra polémica relativa a la novela *Fray Gerundio de Campazas*, se halla la siguiente referencia a los polvos que nos interesan, en la descripción de unos seudointelectuales de la generación anterior: «… unos críticos *à la Cabriolé*, que con cuatro especies mal digeridas de las *Memorias de Trévoux* o del *Journal Extranjero*, peinaditas en *ailes de pigeon* y empolvadas con polvos finos *à la Lavande* o *à la Sans pareille*, quieren parecer personas en la República de las Letras» (Évora, 1758, pág. 11).

[42] *Monsieur Frivolité:* Personificación burlesca de la frivolidad tanto de los vendedores y usuarios como del inventor de los preciados polvos *Sans pareille*.

CARTA V

Del mismo al mismo

He leído la toma de Méjico por los españoles, y un extracto de los historiadores que han escrito las conquistas de esta nación en aquella remota parte del mundo que se llama América; y te aseguro que todo parece haberse ejecutado por arte mágica: descubrimiento, conquista, posesión y dominio son otras tantas maravillas.

Como los autores por los cuales he leído esta serie de prodigios son todos españoles, la imparcialidad que profeso pide también que lea lo escrito por los extranjeros. Luego sacaré una razón media[43] entre lo que digan éstos y aquéllos, y creo que en ella podré fundar el dictamen más sano. Supuesto que la conquista y dominio de aquel medio mundo tuvieron y aún tienen tanto influjo sobre las costumbres de los españoles, que son ahora el objeto de mi especulación, la lectura de esta historia particular es un suplemento necesario al de la historia general de España, y clave precisa para la inteligencia de varias alteraciones sucedidas en el estado político y moral de esta nación. No entraré en la cuestión tan vulgar de saber si estas nuevas adquisiciones han sido útiles, inútiles o perjudiciales a España. No hay evento alguno en las cosas humanas que no pueda convertirse en daño o en provecho, según lo maneje la prudencia.

CARTA VI

Del mismo al mismo

El atraso de las ciencias en España en este siglo, ¿quién puede dudar que proceda de la falta de protección que hallan sus profesores? Hay cochero en Madrid que gana tres-

---

[43] *razón media:* Nótese la repetida insistencia en el ideal del justo medio y la imparcialidad.

cientos pesos duros, y cocinero que funda mayorazgos; pero no hay quien no sepa que se ha de morir de hambre como se entregue a las ciencias, exceptuadas las del *ergo*[44], que son las únicas que dan de comer.

Los pocos que cultivan las otras, son como los aventureros voluntarios de los ejércitos, que no llevan paga y se exponen más. Es un gusto oírles hablar de matemáticas, física moderna, historia natural, derecho de gentes, y antigüedades y letras humanas, a veces con más recato que si hiciesen moneda falsa. Viven en la oscuridad y mueren como vivieron: tenidos por sabios superficiales en el concepto de los que saben poner setenta y siete silogismos seguidos sobre si los cielos son fluidos o sólidos. Hablando pocos días ha con un sabio escolástico de los más condecorados en su carrera, le oí esta expresión, con motivo de haberse nombrado en la conversación a un sujeto excelente en matemáticas:

—Sí, en su país se aplican muchos a esas cosillas, como matemáticas, lenguas orientales, física, derecho de gentes y otras semejantes.

Pero yo te aseguro, Ben-Beley, que si señalasen premios para los profesores, premios de honor o de interés, o de ambos, ¡qué progresos no harían! Si hubiese siquiera quien los protegiese, se esmerarían sin más estímulo positivo; pero no hay protectores.

Tan persuadido está mi amigo de esta verdad, que hablando de esto me dijo:

—En otros tiempos, allá cuando me imaginaba que era útil y glorioso dejar fama en el mundo, trabajé una obra sobre varias partes de la literatura[45] que había cultivado, aunque con más amor que suceso. Quise que saliese bajo la sombra de algún poderoso, como es natural a todo autor principiante. Oí a un magnate decir que todos los autores eran locos; a otro, que las dedicatorias eran estafas; a otro, que renegaba del que inventó el papel; otro se burlaba de los hom-

---

[44] *las [ciencias] del ergo:* Es decir, la filosofía escolástica.
[45] Se trata del género ensayístico, que Feijoo llamaba *literatura mixta* (en la carta *Sobre el proyecto de una historia general de ciencias y artes*, en *Cartas eruditas y curiosas*, Nueva impresión, Madrid, Ibarra, 1770, t. IV, pág. 108).

bres que se imaginaban saber algo; otro me insinuó que la obra que le sería más acepta, sería la letra de una tonadilla; otro me dijo que me viera con un criado suyo para tratar esta materia; otro ni me quiso hablar; otro ni me quiso responder; otro ni quiso escucharme; y de resultas de todo esto, tomé la determinación de dedicar el fruto de mis desvelos al mozo que traía el agua a casa. Su nombre era Domingo, su patria Galicia, su oficio ya está dicho. Conque recogí estos preciosos materiales para formar la dedicatoria de esta obra.

Y al decir estas palabras, sacó de la cartera unos cuadernillos, púsose los anteojos, acercóse a la luz y, después de haber hojeado, empezó a leer: *Dedicatoria a Domingo de Domingos, aguador decano de la fuente del Ave María.* Detúvose mi amigo un poco, y me dijo:

—¡Mira, qué mecenas! —Prosiguió leyendo:

«Buen Domingo, arquea las cejas; ponte grave; tose; escupe; gargajea; toma un polvo[46] con gravedad; bosteza con estrépito; tiéndete sobre este banco; empieza a roncar, y admite esta mi muy humilde, muy sincera y muy justa dedicatoria. ¿Qué? ¿te ríes y me dices que eres un pobre aguador, tonto, plebeyo y, por tanto, sujeto poco apto para proteger obras y autores? Pues qué, ¿te parece que para ser un mecenas es preciso ser noble, rico y sabio? Mira, buen Domingo, a falta de otros tú eres excelente. ¿Quién me quitará que te llame, si quiero, más noble que Eneas, más guerrero que Alejandro, más rico que Creso, más hermoso que Narciso, más sabio que los siete de Grecia, y todos los máses que me vengan a la pluma? Nadie me lo puede impedir, sino la verdad; y ésta, has de saber que no ata las manos a los escritores, antes suelen ellos atárselas a ella, y cortarla las piernas, y sacarla los ojos, y taparla la boca. Admite, pues, este obsequio literario: sepa la posteridad que Domingo de Domingos, de inmemorial genealogía, aguador de las más famosas fuentes de

---

[46] *polvo, tomar un polvo:* En el artículo *tabaco*, del *Diccionario de Autoridades*, se lee: «De las hojas secas y molidas hacen un menudo polvo, que adobado con otros ingredientes, se usa para tomarlo por las narices por medicina, aunque ya se ha hecho tan común, que ha pasado a costumbre general, y aun a vicio» (t. VI, 1739).

Madrid, ha sido, es y será el único patrón, protector y favorecedor de esta obra.

»Generaciones futuras, familias de venideros siglos, gentes extrañas, naciones no conocidas, mundos aún no descubiertos, venerad esta obra, no por su mérito, harto pequeño y trivial, sino por el sublime, ilustre, excelente, egregio, encumbrado y nunca bastantemente aplaudido nombre, título y timbre de mi mecenas[47].

»Tú, monstruo horrendo, envidia, furia tan bien pintada por Ovidio[48], que sólo está mejor retratada en la cara de algunos amigos míos, muerde con tus mismos negros dientes tus maldicientes y rabiosos labios, y tu ponzoñosa y escandalosa lengua; vuelva a tu pecho infernal la envenenada saliva que iba a dar horrorosos movimientos a tu maldiciente boca, más horrenda que la del infierno, pues ésta sólo es temible a los malvados y la tuya aun lo es más a los buenos.

»Perdona, Domingo, esta bocanada de cosas, que me inspira la alta dicha de tu favor. Pero ¿quién en la rueda de la fortuna no se envanece en lo alto de ella? ¿Quién no se hincha con el soplo lisonjero de la suerte? ¿Quién desde la cumbre de la prosperidad no se juzga superior a los que poco antes se hallaban en el mismo horizonte? Tú, tú mismo, a quien contemplo mayor que muchos héroes de los que no son aguadores, ¿no te sientes el corazón lleno de una noble soberbia cuando llegas con tu cántaro a la fuente y todos te hacen lugar? ¡Con qué generoso fuego he visto brillar tus ojos cuando recibes este obsequio de tus compañeros, compañeros dignísimos! Obsequio que tanto mereces por tus canas nacidas en subir y bajar las escaleras de mi casa y otras. ¡Ay de aquel que se te resistiera, qué cantarazo llevaría! Si todos se te rebelaran, a todos aterrarías con tu cántaro y puño, como Júpiter a los gigantes con sus rayos y centellas. A los filósofos parecería exceso ridículo de orgullo esta hinchazón (y

---

[47] Es de notar el sabor cervantino de esta fraseología.

[48] «...Videt [Pallas] intus edentem / vipereas carnes, vitiorum alimenta suorum, / Invidiam; visaque oculos avertit (Ve [Palas] dentro a la Envidia comiendo las carnes de víboras, alimento de sus vicios; y vista, vuelve los ojos)», Ovidio, *Metamorfosis*, lib. II, vv. 768-770.

la de otros héroes de otras clases); pero ¿quiénes son los filósofos? Unos hombres rectos y amables, que quisieron hacer a todos los hombres amables; que tienen la lengua unísona con el corazón[49], y otras ridiculeces semejantes. Vuélvanse, pues, los filósofos a sus guardillas, y dejen rodar la bola del mundo por esos aires de Dios, de modo que a fuerza de dar vueltas se desvanezcan las pocas cabezas que aún se mantienen firmes, y todo el mundo se convierta en un espacioso hospital de locos.»

CARTA VII

Del mismo al mismo

En el imperio de Marruecos todos somos igualmente despreciables en el concepto del emperador y despreciados en el de la plebe. O, por mejor decir, todos somos plebe, siendo muy accidental la distinción de uno y otro individuo para él mismo, y de ninguna esperanza para sus hijos; pero en Europa son varias las clases de vasallos en el dominio de cada monarca.

La primera consta de hombres que poseyeron la herencia de sus padres y dejan por el mismo motivo a sus hijos considerables bienes. Ciertos empleos se dan a éstos solos, y gozan con más inmediación el favor del soberano. A esta jerarquía sigue otra de nobles menos condecorados y poderosos. Su mucho número llena los empleos de las tropas, armadas, tribunales, magistraturas y otros, que en el gobierno monárquico no suelen darse a los plebeyos, sino por algún mérito sobresaliente.

Entre nosotros, siendo todos iguales, y poco duraderas las dignidades y posesiones, no se necesita diferencia en el modo de criar los hijos; pero en Europa la educación de la

---

[49] *la lengua unísona con el corazón:* Es uno de los rasgos morales de la figura ideal del hombre de bien, a la que se va pintando a lo largo de la obra.

juventud debe mirarse como objeto de la primera importancia. El que nace en la ínfima clase de las tres, y que ha de pasar su vida en ella, no necesita estudios, sino saber el oficio de su padre en los términos en que se lo ve ejercer. El de la segunda ya necesita otra educación para desempeñar los empleos que ha de ocupar con el tiempo. Los de la primera se ven precisados a esto mismo con más fuerte obligación, porque a los veinticinco años, o antes, han de gobernar sus estados, que son muy vastos, disponer de inmensas rentas, mandar cuerpos militares, concurrir con los embajadores, frecuentar el palacio, y ser el dechado de los de la segunda clase.

Esta teoría no siempre se verifica con la exactitud que se necesita. En este siglo se nota alguna falta de esto en España. Entre risa y llanto me contó Nuño un lance que parece de novela[50], en que se halló, y que prueba evidentemente esta falta, tanto más sensible cuanto del mismo se prueba la viveza de los talentos de la juventud española, singularmente en algunas provincias; pero antes de contármelo, puso el preludio siguiente:

—Días ha que vivo en el mundo como si me hallase fuera de él. En este supuesto, no sé a cuántos estamos de educación pública; y lo que es más, tampoco quiero saberlo. Cuando yo era capitán de infantería, me hallaba en frecuen-

---

[50] *lance que parece de novela:* La aplicación del término *lance* a la novela descubre la voluntad innovadora de Cadalso en el género novelístico. Pues según los diccionarios académicos del setecientos *(Autoridades* y 1780), la única acepción literaria de esta voz se refiere al teatro: «LANCES. En la comedia son los sucesos que se van enlazando en el artificio de ésta, y forman el enredo o nudo que tiene en suspensión al auditorio hasta que se deshace.» Terreros está de acuerdo y define el término simplemente dando su equivalente latino: «LANCES DE COMEDIA, Lat. *Comediae actus speciosi.*» Sólo en ediciones posteriores del diccionario académico, se insertan las palabras «y en la novela». En cambio, ya en 1780, el amigo y contertulio de Cadalso, Vicente de los Ríos, en su muy original *Análisis del Quijote,* emplea *lance* en el mismo sentido que tiene en el texto cadalsiano que comentamos. El referente son las acciones secundarias del género de fábulas, romances o novelas burlescas al que pertenece el *Quijote:* «La solución o éxito de estos lances ha de ser de modo que el héroe quede en salvo, y no en reposo, y la curiosidad del lector contenta, pero no satisfecha» (ed. cit., pág. 10). Véase asimismo nuestra Introducción, donde hablamos de esta innovación y la carta VII.

tes concursos de gentes de todas clases: noté esta misma desgracia, y queriendo remediarla en mis hijos, si Dios me los daba, leí, oí, medité y hablé mucho sobre esta materia. Hallé diferentes pareceres: unos sobre que convenía tal educación, otros sobre que convenía tal otra, y también alguno sobre que no convenía ninguna[51].

«Pero me acuerdo que yendo a Cádiz, donde se hallaba mi regimiento de guarnición, me extravié y me perdí en un monte. Iba anocheciendo, cuando me encontré con un caballerete de hasta unos veintidós años, de buen porte y presencia. Llevaba un arrogante caballo, sus dos pistolas primorosas, calzón y ajustador de ante con muchas docenas de botones de plata, el pelo dentro de una redecilla blanca, capa de verano caída sobre el anca del caballo, sombrero blanco finísimo y pañuelo de seda morado al cuello. Nos saludamos, como es regular, y preguntándole por el camino de tal parte, me respondió que estaba lejos de allí; que la noche ya estaba encima y dispuesta a tronar; que el monte no era muy seguro; que mi caballo venía cansado; y que, en vista de todo esto, me aconsejaba y suplicaba que fuese con él a un cortijo de su abuelo, que estaba a media legua corta. Lo dijo todo con tanta franqueza y agasajo, y lo instó con tanto empeño, que acepté la oferta. La conversación cayó, según costumbre, sobre el tiempo y cosas semejantes; pero en ella manifestaba el mozo una luz natural clarísima con varias salidas de viveza y feliz penetración, lo cual, junto con una voz muy agradable y gesto muy proporcionado, mostraba en él todos los requisitos naturales de un orador; pero de los artificiales, esto es, de los que enseña el arte por medio del estudio, no se hallaba uno siquiera. Salimos ya del monte cuando, no pudiendo menos de notar lo hermoso de los troncos que acabábamos de ver, le pregunté si cortaban de aquella madera para construcción de navíos.

---

[51] Alusión a la teoría rousseauniana de la *educación negativa*, según cuya versión más radical se sostenía que incluso más valdría dejar al niño en el seno de la naturaleza con los animales salvajes que someterle a la influencia de las escuelas corrompidas e inmorales de la llamada sociedad civilizada.

»—¿Qué sé yo de eso? —me respondió con presteza—. Para eso, mi tío el comendador. En todo el día no habla sino de navíos, brulotes, fragatas y galeras. ¡Válgame Dios, y qué pesado está el buen caballero! Poquitas veces hemos oído de su boca, algo trémula por sobra de años y falta de dientes, la batalla de Tolón[52], la toma de los navíos *La princesa* y *El glorioso*, la colocación de los navíos de Lesso[53] en Cartagena. Tengo la cabeza llena de almirantes holandeses e ingleses. Por cuanto hay en el mundo dejará de rezar todas las noches a San Telmo por los navegantes; y luego sigue un gran parladillo[54] sobre los peligros de la mar, a que se sigue otro sobre la pérdida de toda una flota entera, no sé qué año, en que se escapó el buen señor nadando y luego una digresión muy natural y bien traída sobre lo útil que es el saber nadar. Desde que tengo uso de razón no le he visto corresponderse por escrito con otro que con el marqués de la Victoria, ni le he conocido más pesadumbre que la que tuvo cuando supo la muerte de don Jorge Juan. El otro día estábamos muy descuidados comiendo, y al dar el reloj las tres, dio una gran palmada en la mesa, que hubo de romperla o romperse la mano, y dijo, no sin muchísima cólera:

»—A esta hora fue cuando se llegó a nosotros, que íbamos en el navío *La princesa*, el tercer navío inglés; y a fe que era muy hermoso: era de noventa cañones. ¡Y qué velero! De eso no he visto. Lo mandaba un señor oficial. Si no por él, los otros dos no hubieran contado el lance. Pero, ¿qué se ha de hacer? ¡Tantos a uno!

»Y en esto le asaltó la gota que padece días ha, y que nos valió un poco de descanso, porque si no, tenía traza de irnos

---

[52] En la batalla de Tolón (1740), se enfrentaron los españoles, los franceses y los ingleses. Los navíos mencionados a continuación se tomaron en 1740 y 1747. En Tolón fue jefe de la escuadra española el marqués de la Victoria, mencionado más abajo.

[53] *Lesso:* Se trata del célebre defensor de Cartagena de Indias contra los ingleses, Blas de Lezo (1689-1741).

[54] *Autoridades* dice que *parladillo* significa «cláusula de estilo levantado u afectado». Terreros lo define como «pequeña arenga, discurso o cumplimiento que se hace a alguna persona». Aquí parecen combinarse estas acepciones, pues significa arenga, sin duda en tono levantado y afectado, a juzgar por el comentario del joven anfitrión de Nuño.

contando de uno en uno todos los lances de mar que ha habido en el mundo desde el arca de Noé.

»Cesó por un rato el mozalbete la murmuración contra un tío tan venerable, según lo que él mismo contaba; y al entrar en un campo muy llano, con dos lugarcitos que se descubrían a corta distancia el uno del otro:

»—¡Bravo campo —dije yo— para disponer sesenta mil hombres en batalla!

»—Con ésas a mi primo, el cadete de Guardias —respondió el otro con igual desembarazo—. Sabe cuántas batallas se han dado desde que los ángeles buenos derrotaron a los males. Y no es lo más eso, sino que sabe también las que se perdieron, por qué se perdieron; las que se ganaron, por qué se ganaron; y por qué quedaron indecisas las que ni se ganaron ni se perdieron. Ya lleva gastados no sé cuántos doblones en instrumentos de matemáticas, y tiene un baúl lleno de unos planos, que él llama, y son unas estampas feas que ni tienen caras ni cuerpos.

»Procuré no hablarle más de ejército que de marina, y sólo le dije:

»—No será lejos de aquí la batalla que se dio en tiempo de don Rodrigo y fue tan costosa como nos dice la historia[55].

»—¡Historia! —dijo—. Me alegrara que estuviera aquí mi hermano el canónigo de Sevilla. Yo no la he aprendido, porque Dios me ha dado en él una biblioteca viva de todas las historias del mundo. Es mozo que sabe de qué color era el vestido que llevaba puesto el rey San Fernando cuando tomó Sevilla.

»Llegábamos ya cerca del cortijo, sin que el caballero me hubiese contestado a materia alguna de cuantas le toqué. Mi natural sinceridad me llevó a preguntarle cómo le habían educado, y me respondió:

»—A mi gusto, al de mi madre y al de mi abuelo, que era un señor muy anciano que me quería como a la niña de sus ojos. Murió de cerca de cien años de edad. Había sido capitán de Lanzas de Carlos II, en cuyo palacio se había criado. Mi padre bien quería que yo estudiase, pero tuvo poca vida y autoridad para conseguirlo. Murió sin tener el gusto de ver-

---

[55] Referencia a la malhadada batalla de Guadalete (711), ya mencionada en la carta IV.

me escribir. Ya me había buscado un ayo, y la cosa iba de veras, cuando cierto accidentillo lo descompuso todo.

»—¿Cuáles fueron sus primeras lecciones? —preguntéle yo.

»—Ninguna —respondió el muchacho—: ya sabía yo leer un romance y tocar unas seguidillas. ¿Para qué necesita más un caballero? Mi dómine bien quiso meterse en honduras, pero le fue muy mal y hubo de irle mucho peor. El caso fue que había yo concurrido con otros amigos a un encierro. Súpolo, y vino tras mí a oponerse a mi voluntad. Llegó precisamente a tiempo que los vaqueros me andaban enseñando cómo se toma la vara. No pudo traerle su desgracia a peor ocasión. A la segunda palabra que quiso hablar, le di un varazo tan fuerte en medio de la cabeza, que se la abrí en más cascos que una naranja; y gracias a que me contuve, porque mi primer pensamiento fue ponerle una vara lo mismo que a un toro de diez años; pero, por primera vez, me contenté con lo dicho. Todos gritaban:

»—¡Viva el señorito!

»Y hasta el tío Gregorio, que es hombre de pocas palabras, exclamó:

»—Lo ha hecho usía como un ángel del cielo.

»—¿Quién es ese tío Gregorio? —preguntéle, atónito de que aprobase tal insolencia; y me respondió:

»—El tío Gregorio es un carnicero de la ciudad que suele acompañarnos a comer, fumar y jugar. ¡Poquito le queremos todos los caballeros de por acá! En ocasión de irse mi primo Jaime María a Granada y yo a Sevilla, hubimos de sacar la espada sobre quién se lo había de llevar; y en esto hubiera parado la cosa, si en aquel tiempo mismo no le hubiera prendido la justicia por no sé qué puñaladillas que dio en la feria y otras frioleras semejantes, que todo ello se compuso al mes de cárcel.

»Dándome cuenta del carácter del tío Gregorio y otros iguales personajes, llegamos al cortijo. Presentóme a los que allí se hallaban, que eran amigos o parientes suyos de la misma edad, clase y crianza, y se habían juntado para ir a una cacería; y esperando la hora competente, pasaban la noche jugando, cenando, cantando y hablando; para todo lo cual se hallaban muy bien provistos, porque habían concurrido algunas gitanas con sus venerables padres, dignos esposos y preciosos hijos.

176

Allí tuve la dicha de conocer al señor tío Gregorio. A su voz ronca y hueca, patilla larga, vientre redondo, modales ásperos, frecuentes juramentos y trato familiar, se distinguía entre todos. Su oficio era hacer cigarros, dándolos ya encendidos de su boca a los caballeritos, atizar los velones, decir el nombre y mérito de cada gitana, llevar el compás con las palmas de las manos cuando bailaba alguno de sus más apasionados protectores, y brindar a sus saludes con medios cántaros de vino. Conociendo que venía cansado, me hicieron cenar luego, y me llevaron a un cuarto algo apartado para dormir, destinando un mozo del cortijo que me llamase y condujese al camino.

»Contarte los dichos y hechos de aquella academia fuera imposible, o tal vez indecente; solo diré que el humo de los cigarros, los gritos y palmadas del tío Gregorio, la bulla de todas las voces, el ruido de las castañuelas, lo destemplado de la guitarra, el chillido de las gitanas, la quimera entre los gitanos sobre cuál había de tocar el polo para que lo bailase Preciosilla[56], el ladrido de los perros y el desentono de los que cantaban, no me dejaron pegar los ojos en toda la noche. Llegada la hora de marchar, monté a caballo, diciéndome a mí mismo en voz baja: ¿Así se cría una juventud que pudiera ser tan útil si fuera la educación igual al talento? Y un hombre serio, que al parecer estaba de mal humor con aquel género de vida, oyéndome, me dijo con lágrimas en los ojos:

»—Sí, señor».

CARTA VIII

Del mismo al mismo

Lo extraño de la dedicatoria de mi amigo Nuño a su aguador Domingo y lo raro de su carácter, nacido de la variedad de cosas que por él han pasado, me hizo importunarle para

---

[56] Se llama Preciosa la protagonista de la novela ejemplar de Cervantes *La gitanilla*. Nuevo reflejo tal vez del prosista predilecto de Cadalso.

que me enseñara la obra; pero en vano. Entablé otra pretensión, y fue que me dijese siquiera el asunto, ya que no me la quería mostrar. Hícele varias preguntas.

—¿Será de filosofía?

—No, por cierto —me respondió—. A fuerza de usarse esa voz, se ha gastado. Según la variedad de los hombres que se llaman filósofos, ya no sé qué es filosofía No hay extravagancia que no se condecore con tan sublime nombre.

—¿De matemática?

—Tampoco. Esto quiere un estudio muy seguido, y yo le abandoné desde los principios. Publicar en cuarto lo que otros en octavo, en pergamino lo que otros en pasta, o juntar un poco de éste, de otro y de aquél[57], se llama ser copista más o menos exacto, y no autor. Es engañar al público, y ganar dinero que se vuelve materia de restitución.

—¿De jurisprudencia?

—Menos. A medida que se han ido multiplicando los autores de esta facultad se ha ido oscureciendo la justicia. A este paso, tan delincuente me parece cualquiera nuevo escritor de leyes como el infractor de ellas. *Tanto delito es comentarlas como quebrantarlas*. Comentarios, glosas, interpretaciones, notas, etc. son otros tantos ardides de la guerra forense. Si por mí fuera, se debiera prohibir toda obra nueva sobre esta materia por el mismo hecho.

—¿De poesía?

—Tampoco. El Parnaso produce flores que no deben cultivarse sino por manos de jóvenes[58]. Las musas no sólo se espantan de las canas de la cabeza, sino hasta de las arrugas de la cara. Parece mal un viejo con guirnaldas de mirtos y violas,

---

[57] *un poco de éste, de otro y de aquel*: Acepto la lección superior de S.O y los demás manuscritos tienen *un poco de éste y otro de aquél*.

[58] Recuérdese que las poesías de Cadalso, publicadas en 1773, a sus veintidós años de edad, se titulan precisamente *Ocios de mi juventud*. En el preliminar a las mismas, se pregunta si «su verdadero título debiera ser *Alivio de mis penas*». Juventud y penas, combinación muy romántica que lleva, en el mismo lugar, a la afirmación de que las páginas de los *Ocios* «son por la mayor parte del género menos útil de la poesía, pero del más agradable» (en *Ocios de mi juventud*, Madrid, Isidoro de Hernández Pacheco, 1781, primera página del preliminar sin paginar).

convidando a los ecos y a las aves a cantar los rigores o favores de Amarilis.

—¿De teología?

—Por ningún término. Adoro la esencia de mi Criador; traten otros de sus atributos. Su magnificencia, su justicia, su bondad llenan mi alma de reverencia para adorarle, no mi pluma de orgullo para quererle penetrar.

—¿De Estado?

—No lo pretendo. Cada reino tiene sus leyes fundamentales, su constitución, su historia, *sus tribunales*, y conocimiento de sus fuerzas, clima[59], productos y alianzas. De todo esto nace la ciencia de los estados. Estúdienla los que han de gobernar; yo nací para obedecer, y para esto baste amar a su rey y a su patria; dos cosas a que nadie me ha ganado hasta ahora[60].

—¿Pues de qué tratas en tu obra? —insto yo, no sin alguna impaciencia—; algo de esto ha de ser. ¿Qué otro asunto puede haber digno de la aplicación y estudio? ¿Emprendes acaso alguna obra de moral capaz de reformar el género humano?

—No te canses —respondió—. Mi obra no era más que un diccionario castellano en que se distinguiese el sentido primitivo de cada voz y el abusivo que le han dado los hombres en el trato. O inventar un idioma nuevo, o volver a fundir el viejo, porque ya no sirve. Aún conservo en la memoria la advertencia preliminar que enseña el verdadero uso de mi diccionario; y decía así, sobre palabra más o menos:

«*Advertencia preliminar sobre el uso de este nuevo diccionario castellano:* Presento al lector un nuevo diccionario, diferente de todos los que se conocen hasta ahora. En él no me empeño en poner mil voces más o menos que en otro; ni en averiguar si una palabra es de Solís, o de Saavedra, o de Cervantes, o de Mariana, o de Juan de Mena, o de Alonso el de las

---

[59] Véase la nota 37 arriba.

[60] *yo nací para obedecer…:* Ejemplo de la actitud de vasallo que se opone dialécticamente a la postura de hombre de bien en el alma de Nuño Núñez y Cadalso.

Partidas[61]; ni en saber si ésta o la otra voz viene del arábigo, del latín, del cántabro, del fenicio, del cartaginense; ni en decir si tal término está ya anticuado, o es corriente, o nuevamente admitido o si tal expresión es baja, media o sublime; o si es prosaica o si es poética. No emprendo trabajo alguno de éstos, sino otro menos lucido para mí, pero más útil para todos mis hermanos los hombres[62]. Mi ánimo es explicar lisa y llanamente el sentido primitivo, genuino y real de cada voz, y el abuso que de ella se ha hecho, o sea su sentido abusivo en el trato civil.

»—¿Y para qué se toma este trabajo? —me dice un señorito, mirándose los encajes de la vuelta[63].

»—Para que nadie se engañe —respondí yo, mirándole cara a cara—, como yo me he engañado, por creer que los verbos *amar, servir, favorecer, estimar,* y otros tales no tienen más que un sentido, siendo así que tienen tantos que no hay guarismo que alcance. ¿Adónde habrá paciencia para que un pobre como yo, por ejemplo, se despida de su familia, deje su lugar, se venga a Madrid, se esté años y más años, gaste su hacienda, suba y baje escaleras, haga plantones, abrace pajes, salude porteros, pase enfermedades, y al cabo se vuelva peor de lo que vino? Y todo porque no entendió el verdadero sentido de unas cuantas cláusulas que leyó en una carta recibida por Pascuas, sino que se tomó al pie de la letra aquello de *Celebraré que nos veamos cuanto antes por acá, pues el particular cono-*

---

[61] Con los nombres de estos grandes clásicos, o sea autoridades para el uso de la lengua castellana, Cadalso alude al *Diccionario de Autoridades* (1726-1739), o sea la primera edición del diccionario de la Real Academia Española, en la que el uso de cada voz está ilustrado con una cita de un escritor clásico. Allí se atiende también a las etimologías de las palabras, y a esto se refiere Cadalso a continuación.

[62] *todos mis hermanos los hombres:* Muestra del cosmopolitismo ilustrado y el ideal dieciochesco de la fraternidad internacional. En el penúltimo párrafo de esta carta, se expresa el mismo ideal con un solo vocablo: *conciudadanos;* y en la carta LXXX, Gazel describirá a Nuño como «un verdadero cosmopolita, o sea ciudadano universal».

[63] *vuelta:* «el adorno que se sobrepone al puño de las camisas, que es una tira plegada y ancha de lienzo delgado o encajes» *(Autoridades).* Terreros parece indicar que solía utilizarse la forma plural: «*Vueltas,* adorno que se pone en las muñecas.»

cimiento que en la Corte tenemos de sus apreciables circunstancias, largo mérito, servicio de sus antepasados y aptitud para el desempeño de cualquier encargo, serían justos motivos para complacerle en las pretensiones que quisiese entablar, concurriendo en mí otras y mayores obligaciones de servirle, por los particulares favores que debí a sus señores padres (que santa gloria hayan) y los enlaces de mi casa con la de vuestra merced, cuya vida, en compañía de su esposa y mi señora, guarde Dios muchos y muy felices años, como deseo y pido. Madrid, tantos de tal mes, etc. Y luego, más abajo: '*B. L. M. de vuestra merced su más rendido servidor y apasionado amigo, que verle desea, Fulano de Tal.*

»Para desengaño, pues, de los pocos tontos que aún quedan en el mundo, capaces de creer que significan algo esas expresiones, compuse este caritativo diccionario, con el fin de que no sólo no se dejen llevar del sentido dañoso del idioma, sino que con esta ayuda y un poco de práctica, puedan hablar también a cada uno en su lengua. Si el público conociese la utilidad de esta obra, me animaré a componer una gramática análoga al diccionario; y tanto puede ser el estímulo, que me determine a componer una retórica, lógica y metafísica de la misma naturaleza: proyecto que, si llega a efectuarse, puede muy bien establecer un nuevo sistema de educación pública, y darme entre todos mis conciudadanos más fama y veneración que la que adquirió Confucio entre los suyos por los preceptos de moral que les dejó».

Calló mi amigo, y nos fuimos a nuestro acostumbrado paseo. Discurro que el cristiano tiene razón, y que en todas las lenguas de Europa hace falta semejante diccionario.

CARTA IX

Del mismo al mismo

Acabo de leer algo de lo escrito por los europeos no españoles acerca de la conquista de la América. Si del lado de los españoles no se oye sino religión, heroísmo, vasallaje y otras voces dignas de respeto, del lado de los extranjeros no suenan sino codicia, tiranía, perfidia y otras no menos espantosas. No pude menos de comunicárselo a mi amigo Nuño, quien me dijo que era asunto dignísimo de un fino discernimiento, juiciosa crítica y madura reflexión; pero que entre tanto, y reservándome el derecho de formar el concepto que más justo me pareciere en adelante, reflexionase por ahora sólo que los pueblos que tanto vocean la crueldad de los españoles en América, son precisamente los mismos que van a las costas de África, compran animales racionales de ambos sexos a sus padres, hermanos, amigos o guerreros felices, sin más derecho que ser los compradores blancos y los comprados negros; los embarcan como brutos, los llevan millares de leguas desnudos, hambrientos y sedientos; los desembarcan en América; los venden en público mercado como jumentos, a más precio los mozos sanos y robustos, y a mucho más las infelices mujeres que se hallan con otro fruto de miseria dentro de sí mismas; toman el dinero; se lo llevan a sus humanísimos países, y con el producto de esta venta imprimen libros llenos de elegantes invectivas, retóricos insultos y elocuentes injurias contra Hernán Cortés por lo que hizo; ¿y qué hizo? Lo siguiente.

—Sacaré mi cartera y te leeré algo sobre esto:

«1.º Acepta Hernán Cortés el cargo de mandar unos pocos soldados para la conquista de un país no conocido, porque recibe la orden del general bajo cuyo mando servía. Aquí no veo delito, sino subordinación militar y arrojo increíble en la empresa de tal expedición con un puñado de hombres tan corto, que no se sabe cómo se ha de llamar.

»2.º Prosigue a su destino, no obstante las contrariedades de su fortuna y émulos. Llega a la isla de Cozumel (horrenda por los sacrificios de sangre humana, que eran frecuentes en ella), pone buen orden en sus tropas, las anima, y consigue derribar aquellos ídolos, cuyo culto era tan cruel a la humanidad, apaciguando los isleños. Hasta aquí creo descubrir todo el carácter de un héroe.

»3.º Sigue su viaje; recoge un español cautivo entre los salvajes, y en la ayuda que éste le dio por su inteligencia de aquellos idiomas, halla la primera señal de sus futuros sucesos, conducidos éste y los restantes por aquella inexplicable encadenación de cosas que los cristianos llamamos Providencia, *los materialistas casualidad y los poetas suerte o hado*.

»4.º Llega al río de Grijalva, y tiene que pelear dentro del agua para facilitar el desembarco, que consigue. Gana a Tabasco contra indios valerosos. Síguese una batalla contra un ejército respetable; gana la victoria completa y continúa su viaje. La relación de esta batalla da motivo a muchas reflexiones, todas muy honoríficas al valor de los españoles; pero entre otras, una que es tan obvia como importante, a saber, que por más que se pondere la ventaja que daba a los españoles sobre los indios la pólvora, las armas defensivas y el uso de los caballos, por el pasmo que causó este aparato guerrero nunca visto en aquellos climas, gran parte de la gloria debe siempre atribuirse a los vencedores, por el número desproporcionado de los vencidos, destreza en sus armas, conocimiento del país y otras tales ventajas, que siempre duraban, y aun crecían, al paso que se minoraba el susto que les había impreso la vista primera de los europeos. El hombre que tenga mejores armas, si se halla contra ciento que no tengan más que palos, matará cinco o seis, o cincuenta, o setenta; pero alguno le ha de matar, aunque no se valgan más que del cansancio que ha de causar el manejo de las armas, el calor, el polvo, y las vueltas que puede dar por todos lados la cuadrilla de sus enemigos. Éste es el caso de los pocos españoles contra innumerables americanos, y esta misma proporción se ha de tener presente en la relación de todas las batallas que el gran Cortés ganó en aquella conquista.

»5.º De la misma flaqueza humana sabe Cortés sacar fruto para su intento. Una india noble[64], a quien se había aficionado apasionadamente, le sirve de segundo intérprete, y es de suma utilidad en la expedición; primera mujer que no ha perjudicado en un ejército, y notable ejemplo de lo útil que puede ser el bello sexo, siempre que dirija su sutileza natural a fines loables y grandes.

»6.º Encuéntrase con los embajadores de Motezuma, con quienes tiene unas conferencias que pueden ser modelo para los estadistas, no sólo americanos, sino europeos.

---

[64] *india noble*: Es la famosa doña Marina o Malinche, con quien Cortés tuvo un hijo.

»7.º Oye, no sin alguna admiración, las grandezas del imperio de Motezuma, cuya relación, ponderada sin duda por los embajadores para aterrarle, da la mayor idea del poder de aquel emperador y, por consiguiente, de la dificultad de la empresa y de la gloria de la conquista. Pero lejos de aprovecharse del concepto de deidades en que estaba él y los suyos entre aquellos pueblos, declara, con magnanimidad nunca oída, que él y los suyos son inferiores a aquella naturaleza y que no pasan de la humana. Esto me parece heroísmo sin igual: querer humillarse en el concepto de aquellos a quienes se va a conquistar (cuando en semejantes casos conviene tanto alucinarlos), pide un corazón más que humano. No merece tal varón los nombres que le dan los que miran con más envidia que justicia sus hechos.

»8.º Viendo la calidad de la empresa, no le parece bastante autoridad la que le dio el gobernador Velázquez, y escribe en derechura a su soberano, dándole parte de lo que había ejecutado e intentaba ejecutar, y acepta el bastón que sus mismos súbditos le confieren. Prosigue tratando con suma prudencia a los americanos amigos, enemigos y neutrales.

»9.º Recoge el fruto de la sagacidad con que dejó las espaldas guardadas, habiendo construido y fortificado para este efecto la Veracruz en la orilla del mar y paraje de su desembarco en el continente de Méjico.

»10.º Descubre con notable sutileza, y castiga con brío, a los que tramaban una conjuración contra su heroica persona y glorioso proyecto.

»11.º Deja a la posteridad un ejemplo de valentía, nunca imitado después, y fue quemar y destruir la armada en que había hecho el viaje, para imposibilitar el regreso y poner a los suyos en la formal precisión de vencer o morir. Frase que muchos han dicho, y cosa que han hecho pocos.

»12.º Prosigue, venciendo estorbos de todas especies, hacia la capital del imperio. Conoce la importancia de la amistad con los tlascaltecas, la entabla y la perfecciona después de haber vencido el ejército numerosísimo de aquella república guerrera en dos batallas campales, precedidas de la derrota de una emboscada de cinco mil hombres. En esta guerra contra los tlascaltecas ha reparado un amigo mío, versado en las maniobras militares de los griegos y romanos, toda cuanta diferencia de evoluciones, ardides y táctica se halla en Jenofonte, en Vegecio[65] y otros autores de la antigüedad. No obstante, para disminuir la gloria de Cortés, dícese que eran bárbaros sus enemigos.

»13.º Desvanece las persuasiones políticas de Motezuma, que quería apartar a los tlascaltecas de la amistad de sus vencedores. Entra en Tlascala como conquistador y como aliado, establece la exacta disciplina en su ejército, y a su imitación la introducen los de Tlascala en el suyo.

»14.º Castiga la deslealtad de Cholulo[66]; llega a la laguna de Méjico y luego a la ciudad; da la embajada a Motezuma de parte de Carlos.

»15.º Hace admirar sus buenas prendas entre los sabios y nobles de aquel imperio. Pero mientras Motezuma le obsequia con fiestas de extraordinario lucimiento y concurso, tiene Cortés aviso que uno de los generales mejicanos, de orden de su emperador, había caído con un grueso ejército sobre la guarnición de Veracruz que, mandada por Juan de Escalante, había salido a apaciguar aquellas cercanías; y que, con apariencia de las festividades, se preparaba una increíble muchedumbre para acabar con los españoles, divertidos con el falso obsequio que les hacía. En este lance, de que parecía no poder salir por fuerza ni prudencia humana, forma una determinación de aquellas que algún genio superior inspira a las almas extraordinarias. Prende a Motezuma en su palacio propio, en medio de su corte y en el centro de su vasto imperio; llévaselo a su alojamiento por medio de la turba innumerable de vasallos, atónitos de ver la desgracia de su soberano, no menos que la osadía de aquellos advenedizos. No sé qué nombre darán a este arrojo los enemigos de Cortés. Yo no hallo voz en castellano que exprese la idea que me inspira.

---

[65] *Vegecio* (Flavius Vegetius), escritor militar romano del siglo IV después de J. C., quien en sus *Rei militaris instituta* reunió todo lo más interesante de lo que sus antecesores en el mismo género habían escrito sobre la vida militar y la táctica romanas.

[66] *Cholulo:* la ciudad mejicana de Cholula.

»16.º Aprovecha[67] el terror que este arrojo esparció por Méjico para castigar de muerte al general mejicano delante de su emperador, mandando poner grillos a Motezuma mientras duraba la ejecución de esta increíble escena, negando el emperador ser suya la comisión que dio motivo a este suceso, acción que entiendo aún menos que la anterior.

»17.º Sin derramar más sangre que ésta, consigue Cortés que el mismo Motezuma (cuya flaqueza de corazón se aumentaba con la de espíritu, que le hacía creer ciertas tradiciones de su imperio y familia) reconociese con todas las clases de sus vasallos a Carlos V por sucesor suyo, y señor legítimo de Méjico y sus provincias; en cuya fe entrega a Cortés un tesoro considerable.

»18.º Dispónese a marchar a Veracruz con ánimo de esperar las órdenes de la Corte; y se halla con noticias de haber llegado a las costas algunos navíos españoles con tropas mandadas por Pánfilo de Narváez, cuyo objeto era prenderle.

»19.º Hállase en la perplejidad de tener enemigos españoles, sospechosos amigos mejicanos, dudosa la voluntad de la Corte de España, riesgo de no acudir al desembarco de Narváez, peligro de salir de Méjico, y por entre tantos peligros fíase en su fortuna, deja un subalterno suyo con ochenta hombres, y marcha a la orilla del mar contra Pánfilo. Éste, con doble número de gente, le asalta en su alojamiento, pero queda vencido y preso a los pies de Cortés, a cuyo favor se acaba de declarar la fortuna con el hecho de pasarse al partido del vencedor ochocientos españoles, ochenta caballos, con doce piezas de artillería, que eran todas las tropas de Narváez: nuevas fuerzas que la Providencia pone en su mano para completar la obra.

»20.º Cortés vuelve a Méjico triunfante, y sabe a su llegada que en su ausencia habían procurado destruir a los españoles los vasallos de Motezuma, indignados de la flojedad y

---

[67] En el MS O, hay una evidente equivocación del copista, pues este párrafo no está numerado, aunque se trata de una táctica claramente distinta de las demás enumeradas. Seguimos F, C y S.

cobardía con que había sufrido los grillos que le puso el increíble arrojo de los españoles.

»21.º Desde aquí empiezan los lances sangrientos que causan tantas declamaciones. Sin duda es cuadro horroroso el que se descubre, pero nótese el conjunto de circunstancias:

»Los mejicanos, viéndole volver con este refuerzo, se determinan a la total aniquilación de los españoles a toda costa. De motín en motín, de traición en traición, matando a su mismo soberano, y sacrificando a sus ídolos los varios soldados de Cortés que habían caído en sus manos, ponen a los españoles en la precisión de cerrar los ojos a la humanidad; y éstos por libertar sus vidas, y en defensa propia natural de pocos más de mil contra una multitud increíble de fieras (pues en tales se habían convertido los indios), llenaron la ciudad de cadáveres, combatiendo con más mortandad de enemigos que esperanza de seguridad propia, pues en una de las cortas suspensiones de armas que hubo le dijo un mejicano:

»—Por cada hombre que pierdas tú, podremos perder veinte mil nosotros; y aun así, nuestro ejército sobrevivirá al tuyo.

»Expresión que, verificada en el hecho, era capaz de aterrar a cualquiera ánimo que no fuera el de Cortés; y precisión en que no se ha visto hasta ahora tropa alguna del mundo.»

—En el Perú anduvieron menos humanos —dijo Nuño, doblando el papel, guardando los anteojos y descansando de la lectura—. Sí, amigo, lo confieso de buena fe, mataron muchos hombres a sangre fría; pero a trueque de esta imparcialidad que profeso, reflexionen los que nos llaman bárbaros la pintura que he hecho de la compra de negros, de que son reos los mismos que tanto lastiman la suerte de los americanos. Créeme, Gazel, créeme que si me diesen a escoger entre morir entre las ruinas de mi patria en medio de mis magistrados, parientes, amigos y conciudadanos, y ser llevado con mi padre, mujer e hijos millares de leguas metido en el entrepuentes de un navío, comiendo habas y bebiendo agua podrida, para ser vendido en América en mercado público, y ser después empleado en los trabajos más duros hasta morir, oyendo siempre los últimos ayes de tanto moribundo amigo, paisano o compañero de mis fatigas, no tardara en escoger la suerte de los primeros. A lo que debes añadir que, habiendo cesado tantos años ha la mortandad de los indios, tal cual haya sido, y durando todavía con trazas de nunca cesar la venta de los negros, serán muy despreciables a los ojos de cualquiera hombre imparcial, cuanto nos digan y repitan sobre este capítulo, en verso o en prosa, en estilo serio o jocoso, en obras voluminosas o en hojas sueltas, los continuos mercaderes de carne humana.

CARTA X

Del mismo al mismo

La poligamia entre nosotros está, no sólo autorizada por el gobierno, sino mandada expresamente por la religión. Entre estos europeos, la religión la prohíbe y la tolera la pública costumbre. Esto te parecerá extraño; no me lo pareció menos, pero me confirma en que es verdad, no sólo la vista, pues ésta suele engañarnos por la apariencia de las cosas, sino la conversación de una noble cristiana, con quien concurrí el otro día en una casa. La sala estaba llena de gentes, todas pendientes del labio de un joven de veinte años, que había usurpado con inexplicable dominio la atención del concurso. Si la rapidez de estilo, volubilidad de lengua, torrente de voces, movimiento continuo de un cuerpo airoso y gestos majestuosos formasen un orador perfecto, ninguno puede serlo tanto. Hablaba un idioma particular; particular, digo, porque aunque todas las voces eran castellanas, no lo eran las frases. Tratábase de las mujeres, y se reducía el objeto de su arenga a ostentar un sumo desprecio hacia aquel sexo. Cansóse mucho, después de cansarnos a todos. Sacó el reloj, y dijo:

—Ésta es la hora —y de un brinco se puso fuera del cuarto. Quedamos libres de aquel tirano de la conversación, y empezamos a gozar del beneficio del habla, que yo pensé disfrutar por derecho de naturaleza hasta que la experiencia me enseñó que no había tal libertad. Así como al acabarse la tempestad vuelven los pajaritos al canto que les interrumpieron los truenos, así nos volvimos a hablar los unos a los otros; y yo como más impaciente, pregunté a la mujer más inmediata a mi silla:

—¿Qué hombre es éste?

—¿Qué quieres, Gazel, qué quieres que te diga? —respondió ella con la cara llena de un afecto entre vergüenza y dolor—. Ésta es una casta nueva entre nosotros; una provincia nuevamente descubierta en la Península; o por mejor decir, una nación de bárbaros que hacen en España una invasión peligrosa, si no se atajan sus primeros sucesos. Bástete saber que la época de su venida es reciente, aunque es pasmosa la rapidez de su conquista y la duración de su dominio.

«Hasta entonces las mujeres, un poco más sujetas en el trato, estaban colocadas más altas en la estimación; viejos, mozos y niños nos miraban con respeto; ahora nos tratan con despego. Éramos entonces como los dioses penates que los gentiles guardaban encerrados dentro de sus casas, pero con suma veneración; ahora somos como el dios Término[68], que no se guardaba con puertas ni cerrojos, pero quedaba en el campo, expuesto a la irreverencia de los hombres, y aun de los brutos.»

*Según[69] lo que te digo, y otro tanto que te callo y me dijo la cristiana, podrás inferir que los musulmanes no tratamos peor a la hermosa mitad del género humano. Por lo que he ido viendo, saco la misma consecuencia, y me confirmo mucho más en ella con lo que oí pocos días ha a otro

---

[68] *Término:* Dios de las lindes y fronteras cuyo templo ocupaba en el Capitolio el lugar destinado luego al de Júpiter Óptimo Máximo; rehusó ceder el paso a éste y se quedó en el nuevo templo con una abertura en el techo porque tenía que estar siempre a cielo abierto.

[69] Con la palabra *Según* empieza y continúa hasta el final del penúltimo párrafo de la presente carta uno de los pasajes que, de acuerdo con la parodia erudita puesta en marcha en la Introducción, pensaba suprimir ese autor tan amigo de Cadalso que casi era una misma persona con él. De ahí los asteriscos ya explicados.

mozo militar, sin duda hermano del que acabo de retratar en esta carta. Preguntóme cuántas mujeres componían mi serrallo. Respondíle que en vista de la tal cual altura en que me veo, y atendida mi decencia había procurado siempre mantenerme con alguna ostentación, y que así, entre muchas cuyos nombres apenas sé, tengo doce blancas y seis negras.

—Pues, amigo —dijo el mozo—, yo, sin ser moro ni tener serrallo, ni aguantar los quebraderos de cabeza que acarrea el gobierno de tantas hembras, puedo jurarte que entre las que me llevo de asalto, las que desean capitular, y las que se me entregan sin aguantar sitio, salgo a otras tantas por día como tú tienes por toda tu vida entera y verdadera.

Calló y aplaudióse a sí mismo con una risita, a mi ver poco oportuna.

Ahora, amigo Ben-Beley, diez y ocho mujeres por día en los trescientos sesenta y cinco del año de estos cristianos, son seis mil quinientas setenta conquistas las de este Hernán Cortés del género femenino; y contando con que este héroe gaste solamente desde los diez y siete años de su edad hasta los treinta y tres en semejantes hazañas, tenemos que asciende el total de sus prisioneras en los diez y siete años útiles de su vida a la suma y cantidad de ciento once mil seiscientas noventa, salvo yerro de cuenta; y echando un cálculo prudencial de las que podrá encadenar en lo restante de su vida con menos osadía que en los años de armas tomar, añadiendo las que corresponden a los días que hay de pico sobre los trescientos sesenta y cinco de los años regulares en los que ellos llaman bisiestos, puedo decir que resulta que la suma total llega al pie de ciento cincuenta mil, número pasmoso de que no puede jactarse ninguna serie entera de emperadores marruecos, turcos o persas*.

De esto conjeturarás ser muy grande la relajación en las costumbres; lo es sin duda, pero no total. Aún abundan matronas dignas de respeto, incapaces de admitir yugo tan duro como ignominioso; y su ejemplo detiene a otras en la orilla misma del precipicio. Las débiles aún conservan el conocimiento de su misma flaqueza, y profesan respeto a la fortaleza de las otras.

CARTA XI

Del mismo al mismo

Las noticias que hemos tenido hasta ahora en Marruecos de la sociedad o vida social de los españoles nos parecían muy buenas, por ser muy semejante aquélla a la nuestra, y ser natural en un hombre graduar por esta regla el mérito de los otros. Las mujeres guardadas bajo muchas llaves, las conversaciones de los hombres entre sí muy reservadas, el porte muy serio, las concurrencias pocas, y ésas sujetas a una etiqueta forzosa, y otras costumbres de este tenor, no eran tanto efectos de su clima, religión y gobierno, según quieren algunos, como monumentos de nuestro antiguo dominio. En ellas se ven permanecer reliquias de nuestro señorío, aun más que en los edificios que subsisten en Córdoba, Granada, Toledo y otras partes. Pero la franqueza en el trato de estos alegres nietos de aquellos graves abuelos ha introducido cierta amistad universal[70] entre todos los ciudadanos de un pueblo, y para los forasteros cierta hospitalidad tan generosa, que en comparación de la antigua España, la moderna es una familia común en que son parientes no sólo todos los españoles, sino todos los hombres[71].

En lugar de aquellos cumplidos cortos, que se decían las pocas veces que se hablaban, y eso de paso y sin detenerse, si venían encontrados; en lugar de aquellas reverencias pausa-

---

[70] Sobre esta clase de amistad, que es en el fondo el mismo al que Alexander Pope daba el nombre de amor social y Rousseau el de compasión, Cadalso volverá con mayor extensión en la carta XXXIII.

[71] Al mirar a todos los hombres como una sola familia, Cadalso coincide con Michel-Jean Sedaine, en cuya comedia sentimental *Le Philosophe sans le savoir* (1765), un caballero de inclinación filosófica le comenta a otro de igual carácter: «L'univers ne serait qu'une famille si tout le monde pensait comme vous (El universo no sería más que una familia si todo el mundo pensara como usted)» (ed. de Émile Feuillatre, París, Larousse, 1936 [1968], pág. 61, acto V, escena IV).

das y calculadas según a quien, por quien y delante de quien se hacían; en lugar de aquellas visitas de ceremonia, que se pagaban con tales y tales motivos; en lugar de todo esto, ha sobrevenido un torbellino de visitas diarias, continuas reverencias impracticables a quien no tenga el cuerpo de goznes, estrechos abrazos y continuas expresiones amistosas tan largas de recitar, que uno como yo poco acostumbrado a ellas necesita tomar cinco o seis veces aliento antes de llegar al fin. Bien es verdad que para evitar este último inconveniente (que lo es hasta para los más prácticos), se suele tomar el medio término de pronunciar entre dientes la mitad de estas arengas, no sin mucho peligro de que el sujeto cumplimentado reciba injurias en vez de lisonjas de parte del cumplimentador.

Nuño me llevó anoche a una tertulia (así se llaman cierto número de personas que concurren con frecuencia a conversación); presentóme a la ama de la casa, porque has de saber que los amos no hacen papel en ellas:

—Señora —dijo—, éste es un moro noble, cualidad que basta para que le admitáis; y honrado, prenda suficiente para que yo le estime. Desea conocer a España; me ha encargado de procurarle todos los medios para ello, y lo presento a toda esta[72] amable tertulia.

Lo cual dijo mirando por toda la sala. La señora me hizo un cumplido de los que acabo de referir, y repitieron otros iguales los concurrentes de uno y otro sexo. Aquella primera noche causó un poco de extrañeza mi modo de llevar el traje europeo[73] y conversación, pero al cabo de otras tres o cuatro noches, les era yo a todos tan familiar como cualquiera de ellos mismos. Algunos de los tertulianos me visitaron en mi posada, y las tertulianas me enviaron a cumplimentar sobre mi llegada a esta Corte y a ofrecerme sus ca-

---

[72] En O hay *esa*. Aceptamos la lección sintácticamente superior de la mayoría de los textos.

[73] *mi modo de llevar el traje europeo:* En O hay sencillamente *mi traje,* que parece aludir al moro; pero ya en la carta I Gazel dice que se viste «como estos cristianos». La corrección está presente en las demás versiones; y según el parecer de Martínez Mata, es del mismo Cadalso.

sas. Me hablaron en los paseos, y me recibieron sin susto cuando fui a cumplir con la obligación de visitarlas. Los maridos viven naturalmente en barrio distinto de las mujeres, porque en las casas de éstas no hallé más hombres que los criados y otros como yo, que iban de visita. Los que encontré en la calle o en la tertulia a la segunda vez ya eran amigos míos; a la tercera, ya la amistad era antigua; a la cuarta, ya se había olvidado la fecha; y a la quinta, me entraba y salía por todas partes sin que me hablase alma viviente, ni siquiera el portero; el cual, con la gravedad de su bandolera y bastón, no tenía por conveniente dejar el brasero y garita por tan frívolo motivo como lo era entrarse un moro por la casa de un cristiano.

Aun más que con este ejemplo, se comprueba la franqueza de los españoles de este siglo con la relación de las mesas continuamente dispuestas en Madrid para cuantos se quieran sentar a comer. La primera vez que me hallé en una de ellas conducido por Nuño, creí estar en alguna posada pública según la libertad, aunque tanto la desmentía la magnificencia de su aparato, la delicadeza de la comida y lo ilustre de la compañía. Díjeselo así a mi amigo, manifestándole la confusión en que me hallaba; y él, conociéndola y sonriéndose, me dijo:

—El amo de esta casa es uno de los mayores hombres de la monarquía; importará doscientos pesos todos los años lo que él mismo come, y gasta cien mil en su mesa. Otros están en el mismo pie, y él y ellos son vasallos que dan lustre a la Corte; y sólo son inferiores al soberano, a quien sirven con tanta lealtad como esplendor.

Quedéme absorto, como tú quedarías si presenciaras lo que lees en esta carta.

—Todo esto sin duda es muy bueno, porque contribuye a hacer al hombre cada día más sociable. El continuo trato y franqueza descubre mutuamente los corazones de los unos a los otros; hace que se comuniquen las especies y se unan las voluntades.

Así se lo estaba yo diciendo a Nuño, cuando noté que oía con mucha frialdad lo que yo le ponderaba con fervor; pero ¡cuál me sorprendió cuando le oí lo siguiente!:

193

—Todas las cosas son buenas por un lado y malas por el otro, como las medallas que tienen derecho y revés. Esta libertad en el trato, que tanto te hechiza, es como rosa que tiene las espinas muy cerca del capullo. Sin aprobar la demasiada rigidez del siglo XVI, no puedo tampoco conceder tantas ventajas a la libertad moderna. ¿Cuentas por nada la molestia que sufre el que quiere por ejemplo pasearse solo una tarde por distraerse de algún sentimiento o para reflexionar sobre algo que le importe? Conveniencia que lograría en lo antiguo sólo con pasarse de largo sin hablar a los amigos; y mediante esta franqueza que alabas, se halla rodeado de importunos que le asaltan con mil insulseces sobre el tiempo que hace, los coches que hay en el paseo, color de la bata[74] de tal dama, gusto de librea de tal señor, y otras semejantes. ¿Parécete poca incomodidad la que padece el que tenía ánimo de encerrarse en su cuarto un día, para poner en orden sus cosas domésticas, o entregarse a una lectura que le haga mejor o más sabio? Lo cual también conseguiría en lo antiguo, a no ser el día de su santo o cumpleaños; y en el método de hoy, se halla con cinco o seis visitas sucesivas de gentes ociosas que nada le importan, y que sólo lo hacen por no perder, por falta de ejercitarlo, el sublime privilegio de entrar y salir por cualquier parte, sin motivo ni intención.

«Si queremos alzar un poco el discurso, ¿crees pequeño inconveniente, nacido de esta libertad, el que un ministro, con la cabeza llena de negocios arduos, tenga que exponerse, digámoslo así, a las especulaciones de veinte desocupados, o tal vez espías, que con motivo de la mesa franca van a visitarle a la hora de comer, y observar de qué plato come, de qué

---

[74] *bata:* En su *Diccionario [...] reducido a un tomo,* de 1780, la Academia comenta así la voz: «Las mujeres la usan también con cola para salir a visitas y funciones, y para dentro de casa las suelen tener cortas.» Terreros añade que las batas «son hoy de la mayor y aun acaso de la más costosa moda de las señoras». En la escena 11 del acto segundo de *El barón* (1803), de Leandro Fernández de Moratín, Pascual dice: «Si está medio espiritada / esta mujer... ¡Ay, qué rico / zagal!... No, señor, que es bata, / y con su cola y sus vuelos / largos y sus cintas... ¡Anda, / majo!... ¡Y cómo cruje!...» Luego Pascual se pone la bata y descubre que «está cortada para mí». En la carta XLI, *bata* aparece con su sentido actual.

vino bebe, con cuál convidado se familiariza, con cuál habla mucho, con cuál poco, con cuál nada, a quién en secreto, a quién a voces, a quién pone mala cara, a quién buena, a quién mediana? Piénsalo, reflexiónalo, y lo verás. La falta de etiqueta en el actual trato de las mujeres también me parece asunto de poca controversia. Si no has olvidado la conversación que tuvistes[75] con una señora de no menos juicio que virtud, podrás inferir que redundaba en honor de su sexo la antigua austeridad del nuestro, aunque sobrase, como no lo dudo, algo de todo aquel tesón, de cuyo extremo nos hemos precipitado rápidamente al otro. No puedo menos de acordarme de la pintura que oí muchas veces a mi abuelo hacer de sus amores, galanteo y boda con la que fue mi abuela.

»Algún poco de rigor hubo por cierto en toda la empresa; pero no hubo parte de ella que no fuese un verdadero crisol de la virtud de la dama, del valor del galán y del honor de ambos. La casualidad de concurrir a un sarao en Burgos, la conducta de mi abuelo enamorado desde aquel punto, el modo de introducir la conversación, el declarar su amor a la dama, la respuesta de ella, el modo de experi-

---

[75] *tuvistes:* Forma vulgar de la segunda persona singular del pretérito todavía corriente y que no obstante su vulgaridad se encuentra también en otros autores cultos como Espronceda y Bécquer. Véanse Rafael Lapesa, *Historia de la lengua española*, 9.ª ed., Madrid, Gredos, 1981, pág. 470; y Fernando Lázaro Carreter, *El dardo en la palabra*, Barcelona, Galaxia Gutenberg/Círculo de Lectores, 1997, págs. 136-138. Lázaro explica que se trata de una hipercorrección debida al hecho de que la desinencia de la segunda persona singular del pretérito es la única de esa persona en todo el sistema de las conjugaciones españolas que no termina por una *s* en su forma correcta *(hablaste, comprendiste, viviste),* y el hablante vulgar echa de menos la consonante, que suple: *hablastes, comprendistes, vivistes.* El hecho de que el presente caso así como otros de esta forma vulgar de la segunda persona singular de pretérito estén solamente en el MS O puede significar que tal desinencia sea del copista de éste y no de Cadalso, pero nos induce a dejarla en nuestro texto su presencia en otros autores cultos, donde como aquí se imita el tono de la conversación familiar. Al decir esto, pienso en el carácter familiar y coloquial del aludido ejemplo becqueriano, en la breve rima XXXV: «¡No me admiró tu olvido! Aunque de un día / me admiró tu cariño mucho más, / porque lo que hay en mí que vale algo, / eso… ni lo *pudistes* sospechar» (Gustavo Adolfo Bécquer, *Rimas,* ed. de Russell P. Sebold, Clásicos Castellanos, serie nueva, 22, Madrid, Espasa Calpe, 1991, pág. 259, texto y nota 4; la cursiva es mía).

mentar la pasión del caballero (y aquí se complacía el buen viejo contando los torneos, fiestas, músicas, los desafíos y tres campañas que hizo contra los moros por servirla y acreditar su constancia), el modo de permitir ella que la pidiese a sus padres, las diligencias practicadas entre las dos familias, no obstante la conexión que había entre ellas; y en fin, todos los pasos hasta lograr el deseado fin, indicaban merecerse mutuamente los novios. Por cierto, decía mi abuelo, poniéndose sumamente grave, que estuvo a pique de descomponerse la boda, por la casualidad de haberse encontrado en la misma calle, aunque a mucha distancia de la casa, una mañana de San Juan, no sé qué escalera de cuerda, varios pedazos de guitarras, media linterna, al parecer de alguna ronda, y otras varias reliquias de una quimera que había habido la noche anterior y había causado no pequeño escándalo, hasta que se averiguó haber procedido todo este desorden de una cuadrilla de capitanes mozalbetes recién venidos de Flandes, que se juntaban aquellas noches en una casa de juego del barrio, en la cual vivía una famosa dama cortesana.»

CARTA XII

Del mismo al mismo

En Marruecos no tenemos idea de lo que por acá se llama nobleza hereditaria, conque no me entenderías si te dijera que en España no sólo hay familias nobles, sino provincias que lo son por heredad. Yo mismo que lo estoy presenciando no lo comprendo. Te pondré un ejemplo práctico, y lo entenderás menos, como me sucede; y si no, lee:

Pocos días ha, pregunté si estaba el coche pronto, pues mi amigo Nuño estaba malo, y yo quería visitarle. Me dijeron que no. Al cabo de media hora, hice igual pregunta, y hallé igual respuesta. Pasada otra media, pregunté y me respondieron lo propio. De allí a poco, me dijeron que el coche estaba puesto, pero que el cochero estaba ocupado. Indagué la ocupación al bajar las escaleras, y él mismo me desengañó, saliéndome al encuentro y diciéndome:

—Aunque soy cochero, soy noble. Han venido unos vasallos míos y me han querido besar la mano para llevar este consuelo a sus casas; conque por esto me han detenido, pero ya despaché. ¿Adónde vamos? Y al decir esto, montó en la mula y arrimó el coche.

CARTA XIII

Del mismo al mismo

Instando a mi amigo cristiano a que me explicase qué es nobleza hereditaria, después de decirme mil cosas que yo no entendí, mostrarme estampas que me parecieron de mágica[76], y figuras que tuve por capricho de algún pintor demente[77], y después de reírse conmigo de muchas cosas que decía ser muy respetables en el mundo, concluyó con estas voces, interrumpidas con otras tantas carcajadas de risa:

—Nobleza hereditaria es la vanidad que yo fundo en que, ochocientos años antes de mi nacimiento, muriese uno que se llamó como yo me llamo, y fue hombre de provecho, aunque yo sea inútil para todo[78].

---

[76] *estampas que me parecieron de mágica:* estampas que representaban escudos de armas. Tal vez pensara Cadalso en las ilustraciones contenidas en los dos tomos de la obra del marqués de Avilés, *Ciencia heroica, reducida a las leyes heráldicas del blasón*, Barcelona, Imprenta de Juan Piferrer, 1725; reeditada en Madrid, por Joaquín Ibarra, en 1780. Puede consultarse el facsímile de la segunda edición que publicó la Editorial Bitácora en 1992.

[77] *capricho de algún pintor demente:* Sobre el término *capricho*, aplicado a artistas tan diferentes y a un mismo tiempo tan semejantes como El Bosco, Cadalso y Goya, véase Edith Helman, «*Caprichos* and *Monstruos* of Cadalso and Goya», *Hispanic Review*, t. XXVI, 1958, págs. 200-222; y de la misma investigadora el libro *Trasmundo de Goya*, Madrid, Revista de Occidente, 1963.

[78] En *The Citizen of the World* (1760, 1762), Goldsmith dice que el noble hereditario no tiene capacidad ni virtudes propias y suele estar satisfecho con que «uno de sus antepasados poseyera estas cualidades doscientos años antes de que él viviera» (ed. de Everyman's Library, 902, Londres, J. M. Dent

CARTA XIV

Del mismo al mismo

Entre las voces que mi amigo hace ánimo de poner en su diccionario, la voz *victoria* es una de las que necesitan más explicación, según se confunde en las gacetas[79] modernas.

—Toda la guerra pasada[80] —dice Nuño—, estuve leyendo gacetas y mercurios[81], y nunca pude entender quién ganaba o perdía. Las mismas funciones en que me he hallado me han parecido sueños, según las relaciones impresas, por su lectura, y no supe jamás cuándo habíamos de cantar el *Te Deum* o el *Miserere*. Lo que sucede por lo regular es lo siguiente.

«Dase una batalla sangrienta entre dos ejércitos numerosos, y uno o ambos quedan destruidos; pero ambos generales la envían pomposamente referida a sus cortes respectivas. El que más ventaja sacó, por pequeña que sea, incluye en su relación un estado de los enemigos muertos, heridos y prisioneros, cañones, morteros banderas, estandartes, timbales y

---

& Sons Ltd., 1934, pág. 88). Un personaje inglés de la novela de Rousseau (1761) afirma: «Estaría muy molesto si no tuviera otra prueba de mi mérito que la de un hombre que está muerto desde hace quinientos años» *(Julie ou la nouvelle Héloïse,* París, Librairie Garnier Frères, s.a. [1935], t. I, pág. 157).

[79] *gaceta:* «Sumario u relación que sale todas las semanas o meses, de las novedades de las provincias de Europa y algunas del Asia y África» *(Autoridades,* bajo *gazeta).* En el XVIII existían, por ejemplo, la *Gaceta de Madrid,* la *Gaceta de Francia,* la *Gaceta Literaria de Europa,* la *Gaceta ultramontana,* la *Gaceta del Comercio, de la Agricultura y de las finanzas,* etc.

[80] Dupuis-Glendinning y Arce sugieren sin duda con razón que puede tratarse de la guerra de 1762 en la que España y Francia, por el Pacto de Familia, se oponen a Inglaterra y Portugal. Los españoles conquistan Almeida, sitio mencionado en esta obra. Cadalso participó en la campaña de Portugal como cadete del Regimiento de Caballería de Borbón.

[81] *mercurio* (< Mercurio, mensajero de los dioses): obra periódica noticiera. Ejemplos dieciochescos: el *Mercurio de Francia,* el *Mercurio de La Haya,* el *Mercurio Literario,* el *Mercurio Histórico y Político.*

198

carros tomados. Se anuncia la victoria en su corte con el *Te Deum*, campanas, iluminaciones, etc. El otro asegura que no fue batalla, sino un pequeño choque de poca o ninguna importancia; que no obstante la grande superioridad del enemigo no rehusó la acción; que las tropas del rey hicieron maravillas; que se acabó la función con el día y que, no fiando su ejército a la oscuridad de la noche, se retiró metódicamente. También se canta el *Te Deum* y se tiran cohetes en su corte. Y todo queda problemático, menos la muerte de veinte mil hombres, que ocasiona la de otros tantos hijos huérfanos, padres decrépitos, madres viudas, etc.»

CARTA XV

Del mismo al mismo

En España, como en todos los países del mundo, las gentes de cada carrera desprecian a los de las otras. Búrlase el soldado del escolástico, oyéndole disputar *utrum blictiri sit terminus logicus*[82]. Búrlase éste del químico, empeñado en el hallazgo de la piedra filosofal. Éste se ríe del soldado que trabaja mucho sobre que la vuelta de la casaca tenga tres pulgadas de ancho, y no tres y media. ¿Qué hemos de inferir de todo esto, sino que en todas las facultades humanas hay cosas ridículas?

---

[82] *utrum blictiri sit terminus logicus:* si blictiri es término lógico. *Blictiri* es una voz inventada por Boecio como ejemplo de cierto tipo de palabras que de por sí no significan nada, pero que pueden arbitrariamente dotarse de un sentido. Comp.: «Sive autem aliquid quaecumque vox significet, ut est hic sermo, homo, sive omnino nihil, sive positum alicui nomen significare possit, ut est *blictiri* (hae enim vox cum per se nihil significet, posita tamen ut alicui nomen sit, significabit), sive per se quidem nihil significet, cum aliis vero juncta designet, ut sunt conjunctiones; haec omnia locutiones vocantur, ut sit propria locutionis forma vox composita quae litteris describatur» (Boecio, *In librum Aristotelis de interpretatione libri sex. Editio secunda, seu majora commentaria*, en J. P. Migne, *Patrologiae cursus completus*, París, 1847, col. 394a). También en *Fray Gerundio de Campazas*, del padre Isla, se juega con tan absurdo vocablo. Véase en ed. de Russell P. Sebold, Colección Austral, A257-A258, Madrid, Espasa Calpe, 1992, t. I, pág. 267.

CARTA XVI

Del mismo al mismo

Entre los manuscritos de mi amigo Nuño he hallado uno, cuyo título es: *Historia heroica de España*. Preguntándole qué significaba, me dijo que prosiguiese leyendo, y el prólogo me gustó tanto, que lo copié y te lo remito:

«*Prólogo:* No extraño que las naciones antiguas llamasen semidioses a los hombres grandes que hacían proezas superiores a las comunes fuerzas humanas. En cada país han florecido en tales o tales tiempos unos varones cuyo mérito ha pasmado a los otros. La patria, deudora a ellos de singulares beneficios, les dio aplausos, aclamaciones y obsequios. Por poco que el patriotismo inflamase aquellos ánimos, las ceremonias se volvían culto, el sepulcro altar, la casa templo; y venía el hombre grande a ser adorado por la generación inmediata a sus contemporáneos, siendo alguna vez tan rápido este progreso, que sus mismos conciudadanos, conocidos y amigos tomaban el incensario y cantaban los himnos. La ceguedad de aquellos pueblos sobre la idea de la deidad pudo multiplicar este nombre. Nosotros, más instruidos, no podemos admitir tal absurdo; pero hay una gran diferencia entre este exceso y la ingratitud con que tratamos la memoria de nuestros héroes. Las naciones modernas no tienen bastantes monumentos levantados a los nombres de sus varones ilustres. Si lo motiva la envidia de los que hoy ocupan los puestos de aquéllos, temiendo éstos que su lustre se eclipse por el de sus antecesores, anhelen a superarlos, la eficacia del deseo por sí sola bastará a igualar su mérito con el de los otros.

»De los pueblos que hoy florecen, el inglés es el solo que parece adoptar esta máxima, y levanta monumentos a sus héroes en la misma iglesia[83] que sirve de panteón a sus reyes;

---

[83] Alude a la célebre abadía de Westminster (siglo XIII), en Londres.

llegando a tanto su sistema, que hacen algunas veces igual obsequio a las cenizas de los héroes enemigos, para realzar la gloria de sus naturales.

»Las demás naciones son ingratas a la memoria de los que las han adornado y defendido. Ésta es una de las fuentes de la desidia universal, o de la falta de entusiasmo de los generales modernos. Ya no hay patriotismo, porque ya no hay patrias.

»La francesa y la española abundan en héroes insignes, mayores que muchos de los que veo en los altares de la Roma pagana. Los reinados de Francisco I, Enrique IV y Luis XIV han llenado de gloria los anales de Francia; pero no tienen los franceses una historia de sus héroes tan metódica como yo quisiera y ellos merecen, pues sólo tengo noticia de la obra de Mr. Perrault[84], y ésta no trata sino de los hombres ilustres del último de los tres reinados gloriosos que he dicho. En lugar de llenar toda Europa de tanta obra frívola como han derramado a millares en estos últimos años, ¡cuánto más beneméritos de sí mismos serían si nos hubieran dado una obra de esta especie, escrita por algún hombre grande de los que tienen todavía en medio del gran número de autores que no merecen tal nombre!»

—Éste era uno de los asuntos que yo había emprendido —prosiguió Nuño—[85], cuando tenía algunas ideas muy opuestas a las de quietud y descanso que ahora me ocupan.

---

[84] Charles Perrault (1628-1703), abogado, poeta y prosista francés, defensor del punto de vista innovador en la querella de los antiguos y los modernos, oponiéndose a Boileau y Racine; y autor de la obra aludida, *Des hommes illustres qui ont paru en France pendant ce siècle, avec leur portrait au naturel*, París, 1696-1700.

[85] Tenía un proyecto semejante el mismo Cadalso, y su íntimo amigo Meléndez Valdés alude a ello al final de su oda *Al capitán don José Cadalso, de la sublimidad de sus dos odas a Moratín*: «Salve, oh Dalmiro, salve, y venturoso / de mil varones claros / las ínclitas virtudes y hechos raros / sublime canta en verso numeroso. / Tu fama, hinchendo el suelo, / rauda se encumbre al estrellado cielo»; versos cuyo sentido su autor aclara en una nota a pie de página: «Trataba [Cadalso] de celebrar a los varones más ilustres de España, así en armas como en letras, imitando a Lope de Vega, en su *Laurel de Apolo*» (en Juan Meléndez Valdés, *Obras en verso*, ed. de Juan H. R. Polt y Jorge Demerson, Oviedo, Centro de Estudios del Siglo XVIII, 1981-1983, t. II, pág. 673).

Intenté escribir una historia heroica de España. Ésta era una relación de todos los hombres grandes que ha producido la nación desde don Pelayo. Para poner el cimiento de esta obra tuve que leer con sumo cuidado nuestras historias, así generales como particulares; y te juro que cada libro era una mina cuya abundancia me envanece. El mucho número formaba la gran dificultad de la empresa, porque todos hubieran llegado a un tomo exorbitante, y pocos hubieran sido de dificultosa elección. Entre tantos insignes, si cabe alguna preferencia que no agravie a los que excluye, señalaba como asuntos sobresalientes, después de don Pelayo, libertador de su patria, don Ramiro[86], padre de sus vasallos; Peláez de Correa[87], azote de los moros; Alonso Pérez de Guzmán[88], ejemplo de fidelidad; Cid Ruy Díaz, restaurador de Valencia; Fernando III, el conquistador de Sevilla; Gonzalo Fernández de Córdoba[89], vasallo envidiable; Hernán Cortés, héroe mayor que los de la fábula; Leiva, Pescara y Vasto[90], vencedores en Pavía; y Álvaro de Bazán, favorito de la fortuna.

«¡Cuán glorioso proyecto sería el de levantar estatuas, monumentos y columnas a estos varones, colocarlos en los parajes más públicos de la villa capital con un corto elogio de cada uno, citando la historia de sus hazañas! ¡Qué mejor adorno para la Corte! ¡Qué estímulo para nuestra juventud, que se criaría desde su niñez a vista de unas cenizas tan venerables! A semejantes ardides debió Roma en mucha parte el dominio del orbe.»

---

[86] *Ramiro:* Ramiro I, rey de Asturias (842-850), a quien la leyenda hace combatir contra los árabes en Clavijo, con el apoyo del apóstol Santiago que, se creía, se le había aparecido montado en un caballo blanco.

[87] *Peláez de Correa:* Pelay Pérez Correa (m. 1275), militar portugués, XVI maestre de la Orden de Santiago, sirvió a Fernando III y Alfonso X en la reconquista de Andalucía.

[88] *Alonso Pérez de Guzmán:* Guzmán el Bueno.

[89] *Gonzalo Fernández de Córdoba:* el Gran Capitán.

[90] Se trata de Antonio de Leiva (1480-1536); de Fernando Francisco de Ávalos (1481-1525), marqués de Pescara; y de Alfonso de Ávalos (1502-1546), marqués del Vasto, cuyo papel histórico está explicado en el texto.

CARTA XVII

De Ben-Beley a Gazel

De todas tus cartas recibidas hasta ahora, infiero que me pasaría en lo bullicioso y lucido de Europa lo mismo que experimento en el retiro de África, árida e insociable, como tú la llamas desde que te acostumbras a las delicias de Europa. Nos fastidia con el tiempo el trato de una mujer que nos encantó a primera vista; nos cansa un juego que aprendimos con ansia; nos molesta una música que al principio nos arrebató; nos empalaga un plato que nos deleitó la primera vez; la corte que al primer día nos encantó, después nos repugna; la soledad, que nos parecía deliciosa la primera semana, nos causa después melancolía; la virtud sola es la cosa que es más amable cuanto más la conocemos y cultivamos.

Te deseo bastante fondo de ella para alabar al Ser Supremo con rectitud de corazón; tolerar los males de la vida; no desvanecerte con los bienes; hacer bien a todos, mal a ninguno; vivir contento; esparcir alegría entre tus amigos, participar sus pesadumbres, para aliviarles el peso de ellas; y volver salvo y sabio al seno de tu familia, que te saluda muy de corazón con vivísimos deseos de abrazarte.

CARTA XVIII

Gazel a Ben-Beley

Hoy sí que tengo una extraña observación que comunicarte. Desde la primera vez que desembarqué en Europa, no he observado cosa que me haya sorprendido como la que te voy a participar en esta carta. Todos los sucesos políticos de esta parte del mundo, por extraordinarios que sean, me parecen más fáciles de explicar que la frecuencia de pleitos entre parientes cercanos, y aun entre hijos y padres. Ni el descubrimiento de las Indias orientales y occidentales, ni la incorporación de las coronas de Castilla y Aragón, ni la formación de la

República Holandesa, ni la constitución mixta de la Gran Bretaña, ni la desgracia de la casa de Stuart, ni el establecimiento de la de Braganza, ni la cultura de Rusia, ni suceso alguno de esta calidad, me sorprende tanto como ver pleitear padres con hijos. ¿En qué puede fundarse un hijo para demandar en justicia contra su padre? ¿O en qué puede fundarse un padre para negar alimentos a su hijo? Es cosa que no entiendo. Se han empeñado los sabios de este país en explicarlo, y mi entendimiento en resistirse a la explicación, pues se invierten todas las ideas que tengo de amor paterno y amor filial.

Anoche me acosté con la cabeza llena de lo que sobre este asunto había oído, y me ocurrieron de tropel todas las instrucciones que oí de tu boca, cuando me hablabas en mi niñez sobre el carácter de padre y el rendimiento de hijo. Venerable Ben-Beley, después de levantar las manos al cielo, taparéme con ellas los oídos para impedir la entrada a voces sediciosas de jóvenes necios, que con tanto desacato me hablan de la dignidad paterna. No escucho sobre este punto más voz que la de la naturaleza, tan elocuente en mi corazón, y más cuando tú la acompañaste con tus sabios consejos. Este vicio europeo no llevaré yo a África. Me tuviera por más delincuente que si llevara a mi patria la peste de Turquía. Me verás a mi regreso tan humilde a tu vista y tan dócil a tus labios como cuando me sacastes[91] de entre los brazos de mi moribunda madre para servirme de padre por la muerte de quien me engendró. *Desde[92] ahora aceleraré mi vuelta, para que no me contagie mal tan engañoso, que se hace apetecible al mismo que lo padece. Volaré hasta tus plantas; los besaré mil veces; postrado me mantendré sin alzar los ojos del suelo, hasta que tus benignas manos

---

[91] *sacastes:* Véase la nota 75.
[92] Desde el asterisco que precede a esta palabra hasta el que se halla al final de la carta tenemos otra de las posibles supresiones que el autor ficticio pensaba hacer, y en medio de ella otro truco de la parodia de la erudición textual, una laguna donde el texto se ha borrado. En O falta lo que va entre *Desde* y la advertencia sobre el texto borrado, así como ésta. Con variantes todo esto está en los MS F, H y L y en la edición de S, cuya versión he adoptado, corrigiéndola, sin embargo, para las palabras «que resplandeciendo … ángeles», que faltan en la edición príncipe. Curiosamente, Arce, que edita F, pone la advertencia en cursiva en nota a pie de página.

me lleven a tu pecho; reverenciaré en ti la imagen de mi padre; y Dios, desde la altura de su trono, que resplandeciendo como los ojos de los inefables ángeles ... *Aquí está borrado el manuscrito...* Si con menos respeto te mirara, creo que vibraría la mano omnipotente un rayo irresistible que me redujera a cenizas con espanto del orbe entero, a quien mi nombre vendría a ser escarmiento infeliz y de eterna memoria.

¡Qué mofa harían de mí los jóvenes europeos si cayesen estos renglones en sus impías manos! ¡Cuánta necedad brotaría de sus insolentes labios! ¡Cuán ridículo objeto sería yo a sus ojos! Pero aun así, despreciaría el escarnio de los malvados, y me apartaría de ellos para mantener mi alma tan blanca como la leche de las ovejas*.

CARTA XIX

Ben-Beley a Gazel. Respuesta de la anterior

Como suben al cielo los aromas de las flores, y como llegan a mezclarse con los celestes coros los trinos de las aves, así he recibido las expresiones de rendimiento que me ha traído la carta en que abominas del desacato de algunos jóvenes europeos hacia sus padres. Mantente contra tan horrendas máximas, como la peña se mantiene contra el esfuerzo de las olas, y créeme que Alá mira con bondad, desde la altura de su trono, a los hijos que tratan con reverencia a sus padres, pues los otros se oponen abiertamente al establecimiento de la sabia economía que resplandece en la Creación.

CARTA XX

Ben-Beley a Nuño

Veo con sumo gusto el aprovechamiento con que Gazel va viajando por tu país y los progresos que hace su talento natural con el auxilio de tus consejos. Su entendimiento solo estaría tan lejos de serle útil sin tu dirección, que más serviría a alucinarle. A no haberte puesto la fortuna en el camino de este joven, hubiera malgastado Gazel su tiempo. ¿Qué se pudiera esperar de sus viajes? Mi Gazel hubiera aprendido, y mal, una infinidad de cosas; se llenaría la cabeza de especies sueltas, y hubiera vuelto a su patria ignorante y presumido. Pero aun así, dime, Nuño, ¿son verdaderas muchas de las noticias que me envía sobre las costumbres y usos de tus paisanos? Suspendo el juicio hasta ver tu respuesta. Algunas cosas me escribe incompatibles entre sí. Me temo que su juventud le engañe en algunas ocasiones y me represente las cosas no como son, sino cuales se le representaron. Haz que te enseñe cuantas cartas me remita, para que veas si me escribe con puntualidad lo que sucede o lo que se le figura. ¿Sabes de dónde nace esta mi confusión y esta mi confianza en pedirte que me saques de ella, o por lo menos que impidas su aumento? Nace, cristiano amigo, nace de que sus cartas, que copio con exactitud y suelo leer con frecuencia, me representan tu nación diferente de todas en no tener carácter propio, que es el peor carácter que puede tener.

CARTA XXI

Nuño a Ben-Beley. Respuesta de la anterior

No me parece que mi nación esté en el estado que infieres de las cartas de Gazel, y según él mismo lo ha colegido de las costumbres de Madrid y alguna otra ciudad capital. Deja que él mismo te escriba lo que notare en las provincias, y verás cómo de ellas deduces que la nación es hoy la misma que era tres siglos ha. La multitud y variedad de trajes, costumbres, lenguas y usos, es igual en todas las cortes por el concurso de extranjeros que acude a ellas; pero las provincias interiores de España, que por su poco comercio, malos caminos y ninguna diversión, no tienen igual concurrencia, producen hoy unos hombres compuestos de los mismos vicios y virtudes que sus quintos abuelos. Si el carácter español, en general, se compone de religión, valor, y amor a su soberano, por una parte; y por otra, de vanidad, desprecio a la industria (que los extranjeros llaman pereza) y demasiada propensión al amor, si este conjunto de buenas y malas calidades componían el carácter nacional de los españoles cinco siglos ha, el mismo compone el de los actuales. Por cada petimetre que se vea mudar de moda siempre que se lo manda su peluquero o sastre, habrá cien mil españoles que no han reformado un ápice en su traje antiguo. Por cada español que oigas algo tibio en la fe habrá un millón que sacarán la espada si oyen hablar de tales materias[93]. Por cada uno que se emplee en un arte mecánica, habrá un sinnúmero que desean cerrar sus tiendas para ir a las Asturias o a sus Montañas en busca de una ejecutoria.

En medio de esta decadencia aparente del carácter nacional, se descubren de cuando en cuando ciertas señales de antiguo espíritu; ni puede ser de otro modo. Querer que una nación se quede con solas sus propias virtudes, y se despoje de sus defectos propios para adquirir en su lugar las virtudes de las extrañas, es fingir una república como la de Platón. Cada nación es como cada hombre, que tiene sus buenas y malas propiedades peculiares a su alma y cuerpo. Es muy justo trabajar a disminuir éstas y a aumentar aquéllas; pero es imposible aniquilar lo que es parte de su constitución. El proverbio que dice *Genio y figura hasta la sepultura*, sin duda se entiende de los hombres; mucho más de las naciones, que no son otra cosa más que una junta de hombres, en cuyo número se ven las cualidades de cada individuo. No obstante, soy de parecer que se deben distinguir las verdaderas prendas nacionales de las que no lo son sino por abuso o preocupación de algunos, a quienes guía la ignorancia o pereza. Ejemplares de esto abundan, y su examen me ha hecho ver con mucha frialdad cosas que otros paisanos míos no saben mirar sin enardecerse. Daréte algunos ejemplos de los muchos que pudiera.

---

[93] *Por cada español ... tales materias:* De nuevo asoma la postura de vasallo, vasallo católico, en el espíritu del hombre de bien ilustrado Nuño Núñez.

Oigo hablar con cariño y con respeto de cierto traje muy incómodo que llaman a la española antigua. El cuento es que el tal no es a la española antigua, ni a la moderna, sino un traje totalmente extranjero para España, pues fue traído por la Casa de Austria. El cuello está muy sujeto y casi en prensa; los muslos, apretados; la cintura, ceñida y cargada con una larga espada y otra más corta; el vientre, descubierto por la hechura de la chupilla[94]; los hombros, sin resguardo; la cabeza, sin abrigo; y todo esto, que no es bueno ni español, es celebrado generalmente porque dicen que es español y bueno; y en tanto grado aplaudido, que una comedia cuyos personajes se vistan de este modo tendrá, por mala que sea, más entradas que otra alguna, por bien compuesta que esté, si le falta este ornamento.

La filosofía aristotélica, con todas sus sutilezas, desterrada ya de toda Europa, y que sólo ha hallado asilo en este rincón de ella, se defiende por algunos de nuestros viejos con tanto esmero, e iba a decir con tanta fe, como un símbolo de la religión. ¿Por qué? Porque dicen que es doctrina siempre defendida en España, y que el abandonarla es desdorar la memoria de nuestros abuelos. Esto parece muy plausible. Pero has de saber, sabio africano, que en esta preocupación se envuelven dos absurdos, a cual mayor. El primero es que, habiendo todas las naciones de Europa mantenido algún tiempo el peripateticismo, y desechádolo después por otros sistemas de menos grito y más certidumbre, el dejarlo también nosotros no sería injuria a nuestros abuelos, pues no han pretendido injuriar a los suyos en esto los franceses e ingleses. Y el segundo es que el tal tejido de sutilezas, precisiones, trascendencias y otros semejantes pasatiempos escolásticos que tanto influjo tienen en las otras facultades, nos han venido de afuera, como de ello se queja uno u otro hombre docto español, tan amigo de la verdadera ciencia como enemigo de las hinchazones pedantescas, y sumamente ilustrado sobre lo que era o no era verdaderamente de España, y que escribía

---

[94] *chupilla*, forma diminutiva de *chupa*, que en *Autoridades* se define: «Vestidura ajustada al cuerpo, larga hasta cerca de las rodillas, que abraza las demás vestiduras interiores, encima de la cual no hay más ropa que la casaca.»

cuando empezaban a corromperse los estudios en nuestras universidades por el método escolástico que había venido de afuera; lo cual puede verse muy despacio en la apología de la literatura española, escrita por el célebre literato Alfonso García Matamoros[95], natural de Sevilla, maestro de retórica en la Universidad de Alcalá de Henares, y uno de los hombres mayores que florecieron en el Siglo nuestro de Oro, a saber, el XVI[96].

Del mismo modo, cuando se trató de introducir en nuestro ejército las maniobras, evoluciones, fuegos y régimen mecánico de la disciplina prusiana, gritaron algunos de nuestros inválidos, diciendo que esto era un agravio manifiesto al ejército español; que sin el paso oblicuo, regular, corto y redoblado habían puesto a Felipe V en su trono, a Carlos en el de Nápoles, y a su hermano en dominio de Parma; que sin oficiales introducidos en las divisiones habían tomado a Orán y defendido a Cartagena; que todo esto habían hecho y estaban prontos a hacer con su antigua disciplina española; y que así, parecía tiranía cuando menos el quitársela. Pero has de saber que la tal disciplina no era española, pues al principio del siglo no había quedado ya memoria de la famosa y verdaderamente sabia disciplina que hizo florecer los ejércitos españoles en Flandes e Italia en tiempo de Carlos V y Felipe II, y mucho menos la invencible del Gran Capitán en

---

[95] Referencia a la obra *Apologia pro adseranda hispanorum eruditione*, que Cadalso tal vez conociera a través de la edición de *Opera omnia nunc primum in unum corpus coniuncta*, de Alfonso García Matamoros (1490-1550), preparada por Cerdá y Rico e impresa por A. Ramírez, en Madrid, en 1769.

[96] Ya se ha mencionado la preferencia de Cadalso y sus contemporáneos por el siglo XVI. La expresión *Siglo de Oro* parece que fue forjada por Luis José Velázquez en 1754, al afirmar que el siglo XVI, al que él llamaba tercera edad según su propio sistema cronológico, «fue el Siglo de Oro de la poesía castellana; siglo en que no podía dejar de florecer la buena poesía, al paso que habían llegado a su aumento las demás buenas letras» (en *Orígenes de la poesía castellana*, Málaga, Oficina de Francisco Martínez de Aguilar, 1754, págs. 66-67). El adjetivo *bueno* parecía suficiente para hablar de esa literatura clásica cuyo mayor realce consistía en su sencillez, y cuando no se llamaba Siglo de Oro al quinientos, se le llamaba sencillamente «aquel buen tiempo». Sobre esto véase Russell P. Sebold, *Descubrimiento y fronteras del neoclasicismo español*, Madrid, Fundación Juan March/Cátedra, 1985, págs. 65-89.

Nápoles; sino otra igualmente extranjera que la prusiana, pues era la francesa, con la cual fue entonces justo uniformar nuestras tropas a las de Francia, no sólo porque convenía que los aliados maniobrasen del mismo modo, sino porque los ejércitos de Luis XIV eran la norma de todos los de Europa en aquel tiempo, como los de Federico[97] lo son en los nuestros.

¿Sabes la triste consecuencia que se saca de todo esto? No es otra sino que el patriotismo mal entendido, en lugar de ser una virtud, viene a ser un defecto ridículo y muchas veces perjudicial a la misma patria. Sí, Ben-Beley, tan poca cosa es el entendimiento humano, que si quiere ser un poco eficaz, muda la naturaleza de las cosas de buenas en malas, por buena que sea. La economía muy extremada es avaricia; la prudencia sobrada, cobardía; y el valor precipitado, temeridad.

Dichoso tú, que separado del bullicio del mundo empleas tu tiempo en inocentes ocupaciones y no tienes que sufrir tanto delirio, vicio y flaqueza como abunda entre los hombres, sin que apenas pueda el sabio distinguir cuál es vicio y cuál es virtud entre los varios móviles que los agitan.

CARTA XXII

Gazel a Ben-Beley

Siempre que las bodas no se firman entre personas iguales en haberes y genios, y nacimiento, me parece que las cartas en que anuncian estas ceremonias a los parientes y amigos de las casas, si hubiera menos hipocresía en el mundo, se pudieran reducir a estas palabras: «Con motivo de ser nuestra casa pobre y noble, enviamos nuestra hija a la de Creso, que es rica y plebeya»; o bien a éstas: «Con motivo de ser nuestro hijo tonto, mal criado y rico, pedimos para él la mano de N.,

---

[97] *Federico:* el famoso guerrero, déspota ilustrado, literato y amigo de Voltaire, Federico II, el Grande, de Prusia (1712-1786).

que es discreta, bien criada y pobre»; o bien a éstas: «Con motivo de que es inaguantable la carga de tres hijas en una casa, las enviamos a que sean amantes y amadas de tres hombres que ni las conocen ni son conocidos de ellas»; o a otras frases semejantes, salvo empero el acabar con el acostumbrado cumplido de «para que mereciendo la aprobación de vuestra merced, no falte circunstancia de gusto a este tratado», porque es cláusula muy esencial.

CARTA XXIII

Del mismo al mismo

Hay hombres en este país que tienen por oficio el disputar. Asistí últimamente a unas juntas de sabios, que llaman *Conclusiones*[98]. Lo que son no lo sé, ni lo que dijeron, ni si se entendieron, ni si se reconciliaron después, o si se quedaron con el rencor que manifestaron delante de una infinidad de gentes, de las cuales ni un hombre se levantó para apaciguarlos, no obstante el peligro en que estaban de darse puñaladas, según los gestos que se hacían y las injurias que se decían; antes los indiferentes estaban mirando con mucho sosiego y aun con gusto la quimera de los dos adversarios. Uno de ellos, que tenía tres varas de alto, casi otras tantas de grueso, fuertes pulmones, voz de gigante y ademanes de frenético, defendió por la mañana que una cosa era negra, y a la tarde que era blanca.

---

[98] *Conclusiones:* «Puntos o proposiciones teológicas, juristas, canonistas, filosóficas o médicas que se defienden públicamente en las Escuelas» *(Autoridades)*. Terreros aclara el uso del término: «El plural [...] se toma también por la misma función, o acto en que se defienden las teses [sic; plural latino].» *Conclusión,* singular, era lo mismo que en las universidades francesas e italianas se llamaba en semejantes actos *tesis,* o sea una proposición que se engalanaba con la retórica para su defensa. Cadalso habla a continuación de las costumbres observadas en tales actos en su período de mayor decadencia, y de ellas se habían burlado anteriormente literatos setecentistas como Feijoo, Torres Villarroel e Isla.

Lo celebré infinito, pareciéndome esto un efecto de docilidad poco común entre los sabios; pero desengañéme cuando vi que los mismos que por la mañana se habían opuesto con todo su brío, que no era corto, a que la tal cosa fuese negra, se oponían igualmente por la tarde a que la misma fuese blanca. Y un hombre grave, que se sentó a mi lado, me dijo que esto se llamaba defender una cosa problemáticamente; que el sujeto que estaba luciendo su ingenio problemático era un mozo de muchas prendas y grandes esperanzas; pero que era, como si dijéramos, su primera campaña, y que los que le combatían eran hombres ya hechos a estas contiendas, con cincuenta años de iguales fatigas, soldados veteranos, acuchillados y aguerridos.

—Setenta años —me dijo— he gastado, y he criado estas canas —añadió, quitándose una especie de turbante[99] pequeño y negro— asistiendo a estas tareas; pero en ninguna vez, de las muchas que se han suscitado estas cuestiones, la he visto tratar con el empeño que hoy.

Nada entendí de todo esto. No puedo comprender qué utilidad pueda sacarse de disputar setenta años una misma cosa sin el gusto, ni siquiera la esperanza de aclararla. Y comunicando este lance a Nuño, me dijo que en su vida había disputado dos minutos seguidos, porque en aquellas cosas humanas en que no cabe la demostración es inútil tan porfiada controversia, pues en la vanidad del hombre, su ignorancia y preocupación, todo argumento permanece indeciso, quedando cada argumentante en la persuasión de que su antagonista no entiende de la cuestión o no quiere confesarse

---

[99] *turbante:* birrete o bonete. Gazel no sabe cómo se llama y echa mano de una voz que le es familiar. Esta prenda académica solía llevar una borla en su parte más alta, y la comenta así el padre Isla con ocasión de la graduación de un gran pedante de su conocimiento: «A la hora de ésta ya considero al señor doctor Pacho con su borla reverenda, que por lo blanca y por lo esponjada es a mi modo de entender la espuma de la ciencia que rebosa por la cabeza. Dale mil enhorabuenas de mi parte, pues al fin esto de que a un hombre le entierren con muceta y con su poco de coliflor en el bonete, es parte de lamedor para suavizar la amargura de la muerte» (Carta de 23 de junio de 1760, a su cuñado, en Isla, *Obras escogidas,* ed. de Pedro Felipe Monlau, Biblioteca de Autores Españoles, t. XV, Madrid, Atlas, 1945, pág. 510a).

vencido. Soy del dictamen de Nuño, y no dudo que tú lo fueras si oyeras las disputas literarias de España.

CARTA XXIV

Del mismo al mismo

Uno de los motivos de la decadencia de las artes de España es, sin duda, la repugnancia que tiene todo hijo a seguir la carrera de sus padres. En Londres, por ejemplo, hay tienda de zapatero que ha ido pasando de padres a hijos por cinco o seis generaciones, aumentándose el caudal de cada poseedor sobre el que dejó su padre, hasta tener casas de campo y haciendas considerables en las provincias, gobernados estos estados por él mismo desde el banquillo en que preside a los mozos de su zapatería en la capital. Pero en este país cada padre quiere colocar a su hijo más alto, y si no, el hijo tiene buen cuidado de dejar a su padre más abajo; con cuyo método ninguna familia se fija en gremio alguno determinado de los que contribuyen al bien de la república por la industria, comercio o labranza, procurando todos con increíble anhelo colocarse por este o por el otro medio en la clase de los nobles, menoscabando a la república en lo que producirían si trabajaran. Si se redujese siquiera su ambición de ennoblecerse al deseo de descansar y vivir felices, tendría alguna excusa moral este defecto político; pero suelen trabajar más después de ennoblecidos.

En la misma posada en que vivo se halla un caballero que acaba de llegar de Indias con un caudal considerable. Inferiría cualquiera racional que, conseguido ya el dinero, medio para todos los descansos del mundo, no pensaría el indiano más que en gozar de lo que fue a adquirir por varios modos a muchos millares de leguas. Pues no, amigo. Me ha comunicado su plan de operaciones para toda su vida aunque cumpla doscientos años.

—Ahora me voy —me dijo— a pretender un hábito; luego, un título de Castilla; después, un empleo en la Corte; con esto buscaré una boda ventajosa para mi hija; pondré un hijo en tal parte, otro en cual parte; casaré una hija con un marqués, otra con un conde. Luego pondré pleito a un primo mío sobre cuatro casas que se están cayendo en Vizcaya; después otro a un tío segundo sobre un dinero que dejó un primo segundo de mi abuelo.

Interrumpí su serie de proyectos, diciéndole:

—Caballero, si es verdad que os halláis con seiscientos mil pesos duros en oro o plata, tenéis ya cincuenta años cumplidos y una salud algo dañada por los viajes y trabajos, ¿no sería más prudente consejo el escoger la provincia más saludable del mundo, estableceros en ella, buscar todas las comodidades de la vida, pasar con descanso lo que os queda de ella, amparar a los parientes pobres, hacer bien a vuestros vecinos y esperar con tranquilidad el fin de vuestros días sin acarreárosla[100] con tantos proyectos, todos de ambición y codicia?

—No, señor —me respondió con furia—; como yo lo he ganado, que lo ganen otros. Intimar y defraudar a los ricos, aprovecharme de la miseria de alguna familia pobre para injerirme en ella y hacer casa, son los tres objetos que debe llevar un hombre como yo.

Y en esto se salió a hablar con una cuadrilla de escribanos, procuradores, agentes y otros, que le saludaron con el tratamiento que las pragmáticas señalan para los grandes del reino; lisonjas que, naturalmente, acabarán con lo que fue el fruto de sus viajes y fatigas, y que eran cimiento de su esperanza y necedad.

CARTA XXV

Del mismo al mismo

En mis viajes por distintas provincias de España he tenido ocasión de pasar repetidas veces por un lugar cuyo nombre no tengo ahora presente. En él observé que un mismo sujeto

---

[100] *acarreárosla:* El pronombre acusativo femenino concuerda con *muerte*, idea que el hablante tiene en mente, sin llegar a expresarla.

en mi primer viaje se llamaba Pedro Fernández[101]; en el segundo oí que le llamaban sus vecinos el señor Pedro Fernández; en el tercero oí que su nombre era don Pedro Fernández. Causóme novedad esta diferencia de tratamiento en un mismo hombre.

—No importa —dijo Nuño—. Pedro Fernández siempre será Pedro Fernández.

CARTA XXVI

Del mismo al mismo

Por la última tuya veo cuán extraña te ha parecido la diversidad de las provincias que componen esta monarquía. Después de haberlas visitado, hallo muy verdadero el informe que me había dado Nuño de esta diversidad.

En efecto: los cántabros, entendiendo por este nombre todos los que hablan el idioma vizcaíno, son unos pueblos sencillos y de increíble probidad. Fueron los primeros marineros de Europa, y han mantenido siempre la fama de excelentes hombres de mar. Su país, aunque sumamente áspero, tiene una población numerosísima, que no parece disminuirse, aun con las continuas colonias que envía a la América. Aunque un vizcaíno se ausente de su patria, siempre se halla en

---

[101] *Pedro Fernández, Pedro Hernández;* Nombres de personajes de refrán, y por tanto se utilizan en la literatura como sinónimos de hombre vulgar. En Correas, se registra el refrán: «El aliño de Pedro Fernández, que vino el jueves y fuese el martes»; y Covarrubias alude a la frase proverbial *la flema de Pedro Hernández:* «Hay hombres tan parecidos en la flema a la que dicen vulgarmente de Pedro Hernández, que se les caen los brazos.» Queda claro el sentido de hombre vulgar en el texto siguiente: «Finalmente, ¿no saben hasta los autores malabares que Horacio dedicó a Mecenas todo cuanto escribió, y que de ahí vino a llamarse mecenas cualquiera a quien se dedica una obra, aunque por su alcurnia y por el nombre de pila se llame Pedro Fernández?» (Isla, *Fray Gerundio*, ed. cit., t. I, pág. 220).

ella como encuentre con paisanos suyos. Tienen entre sí tal unión, que la mayor recomendación que puede uno tener para con otro es el mero hecho de ser vizcaíno, sin más diferencia entre varios de ellos para alcanzar el favor del poderoso que la mayor o menor inmediación de los lugares respectivos. El señorío de Vizcaya, Guipúzcoa, Álava y el reino de Navarra tienen tal pacto entre sí, que algunos llaman estos países las provincias unidas de España.

Los de Asturias y sus montañas hacen sumo aprecio de su genealogía, y de la memoria de haber sido aquel país el que produjo la reconquista de toda España con la expulsión de nuestros abuelos. Su población, sobrada para la miseria y estrechez de la tierra, hace que un número considerable de ellos se empleen continuamente en la capital de España en la librea, que es la clase inferior de criados; de modo que si yo fuese natural de este país y me hallase con coche en Madrid, examinara con mucha madurez los papeles de mis cocheros y lacayos, por no tener algún día la mortificación de ver a un primo mío echar cebada a mis mulas, o a uno de mis tíos limpiarme los zapatos. Sin embargo de todo esto, varias familias respetables de esta provincia se mantienen con el debido lustre; son acreedoras a la mayor consideración, y producen continuamente oficiales del mayor mérito en el ejército y marina.

Los gallegos, en medio de la pobreza de su tierra, son robustos; se esparcen por la Península a emprender los trabajos más duros, para llevar a sus casas algún dinero físico a costa de tan penosa industria. Sus soldados, aunque carecen de aquel lucido exterior de otras naciones, son excelentes para la infantería por su subordinación, dureza de cuerpo y hábito de sufrir incomodidades de hambre, sed y cansancio.

Los castellanos son, de todos los pueblos del mundo, los que merecen la primacía en línea de lealtad. Cuando el ejército del primer rey de España de la casa de Francia quedó arruinado en la batalla de Zaragoza, la sola provincia de Soria dio a su rey un ejército nuevo con que salir a campaña, y fue el que ganó las victorias de donde resultó la destrucción del ejército y bando austríaco. El ilustre historiador que refiere las revoluciones del principio de este siglo[102], con todo el rigor y verdad que pide la historia para distinguirse de la fábula, pondera tanto la fidelidad de estos pueblos, que dice serán eternos en la memoria de los reyes. Esta provincia aún conserva cierto orgullo nacido de su antigua grandeza, que hoy no se conserva sino en las ruinas de las ciudades y en la honradez de sus habitantes.

Extremadura produjo los conquistadores del Nuevo Mundo, y ha continuado siendo madre de insignes guerreros. Sus pueblos son poco afectos a las letras; pero los que entre ellos las han cultivado no han tenido menos suceso que sus patriotas en las armas.

Los andaluces, nacidos y criados en un país abundante, delicioso y ardiente, tienen fama de ser algo arrogantes; pero si este defecto es verdadero, debe servirles de excusa su clima, siendo tan notorio el influjo de lo físico sobre lo moral. Las ventajas con que naturaleza dotó aquellas provincias hacen que miren con desprecio la pobreza de Galicia, la aspereza de Vizcaya y la sencillez de Castilla; pero comoquiera que todo esto sea, entre ellos ha habido hombres insignes que han dado mucho honor a toda España; y en tiempos antiguos, los Trajanos, Sénecas y otros semejantes, que pueden envanecer el país en que nacieron. La viveza, astucia y atractivo de las andaluzas las hace incomparables. Te aseguro que una de ellas sería bastante para llenar de confusión el imperio de Marruecos, de modo que nos matásemos unos a otros[103].

Los murcianos participan del carácter de los andaluces y valencianos. Estos últimos están tenidos por hombres de sobrada ligereza, atribuyéndose este defecto al clima y suelo,

---

[102] Tengo en mi mesa, con preciosa encuadernación italiana de época, reunidos en un solo volumen los dos tomos de la obra aludida: *Comentarios de la Guerra de España, e historia de su rey Felipe V El Animoso, desde el principio de su reinado, hasta el año de 1725*. Dividido en dos tomos. Por Don Vicente Bacallar y Sanna, marqués de San Felipe, Génova, Mateo Garvizza, s.a. [hacia 1730].

[103] Recuérdese que el gran amor de la vida de Cadalso, la actriz María Ignacia Ibáñez, fue andaluza.

pretendiendo algunos que hasta en los mismos alimentos falta aquel jugo que se halla en los de los otros países. Mi imparcialidad no me permite someterme a esta preocupación, por general que sea; antes debo observar que los valencianos de este siglo son los españoles que más progresos hacen en las ciencias positivas y lenguas muertas[104].

Los catalanes son los pueblos más industriosos de España. Manufacturas, pescas, navegación, comercio y asientos son cosas apenas conocidas por los demás pueblos de la Península respecto de los de Cataluña. No sólo son útiles en la paz, sino del mayor uso en la guerra. Fundición de cañones, fábrica de armas, vestuario y montura para ejército, conducción de artillería, municiones y víveres, formación de tropas ligeras y de excelente calidad, todo esto sale de Cataluña. Los campos se cultivan, la población se aumenta, los caudales crecen y, en suma, parece estar aquella nación a mil leguas de la gallega, andaluza y castellana. Pero sus genios son poco tratables, únicamente dedicados a su propia ganancia e interés. Algunos los llaman los holandeses de España. Mi amigo Nuño me dice que esta provincia florecerá mientras no se in-

---

[104] No cabe mencionar sino a los valencianos más destacados en quienes estaría pensando Cadalso. Valenciano fue el Dr. Juan de Cabriada, médico que en 1687, en una célebre *Carta filosófica, médico-química [...] Por la nova-antigua medicina*, expresó su escándalo ante el atraso científico de España: «Que es lástima y aun vergonzosa cosa que, como si fuéramos indios, hayamos de ser los últimos en recibir las noticias y luces públicas que ya están esparcidas por Europa. Y asimismo, que hombres a quienes tocaba saber esto se ofendan con la advertencia y se enconen con el desengaño. ¡Oh, y qué cierto es que el intentar apartar el dictamen de una opinión anticuada es de lo más difícil que se pretende en los hombres!» (citado por José López Piñero, *Ciencia y técnica en la sociedad española de los siglos XVI y XVII*, Barcelona, Labor, 1979, pág. 422). Valencianos fueron los dos primeros matemáticos modernos de España: Juan Bautista Coracham (1661-1741), autor de *Arithmetica demonstrata theorico-practica* (1699); y Tomás Vicente Tosca (1651-1623), que publicó su *Compendio matemático* entre 1707 y 1715. El distinguido humanista valenciano Gregorio Mayans y Siscar, autor de los *Orígenes de la lengua española* (1737), de la primera *Vida de Cervantes* (1737) y de una conocida *Retórica* (1757), manejó la lengua latina con igual facilidad, en obras como: *Epistolarum libri VI* (1732), *Emmanuelis Martinis, ecclesiae alonensis decani vita* (1735) e *Institutionum philosophiae moralis libri tres* (1754). En el manejo de esta lengua muerta Mayans no tenía más rivales que Feijoo y Juan de Iriarte.

troduzca en ella el lujo personal y la manía de ennoblecerse los artesanos: dos vicios que se oponen al genio que hasta ahora les ha enriquecido.

Los aragoneses son hombres de valor y espíritu, honrados, tenaces en su dictamen, amantes de su provincia y notablemente preocupados a favor de sus paisanos. En otros tiempos cultivaron con suceso las ciencias, y manejaron con mucha gloria las armas contra los franceses en Nápoles y contra nuestros abuelos en España. Su país, como todo lo restante de la Península, fue sumamente poblado en la antigüedad, y tanto, que es común tradición entre ellos, y aun lo creo punto de su historia, que en las bodas de uno de sus reyes entraron en Zaragoza diez mil infanzones con un criado cada uno, montando los veinte mil otros tantos caballos de la tierra.

Por causa de los muchos siglos que todos estos pueblos estuvieron divididos, guerrearon unos con otros, hablaron distintas lenguas, se gobernaron por distintas leyes, llevaron diversos trajes y, en fin, fueron naciones separadas, se mantuvo entre ellas cierto odio que, sin duda, ha minorado y aun llegado a aniquilarse. Pero aún se mantiene cierto desapego entre los de provincias lejanas; y si éste puede dañar en tiempo de paz, porque es obstáculo considerable para la perfecta unión, puede ser muy ventajoso en tiempo de guerra por la mutua emulación de unos con otros. Un regimiento todo aragonés no mirará con frialdad la gloria adquirida por una tropa toda castellana, y un navío tripulado de vizcaínos no se rendirá al enemigo mientras se defienda uno lleno de catalanes.

CARTA XXVII

Del mismo al mismo

Toda la noche pasada me estuvo hablando mi amigo Nuño de una cosa que llaman fama póstuma. Éste es un fantasma que ha alborotado muchas provincias y quitado el sueño a muchos, hasta secarles el cerebro y hacerles perder el juicio[105]. Alguna dificultad me costó entender lo que era, pero lo que aun ahora no puedo comprender es que haya hombres que apetezcan la tal fama. Cosa que yo no he de gozar, no sé por qué he de apetecerla. Si después de morir en opinión de hombre insigne, hubiese yo de volver a segunda vida, en que sacase el fruto de la fama que merecieron las acciones de la primera, y que esto fuese indefectible, sería cosa muy cuerda trabajar en la actual para la segunda. Era una especie de economía, aun mayor y más plausible que la del joven que guarda para la vejez. Pero, Ben-Beley, ¿de qué me servirá? ¿Qué puede ser este deseo que vemos en algunos tan eficaz de adquirir tan inútil ventaja? En nuestra religión y en la cristiana, el hombre que muere no tiene ya conexión temporal con los que quedan vivos. Los palacios que fabricó no le han de hospedar, ni ha de comer el fruto del árbol que dejó plantado, ni ha de abrazar los hijos que dejó; ¿de qué, pues, le sirven los hijos, los huertos, los palacios? ¿Será acaso la quinta esencia de nuestro amor propio este deseo de dejar nombre a la posteridad? Sospecho que sí.

Un hombre que logró atraerse la consideración de su país o siglo, conoce que va a perder el humo de tanto incensario desde el instante que expire; conoce que va a ser igual con el último de sus esclavos. Su orgullo padece en este instante un abatimiento tan grande como lo fue la suma de todas las lisonjas recibidas mientras adquirió la fama. ¿Por qué no he de vivir eternamente, dícese a sí mismo, recibiendo los aplausos que voy a perder? Voces tan agradables, ¿no han de volver a lisonjear mis oídos? El gustoso espectáculo de tanta rodilla hincada ante mí, ¿no ha de volver a deleitar mi vista? La turba de los que me necesitan, ¿han de volverme la espalda? ¿Han de tener ya por objeto de asco y horror el que fue para ellos un dios tutelar, a quien temblaban airado y clamaban piadoso?

---

[105] En *Don Quijote*, primera parte, capítulo I, se lee: «En resolución, él se enfrascó tanto en su lectura, que se le pasaban las noches leyendo de claro en claro, y los días de turbio en turbio; y así, del poco dormir y del mucho leer se le secó el celebro, de manera que vino a perder el juicio.»

Semejantes reflexiones le atormentan en la muerte; pero hace su último esfuerzo su amor propio, y le engaña diciendo: Tus hazañas llevarán tu nombre de siglo en siglo a la más remota posteridad; la fama no se oscurece con el humo de la hoguera, ni se corrompe con el polvo del sepulcro. Como hombre, te comprende la muerte; como héroe, la vences. Ella misma se hace la primera esclava de tu triunfo, y su guadaña el primero de tus trofeos. La tumba es una cuna nueva para semidioses como tú; en su bóveda han de resonar las alabanzas que te canten futuras generaciones. Tu sombra ha de ser tan venerada por los hijos de los que viven como lo fue tu presencia entre sus padres. ¿Hércules, Alejandro y otros no viven? ¿Acaso han de olvidarse sus nombres? Con estos y otros iguales delirios se aniquila el hombre; muchos de este carácter inficionan toda la especie; y anhelan a inmortalizarse algunos que ni aun en su vida son conocidos.

CARTA XXVIII

De Ben-Beley a Gazel. Respuesta de la anterior

He leído muchas veces la relación que me haces de esa especie de locura que llaman deseo de la fama póstuma. Veo lo que me dices del exceso del amor propio, de donde nace esa necedad de querer un hombre sobrevivirse a sí mismo. Creo, como tú, que la fama póstuma de nada sirve al muerto, pero puede servir a los vivos con el estímulo del ejemplo que deja el que ha fallecido. Tal vez éste es el motivo político del aplauso que logra.

En este supuesto, ninguna fama póstuma es apreciable sino la que deja el hombre de bien. Que un guerrero transmita a la posteridad la fama de conquistador, con monumentos de ciudades asaltadas, naves incendiadas, campos desbaratados, provincias despobladas, ¿qué ventajas producirá su nombre? Los siglos venideros sabrán que hubo un hombre que destruyó medio millón de hermanos suyos; nada más. Si algo más se produce de esta inhumana noticia, será tal vez enardecer el tierno pecho de algún joven príncipe; llenarle la cabeza de ambición y el corazón de dureza; hacerle dejar el gobierno de su pueblo y descuidar la administración de la justicia para ponerse a la cabeza de cien mil hombres que esparzan el terror y llanto por todas las provincias vecinas. Que un sabio sea nombrado con veneración por muchos siglos, con motivo de algún descubrimiento nuevo en las que se llaman ciencias, ¿qué fruto sacarán los hombres? Dar motivo de risa a otros sabios posteriores, que demostrarán ser engaño lo que él dio por punto evidente; nada más. Si algo más sale de aquí, es que los hombres se envanezcan de lo poco que saben, sin considerar lo mucho que ignoran.

La fama póstuma del justo y bueno tiene otro mayor y mejor influjo en los corazones de los hombres, y puede causar superiores efectos en el género humano. Si nos hubiésemos aplicado a cultivar la virtud tanto como las armas y las letras, y si en lugar de las historias de los guerreros y los maestros se hubiesen escrito con exactitud las vidas de los hombres buenos, tal obra, ¡cuánto más provechosa sería! Los niños en las escuelas, los jueces en los tribunales, los reyes en los palacios, los padres de familias en el centro de ellas, leyendo pocas hojas de semejante libro, aumentarían su propia bondad y la ajena, y con la misma mano desarraigarían la propia y la ajena maldad.

El tirano, al ir a cometer un horror, se detendría con la memoria de los príncipes que contaban por perdido el día de su reinado que no se señalaba con algún efecto de benignidad. ¿Qué madre prostituiría sus hijas? ¿Qué marido se volvería verdugo de su mujer? ¿Qué insolente abusaría de la flaqueza de una inocente virgen? ¿Qué padre maltrataría a su hijo? ¿Qué hijo no adoraría a su padre? ¿Qué esposa violaría el lecho conyugal? Y, en fin, ¿quién sería malo, acostumbrado a ver tantos actos de bondad? Los libros frecuentes en el mundo apenas tratan sino de venganzas, rencores, crueldades y otros defectos semejantes, que son las acciones celebradas de los héroes cuya fama póstuma tanto nos admira. Si yo hubiese sido siglos ha un hombre de estos insignes, y resucitase ahora a recoger los frutos del nombre que dejé aún permanente, sintiera mucho oír estas o iguales palabras:

«Ben-Beley fue uno de los principales conquistadores que pasaron el mar con Tarif. Su alfanje dejó las huestes cristianas como la siega deja el campo en que hubo trigo. Las aguas del Guadalete se volvieron rojas con la sangre goda que él solo derramó. Tocáronle muchas leguas del terreno conquistado; lo hizo cultivar por muchos millares de españoles. Con el trabajo de otros tantos se mandó fabricar dos alcázares suntuosos: uno en los fértiles campos de Córdoba, otro en la deliciosa Granada; adornólos ambos con el oro y plata que le tocaron en el reparto de los despojos. Mil españolas de singular belleza se ocupaban en su delicia y servicio. Llegado ya a una gloriosa vejez, le consolaron muchos hijos dignos de besar la mano a tal padre. Instruidos por él, llevaron nuestros pendones hasta la falda de los Pirineos, e hicieron a su padre abuelo de una prole numerosa, que el cielo pareció multiplicar por la total aniquilación del nombre español. En estas hojas, en estas piedras, en estos bronces están los hechos de Ben-Beley. Con esta lanza atravesó a Atanagildo; con esta espada degolló a Endeca[106]; con aquel puñal a Walia, etc.»

Nada de esto lisonjearía mi oído. Semejantes voces harían estremecer mi corazón. Mi pecho se partiría como la nube que despide el rayo. ¡Cuán diferentes efectos me causaría oír! «Aquí yace Ben-Beley, que fue buen hijo, buen padre, buen esposo, buen amigo, buen ciudadano. Los pobres le querían porque los aliviaba en la miseria; los magnates también, porque no tenía el orgullo de competir con ellos. Amábanle los extraños, porque hallaban en él la justa hospitalidad; llóranle los propios, porque han perdido un dechado vivo de virtudes. Después de una larga vida, gastada toda en hacer bien, murió no sólo tranquilo, sino alegre, rodeado de hijos, nietos y amigos, que llorando repetían: "No merecía vivir en tan malvado mundo. Su muerte fue como el ocaso del sol, que es glorioso y resplandeciente, y deja siempre luz a los astros que quedan en su ausencia."»

Sí, Gazel, el día que el género humano conozca que su verdadera gloria y ciencia consistía en la virtud, mirarán los

---

[106] *Endeca:* Andeca, rey de los suevos en Galicia (584-585), el menos conocido de los tres guerreros mencionados como enemigos de los moros.

hombres con tedio a los que tanto les pasman ahora. Estos Aquiles, Ciros, Alejandros y otros héroes de armas y los iguales en letras dejarán de ser repetidos con frecuencia; y los sabios (que entonces merecerán este nombre) andarán indagando a costa de muchos desvelos los nombres de los que cultivan las virtudes que hacen al hombre feliz. Si tus viajes no te mejoran en ellas, si la virtud que empezó a brillar en tu corazón desde niño como matiz en la tierna flor no se aumenta con lo que veas y oigas, volverás tal vez más erudito en las ciencias europeas, o más lleno del furor y entusiasmo soldadesco; pero miraré como perdido el tiempo de tu ausencia. Si al contrario, como lo pido a Alá, han ido creciendo tus virtudes al paso que te acercas más a tu patria, semejante al río que toma notable incremento al paso que llega al mar, me parecerán otros tantos años más de vida concedidos a mi vejez los que hayas gastado en tus viajes.

CARTA XXIX

Gazel a Ben-Beley

Cuando hice el primer viaje por Europa, te di noticia de un país que llaman Francia, que está más allá de los montes Pirineos. Desde Inglaterra me fue muy fácil y corto el tránsito. Registré sus provincias septentrionales; llegué a su capital, pero no pude examinarla a mi gusto, por ser corto el tiempo que podía gastar entonces en ello, y ser mucho el que se necesita para ejecutarlo con provecho. Ahora he visto la parte meridional de ella, saliendo de España por Cataluña y entrando por Guipúzcoa, inclinándome hasta León[107] por un lado y Burdeos por otro.

Los franceses están tan mal queridos en este siglo como los españoles lo estaban en el anterior, sin duda porque uno

---

[107] *León:* No se trata de la ciudad española así llamada, sino de la ciudad francesa, Lyon, que para aclarar la posible confusión también se llamaba a veces en castellano *León de Francia.*

y otro siglo han sido precedidos de las eras gloriosas respectivas de cada nación, que fue la de Carlos I para España, y la de Luis XIV para Francia. Esto último es más reciente, conque también es más fuerte su efecto; pero bien examinada la causa, creo hallar mucha preocupación de parte de todos los europeos contra los franceses. Conozco que el desenfreno de su juventud, la mala conducta de algunos que viajan fuera de su país profesando un sumo desprecio de todo lo que no es Francia, el lujo que ha corrompido la Europa y otros motivos semejantes repugnan a todos sus vecinos más sobrios, a saber: al español religioso, al italiano político, al inglés soberbio, al holandés avaro y al alemán áspero; pero la nación entera no debe padecer la nota por culpa de algunos individuos.

En ambas vueltas que he dado por Francia he hallado en sus provincias (que siempre mantienen las costumbres más puras que la capital) un trato humano, cortés y afable para los extranjeros, no producido de la vanidad que les resulta de que se les visite y admire (como puede suceder en París), sino dimanado verdaderamente de un corazón franco y sencillo, que halla gusto en procurárselo al desconocido. Ni aun dentro de su capital, que algunos pintan como centro de todo el desorden, confusión y lujo, faltan hombres verdaderamente respetables. Todos los que llegan a cierta edad son, sin duda, los hombres más sociables del universo; porque desvanecidas las tempestades de su juventud, les queda el fondo de una índole sincera, prolija educación (que en este país es común) y exterior agradable, sin la astucia del italiano, la soberbia del inglés, la aspereza del alemán ni el desapego del español. En llegando a los cuarenta años se transforma el francés en otro hombre, distinto de lo que era a los veinte. El militar concurre al trato civil con suma urbanidad, el magistrado con sencillez, y el particular con sosiego; y todos con ademanes de agasajar al extranjero que se halla medianamente introducido por su embajador, calidad, u otro motivo. Se entiende todo esto entre la gente de forma, que con la mediana y común el mismo hecho de ser extranjero es una recomendación superior a cuantas puede llevar el que viaja.

La misma desenvoltura de los jóvenes, insufrible a quien no les conoce, tiene un no sé qué que los hace amables. Por ella se descubre todo el hombre interior, incapaz de rencores, astucias bajas ni intención dañada. Como procuro indagar precisamente el carácter verdadero de las cosas, y no graduarlas por las apariencias, casi siempre engañosas, no me parece tan odioso aquel bullicio y descompostura por lo que llevo dicho. Del mismo dictamen es mi amigo Nuño, no obstante lo quejoso que está de que los franceses no sean igualmente imparciales cuando hablan de los españoles. Estábamos el otro día en una casa de concurrencia pública donde se vende café y chocolate, con un joven francés de los que acabo de pintar, y que por cierto en nada desmentía el retrato. Reparando yo aquellos defectos comunes de su juventud, me dijo Nuño:

—¿Ves todo ese estrépito, alboroto, saltos, gritos, votos, ascos que hace de España, pestes que dice de los españoles y trazas de acabar con todos los que estamos aquí? Pues apostemos que si cualquiera de nosotros se levanta y le pide la última peseta que tiene, se la da con mil abrazos. ¡Cuánto más amable es su corazón que el de aquel otro desconocido que ha estado haciendo tantos elogios de nuestra nación, por el lado mismo que nos consta a nosotros ser defectuosa! Óyele, y escucharás que dice mil primores de nuestros caminos, posadas, carruajes, espectáculos, etc. Acaba de decir que se tiene por feliz de venir a morir en España, que da por perdidos todos los años de su vida que no ha gastado en ella. Ayer estuvo en la comedia del *Negro más prodigioso*[108]. ¡Cuánto la alabó! Esta mañana estuvo por rodar toda la escalera envuelto en una capa por no saber manejarla, y nos dijo con mucha dulzura que la capa es un traje muy cómodo, airoso y muy de su genio. Más quiero a mi francés, que nos dijo ayer haber leído 14.000 comedias españolas, y no haber hallado siquiera una escena regular.

---

[108] *El negro más prodigioso* (1674) es una comedia de Juan Bautista Diamante que siguió representándose con éxito a lo largo del siglo XVIII y fue objeto de nuevas ediciones (Valencia, 1763; Barcelona, 1770), así como de comentarios sobre su falta de verosimilitud en revistas y obras de crítica literaria.

—Sabe, amigo Gazel —añadió Nuño—, que esa juventud, en medio de su superficialidad y arrebato, ha hecho siempre prodigios de valor en servicio de su rey y defensa de su patria. Cuerpos enteros militares de esa misma traza que ves forman el nervio del ejército de Francia. Parece increíble, pero es constante que con todo el lujo de los persas, tienen todo el valor de los macedonios. Lo demostraron en varios lances, pero con singular gloria en la batalla de Fontenoy[109] arrojándose con espada en mano sobre una infantería formidable, compuesta de naciones duras y guerreras, y la deshicieron totalmente, ejecutando entonces lo que no había podido lograr su ejército entero, lleno de oficiales y soldados del mayor mérito.

De aquí inferirás que cada nación tiene su carácter, que es un mixto de vicios y virtudes, en el cual los vicios pueden apenas llamarse tales si producen en la realidad algunos buenos efectos, y éstos se ven sólo en los lances prácticos, que suelen ser muy diversos de los que se esperaban por mera especulación.

CARTA XXX

Del mismo al mismo

Reparo que algunos tienen singular complacencia en hablar delante de aquellos a quienes creen ignorantes, como los oráculos hablaban al vulgo necio y engañado. Aunque mi humor fuese de hablar mucho, creo que sería de mayor gusto para mí el aparentar necedad y oír el discurso del que se cree sabio, o proferir de cuando en cuando algún desatino, con lo que daría mayor pábulo a su vanidad y a mi diversión.

---

[109] *Fontenoy:* Municipio de Bélgica, donde en 1745 se libró una batalla de la guerra de sucesión austríaca, en la que los ingleses, austríacos y holandeses fueron vencidos por los franceses.

CARTA XXXI

Ben-Beley a Gazel

De las cartas que recibo de tu parte desde que estás en España y de[110] las que me escribistes[111] en otros viajes, infiero una gran contradicción en los españoles, común a todos los europeos. Cada día alaban la libertad que les nace del trato civil y sociable, la ponderan y se envanecen de ella; pero al mismo tiempo se labran a sí mismos la más penosa esclavitud. La naturaleza les impone leyes como a todos los hombres; la religión les añade otras; la patria, otras; la carrera de honor y fortuna, otras; y como si no bastasen todas estas cadenas para esclavizarlos, se imponen a sí mismos otros muchos preceptos espontáneamente en el trato civil y diario, en el modo de vestirse, en la hora de comer, en la especie de diversión, en la calidad del pasatiempo, en el amor y en la amistad. Pero ¡qué exactitud en observarlos! ¡Cuánto mayor que en la observancia de los otros!

CARTA XXXII

Del mismo al mismo

Acabo de leer el último libro de los que me has enviado en los varios viajes que has hecho por Europa, con el cual llegan a algunos centenares las obras europeas de distintas na-

---

[110] En O falta esta preposición, y hay una coma después de *España*. Sigo la lección de S, pues con ella queda más clara la relación entre los dos elementos que preceden a *infiero* y el sentido de este verbo.

[111] *escribistes:* Véase nuestra nota 75.

ciones y tiempos, los que he leído. Gazel, Gazel, sin duda tendrás por grande lo que voy a decirte, y si publicas este mi dictamen, no habrá europeo que no me llame bárbaro africano; pero la amistad que te profeso es muy grande para dejar de corresponder con mis observaciones a las tuyas, y mi sinceridad es tanta, que en nada puede mi lengua hacer traición a mi pecho[112].

En este supuesto, digo que de los libros que he referido he hecho la siguiente separación: he escogido cuatro de matemáticas, en los que admiro la extensión y acierto que tiene el entendimiento humano cuando va bien dirigido; otros tantos de filosofía escolástica, en que me asombra la variedad de ocurrencias extraordinarias que tiene el hombre cuando no procede sobre principios ciertos y evidentes; uno de medicina, al que falta un tratado completo de los simples, cuyo conocimiento es mil veces mayor en África; otro de anatomía, cuya lectura fue sin duda la que dio motivo al cuento del loco que se figuraba ser tan quebradizo como el vidrio[113]; dos de los que reforman las costumbres, en los que advierto lo mucho que aún tienen que reformar; cuatro del conocimiento de la naturaleza, ciencia que llaman física, en los que noto lo mucho que ignoraron nuestros abuelos y lo mucho más que tendrán que aprender nuestros nietos; algunos de poesía, delicioso delirio del alma; que prueba ferocidad en el hombre si la aborrece, puerilidad si la profesa toda la vida, y suavidad si la cultiva algún tiempo. Todas las demás obras, las he arrojado o distribuido, por parecerme inútiles extractos, compendios defectuosos y copias imperfectas de lo ya dicho y repetido una y mil veces.

---

[112] *en nada puede mi lengua hacer traición a mi pecho:* Reiteración de la idea de que los hombres de bien «tienen la lengua unísona con el corazón», expresada al final de la carta VI, donde hablaba Nuño. En la presente, en cambio, habla Ben-Beley. El hecho de que un español y un africano vengan a insistir en la misma idea, ejemplifica otro artículo de fe de los ilustrados que se refleja en diferentes cartas: la comunicación entre los verdaderos hombres de bien no se impide por los mares ni por cualquier otro obstáculo geográfico.

[113] Alusión a la novela cervantina *El licenciado Vidriera.*

CARTA XXXIII

Gazel a Ben-Beley

En mis viajes por la Península me hallo de cuando en cuando con algunas cartas de mi amigo Nuño, que se mantiene en Madrid. Te enviaré copia de algunas y empiezo por la siguiente, en que habla de ti sin conocerte:

Copia: «Amado Gazel: Estimaré que continúes tu viaje por la Península con felicidad. No extraño tu detención en Granada: es ciudad llena de antigüedades del tiempo de tus abuelos, su suelo es delicioso, y sus habitantes son amables. Yo continúo haciendo la vida que sabes, y visitando la tertulia que conoces. Otras pudiera frecuentar, pero ¿a qué fin? He vivido con hombres de todas clases, edades y genios; mis años, mi humor y mi carrera me precisaron a tratar y congeniar sucesivamente con varios sujetos; milicia, pleitos, pretensiones y amores me han hecho entrar y salir con frecuencia en el mundo. Los lances de tanta escena como he presenciado, o ya como individuo de la farsa, o ya como del auditorio, me han hecho hallar tedio en lo ruidoso de las gentes, peligro en lo bajo de la república y delicia en la medianía[114].

»¿Habrá cosa más fastidiosa que la conversación de aquellos que pesan el mérito del hombre por el de la plata y oro que posee? Éstos son los ricos. ¿Habrá cosa más cansada que la compañía de los que no estiman a un hombre por lo que es, sino por lo que fueron sus abuelos? Éstos son los nobles. ¿Cosa más vana que la concurrencia de aquellos que apenas

---

[114] Estas líneas de Nuño contienen evidentes alusiones a la vida del autor en los años anteriores a la composición de esta carta, o bien durante su composición. Quien ha leído la breve biografía de Cadalso contenida en la Introducción reconocerá los paralelos. Deben destacarse las referencias a la tertulia de la Fonda de San Sebastián y al ideal filosófico de la medianía o *aurea mediocritas* de los antiguos, que se incorpora a la doctrina del hombre de bien.

llaman racional al que no sabe el cálculo o el idioma caldeo? Éstos son los sabios. ¿Cosa más insufrible que la concurrencia de los que vinculan todas las ventajas del entendimiento humano en juntar una colección de medallas o en saber qué edad tenía Catulo cuando compuso el *Pervigilium Veneris*, si es suyo, o de quién sea[115], en caso de no serlo del dicho? Éstos son los eruditos. En ningún concurso de éstos ha depositado naturaleza el bien social de los hombres. Envidia, rencor y vanidad ocupan demasiado tales pechos para que en ellos quepan la verdadera alegría, la conversación festiva, la chanza inocente, la mutua benevolencia, el agasajo sincero y la amistad, en fin, madre de todos los bienes sociables[116]. Ésta sólo se halla entre los hombres que se miran sin competencia[117].

»La semana pasada envié a Cádiz las cartas que me dejaste para el sujeto de aquella ciudad a quien has encargado las di-

---

[115] El *Pervigilium Veneris*, poema de noventa y tres versos trocaicos, en el que se combinan materiales para un himno sobre Venus y una descripción de la primavera, es de fecha y autor desconocidos, probablemente no compuesto antes del siglo II d. de J. C. *(The Oxford Classical Dictionary);* y no es por tanto del célebre poeta lírico latino Catulo, que vivió entre 84? y 54 a. de J. C.

[116] *la amistad, en fin, madre de todos los bienes sociales:* Es universal entre los ilustrados tal concepto de la compasión, piedad, amistad, benevolencia, o humanitarismo. A la compasión dirigida hacia la sociedad Pope la llama «amor social», en los versos finales de su *Ensayo sobre el hombre,* al concluir «That SELF-LOVE and SOCIAL are the same» (Epístola IV, v. 396). Rousseau afirma que «les hommes n'eussent jamais été que des monstres, si la nature ne leur eût donné la pitié à l'appui de la raison […] de cette seule qualité découlent toutes les vertus sociales […] En effet, qu'est-ce que la générosité, la clémence, l'humanité, sinon la pitié appliquée aux faibles, aux coupables, ou à l'espèce humaine en général? (los hombre jamás habrían sido sino monstruos, si la naturaleza no les hubiera dado la piedad en apoyo de la razón […] de esta sola cualidad fluyen todas las virtudes sociales […] En efecto, ¿qué es la generosidad, la clemencia, la humanidad, si no la piedad aplicada a los débiles, a los culpables, o a la especie humana en general?» *(Discours sur l'origine de l'inégalité* [1755], en *Discours. Lettre sur les spectacles,* ed. de Jean Normand, Classiques Larousse, París-Nueva York, Larousse, 1941, pág. 40). Y por su parte, Oliver Goldsmith asevera que «universal benevolence was what first cemented society (la benevolencia universal fue lo que primeramente cimentó la sociedad)» *(The Citizen of the World,* ed. cit., pág. 71).

[117] *los hombres que se miran sin competencia:* Es decir, los hombres de bien, pues precisamente uno de los rasgos de éstos es ser amigo imparcial y sincero de todos sus prójimos.

rija a Ben-Beley. También escribo yo a este anciano como me
lo encargas. Espero con la mayor ansia su respuesta para confirmarme en el concepto que me has hecho formar de sus virtudes, menos por la relación que me has hecho de ellas que
por las que veo en tu persona. Prendas cuyo origen sólo puede atribuirse en gran parte a sus consejos y crianza.»

CARTA XXXIV

Gazel a Ben-Beley

Con más rapidez que la ley de nuestro profeta Mahoma se
derramó por África y Asia, han visto los cristianos de este siglo extenderse en sus países una secta de hombres extraordinarios que se llaman proyectistas. Éstos son unos entes que,
sin patrimonio propio, pretenden enriquecer los países en
que se hallan, o ya como naturales, o ya como advenedizos.
Hasta en España, cuyos habitantes no han dejado de ser alguna vez demasiado tenaces en conservar sus antiguos usos,
se hallan varios de estos innovadores de profesión. Mi amigo
Nuño me decía, hablando de esta secta, que jamás había podido mirar uno de ellos sin llorar o reír, conforme la disposición de humores en que se hallaba.

—Bien sé yo —decía ayer mi amigo a un proyectista—,
bien sé yo que desde el siglo XVI hemos perdido los españoles el terreno que algunas otras naciones han adelantado en
varias ciencias y artes. Largas guerras, lejanas conquistas, ambición de los primeros reyes austríacos, desidia de los últimos, división de España al principio del siglo, continua extracción de hombres para las Américas y otras causas han detenido sin duda el aumento del floreciente estado en que
dejaron esta monarquía los reyes don Fernando V y su esposa doña Isabel; de modo que, lejos de hallarse en el pie que
aquellos reyes pudieron esperar en vista de su gobierno tan
sabio y del plantío[118] de los hombres grandes que dejaron,

---

[118] *plantío*, por *cosecha*, en sentido figurado: es decir, una promoción de estadistas todos eminentes.

halló Felipe V su herencia en el estado más infeliz: sin ejército, marina, comercio, rentas ni agricultura, y con el desconsuelo de tener que abandonar todas las ideas que no fuesen de la guerra, durando ésta casi sin cesar en los cuarenta y seis años de su reinado. Bien sé que para igualar nuestra patria con otras naciones, es preciso cortar muchos ramos podridos de este venerable tronco, ingerir otros nuevos y darle un fomento continuo; pero no por eso le hemos de aserrar por medio, ni cortarle las raíces, ni menos me harás creer que para darle su antiguo vigor, es suficiente ponerle hojas postizas y frutos artificiales. Para hacer un edificio en que vivir, no basta la abundancia de materiales y de obreros; es preciso examinar el terreno para los cimientos, los genios de los que lo han de habitar, la cantidad de sus vecinos, y otras mil circunstancias, como la de no preferir la hermosura de la fachada a la comodidad de sus viviendas.

—Los canales —dijo el proyectista, interrumpiendo a Nuño— son de tan alta utilidad, que el hecho solo de negarlo acreditaría a cualquiera de necio. Tengo un proyecto para hacer uno en España, el cual se ha de llamar canal de San Andrés, porque ha de tener la figura de las aspas de aquel bendito mártir. Desde La Coruña ha de llegar a Cartagena, y desde el cabo de Rosas al de San Vicente. Se han de cortar estas dos líneas en Castilla la Nueva, formando una isla, a la que se pondrá mi nombre para inmortalizar al protoproyectista[119]. En ella se me levantará un monumento cuando muera, y han de venir en romería todos los proyectistas del mundo para pedir al cielo los ilumine (perdónese esta corta digresión a un hombre ansioso de fama póstuma). Ya tenemos, a más de las ventajas civiles y políticas de este archicanal, una división geográfica de España, muy cómodamente hecha, en septentrional, meridional, occidental y oriental. Llamo meridional la parte comprendida desde la isla hasta Gibraltar; occidental la que se contiene desde el citado paraje hasta la ori-

---

[119] *protoproyectista:* palabra acuñada por Cadalso con intención burlesca, a ejemplo de los *protomédicos* y *protonotarios* que había, los cuales en su calidad de los mejores de su profesión, fijaban las normas y prácticas de su ejercitación.

lla del mar Océano por la costa de Portugal y Galicia; oriental, lo de Cataluña; y septentrional la cuarta parte restante. Hasta aquí lo material de mi proyecto.

«Ahora entra lo sublime de mis especulaciones, dirigido al mejor expediente de las providencias dadas, más fácil administración de la justicia, y mayor felicidad de los pueblos. Quiero que en cada una de estas partes se hable un idioma y se estile un traje. En la septentrional ha de hablarse precisamente vizcaíno; en la meridional, andaluz cerrado; en la oriental, catalán; y en la occidental, gallego. El traje en la septentrional ha de ser como el de los maragatos, ni más ni menos; en la segunda, montera granadina muy alta, capote de dos faldas y ajustador de ante; en la tercera, gambeto catalán y gorro encarnado; en la cuarta, calzones blancos largos, con todo el restante del equipaje que traen los segadores gallegos. Ítem: en cada una de las dichas, citadas, mencionadas y referidas cuatro partes integrantes de la Península, quiero que haya su iglesia patriarcal, su universidad mayor, su capitanía general, su chancillería, su intendencia, su casa de contratación, su seminario de nobles, su hospicio general, su departamento de marina, su tesorería, su casa de moneda, sus fábricas de lanas, sedas y lienzos, su aduana general. Ítem: la Corte irá mudándose según las cuatro estaciones del año por las cuatro partes, el invierno en la meridional, el verano en la septentrional, *et sic de caeteris*.»

Fue tanto lo que aquel hombre iba diciendo sobre su proyecto, que sus secos labios iban padeciendo notable perjuicio, como se conocía en las contorsiones de boca, convulsiones de cuerpo, vueltas de ojos, movimiento de lengua y todas las señales de verdadero frenético. Nuño se levantó por no dar más pábulo al frenesí del pobre delirante, y sólo le dijo al despedirse:

—¿Sabéis lo que falta en cada parte de vuestra España cuatripartita? Una casa de locos para los proyectistas de Norte, Sur, Poniente y Levante.

—¿Sabes lo malo de esto? —díjome volviendo la espalda al otro—. Lo malo es que la gente, desazonada con tanto proyecto frívolo, se preocupa contra las innovaciones útiles y que éstas, admitidas con repugnancia, no surten los bue-

nos efectos que producirían si hallasen los ánimos más sose-
gados.

—Tienes razón, Nuño —respondí yo—. Si me obligaran
a lavarme la cara con trementina, y luego con aceite, y luego
con tinta, y luego con pez, me repugnaría tanto el lavarme,
que después no me lavaría gustoso ni con agua de la fuente
más cristalina.

CARTA XXXV

Del mismo al mismo

En España, como en todas partes, el lenguaje se muda al
mismo paso que las costumbres; y es que, como las voces
son invenciones para representar las ideas, es preciso que se
inventen palabras para explicar la impresión que hacen las
costumbres nuevamente introducidas. Un español de este siglo gasta cada minuto de las veinticuatro horas en cosas totalmente distintas de aquellas en que su bisabuelo consumía
el tiempo. Éste, por consiguiente, no dice una palabra de las
que al otro se le ofrecían.

—Si me dan hoy a leer —decía Nuño— un papel escrito
por un galán del tiempo de Enrique el Enfermo[120] refiriendo
a su dama la pena en que se halla ausente de ella, no entendería una sola cláusula, por más que estuviese escrito de letra
excelente moderna, aunque fuese de la mejor de las Escuelas
Pías[121]. Pero en recompensa, ¡qué chasco llevaría uno de mis
tatarabuelos si hallase, como me sucedió pocos días ha, un
papel de mi hermana a una amiga suya, que vive en Burgos!
Moro mío, te lo leeré, lo has de oír, y como lo entiendas, ten-
me por hombre extravagante. Yo mismo, que soy español

---

[120] *Enrique el Enfermo:* Es decir, Enrique III, el Doliente, de Castilla (1379-
1406).
[121] *las Escuelas Pías:* En O hay *la Escuela Pía*, pero es más normal utilizar
este nombre en su forma plural al aludir a la enseñanza de los calasancios o
escolapios, y la mayoría de los manuscritos y ediciones lo tienen en plural.

por todos cuatro costados y que, si no me debo preciar de saber el idioma de mi patria, a lo menos puedo asegurar que lo estudio con cuidado, yo mismo no entendí la mitad de lo que contenía. En vano me quedé con copia del dicho papel. Llevado de curiosidad, me di prisa a extractarlo, y apuntando las voces y frases más notables, llevé mi nuevo vocabulario de puerta en puerta, suplicando a todos mis amigos arrimasen el hombro al gran negocio de explicármelo. No bastó mi ansia ni su deseo de favorecerme. Todos ellos se hallaron tan suspensos como yo, por más tiempo que gastaron en revolver calepinos y diccionarios. Sólo un sobrino que tengo, muchacho de veinte años, que trincha una liebre, baila un minuete y destapa una botella de champaña con más aire que cuantos hombres han nacido de mujeres, me supo explicar algunas voces. Con todo, la fecha era de este mismo año.

Tanto me movieron estas razones a deseo de leer la copia, que se la pedí a Nuño. Sacóla de su cartera, y poniéndose los anteojos, me dijo:

—Amigo, ¿qué sé yo si leyéndotela te revelaré flaquezas de mi hermana y secretos de mi familia? Quédame el consuelo que no lo entenderás. Dice así: «Hoy no ha sido día en mi apartamento hasta medio día y medio[122]. Tomé dos tazas de

---

[122] El lector que tenga problemas más allá de los anotados en esta carta de dama afrancesada, antes debería consultar diccionarios y gramáticas del francés que del castellano, pues en esta misiva la sintaxis y el léxico son puramente franceses, simplemente disfrazados con voces españolas. Se trata de un humorismo graciosísimo, pero no puede apreciarse completamente sin saber ambos idiomas. Los primeros antecedentes de personajes como la hermana de Nuño se hallan en unos apuntes del P. Feijoo en su *Paralelo de las lenguas castellana y francesa*: «Es cosa graciosa ver a algunos de estos nacionistas (que tomo por lo mismo que antinacionales) hacer violencia a todos sus miembros para imitar a los extranjeros en gestos, movimientos y acciones, poniendo especial estudio en andar como ellos andan, sentarse como ellos lo hacen, y así de todo lo demás. Entre éstos […] sobresalen algunos apasionados amantes de la lengua francesa, que, prefiriéndola con grandes ventajas a la castellana, ponderan sus hechizos, exaltan sus primores, y no pudiendo sufrir ni una breve ausencia de su adorado idioma, con algunas voces que usurpan de él salpican la conversación, aun cuando hablan en castellano» (BAE, t. LVI, pág. 43a). El primer personaje afrancesado de obra importante es la figura del absurdamente galicano don Carlos, que aparece en *Fray Gerundio de Campazas*, del P. Isla, en el cap. VIII del lib. IV, de la segunda parte, en cuyo aparta-

té. Púseme un deshabillé y bonete de noche. Hice un tour en mi jardín, y leí cerca de ocho versos del segundo acto de la *Zaira*[123]. Vino Mr. Lavanda[124]; empecé mi toileta. No estuvo el abate. Mandé pagar mi modista. Pasé a la sala de compañía. Me sequé toda sola. Entró un poco de mundo, jugué una partida de mediator; tiré las cartas; jugué al piquete. El maître d'hotel avisó. Mi nuevo jefe de cocina es divino; él viene de arribar de París. La crapaudina[125], mi plato favorito, estaba delicioso. Tomé café y licor. Otra partida de quince; perdí mi todo. Fui al espectáculo; la pieza que han dado es execrable, la pequeña pieza que han anunciado para lunes y viernes es muy galante pero los actores son pitoyables[126]; los vestidos, horribles, las decoraciones, tristes. La Mayorita[127] cantó una cavatina pasablemente bien. El actor que hace los criados es un poquito extremoso; sin eso sería pasable. El que hace los amorosos no jugaría mal, pero su figura no es preveniente[128]. Es menester tomar paciencia, porque es preciso matar el tiempo. Salí al tercer acto, y me volví de allí a

do hay también una parodia en verso de las costumbres afrancesadas femeninas. Puede consultarse mi edición ya citada, t. II, págs. 151-172. El otro personaje afrancesado más divertido y memorable es el marqués de Fontecalda en la comedia *La señorita malcriada*, de Tomás de Iriarte. Consúltese mi edición de *El señorito mimado. La señorita malcriada*, en Clásicos Castalia, 83, Madrid, Castalia, 1978.

[123] *Zaira:* La hermana de Nuño se refiere a *La Zaïre* (1732), tragedia de Voltaire sobre las Cruzadas, traducida al castellano por Pablo de Olavide y Vicente García de la Huerta. Existe también una versión que se atribuye al mismo Cadalso, publicada en Cádiz, en 1765, bajo el seudónimo Fernando Jugaccís Pilotos.

[124] ¿Se trata de un petimetre fantástico que use de apellido el nombre de esta colonia? O se trata de la personificación de la colonia que va a echarse la autora de la carta, ya que está a punto de empezar su *toileta*. Recuérdese la personificación semejante al final de la carta IV: Monsieur Frivolité. Entre éste y Monsieur Lavande tenemos dos curiosos antepasados del Monsieur Sans-Délai que aparece en *Vuelva usted mañana*, de Larra.

[125] *crapaudina:* Se trata del plato de *poulet, ou pigeon à la crapaudine*, que es pollo o pichón aplastado y después asado a la parrilla.

[126] *pitoyable:* Véase la nota 21.

[127] *La Mayorita:* María Mayor Ordóñez, la tiple más conocida de Madrid en la época de Cadalso.

[128] *preveniente:* La autora de la carta recuerda el adjetivo francés *prévenant*, que quiere decir «agradable».

casa. Tomé de la limonada. Entré en mi gabinete para escribirte ésta, porque soy tu veritable amiga. Mi hermano no abandona su humor de misántropo; él siente todavía furiosamente el siglo pasado[129]; yo no le pondré jamás en estado de brillar; ahora quiere irse a su provincia. Mi primo ha dejado a la joven persona que él entretenía. Mi tío ha dado en la devoción; ha sido en vano que yo he pretendido hacerle entender la razón. Adiós, mi querida amiga, hasta otra posta. Ceso, porque me traen un dominó nuevo a ensayar.»

Acabó Nuño de leer, diciéndome:

—¿Qué has sacado en limpio de todo esto? Por mi parte, te aseguro que antes de humillarme a preguntar a mis amigos el sentido de estas frases, me hubiera sujetado a estudiarlas, aunque hubiesen sido precisas cuatro horas por la mañana y cuatro por la tarde durante cuatro meses. Aquello de *medio día y medio*, y que *no había sido día* hasta mediodía, me volvía loco, y todo se me iba en mirar al sol, a ver qué nuevo fenómeno ofrecía aquel astro. Lo del *deshabillé* también me apuró, y me di por vencido. Lo del *bonete de noche*, o de día, no pude comprender jamás qué uso tuviese en la cabeza de una mujer. *Hacer un tour* puede ser cosa muy santa y muy buena, pero suspendo el juicio hasta enterarme. Dice que leyó de la *Zaira* unos ocho versos; sea enhorabuena, pero no sé qué es *Zaira*. *Mr. de Lavanda*, dice que vino; bienvenido sea Mr. de Lavanda, pero no le conozco. Empezó su *toileta*, esto ya lo entendí, gracias a mi sobrino que me lo explicó, no sin bastante trabajo, según mis cortas entendederas, burlándose de que su tío es hombre que no sabe lo que es *toileta*. También me dijo lo que era *modista, piquete, maître d'hotel* y otras palabras semejantes. Lo que nunca me pudo explicar de modo que acá yo me hiciese bien cargo de ello, fue aquello de que *el jefe de cocina era divino*. También lo de *matar el tiempo*, siendo así que el tiempo es quien nos mata a todos, fue cosa que tampoco se me hizo fácil de entender, aunque mi intérprete habló mucho, y sin duda muy bueno, sobre este particular. Otro amigo, que sabe griego, o a lo menos dice que lo sabe, me dijo lo que era *misántropo*, cuyo

---

[129] *él siente … el siglo pasado:* huele al siglo pasado, acepción del verbo francés *sentir*.

sentido yo indagué con sumo cuidado por ser cosa que me tocaba personalmente; y a la verdad que una de dos: o mi amigo no me lo explicó cual es, o mi hermana no lo entendió, y siendo ambas cosas posibles, y no comoquiera, sino sumamente posibles, me creo obligado a suspender por ahora el juicio hasta tener mejores informes. Lo restante me lo entendí tal cual, ingeniándome acá a mi modo, y estudiando con paciencia, constancia y trabajo.

—Ya se ve —prosiguió Nuño—, ¿cómo había de entender esta carta el conde Fernán Gonzalo[130], si en su tiempo no había *té*, ni *deshabillé*, ni *bonete de noche*, ni había *Zaira*, ni *Mr. Vanda*, ni *toiletas*, ni *modistas*, ni *los cocineros eran divinos*, ni se conocían *crapaudinas* ni *café*, ni más licores que el agua y el vino?

Aquí lo dejó Nuño. Pero yo te aseguro, amigo Ben-Beley, que esta mudanza de modas es muy incómoda, hasta para el uso de la palabra, uno de los mayores beneficios en que naturaleza nos dotó. Siendo tan frecuentes estas mutaciones y tan arbitrarias, ningún español, por bien que hable su idioma este mes, puede decir: *El mes que viene entenderé la lengua que me hablen mis vecinos, mis amigos, mis parientes y mis criados.*

—Por todo lo cual —dice Nuño— mi parecer y dictamen, *salvo meliori*, es que en cada un año se fijen las costumbres para el siguiente, y por consecuencia se establezca el idioma que se ha de hablar durante sus trescientos sesenta y cinco días. Pero comoquiera que esta mudanza dimana en gran parte o en todo de los caprichos, invenciones y codicias de sastres, zapateros, ayudas de cámara, modistas, reposteros, cocineros, peluqueros y otros individuos igualmente útiles al vigor y gloria de los estados, convendría que cierto número igual de cada gremio celebre varias juntas en las cuales quede este punto evacuado. De resultas de estas respetables sesiones, vendan los ciegos por las calles públicas, en los últimos meses de cada un año, al mismo tiempo que el calendario, almanac y piscator, un papel que se intitule, poco más o menos: *Vocabulario nuevo al uso de los que quieran entenderse y explicarse con las gentes de moda, para el año de mil setecientos y tantos y*

---

[130] *Fernán Gonzalo:* Fernán González, el primer conde de Castilla, héroe del Romancero y de un poema épico del siglo XIII.

siguientes, aumentado, revisto y corregido por una sociedad de varo-
nes insignes, con los retratos de los más principales.

CARTA XXXVI

Del mismo al mismo

Prescindiendo de la corrupción de la lengua, consiguiente a la de las costumbres, el vicio de estilo más universal en nuestros días es el frecuente uso de una especie de antítesis, como el del equívoco lo fue en el siglo pasado. Entonces un orador no se detenía en decir un desatino de cualquiera clase que fuese, por no desperdiciar un equivoquillo pueril y ridículo; ahora se expone a lo mismo por aprovechar una contraposición, falsa muchas veces. Por ejemplo, en el año de 1670 diría un panegirista en la oración fúnebre de uno que por casualidad se llamase Fulano Vivo: «Vengo a predicar con viveza la muerte del Vivo que murió para el mundo, y con moribundos acentos la vida del muerto que vive en las lenguas de la fama.» Pero en 1770, un gacetista que escribiese una expedición hecha por los españoles en América no se detendría un minuto en decir: «Estos españoles hicieron en estas conquistas las mismas hazañas que los soldados de Cortés, sin cometer las crueldades que aquéllos ejecutaron.»

CARTA XXXVII

Del mismo al mismo

Reflexionando sobre la naturaleza del diccionario que quería publicar mi amigo Nuño, veo que, efectivamente, se han vuelto muy oscuros y confusos los idiomas europeos. El español ya no es inteligible. Lo más extraño es que los dos adjetivos *bueno* y *malo* ya no se usan. En su lugar, se han puesto otros que, lejos de ser equivalentes, pueden causar mucha confusión en el trato común.

Pasaba yo un día por el frente de un[131] regimiento formado en parada, cuyo aspecto infundía terror. Oficiales de distinción y experiencia, soldados veteranos, armas bien acondicionadas, banderas que daban muestras de las balas que habían recibido, y todo lo restante del aparato, verdaderamente guerrero, daba la idea más alta del poder de quien lo mantenía. Admiréme de la fuerza que manifestaba tan buen regimiento, pero las gentes que pasaban le aplaudían por otro término.

—¡Qué oficiales tan bonitos! —decía una cristiana desde el coche.

—¡Hermoso regimiento! —dijo un general galopando por el frente de banderas.

—¡Qué tropa tan lucida! —decían unos.

—¡Bella gente! —decían otros—. Pero ninguno dijo:

—Este regimiento está bueno.

Me hallé poco ha en una concurrencia en que se hablaba de un hombre que se deleitaba en fomentar cizaña en las familias, suscitar pleitos entre los vecinos, sorprender doncellas inocentes y promover toda especie de vicios. Unos decían:

—Fatal es este hombre.

Otros:

—¡Qué lástima que tenga esas cosas!

Pero nadie decía:

—Éste es un hombre malo.

Ahora, Ben-Beley, ¿qué te parece de una lengua en que se han quitado las voces *bueno* y *malo*? ¿Qué te parecerá de unas costumbres que han hecho tal reforma en la lengua?

CARTA XXXVIII

Del mismo al mismo

Uno de los defectos de la nación española, según el sentir de los demás europeos, es el orgullo. Si esto es así, es muy extraña la proporción en que este vicio se nota entre los españo-

---

[131] *de un:* Acepto la lección más lógica del *Correo de Madrid* y la edición de S. En los MS O y F hay *del*, pero no se trata de ningún regimiento concreto.

les, pues crece según disminuye el carácter del sujeto, parecido en algo a lo que los físicos dicen haber hallado en el descenso de los graves hacia el centro: tendencia que crece mientras más baja el cuerpo que la contiene. El rey lava los pies a
doce pobres en ciertos días del año, acompañado de sus hijos,
con tanta humildad, que yo, sin entender el sentido religioso
de esta ceremonia, cuando asistí a ella, me llené de ternura y
prorrumpí en lágrimas. Los magnates o nobles de primera jerarquía, aunque de cuando en cuando hablan de sus abuelos,
se familiarizan hasta con sus ínfimos criados.

Los nobles menos elevados hablan con más frecuencia de
sus conexiones, entronques y enlaces. Los caballeros de las
ciudades ya son algo pesados en punto de nobleza. Antes de
visitar a un forastero o admitirle en sus casas, indagan quién
fue su quinto abuelo, teniendo buen cuidado de no bajar un
punto de esta etiqueta, aunque sea en favor de un magistrado del más alto mérito y ciencia, ni de un militar lleno de heridas y servicios. Lo más es que, aunque uno y otro forastero
tengan un origen de los más ilustres, siempre se mira como
tacha inexcusable el no haber nacido en la ciudad donde se
halla de paso, pues se da por regla general que nobleza como
ella, no la hay en todo el reino.

Todo lo dicho es poco en comparación de la vanidad de
un hidalgo de aldea. Éste se pasea majestuosamente en la triste plaza de su pobre lugar, embozado en su mala capa, contemplando el escudo de armas que cubre la puerta de su casa
medio caída, y dando gracias a la Providencia divina de haberle hecho don Fulano de Tal. No se quitará el sombrero
(aunque lo pudiera hacer sin desembozarse); no saludará al
forastero que llega al mesón, aunque sea el general de la provincia o el presidente del primer tribunal de ella. Lo más que
se digna hacer es preguntar si el forastero es de casa solar conocida al fuero de Castilla, qué escudo es el de sus armas, y
si tiene parientes conocidos en aquellas cercanías[132].

---

[132] Para la figura de este arrogante pero mísero hidalgo, Cadalso debió de
inspirarse en la del hambriento escudero a quien sirve el buen Lázaro en Toledo, en el tratado tercero del *Lazarillo de Tormes*. Detalles que tienen en común son las malas capas que manejan con tanto arte, el orgullo de linaje que

Pero lo que te ha de pasmar es el grado en que se halla este vicio en los pobres mendigos. Piden limosna; si se les niega con alguna aspereza, insultan al mismo a quien poco ha suplicaban. Hay un proverbio por acá que dice: «El alemán pide limosna cantando, el francés llorando, y el español regañando.»

CARTA XXXIX

Del mismo al mismo

Pocos días ha, me entré una mañana en el cuarto de mi amigo Nuño antes que él se levantase. Hallé su mesa cubierta de papeles, y arrimándome a ellos con la libertad que nuestra amistad nos permite, abrí un cuadernillo que tenía por título *Observaciones y reflexiones sueltas*. Cuando pensé hallar una cosa por lo menos mediana, hallé que era un laberinto de materias sin conexión. Junto a una reflexión muy seria sobre la inmortalidad del alma, hallé otra acerca de la danza francesa, y entre dos relativas a la patria potestad, una sobre la pesca del atún. No pude menos de extrañar este desarreglo, y aun se lo dije a Nuño, quien sin alterarse ni hacer más movimiento que suspender la acción de ponerse una media, en cuyo movimiento le cogió mi reparo, me respondió:

—Mira, Gazel; cuando intenté escribir mis observaciones sobre las cosas del mundo y las reflexiones que de ellas nacen, creí también sería justo disponerlas en varias órdenes, como religión, política, moral, filosofía, crítica, etc. Pero cuando vi el ningún método que el mundo guarda en sus co-

---

define a ambos, y sus lóbregas casas. El siguiente trozo descriptivo sobre el escudero del *Lazarillo* es un antecedente del majestuoso paseo del hidalgo cadalsiano: «Y velle venir a mediodía la calle abajo, con estirado cuerpo, más largo que galgo de buena casta!» (ed. de Francisco Rico, Letras Hispánicas, 44, Madrid, Cátedra, 1987, pág. 94). Otro evidente antecedente: «…y díjome [el escudero] ser de Castilla la Vieja y que había dejado su tierra no más de por no quitar el bonete a un caballero vecino» (pág. 98).

sas, no me pareció digno de que estudiase mucho el de escribirlas. Así como vemos al mundo mezclar lo sagrado con lo profano, pasar de lo importante a lo frívolo, confundir lo malo y lo bueno, dejar un asunto para emprender otro, retroceder y adelantar a un tiempo, afanarse y descuidarse, mudar y afectar constancia, ser firme y aparentar ligereza, así también yo quiero escribir con igual desarreglo.

Al decir esto prosiguió vistiéndose, mientras fui hojeando el manuscrito. Extrañé también que un hombre tan amante de su patria tuviese tan poco escrito sobre el gobierno de ella; a lo que me dijo:

—Se ha escrito tanto, con tanta variedad, en tan diversos tiempos, y con tan distintos fines sobre el gobierno de las monarquías, que ya poco se puede decir de nuevo que sea útil a los estados, o seguro para los autores.

CARTA XL

Del mismo al mismo

Paseábame yo con Nuño la otra tarde por la calle principal de la Corte, muy divertido de ver la variedad de gentes que le hablaban y a quienes él respondía:

—Todos mis conocidos son mis amigos —me decía—, porque como saben que a todos quiero bien, todos me corresponden. No es el género humano tan malo como otros le suelen pintar, y como efectivamente le hallan los que no son buenos. Uno que desea y anhela continuamente a engrandecerse y enriquecerse a costa de cualquiera prójimo suyo, ¿qué derecho tiene a hallar ni aun a pretender el menor rastro de humanidad entre los hombres sus compañeros? ¿Qué sucede? Que no halla sino recíprocas injusticias en los mismos que le hubieran producido abundante cosecha de beneficios, si él no hubiera sembrado tiranías en sus pechos. Se irrita contra lo que es natural, y declama contra lo que él mismo ha causado. De aquí tantas invectivas contra el hombre, que de suyo es un animal tímido, sociable, cuitado.

Seguimos nuestra conversación y paseo, sin que el hilo de ella interrumpiese a mi amigo el cumplimiento, con el sombrero o con la mano, a cuantos encontrábamos a pie o en coche. Por esta urbanidad, que es casi religión en Nuño, me pareció sumamente extraña su falta de atención para con un anciano de venerable presencia, que pasó junto a nosotros, sin que mi amigo le saludase ni hiciese el menor obsequio, cuando merecía tanto su aspecto. Pasaba de ochenta años; abundantes canas le cubrían la cabeza majestuosa y frente arrugada, apoyábase en un bastón costoso; le sostenía con respeto un lacayo de librea magnífica; iba recibiendo reverencias del pueblo, y en todo daba a entender un carácter respetable.

—El culto con que veneramos a los viejos —me dijo Nuño— suele ser a veces más supersticioso que debido. Cuando miro a un anciano que ha gastado su vida en alguna carrera útil a la patria, lo miro sin duda con veneración; pero cuando el tal no es más que un ente viejo que de nada ha servido, estoy muy lejos de venerar sus canas.

CARTA XLI

Del mismo al mismo

Nosotros nos vestimos como se vestían dos mil años ha nuestros predecesores; los muebles de las casas son de la misma antigüedad de los vestidos; la misma facha tienen nuestras mesas, trajes de criados y todo lo restante; por todo lo cual sería imposible explicarte el sentido de esta voz: *lujo*. Pero en Europa, donde los vestidos se arriman antes de ser viejos, y donde los artesanos más viles de la república son los legisladores más respetados, esta voz es muy común; y para que no leas varias hojas de papel sin entender el asunto de que se trata, haz cuenta que lujo es la abundancia y variedad de las cosas superfluas a la vida.

Los autores europeos están divididos sobre si conviene o no esta variedad y abundancia. Ambos partidos traen especiosos argumentos en su apoyo. Los pueblos que, por su genio inventivo, industria mecánica y sobra de habitantes, han influido en las costumbres de sus vecinos, no sólo lo aprueban, sino que les predican el lujo y los empobrecen, persuadiéndoles ser útil lo que les deja sin dinero. Las naciones que no tienen esta ventaja natural gritan contra la introducción de cuanto en lo exterior choca a su sencillez y traje, y en lo interior los hace pobres.

Cosa fuerte es que los hombres, tan amigos de distinciones y precisiones en unas materias, procedan tan de bulto en otras. Distingan de lujo, y quedarán de acuerdo. Fomente cada pueblo el lujo que resulta de su mismo país, y a ninguno será dañoso. No hay país que no tenga alguno o algunos frutos capaces de adelantamiento y alteración. De estas modificaciones nace la variedad; con ésta se convida la vanidad; ésta fomenta la industria, y de esto resulta el lujo ventajoso al pueblo, pues logra su verdadero objeto, que es el que el dinero físico de los ricos y poderosos no se estanque en sus cofres, sino que se derrame entre los artesanos y pobres.

Esta especie de lujo perjudicará al comercio grande, o sea general; pero nótese que el tal comercio general del día consiste mucho menos en los artículos necesarios que en los superfluos. Por cada fanega de trigo, vara de paño o de lienzo que entra en España, ¡cuánto se vende de cadenas de reloj, vueltas de encaje, palilleros, abanicos, cintas, aguas de olor y otras cosas de esta calidad! No siendo el genio español dado a estas fábricas, ni la población de España suficiente para abastecerlas de obreros, es imposible que jamás compitan los españoles con los extranjeros en este comercio. Conque este comercio siempre será dañoso a España, pues la empobrece y la esclaviza al capricho de la industria extranjera; y ésta, hallando continuo pábulo en la extracción de los metales oro y plata (única balanza de la introducción de las modas), el efecto será cada día más exquisito y, por consiguiente, más capaz de agotar el oro y plata que tengan los españoles. En consecuencia de esto, estando el atractivo del lujo refinado y apurado, que engaña a los mismos que conocen que es perjudicial, y juntándose esto con aquello, no tiene fin el daño.

No quedan más que dos medios para evitar que el lujo sea total ruina de esta nación: o superar la industria extranjera, o privarse de su consumo, inventando un lujo nacional que igualmente lisonjeará el orgullo de los poderosos, y les obligará[133] a hacer a los pobres partícipes de sus caudales.

El primer medio parece imposible, porque las ventajas que llevan las fábricas extranjeras a las españolas son tantas, que no cabe que éstas desbanquen a aquéllas. Las que se establezcan en adelante, y el fomento de las ya establecidas, cuestan a la corona grandes desembolsos. Éstos no pueden resarcirse sino del producto de lo fabricado aquí, y esto siempre será a proporción más caro que lo fabricado afuera; conque lo de afuera siempre tendrá más despacho, porque el comprador acude siempre adonde por el mismo dinero halla más ventaja en la cantidad y calidad o ambas. Si, por algún accidente que no cabe en la especulación, pudiesen estas fábricas dar en el primer año el mismo género, y por el mismo precio que las extrañas, las de afuera, en vista del auge en que están desde tantos años en fuerza de los caudales adquiridos, y visto el fondo ya hecho, pueden muy bien malbaratar su venta, minorando en mucho los precios unos cuantos años; y en este caso, no hay resistencia de parte de las nuestras.

El segundo medio, cual es la invención de un lujo nacional, parecerá a muchos tan imposible como el primero, porque hace mucho tiempo que reina la epidemia de la imitación, y que los hombres se sujetan a pensar por el entendimiento de otros, y no cada uno por el suyo. Pero aun así, retrocediendo dos siglos en la historia, veremos que se vuelve imitación lo que ahora parece invención.

Siempre que para constituir el lujo baste la profusión, novedad y delicadez, digo que ha habido dos siglos ha (y por consiguiente no es imposible que lo haya ahora) un lujo nacional; lo que me parece demostrable de este modo. En los tiempos inmediatos a la conquista de América, no había las fábricas extranjeras en que se refunde hoy el producto de aquellas minas, porque el establecimiento de las dichas fábricas es muy moderno respecto a aquella época; y no obstante esto, había lujo pues había profusión, abundancia y delicadez (respecto que si no lo hubiera habido, entonces no se hu-

---

[133] En el MS O hay *obligaría*, pero el futuro de la edición de S, que adopto, está en mayor armonía sintáctica con el resto de la frase.

biera gastado sino lo preciso). Luego hubo en aquel tiempo un lujo considerable, puramente nacional; esto es, dimanado de los artículos que ofrece la naturaleza sin pasar los Pirineos. ¿Por qué, pues, no lo puede haber hoy, como lo hubo entonces? Pero ¿cuál fue? Indáguese en qué consistía la magnificencia de aquellos ricoshombres. No se avergüencen los españoles de su antigüedad, que por cierto es venerable la de aquel siglo. Dedíquense a hacerla revivir en lo bueno, y remediarán por un medio fácil y loable la extracción de tanto dinero como arrojan cada año, a cuya pérdida añaden la nota de ser tenidos por unos meros administradores de las minas que sus padres ganaron a costa de tanta sangre y trabajos.

¡Extraña suerte es la de América! ¡Parece que está destinada a no producir jamás el menor beneficio a sus poseedores! Antes de la llegada de los europeos, sus habitantes comían carne humana, andaban desnudos, y los dueños de toda la plata y oro del orbe no tenían la menor comodidad de la vida. Después de su conquista, sus nuevos dueños, los españoles, son los que menos aprovechan aquella abundancia.

Volviendo al lujo extranjero y nacional, éste, en la antigüedad que he dicho, consistía, a más de varios artículos ya olvidados, en lo exquisito de sus armas, abundancia y excelencia de sus caballos, magnificencia de sus casas, banquetes de increíble número de platos para cada comida, fábricas de Segovia y Córdoba, servicio personal voluntario al soberano, bibliotecas particulares, etc.; todo lo cual era producto de España y se fabricaba por manos españolas. Vuélvanse a fomentar estas especies y, consiguiéndose el fin político del lujo (que, como está ya dicho, es el reflujo de los caudales excesivos de los ricos a los pobres) se verán en breves años multiplicarse la población, salir de la miseria los necesitados, cultivarse los campos, adornarse las ciudades, ejercitarse la juventud y tomar el Estado su antiguo vigor. Éste es el cuadro del antiguo lujo. ¿Cómo retrataremos el moderno? Copiemos los objetos que se nos ofrecen a la vista, sin lisonjearlos ni ofenderlos.

El poderoso de este siglo (hablo del acaudalado, cuyo dinero físico es el objeto del lujo), ¿en qué gasta sus rentas? Despiértanle dos ayudas de cámara primorosamente peinados y vestidos. Toma café de Moca exquisito en taza traída de la China por Londres; pónese una camisa finísima de Holanda; luego una bata de mucho gusto tejida en León de Francia; lee un libro encuadernado en París; viste a la dirección de un sastre y peluquero francés; sale con un coche que se ha pintado donde el libro se encuadernó; va a comer, en vajilla labrada en París o Londres las viandas calientes, y en platos de Sajonia o China las frutas y dulces; paga a un maestro de música y otro de baile, ambos extranjeros; asiste a una ópera italiana, bien o mal representada, o a una tragedia francesa, bien o mal traducida; y al tiempo de acostarse, puede decir esta oración: «Doy gracias al cielo de que todas mis operaciones de hoy han sido dirigidas a echar fuera de mi patria cuanto oro y plata ha estado en mi poder.»

Hasta aquí he hablado con relación a la política, pues considerando sólo las costumbres, esto es, hablando no como estadista, sino como filósofo[134], todo lujo es dañoso, porque multiplica las necesidades de la vida, emplea el entendimiento humano en cosas frívolas y, hermoseando los vicios, hace despreciable la virtud, siendo ésta la única que produce los verdaderos bienes y gustos.

CARTA XLII

De Nuño a Ben-Beley

Según las noticias que Gazel me ha dado de ti, sé que eres un hombre de bien que vives en África, y según las que te habrá dado el mismo de mí, sabrás que soy un hombre de bien

---

[134] Los conceptos filosóficos de este *filósofo* se formulan en un lenguaje compuesto mitad de cuadros de las costumbres españolas que observa y mitad de reacciones personales relativas a lo observado. En fin: Cadalso es ya filósofo costumbrista, como lo sería en la centuria siguiente ese Mesonero que, tratando un tema semejante, ve en el mal gusto de los nuevos ricos un «espectáculo frecuente en el veleidoso teatro cortesano y grato pasatiempo del *observador filósofo*, que contempla con sonrisa tan mágico movimiento» (en el artículo *La posada o España en Madrid*, en *Obras, II*, ed. de Carlos Seco Serrano, BAE, t. CC, Madrid, Atlas, 1967, pág. 180b. La cursiva es mía). Sobre esto, véase la Introducción.

que vivo en Europa. No creo que necesite más requisito para que formemos mutuamente un buen concepto el uno del otro[135]. Nos estimamos sin conocernos; por poco que nos tratáramos, seríamos amigos.

El trato de este joven y el conocimiento de que tú le has dado crianza me impelen a dejar a Europa y pasar a África, donde resides. Deseo tratar un sabio africano, pues te juro que estoy fastidiado de todos los sabios europeos, menos unos pocos que viven en Europa como si estuviesen en África. Quisiera me dijeses qué método seguistes[136] y qué objeto llevaste en la educación de Gazel. He hallado su entendimiento a la verdad muy poco cultivado, pero su corazón inclinado a lo bueno; y como aprecio en muy poco toda la erudición del mundo respecto de la virtud, quisiera que nos viniesen de África unas pocas docenas de ayos como tú para encargarse de la educación de nuestros jóvenes, en lugar de los ayos europeos, que descuidan mucho la dirección de los corazones de sus alumnos por llenar sus cabezas de noticias de blasón, cumplidos franceses, vanidad española, arias italianas y otros renglones de esta perfección e importancia; cosas que serán sin duda muy buenas, pues tanto dinero llevan por enseñarlas, pero que me parecen muy inferiores a las máximas cuya práctica observo en Gazel.

Por medio de estos pocos renglones cumplo con su encargo y con mi deseo: todo esto me ha sido muy fácil. ¡Cuán dificultoso me hubiera sido practicar lo mismo respecto de un europeo! En el país del mundo en que hay más comodidad para que un hombre sepa de otro, por la prontitud y seguridad de los correos, se halla la mayor dificultad para escribir éste a aquél. Si, como eres un moro que jamás me has visto, ni yo he visto, que vives a doscientas leguas de mi casa, y que eres en todo diferente de mí, fueses un europeo cristiano y

---

[135] Nuño y Ben-Beley vuelven a poner en práctica el cosmopolitismo filosófico de los hombres de bien que se miran sin competencia. La carta empieza y termina en el mismo tono, pues a su final el Ser Supremo, Dios y Alá se unen en universal armonía con los pueblos americanos, africanos, asiáticos y europeos.

[136] Véase la nota 75.

avecindado a diez leguas de mi lugar, sería obra muy seria la de escribirte por la primera vez. Primero, había de considerar con madurez lo ancho del margen de la carta. Segundo, sería asunto de mucha reflexión la distancia que había de dejar entre el primer renglón y la extremidad del papel. Tercero, meditaría muy despacio el cumplido con que había de empezar. Cuarto, no con menos aplicación estudiaría la expresión correspondiente para el fin. Quinto, no merecía menos cuidado el saber cómo te había de llamar en el contenido de la carta; o si había de dirigir el discurso como hablando contigo solo, o como con muchos, o como con tercera parte, o al señorío que puedes tener en algún lugar, o a la excelencia tuya sobre varios que tengan señoríos, o a otras calidades semejantes sin hacer caso de tu persona; naciendo de todo esto tanta y tan terrible confusión, que por no entrar en ella muchas veces deja de escribir un español a otro.

El Ser Supremo, que nosotros llamamos Dios y vosotros Alá y es quien hizo África, Europa, América y Asia, te guarde los años y con las felicidades que deseo, a ti y a todos los americanos, africanos, asiáticos y europeos.

CARTA XLIII

De Gazel a Nuño

La ciudad en que ahora me hallo es la única de cuantas he visto que se parece a las de la antigua España, cuya descripción me has hecho muchas veces. El color de los vestidos, triste; las concurrencias, pocas; la división de los dos sexos, fielmente observada; las mujeres, recogidas; los hombres, celosos; los viejos, sumamente graves; los mozos, pendencieros, y todo lo restante del aparato me hace mirar mil veces al calendario por ver si estamos efectivamente en el año que vosotros llamáis de 1768[137], o si es el de 1500, ó 1600 al sumo.

---

[137] En 1768 Cadalso debió de sacar los primeros apuntes para esta obra, que escribió en 1774.

Sus conversaciones son correspondientes a sus costumbres. Aquí no se habla de los sucesos que hoy vemos ni de las gentes que hoy viven, sino de los eventos que ya pasaron y hombres que ya fueron. He llegado a dudar si por arte mágica me representa algún encantador las generaciones anteriores. Si esto es así, ¡ojalá alcanzara la ciencia del hechicero a traerme a los ojos las edades futuras! Pero sin molestarme más en este correo, y reservando el asunto para cuando nos veamos, te aseguro que admiro como singular mérito en estos habitantes la reverencia que hacen continuamente a las cenizas de sus padres. Es una especie de perpetuo agradecimiento a la vida que de ellos han recibido. Pero, pues en esto puede haber exceso, como en todas las prendas de los hombres, cuya naturaleza suele viciar hasta las virtudes mismas, respóndeme lo que se te[138] ofrezca sobre este particular.

CARTA XLIV

De Nuño a Gazel. Respuesta de la antecedente

Empiezo a responder a tu última carta por donde tú la acabaste. Confírmate en la idea de que la naturaleza del hombre es tan malvada que, para valerme de tu propia expresión, suele viciar hasta las virtudes mismas. La economía es, sin duda, una virtud moral, y el hombre que es extremado en ella la vuelve en el vicio llamado avaricia; la liberalidad se muda en prodigalidad, y así de las restantes. El amor de la patria es ciego como cualquiera otro amor; y si el entendimiento no le dirige, puede muy bien aplaudir lo malo, desechar lo bueno, venerar lo ridículo y despreciar lo respetable. De esto nace que, hablando con cariño de la antigüedad, va el español expuesto a muchos yerros siempre que no se haga la distinción

---

[138] Acepto la lección más moderna de S. En las copias manuscritas de la obra, todas de mano ajena, hay *te se*, pero Dupuis y Glendinning afirman que no se conoce ningún caso de este orden anticuado en manuscritos autógrafos de Cadalso.

siguiente. En dos clases divido los españoles que hablan con entusiasmo de la antigüedad de su nación: los que entienden por antigüedad el siglo último, y los que por esta voz comprenden el antepasado y anteriores.

El siglo pasado no nos ofrece cosa que pueda lisonjearnos. Se me figura España desde el[139] fin de mil quinientos[140] como una casa grande que ha sido magnífica y sólida, pero que por el discurso de los siglos se va cayendo y cogiendo debajo a los habitantes. Aquí se desploma un pedazo del techo, allí se hunden dos paredes, más allá se rompen dos columnas, por esta parte faltó un cimiento, por aquélla se entró el agua de las fuentes, por la otra se abre el piso; los moradores gimen, no saben adónde[141] acudir; aquí se ahoga en la cuna el dulce fruto del matrimonio fiel; allí muere de golpes de las ruinas, y aun más del dolor de ver a este espectáculo, el anciano padre de la familia; más allá entran ladrones a aprovecharse de la desgracia; no lejos roban los mismos criados, por estar mejor instruidos, lo que no pueden los ladrones que lo ignoran.

Si esta pintura te parece más poética que verdadera, registra la historia, y verás cuán justa es la comparación. Al empezar este siglo, toda la monarquía española, comprendidas las dos Américas, medio Italia y Flandes, apenas podía mantener veinte mil hombres, y ésos mal pagados y peor disciplinados. Seis navíos de pésima construcción, llamados galeones, y que traían de Indias el dinero que escapase de[142] los piratas y corsarios; seis galeras ociosas en Cartagena, y algunos navíos que se alquilaban según las urgencias para transporte de España a Italia, y de Italia a España, formaban toda la armada real. Las rentas reales, sin bastar para mantener la corona, sobraban para aniquilar al vasallo, por las confusiones introducidas en su cobro y distribución. La agricultura, total-

---

[139] *el*: Falta el artículo en O, F, H y L. Acepto la lección estilísticamente superior de S.

[140] *desde el fin de mil quinientos:* Es decir, desde el fin del siglo XVI.

[141] *adónde:* Acepto la lección superior de S. El MS O tiene *dónde*.

[142] *de:* Esta preposición falta en O y los otros manuscritos. La suplo por el texto del *Correo de Madrid* y de la edición de S.

mente arruinada, el comercio, meramente pasivo, y las fábricas, destruidas, eran inútiles a la monarquía. Las ciencias aún estaban en pie, mas despreciables: tediosas y vanas disputas continuadas que se llamaban filosofía; en la poesía se admitían[143] equívocos ridículos y pueriles; el pronóstico, que se hacía junto con el almanac, lleno de insulseces de astrología judiciaria, formaba casi toda la matemática que se conocía; voces hinchadas y campanudas, frases dislocadas, gestos teatrales, formaban la oratoria práctica y especulativa. Aun los hombres grandes que produjo aquella era tenían que sujetarse al mal gusto del siglo, como hermosos esclavos de tiranos feísimos. ¿Quién, pues, aplaudirá tal siglo?

Pero ¿quién no se envanece si se habla del siglo anterior, en que todo español era un soldado respetable? Del siglo en que nuestras armas conquistaban las dos Américas y las islas de Asia, aterraban a África e incomodaban a toda Europa con ejércitos pequeños en número y grandes por su gloria, mantenidos en Italia, Alemania, Francia y Flandes, y cubrían los mares con escuadras y armadas de navíos, galeones y galeras; del siglo en que la academia de Salamanca hacía el primer papel entre las universidades del mundo; del siglo en que nuestro idioma se hablaba por todos los sabios y nobles de Europa. ¿Y quién podrá tener voto en materias críticas, que confunda dos eras tan diferentes, que parece en ellas la nación dos pueblos diversos? ¿Equivocará un entendimiento mediano un tercio de españoles delante de Túnez, mandado por Carlos I, con la guardia de la cuchilla[144] de Carlos II? ¿A Garcilaso con Villamediana? ¿Al Brocense con cualquiera de los humanistas de Felipe IV? ¿A don Juan de Austria, hermano de Felipe II, con don Juan de Austria, hijo de Felipe IV? Créeme que la voz antigüedad es demasiado amplia,

---

[143] En O hay *fundaban*, que carece de sentido. En los MS H y L y en el *Correo de Madrid*, se lee *se admitían;* en S y el MS F se encuentra el mismo verbo, pero no es reflexivo.
[144] *cuchilla*: «Se llama también el arma de acero que traían los archeros de la guardia de Corps; y era de media vara de largo con un solo corte, que remataba en punta, fijada en un astil de dos varas de largo» *(Autoridades)*.

como la mayor parte de las que pronuncian los hombres con sobrada ligereza.

La predilección con que se suele hablar de todas los cosas antiguas, sin distinción de crítica, es menos efecto de amor hacia ellas que de odio a nuestros contemporáneos. Cualquiera virtud de nuestros coetáneos nos choca, porque la miramos como un fuerte argumento contra nuestros defectos; y vamos a buscar las prendas de nuestros abuelos, por no confesar las de nuestros hermanos, con tanto ahínco que no distinguimos al abuelo que murió en su cama, sin haber salido de ella, del que murió en campaña, habiendo siempre vivido cargado con sus armas; ni dejamos de confundir al abuelo nuestro, que no supo cuántas leguas tiene un grado geográfico, con los Álavas[145] y otros, que anunciaron los descubrimientos matemáticos hechos un siglo después por los mayores hombres de aquella facultad. Basta que no les hayamos conocido, para que los queramos; así como basta que tratemos a los de nuestros días, para que sean objeto de nuestro odio o desprecio.

Es tan ciega y tan absurda esta indiscreta pasión a la antigüedad, que un amigo mío, bastante gracioso por cierto, hizo una exquisita burla de uno de los que adolecen de esta enfermedad. Enseñóle un soneto de los más hermosos de Hernando de Herrera, diciéndole que lo acababa de componer un condiscípulo suyo. Arrojólo al suelo el imparcial crítico, diciéndole que no se podía leer de puro flojo e insípido. De allí a pocos días, compuso el mismo muchacho una octava, insulsa si las hay, y se la llevó al oráculo, diciendo que había hallado aquella composición en un manuscrito de letra de la monja de Méjico[146]. Al oírlo, exclamó[147] el otro, diciendo:

---

[145] Alusión a Diego de Álava y Viamont, autor de *El perfecto capitán instruido en la disciplina militar y nueva ciencia de la artillería*, Madrid, 1590. La ingeniería militar se consideraba como una rama de las matemáticas, y así se explica la referencia en el presente contexto.

[146] *la monja de Méjico:* Sor Juana Inés de la Cruz.

[147] *exclamó:* O tiene *se exclamó*. Sigo las demás versiones, en ninguna de las que se halla el *se*.

—¡Esto sí que es poesía, invención, lenguaje, armonía, dulzura, fluidez, elegancia, elevación! —y tantas cosas más que se me olvidaron; pero no a mi sobrino, que se quedó con ellas de memoria, y cuando oye o lee alguna infelicidad del siglo pasado delante de un apasionado de aquella era, siempre exclama con increíble entusiasmo irónico:

—¡Esto sí que es invención, poesía, lenguaje, armonía, dulzura, fluidez, elegancia, elevación!

Espero cartas de Ben-Beley; y tú, manda a Nuño.

CARTA XLV

De Gazel a Ben-Beley

Acabo de llegar a Barcelona. Lo poco que he visto de ella me asegura ser verdadero el informe de Nuño, el juicio que formé por instrucción suya del genio de los catalanes y utilidad de este principado. Por un par de provincias semejantes podía el rey de los cristianos trocar sus dos Américas. Más provecho redunda a su corona de la industria de estos pueblos que de la pobreza de tantos millones de indios. Si yo fuera señor de toda España, y me precisaran a escoger los diferentes pueblos de ella por criados míos, haría a los catalanes mis mayordomos.

Esta plaza es de las más importantes de la Península y, por tanto, su guarnición es numerosa y lucida, porque entre otras tropas se hallan aquí las que llaman guardias de infantería española. Un individuo de este cuerpo está en la misma posada que yo desde antes de la noche en que llegué; ha congeniado sumamente conmigo por su franqueza, cortesanía y persona, es muy joven, su vestido es el mismo que el de los soldados rasos, pero sus modales le distinguen fácilmente del vulgo soldadesco. Extrañé esta contradicción; y ayer, en la mesa, que estas posadas llaman redonda, porque no tienen asiento preferente, viéndole tan familiar y tan bien recibido con los oficiales más viejos del cuerpo, que son muy respetables, no pude aguantar un minuto más mi curiosidad acerca de su clase, y así le pregunté quién era.

—Soy —me dijo— cadete de este cuerpo, y de la compañía de aquel caballero —señalando a un anciano venerable, con la cabeza cargada de canas, el cuerpo lleno de heridas y el aspecto guerrero.

—Sí, señor, y de mi compañía —respondió el viejo—. Es nieto y heredero de un compañero mío que mataron a mi lado en la batalla de Campo Santo[148]; tiene veinte años de edad y cinco de servicio; hace el ejercicio mejor que todos los granaderos del batallón; es un poco travieso, como los de su clase y edad, pero los viejos no lo extrañamos, porque son lo que fuimos, y serán lo que somos.

—No sé qué grado es ese de cadete —dije yo.

—Esto se reduce —dijo otro oficial— a que un joven de buena familia sienta plaza; sirve doce o catorce años, haciendo siempre el ejercicio de soldado raso, y después de haberse portado como es regular se arguya de su nacimiento, es promovido al honor de llevar una bandera con las armas del rey y divisa del regimiento. En todo este tiempo, suelen consumir, por la indispensable decencia con que se portan, sus patrimonios, y por las ocasiones de gastar que se les presentan, siendo su residencia en esta ciudad, que es lucida y deliciosa, o en la Corte, que es costosa.

—Buen sueldo gozarán —dije yo—, para estar tanto tiempo sin el carácter de oficial y con gastos como si lo fueran.

—El prest de soldado raso y nada más —dijo el primero—; en nada se distinguen, sino en que no toman ni aun eso, pues lo dejan con alguna gratificación más al soldado que cuida de sus armas y fornitura.

—Pocos habrá —insté yo— que sacrifiquen de ese modo su juventud y patrimonio.

—¿Cómo pocos? —saltó el muchacho—. Somos cerca de doscientos, y si se admitiesen todos los que pretenden ser admitidos, llegaríamos a dos mil. Lo mejor es que nos estorba-

---

[148] *la batalla de Campo Santo:* En esta batalla, en la provincia de Módena (Italia), los españoles fueron derrotados por los austríacos en 1743.

mos mutuamente para el ascenso, por el corto número de vacantes y grande de cadetes; pero más queremos esperar montando centinelas con esta casaca que dejarla. Lo más que hacen algunos de los nuestros es comprar compañías de caballería o dragones, cuando la ocasión se presenta, si se hallan ya impacientes de esperar; y aun así, quedan con tanto afecto al regimiento como si viviesen en él.

—¡Glorioso cuerpo —exclamé yo—, en que doscientos nobles ocupan el hueco de otros tantos plebeyos, sin más paga que el honor de la nación! ¡Gloriosa nación, que produce nobles tan amantes de su rey! ¡Poderoso rey, que manda a una nación cuyos nobles individuos no anhelan más que a servirle, sin reparar en qué clase ni con qué premio!

CARTA XLVI

Ben-Beley a Nuño

Cada día me agrada más la noticia de la continuación de tu amistad con Gazel, mi discípulo. De ella infiero que ambos sois hombres de bien. Los malvados no pueden ser amigos. En vano se juran mil veces mutua amistad y estrecha unión; en vano uniforman su proceder; en vano trabajan unidos algún objeto común: nunca creeré que se quieran. El uno engaña al otro, y éste al primero, por recíprocos intereses de fortuna, o esperanza de ella. Para esto, sin duda necesitan ostentar una amistad firmísima con una aparente confianza. Pero de nadie se desconfían más que el uno del otro, porque el primero conoce los fraudes del segundo, a menos que se recaten mutuamente el uno del otro; en cuyo caso habrá mucha menor franqueza y, por consiguiente, menor amistad. No dudo que ambos se unan muy de veras en daño de un tercero; pero perdido éste, los dos inmediatamente riñen por quedar uno solo en posesión del bocado que arrebataron de las manos del perdido; así como dos salteadores de camino se juntan para robar al pasajero, pero luego se hieren mutuamente sobre repartir lo que han robado.

De aquí viene que el pueblo ignorante se admire cuando ve convertida en odio la amistad que tan pura y firme le parecía. «¡Alá! ¡Alá!, dicen, ¿quién creyera que aquellos dos se separaran al cabo de tantos años? ¡Qué corazón el del hombre! ¡Qué inconstante! ¿Adónde te refugiaste, santa amistad? ¿Dónde te hallaremos? ¡Creíamos que tu asilo era el pecho de cualquiera de estos dos, y ambos te destierran!» Pero considérense las circunstancias de este caso, y se conocerá que todas éstas son vanas declamaciones e injurias al corazón humano. Si el vulgo (tan discretamente llamado profano por un poeta filósofo latino[149], cuyas obras me envió Gazel), si el vulgo, digo, profano supiese la verdadera clave de esta y de otras maravillas, no se espantaría de tantas. Entendería que aquella amistad no lo fue, ni mereció más nombre que el de una mutua traición conocida por ambas partes, y mantenida por las mismas el tiempo que pareció conducente.

Al contrario, entre dos corazones rectos, la amistad crece con el trato. El recíproco conocimiento de las bellas prendas que por días se van descubriendo aumenta la mutua estimación. El consuelo que el hombre bueno recibe viendo crecer el fruto de la bondad de su amigo le estimula a cultivar más y más la suya propia. Este gozo, que tanto eleva al virtuoso, jamás puede llegar a gozarle, ni aun a conocerle, el malvado. La naturaleza le niega un número grande de gustos inocentes y puros, en trueque de las satisfacciones inicuas que él mismo se procura fabricar con su talento siniestramente dirigido. En fin, dos malvados felices a costa de delitos se miran con envidia, y la parte de prosperidad que goza el uno es tormento para el otro. Pero dos hombres justos, cuando se hallan en alguna situación dichosa, gozan no sólo de su propia dicha cada uno, sino también de la del otro. De donde se infiere que la maldad, aun en el mayor auge de la fortuna, es semilla abundante de recelos y sustos; y que al contrario, la bondad, aun cuando parece desdichada, es fuente continua de gustos, delicias y sosiego. Éste es mi dictamen sobre la

---

[149] La primera oda del libro III de las *Odas* de Horacio empieza con las palabras: «Odi profanum vulgus.»

amistad de los buenos y malos; y no lo fundo sólo en esta especulación, que me parece justa, sino en repetidos ejemplares que abundan en el mundo.

CARTA XLVII

Respuesta de la anterior

Veo que nos conformamos mucho en las ideas de virtud, amistad y vicio, como también en la justicia que hacemos al corazón del hombre en medio de la universal sátira que padece la humanidad en nuestros días. Bien me lo prueba tu carta, pero si se publicase pocos la entenderían. La mayor parte de los lectores la tendrían por un trozo de moral y casi de ningún servicio en el trato humano. Reiríanse de ella los mismos que lloran algunas veces de resultas de no observarse semejante doctrina. Ésta es otra de nuestras flaquezas, y de las más antiguas, pues no fue el siglo de Augusto el primero que dio motivo a decir: *Conozco lo mejor y sigo lo peor*[150]; y desde aquél al nuestro, han pasado muchos, todos muy parecidos los unos a los otros.

CARTA XLVIII

Nuño a Ben-Beley

He visto en una de las cartas que Gazel te escribe un retrato horroroso del siglo actual, y la ridícula defensa de él, hecha por un hombre muy superficial e ignorante. Partamos la diferencia tú y yo entre los dos pareceres; y sin dejar de conocer que no es la era tan buena ni tan mala como se dice,

---

[150] Traducción libre de palabras de Ovidio: «Video meliora, proboque; deteriora sequor» *(Metamorfosis,* lib. VII, vv. 20-21).

confesemos que lo peor que tiene este siglo es que lo defiendan como cosa propia semejantes abogados. El que se ve en esta carta oponerse a la demasiado rigurosa crítica de Gazel es capaz de perder la más segura causa. Emprende la defensa, como otros muchos, por el lado que muestra más flaqueza y ridiculez. Si en lugar de querer sostener estas locuras se hiciera cargo de lo que merece verdaderos aplausos, hubiera dado sin duda al africano mejor opinión de la era en que vino a Europa. Otro efecto le hubiera causado una relación de la suavidad de costumbres, humanidad en la guerra, noble uso de las victorias, blandura en los gobiernos; los adelantamientos en las matemáticas y física; el mutuo comercio de talentos por medio de las traducciones que se hacen en todas las lenguas de cualquiera obra que sobresale en alguna de ellas. Cuando todas estas ventajas no sean tan efectivas como lo parecen, pueden a lo menos hacer equilibrio con la enumeración de desdichas que hace Gazel; y siempre que los bienes y los males, los delitos y las virtudes estén en igual balanza, no puede llamarse tan infeliz el siglo en que se nota esta igualdad, respecto del número que nos muestra la historia llenos de miserias y horrores, y sin una época siquiera que consuele al género humano.

CARTA XLIX

Gazel a Ben-Beley

¿Quién creyera que la lengua tenida universalmente por la más hermosa de todas las vivas dos siglos ha, sea hoy una de las menos apreciables? Tal es la prisa que se han dado a echarla a perder los españoles. El abuso de su flexibilidad, digámoslo así, la poca economía en figuras y frases de muchos autores del siglo pasado, y la esclavitud de los traductores del presente a sus originales, han despojado este idioma de sus naturales hermosuras, cuales eran laconismo, abundancia y energía. Los franceses han hermoseado el suyo, al paso que los españoles han desfigurado el que tanto habían perfeccionado[151]. Un párrafo de Voltaire, Montesquieu y otros coetáneos tiene tal abundancia de las tres hermosuras referidas, que no parecía caber en el idioma francés; y siendo anteriores con un siglo y algo más los autores que han escrito en buen castellano[152], los españoles del día parecen haber hecho asunto formal de humillar el lenguaje de sus padres. Los traductores e imitadores de los extranjeros son los que más han lucido en esta empresa. Como no saben su propia lengua, porque no se sirven tomar el trabajo de estudiarla, cuando se hallan con alguna hermosura en algún original francés, italiano o inglés, amontonan galicismos, italianismos y anglicismos, con lo cual consiguen todo lo siguiente:

1.º Defraudan el original de su verdadero mérito, pues no dan la verdadera idea de él en la traducción. 2.º Añaden al castellano mil frases impertinentes. 3.º Lisonjean al extranjero, haciéndole creer que la lengua española es subalterna a las otras. 4.º Alucinan a muchos jóvenes españoles, disuadiéndoles del indispensable estudio de su lengua natal.

Sobre estos particulares suele decirme Nuño:

—Algunas veces me puse a traducir, cuando muchacho, varios trozos de literatura extranjera; porque así como algunas naciones no tuvieron a menos el traducir nuestras obras en los siglos en que éstas lo merecían, así debemos nosotros portarnos con ellas en lo actual. El método que seguí fue éste: leía un párrafo del original con todo cuidado; procuraba tomarle el sentido preciso; lo meditaba mucho en mi mente, y luego me preguntaba yo a mí mismo: Si yo hubiese de poner en castellano la idea que me ha producido esta

---

[151] *los españoles han desfigurado el que tanto habían perfeccionado:* Ésta es la lección clara de S. En las demás versiones hay *los españoles lo han desfigurado,* donde gramaticalmente el pronombre acusativo sólo podía referirse al idioma francés.

[152] He aquí una nueva reiteración de la preferencia de Cadalso por el español sencillo, directo, pulido, en una palabra, clásico de los escritores patrios del siglo XVI, así como otro ejemplo del sentido superlativo de *bueno.* Si un escritor reúne todas las cualidades connotadas por este adjetivo, ¿a qué más puede aspirar? Concepto del clasicismo que se vuelve a subrayar con la lista de autores que se halla más adelante en esta carta.

especie que he leído, ¿cómo lo haría? Después recapacitaba si algún autor antiguo español había dicho cosa que se le pareciese; si se me figuraba que sí, iba a leerlo, y tomaba todo lo que me parecía ser análogo a lo que deseaba. Esta familiaridad con los españoles del siglo XVI y alguno del XVII me sacó de muchos apuros, y sin esta ayuda es formalmente imposible el salir de ellos, a no cometer los vicios de estilo que son tan comunes.

«Más te diré. Creyendo la transmigración de las artes tan firmemente como cree la de las almas cualquiera buen pitagorista, he creído ver en el castellano y latín de Luis Vives, Alonso Matamoros[153], Pedro Ciruelo[154], Francisco Sánchez llamado el Brocense, Hurtado de Mendoza, Ercilla, fray Luis de Granada, fray Luis de León, Garcilaso, Argensola, Herrera, Álava[155], Cervantes y otros, las semillas que tan felizmente han cultivado los franceses de la mitad última del siglo pasado, de que tanto fruto han sacado los del actual. En medio del justo respeto que siempre han observado las plumas españolas en materias de religión y gobierno, he visto en los referidos autores excelentes trozos, así de pensamiento como de locución, hasta en las materias frívolas de pasatiempo gracioso; y en aquellas en que la crítica con sobrada libertad suele mezclar lo frívolo con lo serio, y que es precisamente el género que más atractivo tiene en lo moderno extranjero, hallo mucho en lo antiguo nacional, así impreso como inédito. Y en fin, concluyo que, bien entendido y practicado nuestro

---

[153] Véase la nota 95.
[154] Pedro Ciruelo es autor de la *Reprobación de las supersticiones y hechicerías*, que entre 1538 y 1628 tuvo ocho ediciones. Ciruelo es autor asimismo de un *Cursus quattuor mathematicarum artium liberlaium* (1516) y de un *Arte de bien confesar* (1536). El gran amigo de Cadalso, el fabulista Tomás de Iriarte, en una nota a pie de página, en *Los literatos en Cuaresma*, escribe: «Los aficionados a comedias de magia y hechicerías harán bien en consultar sobre la materia al muy reverendo maestro Ciruelo, que la trató fundamentalmente en un libro intitulado *Reprobación de las supersticiones y hechicerías* [...]. Es tratado muy curioso, y todavía necesitaríamos que se reimprimiese otro par de veces» (en Iriarte, *Colección de obras en verso y prosa*, Madrid, Imprenta Real, 1805, t. VII, pág. 83).
[155] Véase la nota 145.

idioma, según lo han manejado los maestros arriba citados, no necesita más echarlo a perder en la traducción de lo que se escribe, bueno o malo, en lo restante de Europa; y a la verdad, prescindiendo de lo que han adelantado en física y matemáticas, por lo demás no hacen absoluta falta las traducciones.»

Esto suele decir Nuño cuando habla seriamente en este punto.

CARTA L

Gazel a Ben-Beley

El uso fácil de la imprenta, el mucho comercio, las alianzas entre los príncipes y otros motivos han hecho comunes a toda la Europa las producciones de cada reino de ella. No obstante, lo que más ha unido a los sabios europeos de diferentes países es el número de traducciones de unas lenguas en otras; pero no creas que esta comodidad sea tan grande como te la figuras desde luego. En las ciencias positivas, no dudo que lo sea, porque las voces y frases para tratarlas en todos los países son casi las propias, distinguiéndose éstas muy poco en la sintaxis, y aquéllas sólo en la terminación, o tal vez en la pronunciación de las terminaciones; pero en las materias puramente de moralidad, crítica, historia o pasatiempo, suele haber mil yerros en las traducciones, por las varias índoles de cada idioma.

Una frase, al parecer la misma, suele ser en la realidad muy diferente, porque en una lengua es sublime, en otra es baja, y en otra media. De aquí viene que no sólo no se da el verdadero sentido que tiene en una, si se traduce exactamente, sino que el mismo traductor no la entiende; y por consiguiente, da a su nación una siniestra idea del autor extranjero, siguiendo a tanto exceso alguna vez este daño, que se dejan de traducir muchas cosas, porque suenan mal a quien emprendiera de buena gana la traducción si le sonasen bien, como si le acompañaran las cosas necesarias para este ingrato trabajo, cuales son, a saber: su lengua, la extraña, la materia, y las costumbres también de ambas naciones. De aquí nace la imposibilidad positiva de traducirse algunas obras. El poema burlesco de los ingleses titulado *Hudibras*[156] no puede pasarse a lengua alguna del continente de Europa. Por lo mismo, nunca pasaron los Pirineos las letrillas satíricas de Góngora, y por lo propio muchas comedias de Molière jamás gustaron sino en Francia, aunque sean todas composiciones perfectas en sus líneas.

Esto, que parece desgracia, lo he mirado siempre como fortuna. Basta que los hombres sepan participarse los frutos que sacan de las ciencias y artes útiles, sin que también se comuniquen sus extravagancias. La nobleza francesa tiene cierta especie de vanidad; exprésela el cómico censor en la comedia *Le Glorieux*[157], sin que esta necedad se comunique a la nobleza española; porque ésta, que es por lo menos tan vana como la otra, se halla muy bien reprendida del mismo vicio, a su modo, en la ejecutoria del drama intitulado *El dómine Lucas*[158], sin que se pegue igual locura a la francesa. Hartas ridiculeces tiene cada nación sin copiar las extrañas. La imperfección en que se hallan aún hoy las facultades beneméritas de la sociedad humana prueba que necesita del esfuerzo unido de todas las naciones que conocen la utilidad de la cultura.

---

[156] *Hudibras* (1663-1678), poema épico burlesco de Samuel Butler (1612-1680), cuyos temas son la guerra civil inglesa del siglo XVII y la secta de los puritanos. En la carta XXII de sus *Lettres philosophiques* (1734), Voltaire compara al personaje Hudibras con don Quijote y expresa ya el juicio de que tal obra no se dejaría traducir.

[157] *Le Glorieux* (1732), comedia de Pierre Néricault Destouches (1680-1754), cuyo tema es el conflicto social producido por matrimonios entre la nobleza empobrecida y los nuevos ricos. En las obras de Destouches se acusan ya rasgos de la comedia lacrimosa.

[158] *El dómine Lucas* (1716), comedia de figurón de José de Cañizares (1676-1750). Esta obra se consideraba como antecedente de la comedia neoclásica, porque su tema es contemporáneo y porque como en el teatro cómico de la segunda mitad del siglo se analiza un exagerado tipo psicológico.

CARTA LI

De Gazel a Ben-Beley

Una de las palabras cuya explicación ocupa más lugar en el diccionario de mi amigo Nuño es la voz *política*, y su adjetivo derivado *político*. Quiero copiarte todo el párrafo. Dice así:

«*Política* viene de la voz griega que significa ciudad[159], de donde se infiere que su verdadero sentido es la ciencia de gobernar pueblos, y que los políticos son aquellos que están en semejantes encargos o, por lo menos, en carrera de llegar a estar en ellos. En este supuesto, aquí acabaría este artículo, pues venero su carácter; pero han usurpado este nombre estos sujetos que se hallan muy lejos de verse en tal situación ni merecer tal respeto. Y de la corrupción de esta palabra mal apropiada a estas gentes nace la precisión de extenderme más. Políticos de esta segunda especie son unos hombres que de noche no sueñan y de día no piensan sino en hacer fortuna por cuantos medios se ofrezcan. Las tres potencias del alma racional y los cinco sentidos del cuerpo humano se reducen a una desmesurada ambición en semejantes hombres. No quieren, ni entienden, ni se acuerdan de cosa que no vaya dirigida a este fin. La naturaleza pierde toda su hermosura en el ánimo de ellos. Un jardín no es fragante, ni una fruta es deliciosa, ni un campo es ameno, ni un bosque es frondoso, ni las diversiones tienen atractivo, ni la comida les satisface, ni la conversación les ofrece gusto, ni la salud les produce alegría, ni la amistad les da consuelo, ni el amor les presenta delicia, ni la juventud les fortalece. Nada importan las cosas del mundo en el día, la hora, el minuto, que no adelantan un paso en la carrera de la fortuna. Los demás hombres pasan por varias alteraciones de

---

[159] Esa voz griega es *polis*.

266

gustos y penas; pero éstos no conocen más que un gusto, y es el de adelantarse, y así tienen, no por pena, sino por tormentos inaguantables, todas las varias contingencias e infinitas casualidades de la vida humana.

»Para ellos, todo inferior es un esclavo, todo igual es un enemigo, todo superior es un tirano. La risa y el llanto en estos hombres son como las aguas del río que han pasado por parajes pantanosos: vienen tan turbias, que no es posible distinguir su verdadero sabor y color. El continuo artificio, que ya se hace segunda naturaleza en ellos, los hace insufribles aun a sí mismos. Se piden cuenta del poco tiempo que han dejado de aprovechar en seguir por entre precipicios el fantasma de la ambición que les guía. En su concepto, el día es corto para sus ideas, y demasiado largo para las de los otros. Desprecian al hombre sencillo, aborrecen al discreto, parecen oráculos al público, pero son tan ineptos, que un criado inferior sabe todas sus flaquezas, ridiculeces, vicios y tal vez delitos, según el muy verdadero proverbio francés, que ninguno es héroe para con su ayuda de cámara[160]. De aquí nace revelarse tantos secretos, descubrirse tantas maquinaciones y, en sustancia, mostrarse los hombres ser hombres, por más que quieran parecerse semidioses.»

En medio de lo odioso que es y debe ser a lo común de los hombres el que está agitado de semejante delirio, y que a manera del frenético debiera estar encadenado porque no haga daño a cuantos hombres, mujeres y niños encuentre por las calles, suele ser divertido su manejo para el que lo ve de lejos. Aquella diversidad de astucias, ardides y artificios es un gracioso espectáculo para quien no la teme. Para lo que no basta la paciencia humana, es para mirar todas estas máquinas manejadas por un ignorante ciego, que se figura a sí mismo tan incomprensible como los demás le conocen necio. Creen muchos de éstos que la mala intención puede suplir al

---

[160] «Il n'y a point de héros pour son valet de chambre.» Es autora de este dicho Madame Cornuel, dama parisiense del siglo XVII cuyo salón o tertulia rivalizaba con el de Madame de Rambouillet. Véase Othon Guerlac, *Les citations françaises*, París, Librairie Armand Colin, 1933, pág. 213, texto y nota 3.

talento, a la viveza, y al demás conjunto que se ven en muchos libros, pero en pocas personas.

CARTA LII

De Nuño a Gazel

Entre ser hombre de bien y no ser hombre de bien, no hay medio. Si lo hubiera, no sería tanto el número de pícaros. La alternativa de no hacer mal a alguno, o de atrasarse uno mismo si no hace algún mal a otro, es de una tiranía tan despótica, que sólo puede resistirse a ella por la invencible fuerza de la virtud. Pero la virtud está muy desairada en la corrupción del mundo para tener atractivo alguno. Su mayor trofeo es el respeto de la menor parte de los hombres.

CARTA LIII

De Gazel a Ben-Beley

Ayer estábamos Nuño y yo al balcón de mi posada viendo a un niño jugar con una caña adornada de cintas y papel dorado.

—¡Feliz edad —exclamé yo—, en que aún no conoce el corazón las penas verdaderas y falsos gustos de la vida! ¿Qué le importan a este niño los grandes negocios del mundo? ¿Qué falta le hacen las dignidades para satisfacerle? ¿Qué daño le pueden ocasionar los malvados? ¿Qué impresión pueden hacer las mudanzas de la suerte próspera o adversa en su tierno corazón? Los caprichos de la fortuna le son indiferentes. Dichoso el hombre, si fuera siempre niño.

—Te equivocas —me dijo Nuño—. Si se le rompe esa caña con que juega; si otro compañero se la quita; si su madre le regaña porque se divierte con ella, le verás tan afligido como un general con la pérdida de la batalla, o un ministro en su caída. Créeme, Gazel, la miseria humana se proporciona a la edad de los hombres; va mudando de especie, conforme el cuerpo va pasando por edades, pero el hombre es mísero desde la cuna al sepulcro[161].

CARTA LIV

Gazel a Ben-Beley

La voz *fortuna* y la frase *hacer fortuna* me han gustado en el diccionario de Nuño. Después de explicarlas, añade lo siguiente:

«El que aspire a hacer fortuna por medios honrosos, no tiene más que uno en que fundar su esperanza, a saber: el mérito. El que sea menos escrupuloso tiene mayor número en que escoger, a saber: todos los vicios y las apariencias de todas las virtudes. Escoja según las circunstancias lo que más le convenga, o por junto, o por menor; ocultamente, o a las claras; con moderación, o sin ella.»

CARTA LV

Del mismo al mismo

—¿Para qué quiere el hombre hacer fortuna? —decía Nuño a uno que no piensa en otra cosa—. Comprendo que el pobre necesitado anhele a tener con que comer y que el que está en mediana constitución aspire a procurarse algunas más conveniencias; pero tanto conato y desvelo para adquirir dignidades y empleos, no veo a qué conduzcan. En el es-

---

[161] Al escribir esto, Cadalso quizá pensara en *La cuna y la sepultura para el conocimiento propio y desengaño de las cosas ajenas* (1633), de Quevedo.

tado de medianía[162] en que me hallo, vivo con tranquilidad y sin cuidado, sin que mis operaciones sean objeto de la crítica ajena, ni motivo para remordimientos de mi propio corazón. Colocado en la altura que tú apeteces, no comeré más, ni dormiré mejor, ni tendré más amigos, ni he de libertarme de las enfermedades comunes a todos los hombres; por consiguiente, no tendría entonces más gustosa vida que tengo ahora. Sólo una reflexión me hizo en otros tiempos pensar alguna vez en declararme cortesano de la fortuna y solicitar sus favores. ¡Cuán gustoso me sería, decíame yo a mí mismo, el tener en mi mano los medios de hacer bien a mis amigos! Y luego llamaba mi memoria los nombres y prendas de mis más queridos, y los empleos que les daría cuando yo fuera primer ministro; pues nada menos apetecía, porque con nada menos se contentaba mi oficiosa ambición.

«Éste es mozo de excelentes costumbres, selecta erudición y genio afable: quiero darle un obispado. Otro sujeto de consumada prudencia, genio desinteresado y lo que se llama don de gentes, hágole virrey de Méjico. Aquél es soldado de vocación, me consta su valor personal, y su cabeza no es menos guerrera que su brazo: le daré un bastón de general. Aquel otro, sobre ser de una casa de las más distinguidas del reino, está impuesto en el derecho de gentes, tiene un mayorazgo cuantioso, sabe disimular una pena y un gusto, ha tenido la curiosidad de leer todos los tratados de paces, y tiene de estas obras la más completa colección: le enviaré a cualquiera de las embajadas de primera clase; y así de los demás amigos.

»¡Qué consuelo para mí cuando me pueda mirar como segundo criador de todos éstos! No sólo mis amigos serán partícipes de mi fortuna, sino[163] también con más fuerte razón

---

[162] *medianía*: «Moderación y templanza en la ejecución de alguna cosa, huyendo de los extremos» (*Autoridades*). Trátase de la dorada medianía o *aurea mediocritas* de los filósofos antiguos, junto con la aspiración del hombre de bien a evitar toda competencia siguiendo el justo medio.

[163] *sino*: «Cuando *sino* liga dos oraciones [...], le solemos juntar el anunciativo *que*. Lo cual, sin embargo, no se practica ordinariamente, cuando la segunda consta de muy pocas palabras» (Andrés Bello, en *Andrés Bello y Rufi-*

lo serán mis parientes y criados. ¡Cuántos primos, sobrinos y tíos vendrán de mi lugar y los inmediatos a acogerse a mi sombra! No seré yo como muchos poderosos que desconocen a sus parientes pobres. Muy al contrario, yo mismo presentaré en público todos estos novicios de fortuna hasta que estén colocados, sin negar los vínculos con que naturaleza me ligó a ellos. A su llegada necesitarán mi auxilio; que después, ellos mismos se harán lugar por sus prendas y talentos, y más por la obligación de dejarme airoso.

»Mis criados también, que habrán sabido asistir con lealtad y trabajo a mi persona, pasar malas noches, llevar mis órdenes y hacer mi voluntad, ¡cuán acreedores son a mi beneficencia! Colocaréles en varios empleos de honra y provecho. A los diez años de mi elevación, la mitad del imperio será hechura mía, y moriré con la complacencia de haber colmado de bienes a cuantos hombres he conocido.

»Esta consideración es sin duda muy grata para quien tiene un corazón naturalmente benigno y propenso a la amistad; es capaz de mover el pecho menos ambicioso, y sacar de su retiro al hombre más apartado para hacerle entrar en las carreras de la fortuna y autoridad. Pero dos reflexiones me entibiaron el ardor que me había causado este deseo de hacer bien a otros. La primera es la ingratitud tan frecuente, y casi universal, que se halla en las hechuras, aunque sea de la más inmediata obligación; de lo cual cada uno puede tener suficientes ejemplos en su respectiva esfera. La segunda es que el poderoso así colocado no puede dispensar los empleos y dignidades según su capricho ni voluntad, sino según el mérito de los concurrentes. No es dueño, sino administrador de las dignidades, y debe considerarse como hombre caí-

---

no J. Cuervo, *Gramática de la lengua castellana,* ed. de Niceto Alcalá-Zamora y Torres, Buenos Aires, Sopena, 1945, pág. 381). En los clásicos, es frecuente. la omisión de *que* cuando sigue una segunda oración con sujeto y verbo conjugado. Por ejemplo, San Juan de la Cruz: «no se contenta con dezir *ita,* sino añádele el *da* de su lengua». Fray Luis de León: «no se detenga ay, sino váyase luego a Málaga». Sobre estos ejemplos y otros, véase Hayward Keniston, *The Syntax of Castilian Prose. The Sixteenth Century,* Chicago, University of Chicago Press, 1937, §9.422 (pág. 96) y §9.552 (pág. 98).

do de las nubes, sin vínculos de parentescos, amistad ni gratitud, y, por tanto, tendrá mil veces que negar su protección a las personas de su mayor aprecio por no hacer agravio a un desconocido benemérito. Sólo puede disponer a su arbitrio —añadió Nuño— de los sueldos que goza, según los empleos que ejerce, y de su patrimonio peculiar.»

CARTA LVI

Del mismo al mismo

Los días de correo o de ocupación, suelo pasar después de comer a una casa inmediata a la mía, donde se juntan bastantes gentes que forman una graciosa tertulia. Siempre he hallado en su conversación cosa que me quite la melancolía y distraiga de cosas serias y pesadas; pero la ocurrencia de hoy me ha hecho mucha gracia.

Entré cuando acababan de tomar café y empezaban a conversar. Una señora se iba a poner al clave[164]; dos señoritos de poca edad leían con mucho misterio un papel en el balcón; otra dama estaba haciendo una escarapela[165]; un oficial joven estaba vuelto de espaldas a la chimenea; uno viejo empezaba a roncar sentado en un sillón a la lumbre; un abate miraba al jardín, y al mismo tiempo leía algo en un libro negro y dorado; y otras gentes hablaban. Saludáronme, al entrar, todos, menos unas tres señoras y otros

---

[164] *clave:* clavicémbalo, que también se llamaba clavicordio, y bajo esta voz se da, en *Autoridades*, una descripción de cierto interés histórico: «Instrumento de cuerdas de alambre, a las cuales hieren unas plumillas fuertes o clavetes, movidos de las teclas, según y como las toca el que usa de este instrumento; el cual es a la forma de un címbalo, por lo que otros le llaman clavicímbalo.»

[165] *escarapela:* «cierto género de divisa, compuesta de cintas de diversos colores, hecha en forma de rosa grande, o lazo de muchos cabos y dobleces, la cual se pone y trae cosida en el sombrero en una de las tres vueltas o vientos, que llaman de la falda, y sirve para declarar y manifestar el partido que uno sigue; lo que de ordinario se usa en la milicia, para su distinción y gobierno» *(Autoridades).*

tantos jóvenes que estaban embebidos en una conversación al parecer la más seria[166].

—Hijas mías —decía una de ellas—, nuestra España nunca será más de lo que es. Bien sabe el cielo que me muero de pesadumbre, porque quiero bien a mi patria.

—Vergüenza tengo de ser española —decía la segunda.

—¡Qué dirán las naciones extrañas![167]. ¡Jesús, y cuánto mejor fuera haberme quedado yo en el convento de Francia, y no venir a España a ver estas miserias! —dijo la que aún no había hablado.

—Teniente coronel soy yo, y con algunos méritos extraordinarios; pero quisiera ser alférez de húsares en Hungría pri-

---

[166] *una conversación al parecer la más seria:* Construcción superlativa que podría parecer galicista, tanto más cuanto que acabamos de leer la carta de la hermana afrancesada de Nuño. Pienso en ejemplos franceses con el artículo determinativo utilizado en la misma forma, entre el sustantivo y *plus (más)*, como: *la chose la plus difficile, les personnes les plus charmantes, la femme la plus jolie*, etc. Pero se trata de una variante del superlativo que se halla en los más clásicos autores castellanos, según se confirma consultando a Hayward Keniston, *Syntax of Castilian Prose,* §26.651, pág. 324, donde se citan los ejemplos siguientes: «una pelea la más brava que nunca se vio» (Cisneros, *Cartas dirigidas a don Diego López de Ayala); «*un buldero el más desenvuelto y desvergonzado» *(Lazarillo);* y «un modo el más extraño que se puede pensar» (Santa Teresa de Jesús, *Vida).* En *El hombre práctico, o discursos varios sobre su conocimiento y enseñanza* (escrito en 1680, publicado en 1686), del tercer conde de Fernán Núñez, se halla el ejemplo siguiente: «la danza la más ordenada» (ed. de Jesús Pérez Magallón y Russell P. Sebold, en prensa, discurso XLII). En el *Análisis del Quijote* (1780), de Vicente de los Ríos, se halla este ejemplo: «acciones las más arrojadas, que conserva en la historia de los siglos la memoria de los hombres» (ed. cit., pág. 65). Y continúan hallándose casos de esta clásica construcción castellana en el siglo XIX, como se ve por los contenidos en el libro de Juan Bautista Cavaller, *Ensayo psicológico concerniente al amor,* Valencia, Imprenta de López y C.ª, 1842: «un efecto el más vivo», «de un modo el más interesante», «un bien el más grande y excelente», «nuestras pasiones las menos conocidas», «un espectáculo el más horroroso» (págs. 140, 141, 156, 157, 163).

[167] En la mayoría de los manuscritos y ediciones, esta exclamación se halla separada del parlamento de que forma parte aquí; y como si fuera parlamento independiente, lleva la siguiente acotación dialogal: «decía la que faltaba». Pero, impreso así, hablan cuatro señoras, cuando muy claramente se nos ha dicho arriba que no hay sino tres. Para la presente lección sigo el texto de S. Sin embargo, aun solucionándose el problema del presente pasaje, asoma de nuevo la señora fantasma al final de la carta: «la que había callado», pero no calló ninguna. Por otra parte, es un lapsus muy *cervantino,* por excusarlo así.

mero que vivir en España —dijo uno de los tres que estaban con las tres.

—Bien lo he dicho yo mil veces —dijo otro del triunvirato—, bien lo he dicho yo: la monarquía no puede durar lo que queda del siglo; la decadencia es rápida, la ruina inmediata. ¡Lástima como ella! ¡Válgame Dios!

—Pero, señor —dijo el que quedaba—, ¿no se toma providencia para semejantes daños? Me aturdo. Crean ustedes que en estos casos siente un hombre saber leer y escribir. ¡Qué dirán de nosotros más allá de los Pirineos?

Asustáronse todos al oír tales lamentaciones.

—¿Qué es esto? —decían unos.

—¿Qué hay? —repetían otros.

Proseguían las tres parejas con sus quejas y gemidos, deseoso cada uno y cada una de sobresalir en lo enérgico. Yo también sentíme conmovido al oír tanta ponderación de males, y aunque menos interesado que los otros en los sucesos de esta nación, pregunté cuál era el motivo de tanto lamento.

—¿Es acaso —dije yo— alguna noticia de haber desembarcado los argelinos en la costa de Andalucía y haber devastado aquellas hermosas provincias?

—No, no —me dijo una dama—; no, no; más que eso es lo que lloramos.

—¿Se ha aparecido alguna nueva nación de indios bravos y han invadido el Nuevo Méjico por el Norte?

—Tampoco es eso, sino mucho más que eso —dijo otra de las patriotas.

—¿Alguna peste —insté yo— ha acabado con todos los ganados de España, de modo que esta nación se vea privada de sus lanas preciosísimas?

—Poco importaría eso —dijo uno de los celosos ciudadanos— respecto de lo que nos pasa.

Fuiles diciendo otra infinidad de daños públicos a que están expuestas las monarquías, preguntando si alguno de ellos había sucedido, cuando al cabo de mucho tiempo, lágrimas, sollozos, suspiros, quejas, lamentos, llantos, y hasta invectivas contra los astros y estrellas, la que había callado, y que parecía la más juiciosa de todas, exclamó con voz muy dolorida:

274

—¿Creerás, Gazel, que en todo Madrid no se ha hallado cinta de este color, por más que se ha buscado?

CARTA LVII

Gazel a Ben-Beley

Si los vicios comunes en el método europeo de escribir la historia son tan capitales como te tengo avisado, te espantará otro mucho mayor y más común en la historia que llaman universal. Apenas hay nación en Europa que no haya producido un escritor, o bien compendioso, o bien extenso, de la historia universal; pero ¿qué trazas de ser universal? A más de las preocupaciones que guían las plumas, y los respetos que atan las manos a estos historiadores generales, comunes con los iguales obstáculos de los historiadores particulares, tienen uno muy singular y peculiar de ellos, y es que cada uno, escribiendo con individualidad los fastos de su nación, los anales gloriosos de sus reyes y generales, los progresos hechos por sus sabios en las ciencias, contando cada cosa de éstas con unas menudencias en realidad despreciables, cree firmemente que cumple para con las demás naciones en referir cuatro o cinco épocas notables, y nombrar cuatro o cinco hombres grandes, aunque sea desfigurando sus nombres. El historiador universal inglés gastará muchas hojas en la noticia de quién fue cualquiera de sus corsarios, y apenas dice que hubo un Turena[168] en el mundo. El francés nos dirá de buena gana con igual exactitud quién fue el primer actor que mudó el sombrero por el morrión en los papeles heroicos de su teatro, y por poco se olvida quién fue el duque de Malborough[169].

---

[168] *Turena:* Es decir, Henri de La Tour d'Auvergne, vizconde de Turenne (1611-1675), mariscal de Francia que se distinguió en la guerra de los Treinta Años.
[169] *Marlborough:* John Churchill (1650-1722), duque de Marlborough, el más conocido de los militares ingleses que intervinieron en la guerra de Sucesión Española.

—¡Qué chasco el que acabo de llevar! —díjome Nuño pocos días ha—, ¡qué chasco, cuando, engañado por el título de una obra en que el autor nos prometía la vida de todos los grandes hombres del mundo, voy a buscar unos cuantos amigos de mi mayor estimación, y no me hallé ni siquiera con el nombre de ellos! Voy por el abecedario a encontrar los Ordoños, Sanchos, Fernandos de Castilla, los Jaimes de Aragón, y nada, nada dice de ellos.

«Entre tantos hombres grandes como desperdiciaron su sangre durante ocho siglos en ayudar a su patria a sacudir el yugo de tus abuelos, apenas dos o tres han merecido la atención de este historiador. Botánicos insignes, humanistas, estadistas, poetas, oradores anteriores con más de un siglo, y algunos dos, a las academias francesas, quedan sepultados en el olvido si no se leen más historias que éstas. Pilotos vizcaínos, andaluces, portugueses, que navegaron con tanta osadía como pericia, y por consiguiente tan beneméritos de la sociedad, quedan cubiertos con igual velo. Los soldados catalanes y aragoneses, tan ilustres en ambas Sicilias y sus mares por los años de 1280, no han parecido dignos de fama póstuma a los tales compositores[170]. Doctores cordobeses de tu religión y descendientes de tu país, que conservaron las ciencias en España mientras ardía la Península en guerras sangrientas, tampoco ocupan una llana[171] de tal obra.

»Creo que se quejarán de igual descuido las demás naciones, menos la del autor. ¿Qué mérito, pues, para llamarse universal? Si un sabio de Siam-China se aplicase a entender algún idioma europeo y tuviese encargo de su soberano de leer alguna historia de éstas[172], e informarle de su contenido, juzgo que ceñiría su dictamen a estas pocas líneas: "He leído la historia universal cuyo examen se me ha cometido, y de su lectura infiero que en aquella pequeña parte del mundo que

---

[170] Arce incluye aquí la siguiente nota: «En 1282 tuvo lugar el levantamiento del pueblo de Sicilia contra los franceses, conocido con el nombre de *Vísperas Sicilianas*. El rey de Aragón, Pedro III, mandó una gran armada, que, después de derrotar a la francesa, se apoderó de Sicilia».

[171] *llana:* plana, página.

[172] *alguna historia de éstas:* El MS O tiene *una historia de éstos*. Sigo el texto de S.

llaman Europa no hay más que una nación cultivada: es a saber, la patria del autor; y las demás son unos países incultos, o poco menos, pues apenas tiene media docena de hombres ilustres cada una de ellas, por más que nos hayan quedado tradiciones de padres a hijos, por las cuales sabemos que centenares de años ha, arribaron a nuestras costas algunos navíos con hombres europeos, los cuales dieron noticia de que sus países en diferentes eras han producido varones dignos de la admiración de la posteridad. Digo que los tales viajeros deben ser despreciados por sospechosos en punto de verdad en lo que contaron de sus patrias y patriotas, pues apenas se habla de ellas ni de sus hijos en esta historia universal, escrita por un europeo, a quien debemos suponer completamente instruido en las letras de toda Europa, pues habla de toda ella."»

En efecto, amigo Ben-Beley, no creo que se pueda ver jamás una historia universal completa, mientras se siga el método de escribirla uno solo o muchos de un mismo país.

¿No se juntaron los astrónomos de todos los países para observar el paso de Venus por el disco del sol[173]? ¿No se comunican todas las academias de Europa sus observaciones astronómicas, sus experimentos físicos y sus adelantamientos en todas las ciencias? Pues señale cada nación cuatro o cinco de sus hombres los más ilustrados[174], menos preocupados, más activos y más laboriosos, trabajen éstos a los anales en lo respectivo a su patria, júntense después las obras que resulten del trabajo de los de cada nación, y de aquí se forme una verdadera historia universal, digna de todo aquel tal cual crédito que merecen las obras de los hombres[175].

---

[173] Dicho paso de Venus fue observado desde California, en 1769, por un equipo de científicos españoles y franceses. Los daneses, holandeses y rusos también realizaron observaciones, y «el paso de Venus fue uno de los objetos de la expedición organizada por los ingleses con el capitán Cook y Sir Joseph Banks», según anotan en este lugar Dupuis-Glendinning.

[174] *hombres los más ilustrados:* Véase la nota 166.

[175] En 1753, Feijoo había recomendado esencialmente la misma táctica para el proyecto de una *Historia general de ciencias y artes:* «Ésta […] no es obra para un hombre solo, ni para tres, cuatro o cinco, sino para muchos, y éstos muy versados en las facultades cuya historia se intenta, uno en cada una» *(Cartas eruditas y curiosas,* nueva impresión, Madrid, Joaquín Ibarra, 1770, t. IV, pág. 104).

CARTA LVIII

Gazel a Ben-Beley

Hay una secta de sabios en la república literaria que lo son a poca costa. Éstos son los críticos. Años enteros, y muchos, necesita el hombre para saber algo en las ciencias humanas; pero en la crítica (cual se usa), desde el primer día es uno consumado. Sujetarse a los lentos progresos del entendimiento en las especulaciones matemáticas, en las experiencias de la física, en los laberintos de la historia, en las confusiones de la jurisprudencia, es no acordarnos de la cortedad de nuestra vida, que por lo regular no pasa de sesenta años, rebajando de éstos lo que ocupa la debilidad de la niñez, el desenfreno de la juventud y las enfermedades de la vejez. Se humilla mucho nuestro orgullo con esta reflexión: el tiempo que he de vivir, comparado con el que necesito para saber, es tal, que apenas merece llamarse tiempo. ¡Cuánto más nos lisonjea esta determinación! Si no puedo por este motivo aprender facultad alguna, persuado al mundo y a mí mismo que las poseo todas, y pronuncio *ex tripode*[176] sobre cuanto oiga, vea y lea.

Pero no creas que en esta clase se comprende a los verdaderos críticos. Los hay dignísimos de todo respeto[177]. Pues ¿en qué se diferencian y cómo se han de distinguir?, preguntarás. La regla fija para no confundirlos es ésta: los buenos hablan poco sobre asuntos determinados, y con modera-

---

[176] *ex tripode:* Expresión indicadora de que quien habla quiere dar a sus palabras cierto carácter oracular, con alusión al trípode en que se sentaba la sacerdotisa de Apolo en el templo de Delfos, cuando daba sus respuestas. Comp. cómo la usa el P. Isla cuando se indigna contra un vilipendiador de España: «fastidióme la intolerable satisfacción y despotiquez con que trincha, corta, raja, pronuncia, sentencia, define y vomita oráculos *ex tripode*» *(Fray Gerundio,* ed. cit., t. I, pág. 117).

[177] El MS O tiene *reparo,* que no tiene sentido. Sigo la lección de los demás manuscritos y ediciones.

ción; los otros son como los toros, que forman la intención, cierran los ojos, y arremeten a cuanto encuentran por delante: hombre, caballo, perro, aunque se claven la espada hasta el corazón. Si la comparación te pareciere baja, por ser de un ente racional con un bruto, créeme que no lo es tanto, pues apenas puedo llamar hombres a los que no cultivan su razón, y sólo se valen de una especie de instinto que les queda para hacer daño a todo cuanto se les presente, amigo o enemigo, débil o fuerte, inocente o culpado.

CARTA LIX

Del mismo al mismo

Dicen en Europa que la historia es el libro de los reyes. Si esto es así, y la historia se prosigue escribiendo como hasta ahora, creo firmemente que los reyes están destinados a leer muchas mentiras, a más de las que oyen. No dudo que una relación exacta de los hechos principales de los hombres, y una noticia de la formación, auge, decadencia y ruina de los estados, darían en breves hojas a un príncipe lecciones de lo que ha de hacer, sacadas de lo que otros han hecho. Pero ¿dónde se halla esta relación y esta noticia? No la hay, Ben-Beley, no la hay, ni la puede haber. Esto último te espantará, pero se te hará muy fácil de creer si lo reflexionas. Un hecho no se puede escribir sino en el tiempo en que sucede, o después de sucedido. En el tiempo del evento, ¿qué pluma se encargará de ello, sin que la detenga alguna razón de estado, o alguna preocupación? Después del caso, ¿sobre qué ha de trabajar el historiador que lo transmita a la posteridad, sino sobre lo que dejaron escrito las plumas que he referido?

—Yo mandara quemar de buena gana —decía yo a mi Nuño en la tertulia, pocas noches ha— todas las historias menos la del siglo presente. Daría el encargo de escribir ésta a algún hombre lleno de crítica, imparcialidad y juicio. Los meros hechos, sin aquellas reflexiones que comúnmente hacen más importante el mérito del historiador que el peso de la historia en la mente de los lectores, formarían toda la obra.

—¿Y dónde se imprimiría? —dijo Nuño—. ¿Y quién la leería? ¿Y qué efectos produciría? ¿Y qué pago tendría el escritor? Era menester —añadió con gracia—, era menester imprimirla junto al cabo de Hornos o al de Buena Esperanza, y leerla a los hotentotes o a los patagones, y aun así me temo que algunos sabios de los que habrá sin duda a su modo entre aquellos que nosotros nos servimos llamar salvajes, dirían al oír tantos y tales sucesos al que los estuviera leyendo: «Calla, calla, no leas esas fábulas llenas de ridiculeces y barbaridades.» Y los mozos proseguirían su danza, caza o pesca, sin creer que hubiese en el mundo conocido parte alguna donde pudiesen suceder tales cosas.

«Prosígase, pues, escribiendo la historia como se hace en el día. Déjense a la posteridad noticias de nuestro siglo, de nuestros héroes y de nuestros abuelos, con poco más o menos la misma autoridad que los que nos envió la antigüedad acerca de los trabajos de Hércules y de la conquista del vellocino[178]. Equivóquese la fábula con la historia, sin más diferencia que escribirse ésta en prosa y la otra en verso[179]; sea la armonía diferente, pero la verdad la misma, y queden nuestros hijos tan ignorantes de lo que sucede en nuestro siglo como nosotros lo estamos de lo que sucedió en el de Eneas.»

Uno de los tertulianos quiso partir la diferencia entre el proyecto irónico de Nuño y lo anteriormente expuesto, opinando que se escribiesen tres géneros de historias en cada siglo: uno para el pueblo, en la que hubiese efectivamente caballos llenos de hombres y armas, dioses amigos y contrarios, y sucesos maravillosos; otro más auténtico, pero no tan sincero, que descubriese del todo los resortes que mueven las grandes máquinas (éste sería del uso de la gente mediana); y

---

[178] *vellocino:* Es decir, el célebre vellocino de oro, conquistado por el héroe mitológico Jasón.

[179] La excepción a esta regla que más frecuentemente citaban Feijoo, Forner y otros críticos literarios del siglo XVIII era la del poeta romano Lucano, autor de la *Farsalia*, un poema épico basado en la verdad histórica.

otro cargado de reflexiones políticas y morales, en impresiones poco numerosas, meramente reservadas *ad usum Principum*[180].

No me parece mal esta treta en lo político, y creo que algunos historiadores españoles lo han ejecutado, a saber: Garibay[181] con la primera mira, Mariana con la segunda, y Solís con la tercera. Pero yo no soy político ni aspiro a serlo; deseo sólo ser filósofo[182], y en este ánimo digo que la verdad sola es digna de llenar el tiempo y ocupar la atención de todos los hombres, aunque singularmente a los que mandan a otros.

CARTA LX

Del mismo al mismo

Si los hombres distinguiesen el uso del abuso y el hecho del derecho, no serían tan frecuentes, tercas e insufribles sus controversias en las conversaciones familiares. Lo contrario, que es lo que se practica, causa una continua confusión, que mezcla mucha amargura en lo dulce de la sociedad. Las preocupaciones de cada individuo hacen más densa la tiniebla, y se empeñan los hombres en que ven más claro mientras más cierran los ojos.

---

[180] *ad usum Principum:* al uso de los Príncipes. Fórmula habitual. tanto en libros en lenguas modernas como en latín, con la que en las portadas de los manuales y tratados se designaba a la persona o personas para cuyo beneficio estaban pensados: ad usum magistrorum, ad usum chirurgorum, à l'usage des femmes, al uso de los abogados, etc. Dos libros franceses, de autores desconocidos, publicados en París en la época de Cadalso, con tal designación en la portada, son: *L'art poétique à l'usage des dames* y *Rhétorique française à l'usage des jeunes demoiselles.*

[181] El hoy menos conocido de los tres historiadores mencionados es Esteban de Garibay y Zamolloa (1533-1599), guipuzcoano que fue bibliotecario de Felipe II y cronista del reino. Autor de *Los cuarenta libros del compendio historial de las crónicas e historia universal de todos los reinos de España* (1571, 1628), y de las *Ilustraciones genealógicas de los reyes católicos de España y de los emperadores de Constantinopla hasta el rey don Felipe II y sus hijos* (1596), así como de una recopilación de refranes vascongados.

[182] Véase la nota 134.

Pero donde se palpa más el abuso de esta costumbre es en la conversación de las naciones, o ya cuando se habla de su genio, o ya de sus costumbres, o ya de su idioma.

—Me acuerdo haber oído contar a mi padre —dice Nuño hablando de esto mismo— que a últimos del siglo pasado, tiempo de la enfermedad de Carlos II, cuando Luis XIV tomaba todos los medios de adquirirse el amor de los españoles, como principal escalón para que su nieto subiese al trono de España, todas las escuadras francesas tenían orden de conformarse en cuanto pudiesen con las costumbres españolas, siempre que arribasen a algún puerto de la Península. Éste formaba un punto muy principal de la instrucción que llevaban los comandantes de escuadras, navíos y galeras. Era muy arreglado a la buena política, y podría abrir mucho camino para los proyectos futuros; pero el abuso de esta sabia precaución hubo de tener malos efectos en un lance sucedido en Cartagena. El caso es que llegó a aquel pueblo una corta escuadra francesa[183]. Su comandante destacó un oficial con una lancha para presentarse al gobernador y cumplimentarle de su parte. Mandóle que antes de desembarcar en el muelle, observase si en el traje de los españoles había alguna particularidad que pudiese imitarse por la oficialidad francesa, en orden a conformarse en cuanto pudiesen con las costumbres del país, y que le diese parte inmediatamente antes de saltar en tierra.

«Llegó al muelle el oficial a las dos de la tarde, tiempo el más caluroso de una siesta de julio. Miró qué gentes acudían al desembarcadero; pero el rigor de la estación había despoblado el muelle, y sólo había en él por casualidad un grave religioso con anteojos puestos, y no lejos, un caballero anciano, también con anteojos. El oficial francés, mozo intrépido, más apto para llevar un brulote a incendiar una escuadra o

---

[183] Según nota de Dupuis-Glendinning, «la sustancia de esta anécdota se encuentra en los *Voyages du P. Labat en Espagne et en Italie* (1705-1706), París, 1730, págs. 264-265». El padre Isla acudió a estos *Viajes* para información sobre las costumbres de la Semana Santa y las procesiones de disciplinantes en los pueblos pequeños de España.

para abordar un navío enemigo, que para hacer especulaciones morales sobre las costumbres de los pueblos, infirió que todo vasallo de la Corona de España, de cualquier sexo, edad o clase que fuese, estaba obligado por alguna ley hecha en cartas, o por alguna pragmática sanción en fuerza de ley, a llevar de día y de noche un par de anteojos por lo menos. Volvió a bordo de su comandante, y le dio parte de lo que había observado. Decir cuál fue el apuro de toda la oficialidad para hallar tantos pares de anteojos cuantas narices había, es inexplicable. Quiso la casualidad que un criado de un oficial, que hacía algún género de comercio en los viajes de su amo, llevase unas cuantas docenas de anteojos, y de contado[184] se pusieron los suyos el oficial, algunos que le acompañaron, y la tripulación de la lancha de vuelta para el desembarcadero.

»Cuando volvieron a él, la noticia de haber llegado la escuadra francesa había llenado el muelle de gente, cuya sorpresa no fue comparable con cosa de este mundo cuando desembarcaron los oficiales franceses, mozos por la mayor parte primorosos en su traje, alegres en su porte y risueños en su conversación, pero cargados con tan importunos muebles. Dos o tres compañías de soldados de galeras, que componían parte de la guarnición, habían acudido con el pueblo; y como aquella especie de tropa anfibia se componía de la gente más desalmada de España, no pudieron contenerse[185] la risa. Los franceses, poco sufridos, preguntaron la causa de aquella mofa con más gana de castigarla que de inquirirla. Los españoles duplicaron las carcajadas, y la cosa paró en lo que se puede creer entre el vulgo soldadesco. Al alboroto acudió el gobernador de la plaza y el comandante de la escuadra. La prudencia de ambos, conociendo la causa de donde dimanaba el desorden y las consecuencias que podía tener apaciguó con algún trabajo las gentes, no habiendo tenido poco para entenderse los dos jefes, pues ni éste entendía el

---

[184] *de contado:* «de presente, luego, al instante» *(Autoridades).*
[185] Acepto la lección superior de la mayoría de los manuscritos y el *Correo de Madrid.* El MS O tiene *detenerse.* También es mejor la lección de S: *contener.*

español ni aquél el francés[186]; y menos se entendían un capellán de la escuadra y un clérigo de la plaza, que con ánimo de ser intérpretes empezaron a hablar latín, y nada comprendieron de las mutuas respuestas y preguntas por la grande variedad en la pronunciación, y el mucho tiempo que el primero gastó en reírse del segundo porque pronunciaba ásperamente la *j*, y el segundo del primero porque pronunciaba el diptongo *au* como si fuese *o*, mientras los soldados y marineros se mataban.»

CARTA LXI

Del mismo al mismo

En esta nación hay un libro muy aplaudido por todas las demás[187]. Lo he leído, y me ha gustado sin duda; pero no deja de mortificarme la sospecha de que el sentido literal es uno, y el verdadero es otro muy diferente[188]. Ninguna obra necesita más que ésta el diccionario de Nuño. Lo que se lee es una serie de extravagancias de un loco, que cree que hay gigantes, encantadores, etc.; algunas sentencias en boca de

---

[186] *ni éste entendía el español ni aquél el francés:* Sigo el texto de S, que ya Dupuis-Glendinning indican ser más correcto, aunque no lo siguen. Las demás versiones tienen los nombres de los idiomas invertidos, lo cual no tiene sentido a la vista del orden en que están mencionados los hablantes.

[187] Es *Don Quijote de la Mancha*, como muy claramente se ve por las líneas siguientes.

[188] En su *Análisis del Quijote* (1780), el contertulio de Cadalso en la Fonda de San Sebastián, Vicente de los Ríos, insiste en varios pasajes sobre el doble sentido del arte cervantino, por ejemplo: «Éste es el mérito principal de Cervantes: aquellos hechos que vistos como son en sí hacen ridículo y digno de risa a don Quijote, aquellos mismos mirados con el lente de la locura de este héroe, le representan como un caballero valiente y afortunado. Sólo la discreción de este autor podía haber descubierto un medio tan ingenioso para que las aventuras de don Quijote ridiculizasen su acción en la realidad, y la hiciesen plausible en su imaginación» (ed. cit., pág. 14).

un necio, y muchas escenas de la vida bien criticadas[189]. Pero lo que hay debajo de esta apariencia es, en mi concepto, un conjunto de materias profundas e importantes.

Creo que el carácter de algunos escritores europeos (hablo de los clásicos de cada nación[190]) es el siguiente: los españoles escriben la mitad de lo que imaginan; los franceses, más de lo que piensan, por la calidad de su estilo; los alemanes lo dicen todo, pero de manera que la mitad no se les entiende; los ingleses escriben para sí solos.

CARTA LXII

De Ben-Beley a Nuño. Respuesta de la XLII

El estilo de tu carta, que acabo de recibir, me prueba ser verdad lo que Gazel me ha escrito de ti tan repetidas veces. No dudaba yo que pudiese haber hombres de bien entre vosotros. Jamás creí que la honradez y rectitud fuesen peculiares a éste o a otro clima[191]; pero aun así creo que ha sido singular fortuna de Gazel el encontrar contigo. Le encargo que te frecuente, y a ti que me envíes una relación de tu vida, prometiéndote que te enviaré una muy exacta de la mía, pues a lo que veo, somos tales los dos, que merecemos mutuamente tener un conocimiento el uno del otro. Alá te guarde.

---

[189] *criticadas:* En los MS O y F, hay *criticada.* Acepto la lección superior de S. En esta frase Cadalso formula una premisa fundamental de la ciencia literaria moderna: la crítica social puede articularse a través de esa forma alegórica que se llama novela.

[190] La lengua española es la primera en la que el adjetivo *clásico* se aplica a los escritores nacionales, con lo cual se concibe la existencia de clásicos modernos frente a los clásicos de la antigüedad. En 1627, en el anónimo *Panegírico por la poesía,* se designa a Garcilaso y otros varios poetas del quinientos y principios del seiscientos como «clásicos». Los correspondientes adjetivos inglés y francés no se utilizan con esta acepción hasta 1737 y 1802, respectivamente, según la documentación contenida en el *Oxford English Dictionary* y el diccionario francés de Paul Robert.

[191] De nuevo se dan la mano cosmopolitismo y hombría de bien.

CARTA LXIII

Gazel a Ben-Beley

Arreglado a la definición de la voz *política* y su derivado *político*, según la entiende mi amigo Nuño, veo un número de hombres que desean merecer este nombre. Son tales, que con el mismo tono dicen la verdad y la mentira; no dan sentido alguno a las palabras *Dios, padre, madre, hijo, hermano, amigo, verdad, obligación, deber, justicia* y otras muchas que miramos con tanto respeto y pronunciamos con tanto cuidado los que no nos tenemos por dignos de aspirar a tan alto timbre con tan elevados competidores. Mudan de rostro mil veces más a menudo que de vestido. Tienen provisión hecha de cumplidos, de enhorabuenas, de pésames. Poseen gran caudal de voces equívocas; saben mil frases de mucho boato y ningún sentido. Han adquirido a costa de inmenso trabajo cantidades innumerables de ceños, sonrisas, carcajadas, lágrimas, sollozos, suspiros y (para que se vea lo que puede el entendimiento humano) hasta desmayos y accidentes. Viven sus almas en unos cuerpos flexibles y manejables, que tienen varias docenas de posturas para hablar, escuchar, admirar, despreciar, aprobar y reprobar, extendiéndose esta profunda ciencia teórico-práctica desde la acción más importante hasta el gesto más frívolo. Son, en fin, veletas que siempre señalan el viento que hace, relojes que notan la hora del sol, piedras que manifiestan la ley del metal y una especie de índice general del gran libro de las cortes. Pues, ¿cómo estos hombres no hacen fortuna? Porque gastan su vida en ejercicios inútiles y vagos ensayos de su ciencia. ¿De dónde viene que no sacan el fruto de su trabajo?

—Les falta —dice Nuño— una cosa.

—¿Cuál es la cosa que les falta? —pregunto yo.

—¡Friolera! —dice Nuño—. No les falta más que entendimiento.

CARTA LXIV

Gazel a Ben-Beley

A muy pocos días de mi introducción en algunas casas de esta Corte me encontré con los tres memoriales siguientes. Como era precisamente entonces la temporada que los cristianos llaman carnaval o carnestolendas, creí que sería chasco de los que se acostumbran en semejantes días en estos países, pues no pude jamás creer que se hubiesen escrito de veras semejantes peticiones. Pero Nuño las vio y me dijo que no dudaba de la sinceridad de los que las formaban; y que ya que las remitía a su inspección, no sólo les ponía informe favorable de oficio, sino que como amigo se empeñaba muy eficazmente para que yo admitiese el informe y la súplica.

Si te cogen de tan buen humor como cogieron a Nuño, creo que también las aprobarás. No se te hagan increíbles, pues yo que estoy presenciando lances aun más ridículos, te aseguro ser muy regulares. Te pondré los tres memoriales por el orden que vinieron a mis manos.

Primer memorial.—«Señor Moro: Juana Cordoncillos, Magdalena de la Seda y Compañía, apuntadoras[192] y armadoras de sombreros, establecidas en Madrid desde el año de 1748, en su nombre y con poder de todo el gremio, con el mayor respeto decimos a usted: que habiendo desempeñado las comisiones y encargos así para dentro como para fuera de la Corte, con general aprobación de todas las cabezas de nuestros parroquianos, en el arte de cortar, apuntar y armar sombreros, según las varias modas que ha habido en el expresado término, están en grave riesgo de perder su caudal, y lo que es más, su honor y fama, por lo escaso que está el tiem-

---

[192] *apuntadora:* «Apuntadora textil. Es la operaria que cuida de coser los géneros preparándolos para las operaciones a que han de ser sometidos en el correspondiente proceso» (Ministerio de Trabajo, *Vocabulario de ocupaciones*, Madrid, Publicaciones Españolas, 1963).

po en materia de invención de nueva moda en su facultad, el nobilísimo arte de *sombreripidia*[193].

»Cuando nuestro ejército volvió de Italia, se introdujo el sombrero *a la Chambéry*[194] con la punta del pico delantero tan agudo que a falta de lanceta podría servir para sangrar aunque fuese a una niña de poca edad. Duró esta moda muchos años, sin más innovación que la de algunos indianos que aforraban su sombrero así armada con alguna especie de lanilla del mismo castor.

»El ejercicio *a la prusiana*[195] fue época en nuestro gremio, porque desde entonces se varió la forma de los sombreros, minorando en mucho lo agudo, lo ancho y lo largo del dicho pico. Continuó esto así hasta la guerra de Portugal, de cuya vuelta ya se innovó el sistema, y nuestros militares llevaron e introdujeron otros sombreros armados *a la Beauvau*[196]. Esta mutación dio nuevo fomento a nuestro comercio.

»Estuvimos todas a pique de hacer rogativas porque no se divulgase la moda de llevar los sombreros debajo del brazo, como intentaron algunos de los que en Madrid tienen votos en esta materia. Duró poco este susto: volvieron a cubrirse en agravio de los peinados primorosos; volvimos a triunfar de los peluqueros, y volvió nuestra industria a florecer. Quisimos cantar un *Te Deum* en acción de gracias por esta revolución favorable; no se nos permitió; pero nuestro secretario la señaló en los anales de nuestra república sombreril, y señalada que fue, la archivó.

»Cayó esta moda, y se introdujo la de armarse *a la suiza*[197], con cuyo producto creímos que en breve circularía tanto di-

---

[193] *sombreripidia:* Sustantivo de broma forjado por Cadalso.

[194] *a la Chambéry:* sombrero hecho a imitación de uno de los modelos lanzados por la importante industria de sombreros de la ciudad francesa de Chambéry.

[195] *a la prusiana:* sombrero tricornio muy grande. Véase Madeleine Delpierre, *Se vêtir au XVIIIᵉ siècle*, París, Adam Biron, 1996, pág. 198.

[196] *a la Beauvau:* sombrero que copia el estilo de los que gastaba el duque francés de Beauvau.

[197] *a la suiza:* sombrero tricornio, que tiene dos picos largos laterales y otro mucho menos prominente en medio de la parte delantera. Véase la ya citada obra de Delpierre, pág. 55.

nero físico entre nosotras como puede haber en los catorce cantones; pero los peluqueros franceses acabaron con
esta moda con la introducción de otros sombreros casi im-
perceptibles para quien no tenga buena vista o buen microscopio[198].

»Los ingleses, eternos émulos de los franceses, no sólo en
armas y letras, sino en industria, nos iban a introducir sus go-
rras de montar a caballo, con lo que éramos perdidas sin remedio; pero Dios mejoró sus horas[199] y quedamos como antes, pues vemos se perpetúa la moda de sombreros armados
a la invisible[200] con una continuación y una, digámoslo así,
inmutabilidad que no tiene ejemplo, ni lo han visto nuestras
antiguas de gremio. Esta constancia será muy buena en lo

---

[198] En el tomo IV (1734) del *Diccionario de Autoridades*, quedan documen-
tadas las dos formas que podía tomar el microscopio en el siglo XVIII: «Instrumento dióptrico con el cual las cosas muy pequeñas aparecen muy aumentadas a la vista. Los microscopios simples no constan más que de una lente,
muy convexa por ambos lados, ajustada a una sortija de materia firme, y el
objeto ha de estar en su foco. Los compuestos se hacen de dos o más lentes
puestas en un cañoncillo, a modo de antojo de larga vista». La primera mención de este instrumento científico en lengua española parece ser la siguiente
del tercer conde de Fernán Núñez, al principio del discurso XXXVI de *El
hombre práctico*, escrito en 1680, momento en que la palabra no tiene todavía
su segunda *i*, probablemente por haberse tomado en ese momento de la voz
francesa *microscope*: «Oféndennos generalmente con extremo los defectos de
los otros, o por una cierta malevolencia natural e insociable que casi siempre
se hallará en cada hombre para con los demás y que viene a hacer para con
los defectos ajenos el mismo efecto que los *microscopos* para cualquier objeto,
creciéndole casi al infinito» (ed. cit.). Tomás Vicente Tosca se refiere al microscopio en su *Compendio matemático* de 1721, texto que toman en cuenta
los autores de *Autoridades*, aunque sin citarlo. En 1736, el P. Feijoo recuerda
la invención del microscopio por el holandés Zacarías Jansen en 1590, y algunos párrafos más abajo escribe: «Después que se inventó el microscopio,
[Dios] se hizo aun más visible en los entes invisibles, quiero decir, en los que
eran invisibles antes de la invención del microscopio. [...] Es materia que
puede interesar la curiosidad de los lectores, especialmente en España, donde
aun hoy casi son tan ignorados [los microscopios] como lo fueron en todo
el mundo hasta el año de 1600» (*Lo máximo en lo mínimo*, en *Obras escogidas, III*, ed. de Agustín Millares Carlo, BAE, t. CXLII, Madrid, Altas, 1961,
págs. 383-384)
[199] *Dios mejoró sus horas:* El maestro Correas registra el dicho *Dios mejora las
horas*, que se aplica, dice, «en mejoría de un enfermo y negocio».
[200] *a la invisible:* alusión a los ya mencionados «sombreros casi imper-
ceptibles».

moral; pero en lo político, y particularmente para nuestro ramo, es muy mala. Ya no contemos con este oficio. Cualquiera ayuda de cámara, lacayo, volante[201], sabe armarlos, y nos hacemos cada día menos útiles; así llegaremos a ser del todo sobrantes en el número de los artesanos, y tendremos que pedir limosna. En este supuesto, y bien considerado que ya se hacía irremediable nuestra ruina, a no haber usted venido a España, le hacemos presente lo triste de nuestra situación. Por tanto:

»Suplicamos a vmd. se sirva darnos un cuadernillo de láminas, en cada una de las cuales esté pintado, dibujado, grabado o impreso uno de los turbantes que se usan en la patria de vmd., para ver si de la hechura de ellos[202] podemos tomar modelo, norma, figura y molde para armar los sombreros de nuestros jóvenes. Estamos muy persuadidas que no les disgustarán sombreros *a la marrueca*[203]; antes creo que los paisanos de vmd. serán los que tengan algún sentimiento en ver alguna analogía entre sus cabezas y las[204] de nuestros petimetres. Gracia que esperamos recibir de las relevantes prendas de vmd., cuya vida guarde Dios los años que necesitamos.»

Segundo.—«Señor Marrueco: los diputados del gremio de sastres con el mayor respeto hacemos a vmd. presente que habiendo sido hasta ahora la novedad lo que más nos ha dado que comer, y que habiéndose acabado sin duda la fertilidad del entendimiento humano, pues ya no hay invención de provecho en corte de casacas, chupas y calzones, sobretodos, redingotes, cabriolés[205] y capas, estamos deseosos de ha-

---

[201] *volante:* «Se toma también por lo mismo que *laqué* [lacayo], y es la voz propria de nuestra lengua» *(Autoridades).*

[202] *ellos:* El MS O tiene *ella.* Sigo la lección más lógica de S, pues el pronombre se refiere muy claramente a *turbantes.*

[203] *a la marrueca:* sombrero de moda inexistente todavía que crearán las armadoras copiando los modelos que Gazel les procure.

[204] Sigo los textos de los demás manuscritos, el *Correo de Madrid* y S. En O hay *la.*

[205] *cabriolé:* «especie de capingot, estrecho y con mangas, que usan los hombres. Es nuevamente introducido nombre y moda» (Terreros). Según el mismo diccionario, el *capingot* es una «especie de redingot, o redingot a la italiana, que se trae en lugar de capa y suele tener capucha para abrigar la cabeza».

290

llar quien nos ilumine. Los calzones de la última moda, los de la penúltima y los de la anterior ya son comunes; anchos, estrechos, con muchos botones, con pocos, con botoncillos, con botonazos, han apurado el discurso, y parece haber hallado el entendimiento su *non plus ultra* en materia de calzones; y por tanto:

»Suplicamos a vmd. se sirva darnos varios diseños de calzones, calzoncillos, calzonazos, cuales se usan en África, para que puestos en la mesa de nuestro decano y examinados por los más antiguos y graves de nuestros hermanos, se aprenda algo sobre lo que parezca conveniente introducir en la moda de calzones; pues creemos que volverán a su más elevado auge nuestro crédito e interés si sacamos a la luz algo nuevo que pueda acomodarse a los calzones de nuestros europeos, aunque sea sacado de los calzones africanos. Piedad que desean alcanzar de la benevolencia de vmd., cuya vida guarde Dios muchos años.»

Tercero.—«Señor Gazel: Los siete más antiguos del gremio de zapateros catalanes, con el mayor respeto puestos a los pies de vmd., en nombre de todos sus hermanos, inclusos los de viejo, portaleros y remendones, le hacemos presente que vamos a hacer la bancarrota zapateril más escandalosa que puede haber, porque a más del menor consumo de zapatos, nacido de andar en coche tanta gente que andaba poco ha y debiera andar siempre a pie, la poca variedad que cabe en un zapato, así de corte como de costura y color, nos empobrece.

»El tiempo que duró el tacón colorado pasó; también pasó la temporada de llevar la hebilla baja, a gran beneficio nuestro, pues entraba una sexta parte menos de material en un par de zapatos, y se vendía por el mismo precio. Todo ha cesado ya, y parece haber fijado, a lo menos para lo que queda del presente siglo, el zapato alto abotinado, que los hay que no parece sino coturno o calzado de San Miguel. A más del daño que nos resulta de no mudarse la moda, susbsiste siempre el menoscabo de una séptima parte más de material que entra en ellos, sin aumentar el precio establecido. Por tanto:

»Suplicamos a vmd. se sirva dirigirnos un juego completo de botas, botines, zapatos, babuchas, chinelas, alpargatas y otra cualquiera especie[206] de calzamenta[207] africana, para sacar[208] de ellas las innovaciones que nos parezcan adaptables al piso de las calles de Madrid. Fineza que deseamos deber a vmd., cuya vida Dios y San Crispín[209] guarde muchos años.»

Hasta aquí los memoriales. Nuño, como llevo dicho, los informó y apoyó con toda eficacia, y aun suele leérmelos con comentarios de su propia imaginación cuando conoce que la mía está algo melancólica. Anoche me decía, acabando de leerlos:

—Mira, Gazel, estos pretendientes tienen razón. Las apuntadoras de sombreros, por ejemplo, ¿no forman un gremio muy benemérito del estado? ¿No contribuye infinito a la fama de nuestras armas la noticia de que los sombreros de nuestros militares están cortados, apuntados, armados, galoneados y escarapelados por mano de Fulana, Zutana o Mengana? Los que escriben las historias de nuestro siglo, ¿no recibirán mil gracias de la posteridad por haberla instruido de que en el año de tantos vivía en tal calle, casa número tantos, una persona que apuntó los sombreros a doscientos cadetes de guardias, cuatrocientos de infantería, veintiocho de caballería, ochocientos oficiales subalternos, trescientos capitanes y ciento y cincuenta oficiales superiores? Pues ¡cuánta mayor honra para nuestro siglo si alguno escribiera el nombre, edad, ejercicio, vida y costumbres del que introdujo tal o tal innovación en la parte principal de nuestras cabezas modernas! ¡Qué repugnancia hallaron en los[210] ya proyectados!

---

[206] *otra cualquiera especie:* Sigo la lección superior de S. Las demás versiones tienen *toda cualesquiera* [sic] *otra especie.*

[207] *calzamenta:* otra gracia verbal de invención cadalsiana.

[208] *sacar:* Sigo de nuevo a S; en las demás versiones hay *saber.*

[209] *San Crispín:* «San Crispín y San Crispiano [fiesta, 25 de octubre] fueron del número de los primeros Apóstoles enviados a Francia con San Dionisio para anunciar el Evangelio. [...] A ejemplo de San Pablo que predicaba de día y trabajaba de noche, para no ser gravosos a nadie, hicieron del lugar de su retiro no solamente una escuela de instrucción, sino también una tienda de trabajo. Ejercían el oficio de zapatero; ocupación tranquila, propia para mantenerlos en la humildad, que conviene a los obreros evangélicos» (José Miguel de Sarasa, *Vidas de santos para todos los días del año,* Madrid, Imprenta de Don Benito Cano, 1798, pág. 527b).

[210] *los:* artículo masculino para concordar con el concepto *sombreros,* que se sobrentiende.

¡Qué maniobras se hicieron para vencer este obstáculo; cómo se logró el arrinconar los sombreros que carecían de tal o tal adorno, etc.!

«Por lo que toca a los sastres, paréceme muy acertada su solicitud, y no menos justa la pretensión de los zapateros. Aquí donde me ves, yo he tenido algunas temporadas de petimetre, habiéndome hallado en lo fuerte de mi tabardillo[211] cuando se usaba la hebilla baja en los zapatos (cosa que ya ha quedado sólo para volantes, cocheros y majos). Te aseguro que, o sea mi modo de pisar, o sea que llovía mucho en aquellos años, o sea que yo era algo extremado y riguroso en la observancia de las leyes de la moda, me acuerdo que llevaba la hebilla tan sumamente baja, que se me solía quedar en la calle. Y un día, entre otros, que subí al estribo de un coche a hablar a una dama que venía del Pardo, me bajé de pronto del estribo; quedóseme en él el zapato; arrancó el tiro de mulas a un galope[212] de más de tres leguas por hora; y yo me quedé a más de media legua larga de la puerta de San Vicente[213], descalzo de un pie, y precisamente una tarde hermosa de invierno, en que se había despoblado Madrid para tomar el sol; y yo me vi corrido como una mona, teniendo que atravesar todo el paseo y mucha parte de Madrid con un zapato menos. Caí enfermo del sofoco, y me mantuve en casa hasta que salió la moda de llevar la hebilla alta. Pero como entre aquel extremo y el de la última, en que ahora se hallan, han pasado años, he estado mucho tiempo observando el lento ascenso de las expresadas hebillas por el pie arriba, con la impaciencia y cuidado que un astrónomo está viendo la

---

[211] *tabardillo:* En *Autoridades* se describe así el tabardillo o tifus: «Enfermedad peligrosa que consiste en una fiebre maligna, que arroja al exterior unas manchas pequeñas como picaduras de pulga y a veces granillos de diferentes colores, como morados, cetrinos, etc.» Aquí en sentido figurado, por *enfermedad o locura de la moda.*

[212] *galope:* O tiene *galopeo.* Es más lógica la lección de las demás fuentes.

[213] *puerta de San Vicente:* La puerta real de registro de San Vicente estaba sita «por bajo de Palacio nuevo», cerca del convento de San Gil, que se hallaba «inmediato al Palacio nuevo, en la plazuela de su advocación» (Fausto Martínez de la Torre y José Asensio, *Plano de la Villa y Corte de Madrid*, Madrid, Imprenta de Don José Doblado, 1800, págs. 113 y 86, respectivamente).

subida de un astro por el horizonte, hasta tenerlo en el punto en que lo necesita para su observación.

»Dales, pues, a esas gentes modelos que sigan, que tal vez habrá en ellos cosa que me acomode. Sólo para ti será el trabajo: porque si los demás artesanos conocen que tu dirección aprovecha a los tres gremios que la han solicitado, vendrán todos con igual molestia a pedirte la misma gracia.»

CARTA LXV

Del mismo al mismo

—Yo me vi una vez —decíame Nuño no ha mucho— en la precisión de que me despreciasen por tonto, o me aborreciesen como capaz de vengarme. No tardé en escoger, a pesar de mi amor propio, el concepto que más me abatía, humillándome en tanto grado, que nada me podía consolar sino esta reflexión que hice con mucha frecuencia. Con abrir yo la boca, me temblarían en lugar de mofarme, pero yo me estimaría menos. La autoridad de ellos puede desvanecerse, pero mi interior testimonio ha de acompañarme más allá de la sepultura. Hagan, pues, ellos lo que quieran; yo haré lo que debo.

Esta doctrina sin duda es excelente, y mi amigo Nuño hace muy bien en observarla, pero es cosa fuerte que los malos abusen de la paciencia y virtud de los buenos. No me parece ésta menor villanía que la del ladrón que roba y asesina al pasajero que halla dormido e indefenso en un bosque. Aun me parece mayor, porque el infeliz asesinado no conoce el mal que se le hace; pero el hombre virtuoso de este caso está viendo continuamente la mano que le hiere mortalmente. Esto, no obstante, dicen que es común en el mundo.

—No tanto —respondió Nuño—; las gentes se cansan de esta superabundancia de honradez y suelen vengarse cuando pueden. Lo que más me lisonjeaba en aquella situación era el conocimiento de ser yo original en mi conducta. Aun les daba yo gracias de haberme precisado a hacer un examen tan riguroso de mi hombría de bien[214]. De su suma crueldad me resultaba el mayor consuelo, y lo que para otros hubiera sido un tormento riguroso, era para mí una nueva especie de delicia. Me tenía yo a mí mismo por un Belisario[215] de segunda clase, y solamente me hubiera yo trocado por aquel general, para serlo en la primera, contemplando que hubiera sido mayor mi satisfacción, cuanto más alta mi elevación y más baja mi caída.

CARTA LXVI

Del mismo al mismo

En Europa hay varias clases de escritores. Unos escriben cuanto les viene a la pluma; otros, lo que les mandan escribir; otros, todo lo contrario de lo que sienten; otros, lo que agrada al público con lisonja; otros, lo que le choca con reprensión. Los de la primera clase están expuestos a más gloria y más desastres, porque pueden producir mayores aciertos y desaciertos. Los de la segunda se lisonjean de hallar el

---

[214] He aquí la afirmación más sucinta y directa de la parte de praxis de la filosofía del hombre de bien que se viene exponiendo a lo largo de estas páginas. Nótese a la vez que toda la presente carta significa la puesta en práctica de tales principios.

[215] *Belisario:* Es el conocido general bizantino (¿494?–565), sobre quien Jean-François Marmontel (1723-1799) había publicado su novela histórica *Bélisaire* en 1766, la cual tiene la forma de una serie de conversaciones entre el anciano y ciego Belisario y el emperador Justiniano. El novelista alicantino Pedro Montengón se inspiró en esta obra para su novela histórica *Eudoxia, hija de Belisario* (1792). El Cadalso viajero europeo, que había comprado muchos libros extranjeros durante sus estancias en París y Londres, seguía informándose sobre las novedades literarias inglesas y francesas. En la parodia de las costumbres de los seudointelectuales *Los eruditos a la violeta* (1772), de nuestro autor, el maestro da el siguiente consejo: «Aplaudid a Mr. Marmontel. Es el moralista de estrado más digno de la cátedra de prima. No hay petimetre, ni petimetra, abate distraído, soldado de paz, filósofo extravagante, heredero gastador, ni viuda de veinte años que no tenga un curso completo de moral en los primorosos cuentos de este finísimo académico» (ed. príncipe de Sancha, pág. 32).

premio seguro de su trabajo; pero si, acabado de publicarlo, se muere o se aparta el que se lo mandó y entra a sucederle uno de sistema opuesto, suelen encontrar castigo en vez de recompensa. Los de la tercera son mentirosos de letra de molde, como los llama Nuño, y merecen por escrito el odio de todo el público. Los de la cuarta tienen alguna disculpa, como la lisonja no sea muy baja. Los de la última merecen aprecio por el valor, pues no es poco el que se necesita para reprender a quien se halla bien con sus vicios, o bien cree que el libre ejercicio de ellos es una preeminencia muy apreciable.

Cada nación ha tenido alguno o algunos censores más o menos rígidos; pero creo que para ejercer este oficio con algún respeto de parte del vulgo, necesita el que lo emprende hallarse limpio de los defectos que va a censurar. ¿Quién tendría paciencia en la antigua Roma para ver a Séneca escribir contra el lujo y la magnificencia con la mano misma que se ocupaba con notable codicia en atesorar millones? ¿Qué efecto podría producir todo el elogio que hacía de la medianía[216], quien no aspiraba sino a superar a los poderosos en esplendor? El hacer una cosa y escribir la contraria, es el modo más tiránico de burlar la sencillez de la plebe, y es también el medio más poderoso para exasperarla, si llega a comprender este artificio.

CARTA LXVII

De Nuño a Gazel

Desde tu llegada a Bilbao no he tenido carta tuya; la espero con impaciencia, para ver qué concepto formas de esos pueblos en nada parecidos a otro alguno. Aunque en la capital misma la gente se parece a la de otras capitales, los habitantes del campo y provincias son verdaderamente origina-

---

[216] *medianía:* Nueva alusión al ideal filosófico clásico de la *aurea mediocritas* de quien se retira del tumulto de la actividad pública para llevar vida meditativa.

les. Idioma, costumbres, trajes son totalmente peculiares, sin la menor conexión con otros.

Noticias de literatura, que tanto solicitas, no tenemos estos días; pero en pago te contaré lo que me pasó poco ha en los jardines del Retiro con un amigo mío. Y a fe que dicen que es sabio de veras, porque aunque gasta doce horas en cama, cuatro en el tocador, cinco en visitas y tres en el paseo, es fama que ha leído cuantos libros se han escrito, y en profecía cuantos se han de escribir, en hebreo, siriaco, caldeo, egipcio, chino, griego, latino, español, italiano, francés, inglés, alemán, holandés, portugués, suizo, prusiano, dinamarqués, ruso, polaco, húngaro y hasta la gramática vizcaína del padre Larramendi[217]. Este tal, trabando conversación conmigo sobre los libros y papeles dados al público en estos años, me dijo:

—He visto varias obrillas modernas así tal cual —y luego tomó un polvo y se sonrió, y prosiguió—: Una cosa les falta, sí, una cosa.

—Tantas les faltará y tantas les sobrará... —dije yo—.

—No, no es eso —replicó el amigo, y tomó otro polvo y se sonrió otra vez, y dio dos o tres pasos, y continuó—: Una sola, que caracterizaría el buen gusto de nuestros escritores. ¿Sabe el señor don Nuño cuál es? —dijo, dando vueltas a la caja entre el dedo pulgar y el índice.

—No —respondí yo lacónicamente.

—¿No? —instó el otro—. Pues yo se la diré —y volvió a tomar un polvo, y a sonreírse, y a dar otros tres pasos—. Les falta —dijo con magisterio—, les falta en la cabeza de cada párrafo un texto latino sacado de algún autor clásico, con su cita y hasta la noticia de la edición, con aquello de *mihi*[218] entre paréntesis; con esto el escritor da a entender al vulgo que

---

[217] Las obras principales del jesuita Manuel de Larramendi (1690-1766) son *El imposible vencido. Arte de la lengua vascongada* (1729), que es la gramática en la que piensa Cadalso, y el *Diccionario trilingüe del castellano, vascuence y latín* (1745). En el setecientos, el mismo nombre de Larramendi se convirtió en sinónimo de la dificultad por la complejidad de la materia que trataba.

[218] *mihi*: Dativo latino que significa «para mí», y se usaba cuando se citaba un libro según la edición concreta que uno mismo estuviera manejando, por ejemplo, «*mihi* página 137». Ya el padre Isla se divierte con este afectado uso al dar referencias a citas, ya en sus cartas, ya en sus obras literarias.

se halla dueño de todo el siglo de Augusto *materialiter et for-maliter*[219]. ¿Qué tal? —Y tomó doble dosis de tabaco, sonrió-se y paseó, me miró, y me dejó para ir a dar su voto sobre una bata[220] nueva que se presentó en el paseo.

Quedé solo, raciocinando así: este hombre, tal cual Dios lo crió, es tenido por un pozo de ciencia, golfo de erudición y pié-lago de literatura[221]; luego haré bien si sigo sus instrucciones. Adiós, dije yo para mí; adiós, sabios españoles de 1500, sabios franceses de 1600, sabios ingleses de 1700; se trata de buscar re-tazos sentenciosos del tiempo de Augusto, y gracias a que no nos envían algunos siglos más atrás en busca de renglones que poner a la cabeza de lo que se ha de escribir en el año que, si no miente el calendario, es el año de 1774[222] de la era cristia-na, 1187 de la hégira de los árabes, 6973 de la creación del mun-do, 4731 del diluvio universal, 4018 de la fundación de Espa-ña, 3943 de la de Madrid, 2549 de la era de las Olimpiadas, 192 de la corrección gregoriana, 16 del reinado de nuestro religioso y piadoso monarca Carlos III, que Dios guarde.

Fuime a casa, y sin abrir más que una obra[223], encontré una colección completa de estos epígrafes. Extractélos y los apunté con toda formalidad; llamé a mi copiante (que ya co-noces, hombre asaz extraño), y le dije:

---

[219] Según la filosofía escolástica, cada ente existe por la unión de su mate-ria y su forma. Sólo en la especulación metafísica cabe separar los dos ele-mentos, y para expresar una teoría respecto de la materia, se decía *materiali-ter;* respecto de la forma, *formaliter*. El novelista Isla se anticipa a Cadalso en ridiculizar estos y otros pretenciosos términos que maestros y alumnos sal-modiaban en abstrusos coros. Véase *Fray Gerundio*, ed. cit., t. I, pág. 265.

[220] *bata:* Véase la nota 74.

[221] Nótese lo cervantino de este paralelismo trimembre. Para tal estilo bur-lesco Cadalso tenía modelos no solamente en el *Quijote*, sino en *Fray Gerun-dio*, donde ya se imitaba este aspecto del humorismo de Cervantes. Fray Ge-rundio, por ejemplo, estudió con un maestro que aspiraba a «ser inventor, fundador y patriarca de un nuevo sistema ortográfico» (ed. cit, t. I, pág. 186).

[222] Año en el que Cadalso parece haber terminado la primera redacción de esta obra.

[223] Nuño en su mundo novelístico, Cadalso en el mundo real, debió de consultar una de las muchas recopilaciones de lugares citables a las que tam-bién acudían entonces, entre otros, los pedantes de los predicadores gerun-dianos, que adornaban así el nada original contenido de sus sermones, saca-do de otra clase de colecciones, llamadas de conceptos predicables.

—Mire vmd., don Joaquín; vuestra merced es archivero, y digno depositario de todos mis papeles, papelillos y papelones en prosa y en verso. En este supuesto, tome vmd. esta lista, que no parece sino de motes para galanes y damas; y advierta vmd. que si en adelante caigo en la tentación de escribir algo para el público, debe vuestra merced poner un renglón de éstos en cada una de mis obras, según y conforme venga más al caso, aunque sea estirando el sentido.

—Está muy bien —dijo mi don Joaquín, que a estas horas ya había sacado los anteojos, cortado una pluma nueva y probado en el sobrescrito de una carta con un *Muy señor mío* muy hermoso y muchos rasgos.

—De este modo los ha de emplear vmd. —proseguí yo—. Si se me ofrece, que creo se me ofrecerá, alguna disertación sobre lo mucho superficial que hay en las cosas, ponga vmd. aquello de Persio:

Oh curas hominum! ¡Oh quantum est in rebus inane![224].

«Cuando publique endechas muy tristes sobre la muerte de algún personaje célebre, cuya pérdida sea sensible, vea vmd. cuán al caso vendrá la conocida dureza de algunos soldados de los que tomaron a Troya, diciendo con Virgilio:

... Quis talia fando
Myrmidonum, Dolopumve, aut duri miles Ulixi
Temperet a lacrimis![225].

»Dios me libre de escribir de amor, pero si tropiezo en esta flaqueza humana, y ando por esos montes y valles, bosques y peñas, fatigando a la ninfa Eco con los nombres de Amarilis, Aminta, Nise, Corina, Delia, Galatea y otras, por mucha prisa que yo le dé a vmd., no hay que olvidar lo de Ovidio:

---

[224] Persio, Sátira I, v. 1.: «¡Oh cuidados de los hombres! ¡Cuánto hay de vano en las cosas!»

[225] Virgilio, *Eneida*, lib. II, vv. 6-8: ¡Quién diciendo tales cosas privaría de lágrimas a los soldados de los mirmidones, de los dolopes o aun del duro Ulises!»

Scribere jussit Amor[226].

»Si me pongo alguna vez muy despacio a consolar algún amigo, o a mí mismo, sobre alguna de las infinitas desgracias que nos pueden acontecer a todos los herederos de Adán, sírvase vmd. poner de muy bonita letra lo de Horacio:

> *Aequam memento rebus in arduis*
> *Servare mentem*[227].

»Cuando yo declame por escrito contra las riquezas, porque no las tengo, como hacen otros (y hacen menos mal que los que declaman contra ellas y no piensan sino en adquirirlas), ¡qué mal hará vmd. si no pone, hurtándoselo a Virgilio, que lo dijo en una ocasión harto seria, grave y estupenda!

> *Quid non mortalia pectora cogis,*
> *Auri sacra fames!*[228].

»Sentiré muy mucho que la depravación de costumbres me haga caer en la torpeza de celebrar los desórdenes; pero como es tan frágil esta nuestra máquina, ¿qué sé yo si algún día me echaré a aplaudir lo que siempre he reprendido, y cante que es inútil trabajo el de guardar mujeres, hijas y hermanas? A esta piadosa producción, hágame vmd. el corto agasajo de poner de boca de Horacio:

> *Inclusam Danaen turris ahenea,*
> *Robur atque fores, ac vigilum canum*
> *Tristes excubiae, munierant satis*
> *Nocturnis ab adulteris*[229].

---

[226] Ovidio, *Heroides*, Epístola IV, v. 10: «Amor mandó escribir.»

[227] Horacio, *Carmina*, o sea *Odas*, lib. II, oda III, vv. 1-2: «Recuerda conservar la mente inmutable ante la adversidad.»

[228] Virgilio, *Eneida*, lib. III, vv. 56-57: «¡Hasta qué límites no atormentas las almas de los hombres, sagrada hambre del oro!»

[229] Horacio, *Carmina*, lib. III, oda XVI, vv. 1-4: «Encerrada Dánae, la protegían contra nocturnos aventureros una torre de cobre y puertas de roble y la severa guardia montada por vigilantes perros.»

»Si algún día llego a profanar tanto mi pluma, que escriba contra lo que pienso, y digo entre otras cosas que este siglo es peor que otro alguno, con ánimo de congraciarme con los viejos del siglo pasado, lo puedo hacer a muy poca costa, sólo con que vmd. se sirva poner en la cabeza lo que el mismo dijo del suyo:

> ... *Clament periisse pudorem*
> *Cuncti paene patres*[230].

»Si el cielo de Madrid no fuese tan claro y hermoso y se convirtiese en triste, opaco y caliginoso como el de Londres (cuya tristeza, opacidad y caliginosidad depende, según geógrafo-físicos, de los vapores del Támesis, del humo del carbón de piedra y otras causas), me atrevería yo a publicar las *Noches lúgubres,* que he compuesto a la muerte de un amigo mío[231], por el estilo de las que escribió el doctor Young[232]. La impresión sería en papel negro con letras amarillas, y el epígrafe, a mi ver muy oportuno aunque se deba traer de la catástrofe de Troya a un caso particular, sería el de:

---

[230] Horacio, *Epístolas*, lib. II, epis. 1, vv 80-81: «Que clamen casi todos los padres que ha perecido el pudor.»

[231] *amigo mío:* Ya se ha comentado en la Introducción la posibilidad de que a la hora de la muerte de María Ignacia Ibáñez Cadalso ya tuviera las *Noches lúgubres* parcialmente redactadas como testimonio de dolor ante el óbito de otro fallecido, un amigo. Recuérdese que la expresión del afecto amistoso era mucho más sentimental en el setecientos, acercándose al tono del lenguaje amoroso. Los amigos llegaban a concebir la posibilidad de mandar que se sepultasen juntos como duradera expresión de su fidelidad, según se ve por este ejemplo del propio Cadalso: «Cantad, que de Dalmiro / y Moratín los cuerpos / en esta tumba yacen» (BAE, t. LXI, pág. 274c). Por lo cual nada sorprendería que se dedicara una obra del género nocturno a la muerte de un íntimo amigo. Incluso se dedicaban obras de este género emotivo a la defunción de los príncipes de la Iglesia: *Le notti clementine, poema in quattro canti, in morte della santa memoria di Clemente XIV.* Aceptando la hipótesis implícita en el presente pasaje, Cadalso adaptaría la obra a su finalidad definitiva introduciendo las nuevas alusiones así necesarias a partir del final de la noche I. Y éste será uno de los motivos por los cuales se dan en las *Noches* tan pocas menciones de la amada difunta.

[232] Véase nuestra Introducción sobre la relación entre las *Noches lúgubres* y los *Night Thoughts* (1742-1745), del poeta inglés Edward Young (1683-1765).

... Crudelis ubique
Luctus, ubique pavor, et plurima noctis imago[233].

»Cuando publiquemos, mi don Joaquín, la colección de cartas que algunos amigos me han escrito en varias ocasiones (porque hoy de todo se hace dinero), Horacio tendrá que hacer también esta vez el gusto, y diremos con él:

Nil ego praetulerim jucundo sanus amico[234].

»A fuerza de llamarse poetas muchos tunantes, ridículos, necios, bufones, truhanes y otros, ha caído mucho la poesía del antiguo aprecio con que se trataba marras a los buenos poetas[235]. Ya ve vmd., mi don Joaquín, cuán al caso vendrá una disertación volviendo por el honor de la poesía verdadera, diciendo su origen, aumento, decadencia, ruina y resurrección, y también ve vmd., mi don Joaquín, cuán del caso sería pedir otra vez a Horacio un poquito de latín por amor de Dios, y decir:

Sic honor, et nomen divinis vatibus, atque
Carminibus venit[236].

»Al ver tanto papel como hace gemir la prensa en nuestros días, ¿quién podrá detener la pluma, por poco satírica que sea, y dejar de repetir con el nada lisonjero Juvenal?

---

[233] Virgilio, *Eneida*, lib. II, vv. 368-369: «Doquier cruel llanto, doquier terror, y mil imágenes de la noche.» En el texto de Virgilio se lee *mortis imago*. En algunas ediciones se da como variante, a pie de página, *noctis imago*. Cadalso debió de acoger la variante porque se ajustaba a su tema.

[234] Horacio, *Sermones*, lib. I, Sermo V, v. 44: «Mientras goce de sana razón no preferiré nada a mi encantador amigo.» Nueva adaptación cadalsiana, porque en el texto de Horacio hay *contulerim*.

[235] Como siempre, cuando los neoclásicos hablan de sus modelos poéticos, el modesto adjetivo *bueno* hace las veces de superlativo.

[236] Horacio, *Ars poetica*, v. 400: «Llegaron a adquirir de esta manera / los divinos poetas alta gloria, / dando a sus versos inmortal memoria» (traducción libre de Tomás de Iriarte, *Obras*, ed. cit., t. IV, pág. 55).

... Tenet insanabile
multos scribendi cacoethes...[237].

»Paréceme que por punto general debo yo, y debe todo escritor, o bien de papeles como éste, pequeños, o bien de tomazos grandes, como algunos que yo sé, escribir ante todas cosas después de cruz y margen lo que Marcial:

Sunt bona, sunt quaedam mediocria, sunt mala plura,
Quae legis hic: aliter non fit, Avite, liber[238].

«Siempre que yo vea salir al público un libro escrito en nuestros días en castellano puro, fluido, natural, corriente y genuino, cual se escribía en tiempo de mi señora abuela, prometo darle gracias al autor en nombre de los difuntos señores Garcilaso, Cervantes, Mariana, Mendoza, Solís y otros (que Dios haya perdonado), y el epígrafe de mi carta será:

... Aevo rarissima nostro
Simplicitas...[239].

»Tengo, como vuestra merced sabe, don Joaquín, un tratado en vísperas de concluirle contra el archicrítico maestro Feijoo, con que pruebo contra el sistema de su reverendísima ilustrísima que son muy comunes, y por legítima consecuencia no tan raros, los casos de duendes, brujas, vampiros, brucolacos[240], trasgos y fantasmas, todo ello auténtico por deposición de personas fidedignas, como amas de niños, abuelas,

---

[237] Juvenal, Sátira VII, v. 51: «La horrible e incurable enfermedad de escribir lleva a muchos.»

[238] Marcial, *Epigramas*, lib. I, ep. XVI: «Algunas de las cosas que lees aquí son buenas, algunas mediocres, la mayor parte malas. De otro modo, Avito, no se hace un libro.»

[239] Ovidio, *Ars amatoria*, lib. I, vv. 241-24: «Rarísima es en nuestra edad la sencillez.»

[240] *brucolaco:* «Nombre que daban los griegos a los falsos resucitados, o a los que imaginaban resucitar por arte del demonio» (Terreros, artículo *brucolacas* [sic]).

viejos de lugar y otros de igual autoridad[241]. Hago ánimo de publicarlo en breve con láminas finas y exactos mapas; singularmente la estampa del frontispicio, que representa el campo de Barahona[242] con una asamblea general de toda la nobleza y plebe de la brujería; a cuyo fin volveremos a llamar a la puerta de Horacio, aunque sea a media noche, y pidiéndole otro texto para una necesidad, tomaremos de su mano lo de:

> *Somnia, terrores magicos, miracula, sagas,*
> *Nocturnos lemures, portentaque, Thessala, rides?*[243].

»El primer soberano que muera en el mundo, aunque sea un cacique de indios entre los apaches, como su muerte llegue a mis oídos, me dará motivo para una arenga oratoria sobre la igualdad de las condiciones humanas respecto a la muerte, y vuelta a casa de Horacio en busca de:

> *Pallida mors aequo pulsat pede pauperum tabernas,*
> *regumque turres...*[244].

---

[241] Tienen razón Dupuis-Glendinning al afirmar que esta declaración burlesca de oposición a las ideas del admirado Feijoo en torno a lo sobrenatural representa referencias a dos títulos del benedictino: *Duendes y espíritus familiares* (en *Teatro crítico universal*, t. III, 1729, discurso 4); y *Reflexiones críticas a dos disertaciones del padre Calmet sobre apariciones de espíritus, vampiros y brucolacos* (en *Cartas eruditas y curiosas*, t. IV, 1753, carta 20).

[242] *el campo de Barahona* (en Soria): «En este campo hay fama juntarse los brujos y las brujas a sus abominaciones, llevados por ministerio del demonio». «Campo de Barahona, donde dicen juntarse las brujas a reverenciar el cabrón y tratar de tantas abominaciones como se cuentan desta maldita gente» (Covarrubias). En sus cartas *Desde mi celda*, Bécquer pinta cuadros memorables de la tía Casca y otras brujas de Trasmoz, pueblecito que está en los campos de Barahona.

[243] Horacio, *Epístolas*, lib. II, epis. II, vv. 208-209: «¿De los sueños, de los terrores mágicos, de los milagros, de las hechiceras, de los aparecidos nocturnos y portentos te ríes, Tesala?»

[244] Horacio, *Carmina*, lib. I, oda IV, vv. 14-15: «La pálida muerte con el mismo pie golpea las chozas de los más pobres y los palacios de los reyes.» Cervantes cita el mismo trozo de Horacio en el Prólogo a la primera parte del *Quijote*.

»Por nada quisiera yo ser hombre de entradas y salidas, negocios graves, secretos importantes y ocupaciones misteriosas, sino para volverme loco un día, apuntar cuanto supiera y enviar mi manuscrito a imprimirse en Holanda, sólo para aprovechar lo que dijo Virgilio a los dioses del infierno:

Sit mihi fas audita loqui...[245].

»Supongamos que algún día sea yo académico, aunque indigno, de cualquiera de las academias o academías (escríbalo vmd. comoquiera, mi don Joaquín, largo o breve, que sobre eso no hemos de reñir); si, como digo de mi asunto, algún día soy individuo de alguna de ellas, aunque sea la famosa de Argamasilla que hubo en tiempo del muy valiente señor don Quijote, de andante memoria, el día que tome asiento entre tanta gente honrada, he de pronunciar un largo y patético discurso sobre lo útil de las ciencias, sobre todo en la particularidad de ablandar los genios y suavizar las costumbres; y molidos que estén mis compañeros con lo pesado de mi oratoria, les resarciré el perjuicio padecido en su paciencia acabando con decir cual Ovidio:

... Ingenuas didicisse fideliter artes,
Emollit mores, nec sinit esse ferox[246].

»Mire vmd., don Joaquín, por ahí anda una cuadrilla de muchachos que no hay quien los aguante. Si uno habla con un poco de método escolástico, se echan a reír, y de cuatro tajos o reveses lo hacen a uno callar. Esto ya ve vmd. cuán insufrible ha de ser por fuerza a los que hemos estudiado cuarenta años a Aristóteles, Galeno, Vinio[247] y otros, en cuya lectura se nos han caído los dientes, salido las canas, quemado

---

[245] Virgilio, *Eneida*, lib. VI, v. 266: «Que me sea lícito decir esas cosas que he oído.»
[246] Ovidio, *Ex ponto*, epístola IX, vv. 47-48: «El haber aprendido fielmente las artes liberales suaviza las costumbres e impide que seamos salvajes.»
[247] *Vinio:* Arnold Vinnen o Arnoldus Vinnius (1588-1657), jurisconsulto holandés, profesor de derecho romano en la Universidad de Leyden y autor de comentarios sobre el derecho romano.

las cejas, lastimado el pecho y acortado la vista; ¿no es verdad, don Joaquín? Pues mire vmd., los tengo entre manos, y los he de poner como nuevos. Diré lo mismo que dijo Juvenal de otros perillanes de su tiempo, arguyéndoles del respeto con que en otros tiempos se miraban las canas, pues dice que:

> *Credebant hoc grande nefas, et morte piandum,*
> *Si juvenis vetulo non adsurrexerat...*[248].

»Me alegrara tener mucho dinero para muchas cosas, y entre otras para hacer una nueva edición de nuestros dramáticos del siglo pasado[249], con notas, ya críticas, ya apologéticas, y bajo el retrato de don frey[250] Lope de Vega Carpio (que los franceses han dado en llamar López y decir que fue hijo de un cómico), aquello de Ovidio:

> *...Video meliora, proboque;*
> *Deteriora sequor*[251].

»Cuando nos vayamos a la aldea que vmd. sabe, y escribamos a los amigos de Madrid, aunque no sea más que pidiéndoles las gacetas o encargándoles alguna friolera, no se olvide de vmd. de poner la que puso Horacio, diciendo:

> *Scriptorum chorus omnis amat nemus, et fugit urbem*[252].

---

[248] Juvenal, Sátira XIII, vv. 54-55: «Creían que era un gran sacrilegio y digno de expiarse con la muerte si el joven no había rendido homenaje al viejo.»

[249] Entre 1760 y 1763 se publicaron once tomos de comedias de Calderón (Madrid, Viuda de Fernández). Sancha editó veintiún volúmenes de comedias de Lope de Vega entre 1776 y 1779. Vicente García de la Huerta empezó a publicar los diecisiete tomos de su *Theatro Hespañol* en la Imprenta Real en 1785.

[250] *frey*: En O hay *fray*. Sigo la corrección introducida por Arce, porque *frey* era de hecho el tratamiento que se le daba a Lope, que era freile, o sea caballero de orden militar. O también tiene, quizá por descuido del copista, *Lope de la [sic] Vega Carpio*. Ni en F ni en S se encuentra el artículo *la*.

[251] Ovidio, *Metamorfosis*, lib. VII, vv. 20-21: «Veo las cosas que son mejores y las apruebo, pero sigo las peores.»

[252] Horacio, *Epístolas*, lib. II, epis. II, v. 77: «Todo el coro de escritores ama el bosque y huye de la ciudad.»

»Sobre el rumbo que ha tomado la crítica en nuestros días, no fuera malo tampoco el dar a luz un discurso que señalase el verdadero método que ha de seguir para ser útil en la república literaria; en este caso el mote sería de Juvenal, quejoso de lo mismo:

Dat veniam corvis, vexat censura columbas[253].

»Alguna vez me he puesto a considerar cuán digno asunto para un poema épico es la venida de Felipe V a España, cuánto adorno se podría sacar de los lances que le acaecieron en su reinado, cuánto pronóstico feliz para España la amable descendencia que dejó. Ya había yo formado el plan de mi obra, la división de cantos, los caracteres de los principales héroes, la colocación de algunos episodios, la imitación de Homero y Virgilio, varias descripciones, la introducción de lo sublime y maravilloso, la descripción de algunas batallas; y aun había empezado la versificación, cuidando mucho de poner *r, r, r,* en los versos duros, *l, l, l,* en los blandos, evitando los consonantes vulgares *ible, able, ente, eso* y otros tales. En fin, la cosa iba de veras, cuando conocí que la epopeya es para los modernos el ave fénix de quien todos hablan y a quien nadie ha visto. Fue preciso dejarlo, y a fe que le tenía buscado un epígrafe muy correspondiente al asunto, y era de Virgilio, cuando metiéndose a profeta dijo en voz hinchada y enfática:

Jam nova progenies caelo demittitur alto[254].

»No fuera malo dedicarnos un poco de tiempo a buscar las faltas, errores, equivocaciones, yerros y lugares oscuros de los más clásicos autores nuestros o ajenos[255], y luego salir con una crítica de ellos muy humilde al parecer, pero en la reali-

---

[253] Juvenal, Sátira II, v. 63: «La crítica favorece a los cuervos y veja a las palomas.»
[254] Virgilio, Égloga IV, v. 7: «Ya el nuevo linaje es lanzado desde el alto cielo.»
[255] Nueva afirmación por Cadalso de que existen autores clásicos tanto entre los literatos modernos como entre los de la antigüedad.

dad muy soberbia (especie de humildad muy a la moda), y poner en el frontispicio, como por vía de obsequio al autor criticado, lo de Horacio, a saber:

...Quandoque bonus dormitat Homerus[256].

Y así de todos los demás asuntos que pueden ofrecerse».

Te estoy viendo reír de este método, amigo Gazel, que sin duda te parecerá pura pedantería; pero vemos mil libros modernos que no tienen nada de bueno sino el epígrafe.

CARTA LXVIII

Gazel a Ben-Beley

Examina la historia de todos los pueblos, y sacarás que toda nación se ha establecido por la austeridad de costumbres. En este estado de fuerza se ha aumentado, de este aumento ha venido la abundancia, de esta abundancia se ha producido el lujo, de este lujo se ha seguido la afeminación, de esta afeminación ha nacido la flaqueza, de la flaqueza ha dimanado su ruina. Otros lo habrán dicho antes que yo y mejor que yo; pero no por eso deja de ser verdad y verdad útil, y las verdades útiles están tan lejos de ser repetidas con sobrada frecuencia, que pocas veces llegan a repetirse con la suficiente.

CARTA LXIX

De Gazel a Nuño

Como los caminos son tan malos en la mayor parte de las provincias de tu país, no es de extrañar que se rompan con frecuencia los carruajes, se despeñen las mulas y los viajantes

---

[256] Horacio, *Ars poetica*, v. 359: «A veces el buen Homero dormita.»

pierdan las jornadas. El coche que saqué de Madrid ha pasado varios trabajos; pero el de quebrarse uno de sus ejes, pudiendo serme muy sensible, no sólo no me causó desgracia alguna, sino que me procuró uno de los mayores gustos que puede haber en la vida, a saber: la satisfacción de tratar, aunque no tanto tiempo como quisiera, con un hombre distinto de cuantos hasta ahora he visto y pienso ver. El caso fue al pie de la letra como sigue, porque lo apunté muy individualmente en el diario de mi viaje.

A pocas leguas de esta ciudad, bajando una cuesta muy pendiente, se disparó el tiro de mulas, volcóse el coche, rompióse el eje delantero y una de las varas. Luego que volvimos del susto y salimos todos como pudimos por la puertecilla, que quedó en alto, me dijeron los cocheros que necesitaban muchas horas para reparar este daño, pues era preciso ir a un lugar que estaba a una legua del paraje en que nos hallábamos para traer quien lo remediase. Viendo que iba anocheciendo, me pareció mejor irme a pie con un criado, y cada uno su escopeta, al lugar, y pasar la noche en él, durante la cual se remediaría el fracaso y descansaríamos los maltratados. Así lo hice, y empecé a seguir una vereda que el mismo cochero me señaló, por un terreno despoblado y nada seguro al parecer por lo áspero del monte. A cosa de un cuarto de legua me hallé en un paraje menos desagradable, y en una peña a la orilla de un arroyo vi un hombre de buen porte en acción de meterse un libro en el bolsillo, levantarse, acariciar un perro y ponerse un sombrero de campo, tomando un bastón más robusto que primoroso.

Su edad sería de cuarenta años, y su semblante era apacible, el vestido sencillo, pero aseado, y sus ademanes llenos de aquel desembarazo que da el trato frecuente de las gentes principales, sin aquella afectación que inspira la arrogancia y vanidad. Volvió la cara de pronto al oír mi voz, y saludóme. Le correspondí, adelantéme hacia él y, diciéndole que no me tuviese por sospechoso por el paraje, compañía y armas, pues el motivo era lo que me acababa de pasar (lo que le conté brevemente), preguntéle si iba bien para tal pueblo. El desconocido volvió a saludarme segunda vez, y me dijo que sentía mi desgracia, que eran frecuentes en aquel puesto; que varias

309

veces lo había hecho presente a las justicias de aquellas cercanías y aun a otras superiores; que no diese un paso más hacia donde había determinado, porque estaba a un tiro de bala de allí la casa en que residía; que desde ella despacharía un criado suyo a caballo al lugar para que el alcalde enviase el auxilio competente.

Acordéme entonces de tu encuentro con el caballero ahijado del tío Gregorio[257]; pero ¡cuán otro era éste! Obligóme a seguirle y después de haber andado algunos pasos sin hablar cosa que importase, prorrumpió diciendo:

—Habrá extrañado el señor forastero el encuentro de un hombre como yo a estas horas y en este paraje; más extraño le parecerá lo que oiga y vea de aquí en adelante, mientras se sirva permanecer en mi compañía y casa, que es ésta —señalando una que ya tocábamos.

En esto llamó a una puerta grande de la tapia de un huerto contiguo a ella. Ladró un perro disforme, acudieron dos mozos del campo que abrieron luego, y entrando por un hermoso plantío de toda especie de árboles frutales, al lado de un estanque muy capaz, cubierto de patos y ánades, llegamos a un corral lleno de toda especie de aves, y de allí a un patio pequeño. Salieron de la casa dos niños hermosos, que se arrodillaron y le besaron la mano; uno le tomó el bastón, otro el sombrero, y se adelantaron corriendo y diciendo:

—Madre, ahí viene papá.

Salió al umbral de la puerta una matrona, llena de aquella hermosura majestuosa que inspira más respeto que pasión, y al ir a echar los brazos a su esposo reparó la compañía de los que íbamos con él. Detuvo el ímpetu de su ternura, y la limitó a preguntarle si había tenido alguna novedad, pues tanto había tardado en volver, a lo cual éste le respondió con estilo amoroso, pero decente. Presentóme a su mujer, diciéndo-

---

[257] Referencia comparativa a la carta VII, que se motiva por el hecho de que en esta última y la presente hay más episodio, más narración, más ambientación que en algunas otras de la novela epistolar. La aventura de la carta VII, dice el autor, parece un *lance de novela*, y el mismo término se le podría aplicar a la LXIX. También tienen en común las dos cartas el tema de la hospitalidad.

la el motivo de llevarme a su casa, y dio orden de que se ejecutase lo ofrecido para que pudiese venir el coche. Entramos juntos por varias piezas pequeñas, pero cómodas, alhajadas con gracia y sin lujo, y nos sentamos en la que se preparó para mi hospedaje.

A nuestra vuelta te referiré más despacio la cena, la conversación que en ella hubo, las disposiciones caseras que dio mi huésped delante de mí, el modo cariñoso y bien ordenado con que se apartaron los hijos, mujer y criados a recogerse, y las expresiones llenas de atractivo con que me ofreció su casa, me suplicó usase de ella, y se retiró para dejarme descansar. Quería también ejecutar lo mismo un criado anciano, que parecía de toda su confianza y que había quedado esperando que yo me acostase para llevarme la luz; pero me había movido demasiado la curiosidad de toda aquella escena, y me parecían muy misteriosos sus personajes para no indagar el carácter de cada uno. Detúvele, pues, y con vivas instancias le pedí una y mil veces me declarase tan largo enigma. Resistióse con igual eficacia, hasta que al cabo de alguna suspensión puso sobre la mesa la bujía que había tomado para irse, entornó la puerta, se sentó y me dijo que no dudaba los deseos que yo tendría de enterarme en el genio y condición de su amo; y prosiguió poco más o menos en estas voces:

—Si el cariño de una esposa amable, la hermosura del fruto del matrimonio, una posesión pingüe y honorífica, una robusta salud y una biblioteca selecta con que pulir un talento claro por naturaleza, pueden hacer feliz a un hombre que no conoce la ambición, no hay en el mundo quien pueda jactarse de serlo más que mi amo, o por mejor decir, mi padre, pues tal es para todos sus criados. Su niñez se pasó en esta aldea, su primera juventud en la universidad; luego siguió el ejército; después vivió en la Corte, y ahora se ha retirado a este descanso. Esta variedad de vidas le ha hecho mirar con indiferencia cualquiera especie de ellas, y aun con odio la mayor parte de todas. Siempre le he seguido y siempre le seguiré, aun más allá de la sepultura, pues poco podré vivir después de su muerte. El mérito oculto en el mundo es despreciado, y si se manifiesta, atrae contra sí la envidia y sus secuaces. ¿Qué ha de hacer, pues, el hombre que lo tiene? Retirarse adonde pueda ser útil sin peligro propio. Llamo mérito el conjunto de un buen talento y buen corazón. De éste usa mi amo en beneficio de sus dependientes.

«Los labradores a quienes arrienda sus campos lo miran como a un dios tutelar de sus casas. Jamás entra en ellas sino para llenarlas de beneficios, y los visita con frecuencia. Los años medianos les perdona parte del tributo, y el total en los malos. No se sabe lo que son pleitos entre ellos. El padre amenaza al hijo malo con nombrar a su amo, y halaga al hijo bueno con su nombre. La mitad de su caudal se emplea en colocar las hijas huérfanas de estos contornos con mozos honrados y pobres de las mismas aldeas. Ha fundado una escuela en lugar inmediato, y suele por su misma mano distribuir un premio cada sábado al niño que ha empleado mejor la semana. De lejanos países ha hecho traer instrumentos de agricultura y libros de su uso que él mismo traduce de extrañas lenguas, repartiendo unos y otros de balde a los labradores. Todo forastero que pasa por este puesto halla en él la hospitalidad cual se ejercitaba en Roma en sus más felices tiempos. Una parte de su casa está destinada para recoger los enfermos de estas cercanías, en las cuales no se halla proporción de cuidarlos. Ni por esta tierra suele haber gente vaga: es tal su atractivo, que hace vasallos industriosos y útiles a los que hubieran sido inútiles, cuando menos, si hubieran seguido en su ocio acostumbrado. En fin, en los pocos años que vive aquí ha mudado este país de semblante. Su ejemplo, generosidad y discreción ha hecho de un terreno áspero e inculto una provincia deliciosa y feliz.

»La educación de sus hijos ocupa mucha parte de su tiempo. Diez años tiene el uno y nueve el otro; los he visto nacer y criarse. Cada vez que los oigo o veo, me encanta tanta virtud e ingenio en tan pocos años. Éstos sí que heredan de su padre un caudal superior a todos los bienes de fortuna. En éstos sí que se verifica ser la prole hermosa y virtuosa el primer premio de un matrimonio perfecto. ¿Qué no se puede esperar con el tiempo de unos niños que en tan tierna edad manifiestan una alegría inocente, un estudio voluntario, una

312

inclinación a todo lo bueno, un respeto filial a sus padres y un porte benigno y decoroso para con sus criados?

»Mi ama, la digna esposa de mi señor, el honor de su sexo, es una mujer dotada de singulares prendas. Vamos claros, señor forastero: la mujer por sí sola es una criatura dócil y flexible. Por más que el desenfreno de los jóvenes se empeñe en pintarla como un dechado de flaquezas, yo veo lo contrario: veo que es un fiel traslado del hombre con quien vive. Si una mujer joven, poderosa y con mérito halla en su marido una pasión de razón de estado, un trato desabrido, y un mal concepto de su sexo en lo restante de los hombres, ¿qué mucho que proceda mal? Mi ama tiene pocos años, más que mediana hermosura, suma viveza y lo que llaman mucho mundo. Cuando se desposó con mi amo, halló en su esposo un hombre amable, juicioso, lleno de virtudes; halló un compañero, un amante, un maestro; todo en un solo hombre, igual a ella hasta en las accidentales circunstancias de lo que llaman nacimiento. Por fuerza había de ser y continuar siendo buena. No es tan mala la naturaleza, que pueda resistirse a tanto ejemplo de bondad.

»No he olvidado, ni creo que jamás pueda olvidar un lance en que acabó de acreditarse en mi concepto de mujer singular o única. Pasaba por estos países parte del ejército que iba a Portugal. Mi amo hospedó en casa algunos señores a quienes había conocido en la Corte. Uno de ellos se detuvo algún tiempo más para convalecer de una enfermedad que le sobrevino. Gallarda presencia, conversación graciosa, nombre ilustre, equipaje magnífico, desembarazo cortesano y edad propia a las empresas amorosas, le dieron algunas alas para tocar un día delante de mi ama especies al parecer poco ajustadas al decoro que siempre ha reinado en esta casa. ¡Cuán discreta anduvo mi señora! El joven se avergonzó de su misma confianza. Mi amo no pudo entender el asunto de que se trataba; y con todo esto, la oí llorar en su cuarto y quejarse del desenfreno del joven.»

Contándome otras cosas de este tenor de la vida de sus amos, me detuvo el buen criado toda la noche; y por no molestar a mis huéspedes, me puse en viaje al amanecer, dejando dicho que a mi regreso para Madrid me detendría una semana en su casa.

313

¿Qué te parece de la vida de este hombre? Es de las pocas que pueden ser apetecibles. Es la única que me parece envidiable.

CARTA LXX

De Nuño a Gazel. Respuesta de la anterior

Veo la relación que me haces de la vida del huésped que tuvistes[258] por la casualidad, tan común en España, de romperse un coche de camino. Conozco que ha congeniado contigo aquel carácter y retiro. La enumeración que me haces de las virtudes y prendas de aquella familia, sin duda ha de tener mucha simpatía con tu buen corazón. El gustar de su semejante es calidad que días ha se ha descubierto propia de nuestra naturaleza, pero con más fuerza entre los buenos que entre los malvados; o, por mejor decir, sólo entre los buenos se halla esta simpatía, pues los malos se miran siempre unos a otros con notable recelo, y si se tratan con aparente intimidad, sus corazones están siempre tan separados como estrechados sus brazos y apretadas sus manos; doctrina en que me confirma tu amigo Ben-Beley.

Pero, Gazel, volviendo a tu huésped y otros de su carácter, que no faltan en las provincias y de los cuales conozco no pequeño número, ¿no te parece lastimosa para el estado la pérdida de unos hombres de talento y mérito que se apartan de las carreras útiles de la república? ¿No crees que todo individuo está obligado a contribuir al bien de su patria con todo esmero? Apártense del bullicio los inútiles y decrépitos: son de más estorbo que servicio; pero tu huésped y sus semejantes están en la edad de servirla, y deben buscar las ocasiones de ello aun a costa de toda especie de disgustos. No basta ser bueno para sí y para otros pocos; es preciso serlo o procurar serlo para el total de la nación. Es verdad que no hay

---

[258] *tuvistes:* Véase la nota 75.

carrera en el estado que no esté sembrada de abrojos; pero no deben espantar al hombre que camina con firmeza y valor.

La milicia estriba toda en una áspera subordinación, poco menos rígida que la esclavitud que hubo entre los romanos; no ofrece sino trabajo de cuerpo a los bisoños, y de espíritu a los veteranos; no promete jamás premio que pueda así llamarse, respecto de las penas con que amenaza continuamente. Heridas y pobreza forman la vejez del soldado que no muere en el polvo de algún campo de batalla, o entre las tablas de un navío de guerra. Son, además, tenidos en su misma patria por ciudadanos despegados del gremio; no falta filósofo que los llame verdugos. ¿Y qué, Gazel, por eso no ha de haber soldados? ¿No han de entrar en la milicia los mayores próceres de cada pueblo? ¿No ha de mirarse esta carrera como la cuna de la nobleza?

La toga es ejercicio no menos duro. Largos estudios, áridos y desabridos, consumen la juventud del juez; a ésta suceden un continuo afán y retiro de las diversiones, y luego, hasta morir, una obligación diaria de juzgar de vidas y haciendas ajenas, arreglado a una oscura letra de dudoso sentido y de escrupulosa interpretación, adquiriéndose continuamente la malevolencia de tantos como caen bajo la vara de la justicia. ¿Y no ha de haber por eso jueces? ¿Ni quien siga la carrera que tanto se parece a la esencia divina en premiar al bueno y castigar al malo?

Lo mismo puede ofrecer para espantarnos la vida de palacio, y aun mucho más, mostrándonos la precisión de vivir con un perpetuo ardid que muchas veces aun no basta para mantenerse el palaciego. Mil acasos no previstos deshacen los mayores esfuerzos de la prudencia humana. Edificios de muchos años se arruinan en un instante. Mas no por eso han de faltar hombres que se dediquen a aquel método de vivir.

Las ciencias, que parecen influir dulzura y bondad, y llenar de satisfacción a quien las cultiva, no ofrecen sino pesares. ¡A cuánto se expone el que de ellas saca razones para dar a los hombres algún desengaño, o enseñarles alguna verdad nueva! ¡Cuántas pesadumbres le acarrea! ¡Cuántas y cuán siniestras interpretaciones suscitan la envidia y la ignorancia, o ambas juntas, o la tiranía valiéndose de ellas! ¡Cuánto pasa el sabio que no supo lisonjear al vulgo! ¿Y por eso se ha de dejar a las ciencias? ¿Y por el miedo a tales peligros han de abandonar los hombres lo que tanto pule su racionalidad y la distingue del instinto de los brutos?

El hombre que conoce la fuerza de los vínculos que le ligan a la patria, desprecia todos los fantasmas producidos por una mal colocada filosofía que le procura espantar, y dice: *Patria, voy a sacrificarte mi quietud, mis bienes y vida.* Corto sería este sacrificio si se redujera a morir. *Voy a exponerme a los caprichos de la fortuna y a los de los hombres, aun más caprichosos que ella. Voy a sufrir el desprecio, la tiranía, el odio, la envidia, la traición, la inconstancia y las infinitas y crueles combinaciones que nacen del conjunto de muchas de ellas o de todas.*

No me dilato más, aunque fuera muy fácil, sobre esta materia. Creo que lo dicho basta para que formes de tu huésped un concepto menos favorable. Conocerás que aunque sea hombre bueno, será mal ciudadano[259]; y que el ser buen ciudadano es una verdadera obligación de las que contrae el hombre al entrar en la república, si quiere que ésta le estime, y aun más si quiere que no lo mire como a extraño. El patriotismo es de los entusiasmos más nobles que se han conocido para llevar al hombre a despreciar trabajos y emprender cosas grandes, y para conservar los estados.

CARTA LXXI

Del mismo al mismo

A estas horas ya habrás leído mi última contra la quietud particular y a favor del entusiasmo. Aunque sea molestar tu espíritu filosófico y retirado, he de continuar en ésta por donde dejé aquélla.

---

[259] En *El delincuente honrado* (1773), del gran amigo y corresponsal de Cadalso, Jovellanos, el magistrado moderno don Justo, compasivo e interesado por el bien común de la sociedad, juzga al inflexibe y muy conservador corregidor de Segovia, don Simón, de modo muy semejante: «Este hombre tiene muy buen corazón, pero muy malos principios» (en *Escritos literarios*, ed. de José Miguel Caso González, Clásicos Castellanos, serie nueva, 7, Madrid, Espasa Calpe, 1987, pág. 403). Se hallan a lo largo de la citada obra de Jovellanos coincidencias con los puntos principales de la filosofía del hombre de bien.

La conservación propia del individuo, sin relación a otro, es tan opuesta al bien común de la sociedad[260], que una nación compuesta toda de filósofos no tardaría en ser esclavizada por otra. El noble entusiasmo del patriotismo[261] es el que ha guardado los estados, detenido las invasiones, asegurado las vidas, y producido aquellos hombres que son el verdadero honor del género humano. De él han dimanado las acciones heroicas imposibles de entenderse por quien no esté poseído del mismo ardor, y fáciles de imitar por quien se halla dominado de él. *Aquí estaba roto el manuscrito, con lo que se priva al público de la continuación de un asunto tan plausible*[262].

CARTA LXXII

Gazel a Ben-Beley

Hoy he asistido por mañana y tarde a una diversión propiamente nacional de los españoles, que es lo que ellos llaman fiesta o corrida de toros. Ha sido este día asunto de tan-

---

[260] Alusión al inevitable y desastroso conflicto entre el instinto primario activo del hombre, o sea el de la autoconservación, y su instinto secundario pasivo, que es el de la compasión para con sus prójimos. Según Rousseau, en todos sus escritos, la sofocación de la compasión por el egoísmo del instinto de la propia conservación llevó a la corrupción moral de toda sociedad humana más compleja que la del sencillo patriarcado de los primeros tiempos del mundo. Cadalso y otros literatos del setecientos alternan entre el nombre *compasión* y otros como *amor social* y *amistad universal*, cuando añoran la perdida bondad del hombre primitivo, como ya se ha visto por otros pasajes de esta obra.

[261] Véase la nota 38.

[262] Sobre esta advertencia en cursiva, véase la nota 22. Pero tiene a la vez interés notar que en la séptima lección de *Los eruditos a la violeta*, cuando el maestro de los violetos comenta unas muy aburridas *Instrucciones dadas por un padre anciano a su hijo que va a emprender sus viajes*, y llega al final del fragmento que se conserva, señala la interrupción con la misma fórmula que se utiliza en la presente carta marrueca, esto es: «*Aquí estaba roto el manuscrito*, gracias a Dios, porque yo me iba durmiendo con la lectura» *(Eruditos*, ed. de Sancha de 1772, ya citada, pág. 65). Nuevo indicio de que todos los casos considerados anteriormente en las *Cartas marruecas* son chistes también, porque lo cierto es que en el ejemplo de los *Eruditos* ahora aducido no se trata de un problema anotado por un copista, porque estamos ante un impreso producido en vida de Cadalso.

ta especulación para mí, y tanto el tropel de ideas que me asaltaron a un tiempo, que no sé por cuál empezar a hacerte la relación de ellas. Nuño aumenta más mi confusión sobre este particular, asegurándome que no hay un autor extranjero que hable de este espectáculo, que no llame bárbara a la nación que aún se complace en asistir a él.

Cuando esté mi mente más en su equilibrio, sin la agitación que ahora experimento, te escribiré largamente sobre este asunto. Sólo te diré que ya no me parecen extrañas las mortandades que sus historias dicen de abuelos nuestros en la batalla de Clavijo, Salado, Navas y otras, si las excitaron hombres ajenos de todo el lujo moderno, austeros en sus costumbres, y que pagan dinero por ver derramar sangre, teniendo esto por diversión dignísima de los primeros nobles. Esta especie de barbaridad los hacía sin duda feroces, pues desde niños se divertían con lo que suele causar desmayos a hombres de mucho valor la primera vez que asisten a este espectáculo.

CARTA LXXIII

Del mismo al mismo

Cada día admiro más y más el número de varones grandes que se leen en la genealogía de los reyes de la casa que actualmente ocupa el trono de España. El presente[263] empezó su reinado perdonando las deudas que habían contraído provincias enteras por los años infelices, y pagando las que tenían sus antecesores para con sus vasallos. Con haber dejado las deudas en el estado que las halló, sin co-

---

[263] En el orden de su mención en esta carta, los reyes borbónicos nombrados en ella son Carlos III (1716-1788), Fernando VI (1713-1759), Luis I (1707-1724) y Felipe V (1683-1746), los cuatro de España; y Enrique IV (1562-1610), de Francia.

brar ni pagar, cualquiera le hubiera tenido por equitativo, y todos hubieran alabado su benignidad, pues, teniendo en su mano el arbitrio de ser juez y parte, parecería suficiente moderación la de no cobrar lo que podía. Pero se condenó a sí mismo y absolvió a los otros[264]. Y dio por este medio un ejemplo de justificación más estimable que un código entero que hubiese publicado sobre la justicia y el modo de administrarla. Se olvidó que era rey, y sólo se acordó que era padre.

Su hermano y predecesor, Fernando, en su reinado pacífico, confirmó a su pueblo en la idea de que el nombre de Fernando había de ser siempre de buen agüero para España. Su otro hermano, Luis, duró poco, pero lo bastante para que se llorase mucho su muerte.

Su padre, Felipe, fue héroe y fue rey, sin que sepa la posteridad en cuál clase colocarle sin agraviar a la otra. Vivo retrato de su progenitor Enrique IV, tuvo al principio de su reinado una mano levantada para vencer y otra para aliviar a los vencidos. Su pueblo se dividió en dos, y él también dividió en dos su corazón, para premiar a unos y perdonar a otros. Los pueblos que le siguieron fieles hallaron un padre que los halagaba, y los que se apartaron encontraron un maestro que los corregía. Tenían que admirarle los que no le amaban; y si los leales le hallaban bueno, los otros le hallaban grande. Como la naturaleza humana es tal que no puede tardar en querer al mismo a quien admira, murió reinando sobre todos los corazones, como sobre todas las provincias, pero sin haber logrado una paz estable que le hiciese gozar los frutos de sus fatigas.

Sus ascendientes reinaron en Francia. Léanse sus historias con reflexión, y se verá qué era la Francia antes de Enrique IV, y qué papel tan diferente ha hecho aquella monarquía desde que la mandan los descendientes de aquel gran príncipe.

---

[264] *Con haber dejado…absolvió a los otros:* Estas líneas, con las que se completa la imagen de la noble generosidad de Carlos III, faltan en el manuscrito O, pero se hallan en los manuscritos F, H y L, así como en el C y en S.

CARTA LXXIV

Gazel a Ben-Beley

Ayer me hallé en una concurrencia en que se hablaba de España, de su estado, de su religión, de su gobierno, de lo que es, de lo que ha sido, de lo que pudiera ser, etc. Admiróme la elocuencia, la eficacia y el amor con que se hablaba, tanto más cuanto noté que excepto Nuño, que era el que menos se explicaba, ninguno de los concurrentes era español. Unos daban al público los hermosos efectos de sus especulaciones para que esta monarquía tuviese cien navíos de línea en poco más de seis meses; otros, para que la población de estas provincias se duplicase en menos de quince años; otros, para que todo el oro y plata de ambas Américas se quedase[265] en la Península; otros, para que las fábricas de España desbancasen todas las de Europa; y así de lo demás.

Muchos apoyaban sus discursos con paridades sacadas de lo que sucede en otro país. Algunos pretendían que no les movía más objeto que el hacer bien a esta nación, contemplándola con dolor atrasada en más de siglo y medio respecto de las otras[266], y no faltaban algunos que ostentaban su profunda ciencia en estas materias para demostrar con más evidencia la inutilidad de los genios e ingenios españoles, y otros, en fin, por varios otros motivos.

—Harto se hizo en tiempo de Felipe V, no obstante sus largas y sangrientas guerras —dijo uno.

—Tal quedó ello en la muerte de Carlos II —dijo otro.

—Fue muy ignorante —añadió un tercero— Felipe IV, y muy desgraciado su ministro el conde-duque de Olivares.

—¡Ay, caballeros! —dijo Nuño—; aunque todos ustedes tengan la mejor intención cuando hablan de remediar los

---

[265] *se quedase:* Sigo la lección de S. O y F tienen *queden.*

[266] En la sátira póstuma de Cadalso, *El buen militar a la violeta*, el personaje titular, para representarse como ilustrado en todas las discusiones, concluirá diciendo: «—Señores, no hay para qué cansarnos, que es forzoso que confesemos que nuestra España va siempre un siglo atrasada, con respecto a las naciones cultas de la Europa, en todas las ciencias y artes» (ed. príncipe, Sevilla, Imprenta Mayor de la Ciudad, 1790, pág. 13).

atrasos de España, aunque todos tengan el mayor interés en trabajar a restablecerla, por más que la miren con el amor de patria, digámoslo así, adoptiva, es imposible que acierten. Para curar a un enfermo, no bastan las noticias generales de la facultad ni el buen deseo del profesor; es preciso que éste tenga un conocimiento particular del paciente, del origen de la enfermedad, de sus incrementos y de sus complicaciones si las hay. Quieren curar toda especie de enfermos y de enfermedades con un mismo medicamento. No es medicina, sino lo que llaman charlatanería, no sólo ridícula en quien la profesa, sino dañosa para quien la usa.

«En lugar de todas estas especulaciones y proyectos, me parece mucho más sencillo otro sistema nacido del conocimiento que ustedes no tienen, y se reduce a esto poco. La monarquía española nunca fue tan feliz por dentro, ni tan respetada por fuera, como en la época de morir Fernando el Católico. Véase, pues, qué máximas entre las que formaron juntas aquella excelente política han decaído de su antiguo vigor; vuélvase a dar el vigor antiguo, y tendremos la monarquía en el mismo pie en que la halló la casa de Austria. Cortas variaciones del sistema actual de Europa bastan, en vez de todas esas cosas que ustedes han amontonado.»

—¿Quién fue ese Fernando el Católico? —preguntó uno de los que habían perorado.

—¿Quién fue ése? —preguntó otro.

—¿Quién, quién? —preguntaron todos los demás estadistas.

—¡Ay, necio de mí! —exclamó Nuño, perdiendo algo de su natural quietud—. ¡Necio de mí! que he gastado tiempo en hablar de España con gentes que no saben quién fue Fernando el Católico. Vámonos, Gazel.

CARTA LXXV

Del mismo al mismo

Al entrar anoche en mi posada, me hallé con una carta cuya copia te remito. Es de una cristiana a quien apenas conozco. Te parecerá muy extraño su contenido, que dice así:

«Acabo de cumplir veinticuatro años, y de enterrar mi último esposo de seis que he tenido en otros tantos matrimonios, en espacio de poquísimos años. El primero fue un mozo de poca más edad que la mía, bella presencia, buen mayorazgo, gran nacimiento, pero ninguna salud. Había vivido tanto en sus pocos años, que cuando llegó a mis brazos ya era cadáver. Aún estaban por estrenar muchas galas de mi boda, cuando tuve que ponerme luto. El segundo fue un viejo que había observado siempre el más rígido celibatismo; pero heredando por muertes y pleitos unos bienes copiosos y honoríficos, su abogado le aconsejó que se casase; su médico hubiera sido de otro dictamen. Murió de allí a poco, llamándome hija suya, y juro que como a tal me trató desde el primer día hasta el último. El tercero fue un capitán de granaderos, más hombre, al parecer, que todos los de su compañía. La boda se hizo por poderes desde Barcelona; pero picándose con un compañero suyo en la luneta de la ópera, se fueron a tomar el aire juntos a la explanada, y volvió solo el compañero, quedando mi marido por allá.

»El cuarto fue un hombre ilustre y rico, robusto y joven, pero jugador tan de corazón, que ni aun la noche de la boda durmió conmigo porque la pasó en una partida de banca. Diome esta primera noche tan mala idea de las otras, que lo miré siempre como huésped en mi casa, más que como precisa mitad mía en el nuevo estado. Pagóme en la misma moneda, y murió de allí a poco de resultas de haberle tirado un amigo suyo un candelero a la cabeza, sobre no sé qué equivocación de poner a la derecha una carta que había de caer a la izquierda. No obstante todo esto, fue el marido que más me ha divertido, a lo menos por su conversación, que era chistosa y siempre en estilo de juego. Me acuerdo que, estando un día comiendo con bastantes gentes en casa, una dama algo corta de vista le pidió de un plato que tenía cerca, y él la dijo:

»—Señora, la talla anterior, pudo cualquiera haber apuntado, que había bastante fondo, pero aquel caballero que come y calla acaba de hacer a este plato una doble paz de paroli con tanto acierto, que nos ha desbancado[267].

---

[267] Con graciosa alegoría basada en los naipes, el cuarto marido de la corresponsal de Gazel le dice a la pobre comensal corta de vista que no queda

»—Es un apunte[268] temible a este juego.

»El quinto que me llamó suya era de tan corto entendimiento, que nunca me habló sino de una prima que él tenía y que quería mucho. La prima se murió de viruelas a pocos días de mi casamiento, y el primo se fue tras ella. Mi sexto y último marido fue un sabio. Estos hombres no suelen ser buenos muebles para maridos. Quiso mi mala suerte que en la noche de mi casamiento se apareciese un cometa, o especie de cometa. Si algún fenómeno de éstos ha sido jamás cosa de mal agüero, ninguno lo fue tanto como éste. Mi esposo calculó que el dormir con su mujer sería cosa periódica de cada veinticuatro horas, pero que si el cometa volvía, tardaría tanto en dar la vuelta, que él no le podría observar; y así, dejó aquello por esto[269], y se salió al campo a hacer sus observaciones. La noche era fría, y lo bastante para darle un dolor de costado, del que murió.

»Todo esto se hubiera remediado si yo me hubiera casado una vez a mi gusto, en lugar de sujetarlo seis veces al de un padre que cree la voluntad de la hija una cosa que no debe entrar en cuenta para el casamiento. La persona que me pretendía es un mozo que me parece muy igual a mí en todas calidades, y que ha redoblado sus instancias cada una de las cinco primeras veces que yo he enviudado; pero en obsequio

---

nada en el plato del que quiere servirse, porque otro invitado se ha servido tres veces la cantidad que le tocaba. *Talla* es la mano en el juego de cartas; *apuntar* es «en el juego de la banca y otros poner sobre una carta o junto a ella la cantidad que se quiere jugar» *(DRAE); fondo* es el dinero apostado; *paz* es la cantidad ganada, doble en este caso, pues sumadas estas dos partes a la del dinero originalmente apostado, tenemos la primera alusión a la triple ración del comensal glotón; y *parolí,* con que se vuelve a aludir a la triple ración, es: «Voz del juego nuevamente introducido que llaman de la baceta, faraón o banca. Dícese cuando habiendo ganado el que para la cantidad que puso sobre el naipe a que paró, vuelve a parar de nuevo al mismo naipe a otro, la cantidad que puso primero, aumentando la que tiene ganada, de suerte que le dan tres por uno, si gana la segunda vez» *(Autoridades).* Por fin, con el verbo *desbancar* se alude al nombre del juego del que derivan estos términos.

[268] *apunte:* Acción de apuntar en la acepción de este verbo explicada en la nota anterior.

[269] Sigo la lección de la edición de S. En los MS O y F, hay *esto por aquello,* que carece de lógica, dado el orden de los elementos de la anécdota que se cuenta.

de sus padres, tuvo que casarse también contra su gusto, el mismo día que yo contraje matrimonio con mi astrónomo.

»Estimaré al señor Gazel me diga qué uso o costumbre se sigue allá en su tierra en esto de casarse las hijas de familia, porque aunque he oído muchas cosas que espantan de lo poco favorables que nos son las leyes mahometanas, no hallo distinción alguna entre ser esclava de un marido o de un padre, y más cuando de ser esclava de un padre resulta el parar en no tener marido, como en el caso presente.»

CARTA LXXVI

Gazel a Ben-Beley

Son infinitos los caprichos de la moda. Uno de los actuales es escribirme cartas algunas mujeres que no me conocen sino de nombre, o por oírme, o por hablarme, o por ambos casos. Se han puesto muchas en este pie desde que se divulgó la esquela que me escribió la primera y yo te remití. Lo mismo ejecutaré con las que me parezcan dignas de pasar el mar para divertir a un sabio africano con extravagancias europeas; y sin perder correo, allá va esa copia. Depón por un rato, ¡oh, mi venerable Ben-Beley!, el serio aspecto de tu edad y carácter. Te he oído mil veces que algún rato empleado en pasatiempo suele dejar el espíritu más descansado para dedicarse a sublimes especulaciones. Me acuerdo haberte visto cuidar de un pájaro en la jaula y de una flor en el jardín. Nunca me pareciste más sabio. El hombre grande nunca es mayor que cuando se baja al nivel de los demás hombres, sin que esto le quite el remontarse después adonde le encumbre el rayo de la esencia suprema que nos anima. Dice, pues, así la carta:

«Señor Moro: Las francesas tienen cierto pasatiempo que llaman coquetería[270], y es un engaño que hace la mujer a

---

[270] El primer diccionario del castellano que conozco en el que están registradas las voces *coqueta* y *coquetería*, tomadas del francés en el siglo XVIII, es

324

cuantos hombres se presentan. La coqueta lo pasa muy bien, porque tiene a su disposición todos los jóvenes de algún mérito, y se lisonjea mucho el ídolo del amor propio con tanto incienso. Pero como los franceses toman y dejan con bastante ligereza algunas cosas, y entre ellas las de amor, las consecuencias de mil coquetinas en perjuicio de un mozo se reducen a que el tal lo reflexiona un minuto, y se va con su incensario a otro altar. Los españoles son más formales en esto de enamorarse; y como ya todo aquel antiguo aparato de galanteo, obstáculos que vencer, dificultades que prevenir, criados que cohechar, como todo esto se ha desvanecido, empiezan a padecer desde el instante que se enamoraron de una coqueta española, y suele parar la cosa en que el amante que conoce la burla que le han hecho se muere, se vuelve loco, o a mejor librar, piensa en ausentarse desesperado.

»Yo soy una de las más famosas de esta secta, y no puedo menos de acordarme con satisfacción propia de las víctimas que se han sacrificado en mi templo y por mi culto. Si en Marruecos nos dan algún día semejante despotismo (que será en el mismo instante que se anulen las austeras leyes de los serrallos), y si las señoras marruecas quisiesen admitir unas cuantas españolas para catedráticas de esta nueva ciencia hasta ahora desconocida en África, prometo en breve tiempo sacar, entre mis lecciones y las de otra media docena de amigas, suficiente número de discípulas para que paguen los musulmanes a pocas semanas todas las tiranías que han ejercido sobre nosotras desde el mismo Mahoma hasta el día de la fecha; pues aumentando el dominio de mi sexo sobre el masculino en proporción del calor del clima (como se ha experimentado en la corta distancia del paso de los Pirineos), deben esperar las coquetas marruecas un despotismo que

---

el ya citado de Esteban de Terreros y Pando (1786-1793), pero para tales términos Terreros cita obras españolas anteriores, tituladas *Elementos del cortejo* y *Diccionario del cortejo*, que no identifica con más datos. Corominas, que conocía poco los textos del setecientos, acepta como primera fecha correspondiente a estos sustantivos su primera incorporación al diccionario académico en 1843.

apenas cabe en la imaginación humana, sobre todo en las provincias meridionales de este imperio.»

CARTA LXXVII

Gazel a Ben-Beley

Los trámites del nacimiento, aumento, decadencia, pérdida y resurrección del buen gusto en la transmigración de las ciencias y artes dejan tal serie de efectos, que se ven en cada período de éstos los influjos del anterior. Pero cuando se hacen más notables es cuando, después de la era del mal gusto, al tocar ya en la del bueno, se conocen los efectos del antecedente; y si esto se advierte con lástima en las ciencias positivas y artes serias, se echa de ver con risa en las facultades de puro adorno, como elocuencia y poesía.

Ambas decayeron a la mitad del siglo pasado en España, como todo lo restante de la monarquía. Ambas han vuelto a levantarse en el actual; pero no obstante el fomento dado a las ciencias, a pesar de la resurrección de los autores buenos españoles del siglo XVI[271], sin embargo de la traducción de los extranjeros modernos, aun después del establecimiento de las Academias, y en medio de la mofa con que algunos españoles han ridiculizado la hinchazón y todos los vicios del mal lenguaje, se ven de cuando en cuando algunos efectos de la falsa retórica y poesía de la última mitad del siglo pasado. Algunos ingenios mueren todavía, digámoslo así, de la misma peste de que pocos escaparon entonces. Varios oradores

---

[271] Por ejemplo, poetas del siglo XVI o nacidos en el XVI: las poesías de fray Luis de León son reimpresas en 1761, por primera vez en 130 años, desde 1631. Garcilaso de la Vega es reimpreso en 1765, por primera vez en 107 años, desde 1658. Median 157 años entre la primera edición del verso de Esteban Manuel de Villegas en 1617 y su edición neoclásica de 1774; y 152 años entre la edición de 1634 de los poetas hermanos Argensola y la edición dieciochesca de 1786. Nótese otra vez el sencillo adjetivo *buenos* aplicado a estos poetas modélicos.

y poetas de estos días parecen no ser sino sombra o almas de los que murieron cien años ha, y volver al mundo ya para seguir los discursos que dejaron pendientes cuando expiraron, ya para espantar a los vivos.

Nuño me decía esto mismo anoche, y añadió:

—Ésta es una verdad patente, pero con particularidad en los títulos de los libros, papeles y comedias. Aquí tengo una lista de títulos extraordinarios de obras que han salido al público con toda solemnidad de veinte años a esta parte, haciendo poco honor a nuestra literatura, aunque su contenido no deje de tener muchas cosas buenas, de lo que prescindo.

Sacó su cartera, aquella cartera de que te he hablado tantas veces, y después de papelear, me dijo:

—Toma y lee.

Tomé y leí, y decía de este modo: «Lista de algunos títulos de libros, papeles y comedias, que me han dado golpe, publicados desde el año 1757, cuando ya era creíble que se hubiese acabado toda la hinchazón y pedantería»[272].

1. *Los celos hacen estrellas, y el amor hace prodigios.* Decía al margen de letra de Nuño: «No entiendo la primera parte de este título.»

2. *Médula eutropélica*[273] *que enseña a jugar a las damas con espada y broquel, añadida y aumentada.* Y la nota marginal decía: «Estábamos todos en que el juego de las damas, así como el

---

[272] Es significativa la fecha y la expectación de que hubiese llegado a su final antes de ella la rampante pedantería ultrabarroca, pues Cadalso debió de pensar, equivocándose un poquito en el año, en la publicación en 1758 de la primera parte de la novela *La historia del famoso predicador fray Gerundio de Campazas, alias Zotes,* de Isla, la más famosa sátira antibarroca de todo el siglo XVIII. Los nombres de los autores de las doce obras enumeradas a continuación, localizados por Dupuis-Glendinning en anuncios publicados en la *Gaceta de Madrid,* son, junto con las fechas de los anuncios: 1) Juan Vélez de Guevara (31/I/1758 y 8/VI/62); 2) Pablo Cecina Rica y Fergel (24/IV/ 59 y 18/VIII/61); 3) José Díaz de Benjumea (3/VII/59 y 7/II/64); 4) Juan González (13/I/61); 5) Antonio de Fávega (13/XII/63); 6) Juan Nieto (16/VI/61); 7) Félix Alamín (15/IV/60 y 8/III/63); 8) Pedro de Santa María y Ulloa (22/III/63); 9) Miguel Ferrera (1/VII/60 y 26/V61); 10) Antonio de Vieira (suplemento, 17/VIII/62); 11) José Piñán y Zúñiga (13/X/72); 12) Autor desconocido (19/V/72).

[273] *eutropélico,* var. de *eutrapélico.* La Academia registra ambas formas.

del ajedrez, era juego de mucha cachaza, excelentes para una aldea tranquila, propios de un capitán de caballos que está dando verde[274] a su compañía, con el boticario o fiel de fechos de su lugar, mientras dan las doce para ir a comer el puchero; pero el autor medular eutropélico nos da una idea tan horrorosa de este pasatiempo, que me alegro mucho no ser aficionado a tal juego; porque esto de ir un hombre armado con espada y broquel, cuando sólo creí que se trataba de un poco de diversión mansueta, sosegada y flemática, es chasco temible.»

3. *Arte de bien hablar, freno de lenguas, modelo de hacer personas, entretenimiento útil y camino para vivir en paz.* Al margen se leían los siguientes renglones: «Éste es mucho título, y lo de hacer personas es mucha obra.»

4. *Nueva mágica experimental y permitida. Ramillete de selectas flores, así aritméticas como físicas, astronómicas, astrológicas, graciosos juegos repartidos en un manual calendario para el presente año de 1761.* Sin duda enfadó mucho este título a mi amigo, pues al margen había puesto de malísima letra, como temblándole el pulso de pura cólera: «Si se lee este título dos veces seguidas a cualquiera estatua de bronce, y no se hace pedazos de risa o de rabia, digo que hay bronces más duros que los mismos bronces.»

5. *Zumba de pronósticos y pronóstico de zumba.* «Zumbando me quedan los oídos con el retruécano», decía la nota marginal.

6. *Manojito de diversas flores, cuya fragancia descifra los misterios de la Misa y Oficio Divino, da esfuerzo a los moribundos y ahuyenta las tempestades.*

7. *Eternidad de diversas eternidades.*

8. *Arco iris de paz, cuya cuerda es la consideración y meditación para rezar el Santísimo Rosario de Nuestra Señora. Su aljaba ocupa quinientas y sesenta consideraciones, que tira el Amor Divino a todas las almas.*

---

[274] *verde:* «Se llama también el alcacer que se da a las caballerías por la primavera para purgarlas» *(Autoridades).*

9. *Sacratísimo antídoto, el Nombre inefable de Dios, contra el abuso de Agar*[275]. Al margen de este título y los tres antecedentes había: «Siento mucho que para hablar de los asuntos sagrados de una religión verdaderamente divina y, por consiguiente, digna de que se trate con la más profunda circunspección, se usen expresiones tan extravagantes y metáforas tan ridículas. Si semejantes locuciones fuesen sobre materias menos respetables, se pudiera hacer buena mofa de ellas.»

10. *Historia de lo futuro. Prolegómeno a toda la historia de lo futuro, en que se declara el fin y se prueban los fundamentos de ella, traducida del portugués.* Y la nota decía: «Alabo la diligencia del traductor. Como si no tuviésemos bastante copia de hinchazón, pedantería y delirio, sembrada, cultivada, cogida y almacenada de nuestra propia cosecha, el buen traductor quiere introducirnos los productos de la misma especie de los extranjeros, por si nos viene algún año malo de este fruto.»

11. *Antorchas para solteros, de chispas para casados.* Y al margen había puesto mi amigo: «Este título es más que todos los anteriores juntos. No hay hombre en España que lo entienda, como no lea toda la obra, y no es obra que convide mucho a los lectores por el título.»

12. *Ingeniosa y literal competencia entre MUSA, rey de los nombres, y AMO*[276]*, rey de los verbos, a la que dio fin una campal y sangrienta batalla que se dieron los vasallos de uno y otro monarca; compuesta en forma de coloquio.* La nota marginal decía: «Por el honor literario de mi patria sentiré mucho que pase los Pirineos semejante título, aunque para mi uso particular no puedo menos de aplaudirlo, pues cada vez que lo leo me quita

---

[275] *Agar:* «Una esclava de Abrahán, de la cual tuvo su hijo Ismael, Génesis, *capite* 16; vale tanto como peregrina […], remota […] por levantarse a mayores contra su ama y haberse hecho rezonga […], o por haber clamado a Dios en su corazón y con la lengua, cuando dijo: *Non videbo morientem puerum, et sedens contra, levavit vocem suam et flevit*» (Covarrubias). En el hijo de Agar, Ismael, según la tradición, tuvo su origen la raza árabe.

[276] En muchos artes o libros de texto de la lengua latina, el sustantivo femenino de la primera declinación, *musa, musae,* y el verbo de la primera conjugación, *amo, amavi, amatus,* eran los primeros ejemplos con que se ilustraban estas partes del discurso. De ahí que en el extravagante título citado por Cadalso se los llame respectivamente rey de los nombres y rey de los verbos.

dos o tres grados de mi natural hipocondría. Si todos estos títulos fuesen obras jocosas o satíricas, pudiera tolerarse, aunque no tanto; pero es insufrible este estilo cuando los asuntos de las obras son serios, y mucho más cuando son sagrados. Es sensible que aún permanezca semejante abuso en nuestro siglo en España, cuando ya se ha desterrado de todo lo restante del mundo, y más cuando en España misma se ha hecho por varios autores tan repetida y graciosa crítica de ello, y más severa que en parte alguna de Europa, respecto de que el genio español, en las materias de entendimiento, es como la gruesa artillería, que es difícil de transportarse, manejarse o mudar de dirección, pero mudada una vez, hace más efecto dondequiera que la apuntan.»

CARTA LXXVIII

Del mismo al mismo

¿Sabes tú lo que es un verdadero sabio escolástico? No digo de aquellos que, siguiendo por carrera o razón de estado el método común, se instruyen plenamente a sus solas de las verdaderas ciencias positivas, estudian a Newton en su cuarto y explican a Aristóteles en su cátedra (de los cuales hay muchos en España)[277], sino de los que creen en su fuero interno que es desatino físico y ateísmo puro todo lo que ellos mismos no enseñan a sus discípulos y no aprendieron de sus maestros. Pues mira, hazte cuenta que vas a oírle hablar. Figúrate antes que ves un hombre muy seco, muy alto, muy lleno de tabaco, muy cargado de anteojos, muy incapaz de bajar la cabeza ni saludar a alma viviente, y muy adornado de otros requisitos semejantes. Ésta es la pintura que

---

[277] En el ambiente teológico-escolástico de las viejas universidades, se consideraba a Newton y otros científicos modernos como peligrosos herejes. En la época de Cadalso, el gobierno ilustrado de Carlos III publicaba repetidos decretos, órdenes y cédulas con la finalidad de conseguir la reforma de la enseñanza universitaria. La universidad más reacia era la de Salamanca, que es la que Cadalso conocía mejor.

Nuño me hizo de ellos, y que yo verifiqué ser muy conforme a los originales cuando anduve por sus universidades. Te dirán, pues, de este modo, si le vas insinuando alguna afición tuya a otras ciencias que las que él sabe:

—Para nada se necesitan dos años, ni uno siquiera, de retórica. Con saber unas cuantas docenas de voces largas de catorce o quince sílabas cada una, y repetirlas con frecuencia y estrépito se compone una oración o bien fúnebre o bien gratulatoria.

Si le dices las ventajas de la buena oración, su uso, sus reglas, los ejemplos de Solís, Mendoza, Mariana u otros, se echará a reír y te volverá la espalda.

—La poesía es un pasatiempo frívolo. ¿Quién no sabe hacer una décima o glosar una cuarteta de repente a una dama, a un viejo, contra un médico o una vieja, en memoria de tal santo o en reverencia de tal misterio?

Si le dices que esto no es poesía, que la poesía es una cosa inexplicable y que sólo se aprende y se conoce leyendo los poetas griegos y latinos y tal cual moderno; que la religión misma usa de la poesía en las alabanzas al Criador; que la buena poesía es la piedra de toque del buen gusto de una nación o siglo; que despreciando las producciones ridículas de equivoquistas, truhanes y bufones, las poesías heroicas y satíricas son las obras tal vez más útiles de la república literaria, pues sirven para perpetuar la memoria de los héroes y corregir las costumbres de nuestros contemporáneos, no harán caso de ti.

—La física moderna es un juego de títeres. He visto esas que llaman máquinas de física experimental: juego de títeres, vuelvo a decir, agua que sube, fuego que baja, hilos, alambres, cartones, puro juguete de niños.

Si le instas que a lo que él llama juego de títeres deben todas las naciones los adelantamientos en la vida civil, y aun de la vida física, pues estarían algunas provincias debajo del agua sin el uso de los diques y máquinas construidas por buenos principios de la tal ciencia; si les dices que no hay arte mecánica que no necesite de dicha física para subsistir y adelantar; si les dices, en fin, que en todo el universo culto se hace mucho caso de esta ciencia y de sus profesores, te llamarán hereje.

Pobre de ti si le hablas de matemáticas.

—Embuste y pasatiempo —dirá él muy grave—. Aquí tuvimos a don Diego de Torres —repetirá con mucha solemnidad y orgullo—, y nunca estimamos su facultad, aunque mucho su persona por las sales y conceptos de sus obras.

Si le dices: yo nada sé de don Diego de Torres, sobre si fue o no gran matemático, pero las matemáticas son y han sido siempre tenidas por un conjunto de conocimientos que forman la única ciencia que así puede llamarse entre los hombres. Decir si ha de llover por marzo, ha de hacer frío por diciembre, si han de morir algunas personas en este año y nacer otras en el que viene, decir que tal planeta tiene tal influjo, que el comer melones ha de dar tercianas, que el nacer en tal día, a tal hora, significa tal o tal serie de acontecimientos, es, sin duda, un despreciable delirio; y si ustedes han llamado a esto matemática, y si creen que la matemática no es otra cosa diversa, no lo digan donde lo oigan gentes. La física, la navegación, la construcción de los navíos, la fortificación de las plazas, la arquitectura civil, los acampamentos[278] de los ejércitos, la fundición, manejo y suceso de la artillería, la formación de los caminos, el adelantamiento de todas las artes mecánicas, y otras partes más sublimes, son ramos de esta facultad, y vean ustedes si estos ramos son útiles en la vida humana.

—La medicina que basta —dirá el mismo— es lo extractado de Galeno e Hipócrates. Aforismos racionales, ayudados de buenos silogismos, bastan para constituir un buen médico.

Si le dices que, sin despreciar el mérito de aquellos dos sabios, los modernos han adelantado en esta facultad por el mayor conocimiento de la anatomía y botánica, que no tuvieron en tanto grado los antiguos, a más de muchos medicamentos, como la quina y azogue, que no se usó hasta ahora poco, también se reirá de ti. Así de las demás facultades.

—Pues ¿cómo hemos de vivir con estas gentes? —preguntará cualquiera.

---

[278] *acampamento:* variante de *campamento*, registrada por la Academia desde *Autoridades*.

—Muy fácilmente —responde Nuño—. Dejémoslos gritar continuamente sobre la famosa cuestión que propone un satírico moderno: *Utrum chimera, bombilians in vacuo, possit comedere secundas intentiones*[279]. Trabajemos nosotros en las ciencias positivas, para que no nos llamen bárbaros los extranjeros; haga nuestra juventud los progresos que pueda; procure dar obras al público sobre materias útiles, deje morir a los viejos como han vivido, y cuando los que ahora son mozos lleguen a edad madura, podrán enseñar públicamente lo que ahora aprenden ocultos. Dentro de veinte años se ha de haber mudado todo el sistema científico de España insensiblemente, sin estrépito, y entonces verán las academias extranjeras si tienen motivo para tratarnos con desprecio. Si nuestros sabios tardan algún tiempo en igualarse con los suyos, tendrán la excusa de decirles:

«—Señores, cuando éramos jóvenes, tuvimos unos maestros que nos decían: *Hijos míos, vamos a enseñaros todo cuanto hay que saber en el mundo; cuidado no toméis otras lecciones, porque de ellas no aprenderéis sino cosas frívolas, inútiles, despreciables y tal vez dañosas.* Nosotros no teníamos gana de gastar el tiempo sino en lo que nos pudiese dar conocimientos útiles y seguros, conque nos aplicamos a lo que oíamos. Poco a poco fuimos oyendo otras voces y leyendo otros libros, que si nos espantaron al principio, después nos gustaron. Los empezamos a leer con aplicación, y como vimos que en ellos se contenían mil verdades en nada opuestas a la religión ni a la patria, pero sí a la desidia y preocupación[280], fuimos dando varios usos a unos y a otros cartapacios y libros escolásticos, hasta que no quedó uno. De esto ya ha pasado algún tiem-

---

[279] *Utrum… intentiones:* «Si una quimera zumbando en el vacío puede comerse segundas intenciones.» Esta misma broma antiescolástica se halla antes en Rabelais e Isla. Véase mi edición de *Fray Gerundio*, t. I, pág. 275, texto y nota. Se trata de una parodia estilística de las *quaestiones* de Santo Tomás de Aquino, en la *Summa Theologiae*, y de las de Duns Scotus y otros filósofos escolásticos. Comp. una de las *quaestiones* de Santo Tomás: *Utrum angelus possit illuminare intellectum hominis.*

[280] *preocupación:* prejuicio. Dice *Autoridades* que es «la primera impresión que hace una cosa en el ánimo de alguno, de modo que no le permite admitir otras especies o asentir a ellas.» Véase la nota 27.

po, y en él nos hemos igualado con ustedes, aunque nos llevaban siglo y cerca de medio de delantera[281]. Cuéntese por nada lo dicho, y pongamos la fecha desde hoy, suponiendo que la Península se hundió a mediados del siglo XVII y ha vuelto a salir de la mar a últimos del XVIII.»

CARTA LXXIX

Del mismo al mismo

Dicen los jóvenes: *Esta pesadez de los viejos es insufrible.* Dicen los viejos: *Este desenfreno de los jóvenes es inaguantable.* Unos y otros tienen razón, dice Nuño: la demasiada prudencia de los ancianos hace imposibles las cosas más fáciles, y el sobrado ardor de los mozos finge fáciles las cosas imposibles. En este caso no debe interesarse el prudente, añade Nuño, ni por uno ni por otro bando; sino dejar a los unos con su cólera y a los otros con su flema; tomar el medio justo[282] y burlarse de ambos extremos.

CARTA LXXX

Del mismo al mismo

Pocos días ha presencié una exquisita chanza que dieron a Nuño varios amigos suyos extranjeros; pero no de aquellos que para desdoro de su respectiva patria andan vagando el mundo, llenos de los vicios de todos los países que han corrido por Europa, y traen todo el conjunto de todo lo malo a este rincón de ella, sino de los que procuran imitar y estimar lo bueno de todas partes y que, por tanto, deben ser

---

[281] Véase la nota 266.
[282] Nueva afirmación de la ecuanimidad que ha de mantener el hombre de bien.

muy bien admitidos en cualquiera. De éstos trata Nuño algunos de los que residen en Madrid[283], y los quiere como paisanos suyos, pues tales le parecen todos los hombres de bien en el mundo, siendo para ellos un verdadero cosmopolita, o sea ciudadano universal[284]. Zumbábanle, pues, sobre la facilidad con que los españoles de cualquiera condición y clase toman el tratamiento de *don*. Como el asunto es digno de crítica, y los concurrentes eran personas de talento y buen humor, se les ofreció una infinidad de ideas y de expresiones a cual más chistosas, sin el empeño enfático de las disputas de escuela, sino con el donaire de las conversaciones de Corte.

Un caballero flamenco, que se halla en Madrid siguiendo no sé qué pleito, dimanado de cierta conexión de su familia con otra de este país y tronco de aquélla, le decía lo absurdo que le parecía este abuso, y lo amplificaba, añadía y repetía:

—*Don* es el amo de una casa; *don*, cada uno de sus hijos; *don*, el dómine que enseña gramática al mayor; *don*, el que enseña a leer al chico; *don*, el mayordomo; *don*, el ayuda de cámara; *doña*, el ama de llaves; *doña*, la lavandera. Amigo, vamos claros. Son más *dones* los de cualquiera casa que los del Espíritu Santo.

Un oficial reformado[285] francés, ayudante de campo del

---

[283] Alusión autobiográfica a la participación de Cadalso en la célebre tertulia de la Fonda de San Sebastián. Véase la nota 114 y el texto correspondiente. Los extranjeros que Cadalso trataba en la indicada tertulia eran sobre todo literatos italianos.

[284] Las palabras *ciudadano universal* representan una alusión directa al concepto titular de la famosa obra *The Citizen of the World* (1762), de Oliver Goldsmith. Es una de las dos referencias directas a esta obra inglesa contenidas en las *Cartas marruecas*. Hemos identificado la primera referencia en la nota 6, donde explicamos que *Cartas chinescas* es la traducción del título original, *Chinese Letters*, bajo el que la misma obra de Goldsmith apareció dos años antes (1760) en la revista *Public Ledger*. Véase el artículo de Katherine Reding, reseñado en nuestra Bibliografía. Goldsmith también influyó en las *Noches lúgubres*, según queda demostrado en otros apartados de este libro.

[285] *reformado*: «Usado como sustantivo [o adjetivo], se toma por el oficial militar que no está en actual ejercicio de su empleo» *(Autoridades)*. Deriva de la siguiente acepción del verbo *reformar*, incluida en el primer diccionario académico: «Significa asimismo privar del ejercicio de algún empleo.»

marqués de Lede[286], hombre sumamente amable que ha llegado a formar un excelente medio entre la gravedad española y la ligereza francesa, tomó la mano y dijo mil cosas chistosas sobre el mismo abuso[287]. A éste siguió un italiano, de familia muy ilustre, que había venido viajando por su gusto, y se detenía en España, aficionado de la lengua castellana, haciendo una colección de los autores españoles, criticando con tanto rigor a los malos como aplaudiendo con desinterés a los buenos[288].

A todo callaba Nuño; y su silencio aun me daba más curiosidad que la crítica de los otros; pero él no les interrumpió mientras tuvieron que decir y aun repetir lo dicho; ni aun mudaba de semblante. Al contrario, parecía aprobar con su dictamen el de sus amigos. Con la cabeza, que movía de arriba abajo, con las cejas que arqueaba, con los hombros que encogía algunas veces, y con la alternativa de poner de cuando en cuando ya el muslo derecho sobre la rodilla izquierda, ya el muslo izquierdo sobre la rodilla derecha, significaba, a mi ver, que no tenía cosa que decir en contra; hasta que, cansados ya de hablar todos los concurrentes, les dijo poco más o menos:

—No hay duda que es extravagante el número de los que usurpan el tratamiento de *don;* abuso general en estos años,

---

[286] *marqués de Lede:* Militar y político de origen flamenco, se distinguió al servicio de la monarquía española. Formó parte del gabinete del rey durante el reinado de siete meses de Luis I (1724).

[287] Es convincente e interesante el paralelo que señalan Dupuis-Glendinning entre esta descripción y la que hace Cadalso de un tal Jean Dupont, quien frecuentaba la tertulia de la Fonda de San Sebastián y a quien escribía nuestro autor en francés desde Salamanca, usando las señas de esa casa: «excelente sujeto, [...] colocado mucho más abajo de lo que obtendría si la fortuna no fuese por lo común enemiga del mérito: se llama don Juan Dupont, y hombre tan singular que ha llegado a unir la solidez española con la amabilidad francesa» (Carta de abril o mayo de 1775 a Juan Meléndez Valdés, en Cadalso, *Escritos autobiográficos y epistolario*, ed. cit., pág. 103).

[288] Se trata de Giambattista Conti, contertulio de la Fonda de San Sebastián, que vivió varios años en Madrid, en la misma casa que uno de los fundadores de la tertulia, Nicolás Fernández de Moratín. La aludida antología es la *Colección de poesías castellanas traducidas en verso toscano*, cuatro tomos (Madrid, 1772-1790).

336

introducido en el siglo pasado[289], y prohibido expresamente en los anteriores. *Don* significa señor, como que es derivado de la voz latina *dominus*. Sin pasar a los godos, y sin fijar la vista en más objetos que en los posteriores a la invasión de los moros, vemos que solamente los soberanos, y aun no todos, ponían *don* antes de su nombre. Los duques y grandes señores lo tomaron después con condescendencia de los reyes; después quedó en todos aquellos en quienes parece bien, a saber: en todo señor de vasallos. Siguióse esta práctica con tanto rigor, que un hijo segundo del mayor señor, no siéndolo él mismo, no se ponía tal distintivo Ni los empleos honoríficos de la Iglesia, toga y ejército daban semejante adorno, aun cuando recaían en las personas de la más ilustre cuna.

«Se firmaban con todos sus títulos por grandes que fueran; se les escribía con todos sus apellidos, aunque fuesen los primeros de la monarquía, como Cerdas, Guzmanes, Pimenteles, sin poner el *don;* pero no se le olvidaba al caballero particular más pobre, como tuviese efectivamente algún señorío, por pequeño que fuese. ¡En cuántos monumentos, y no muy antiguos, leemos inscripciones de este o semejante tenor! *Aquí yace Juan Fernández de Córdoba, Pimentel, Hurtado de Mendoza y Pacheco, Comendador de Mayorga en la Orden de Alcántara, Maestre de Campo del tercio viejo de Salamanca; nació,* etc., etc. *Aquí yace el licenciado Diego de Girón y Velasco, del Consejo de S. M. en el Supremo de Castilla, Embajador que fue en la Corte del Santo Padre,* etc., etc. Pero ninguno de éstos ponía el *don,* aunque les sobrasen tantos títulos sobre que recaer. Después

---

[289] Abuso que, en efecto, ya en el siglo anterior, Cervantes parodió, pues el día que el escudero de don Quijote toma posesión del gobierno de la Ínsula Barataria, el mayordomo del Duque le llama *don* Sancho Panza, y he aquí la respuesta que tan absurdo tratamiento suscita: «—Pues advertid, hermano —dijo Sancho—, que yo no tengo *don,* ni en todo mi linaje le ha habido: Sancho Panza me llaman a secas, y Sancho se llamó mi padre, y Sancho mi agüelo, y todos fueron Panzas, sin añadidura de *dones* ni *donas*» (II, 45). Así, la sátira de la *donimanía* —según se la llama más abajo en esta carta, así como en el Índice de las *Cartas marruecas,* en el MS 20.288, núm. 39, de la Biblioteca Nacional— es otro de los numerosos ecos del *Quijote* que se oyen en la obra de Cadalso.

pareció conveniente tolerar que las personas condecoradas con empleos de consideración en el Estado se llamasen así. Y esto, que pareció justo, demostró cuánto más lo era el rigor antiguo, pues en pocos años ya se propagó la *donimanía* (perdonen ustedes la voz nueva), de modo que en nuestro siglo todo el que no lleva librea se llama don Fulano; cosa que no consiguieron *in illo tempore* ni Hernán Cortés, ni Sancho Dávila[290], ni Antonio de Leiva[291], ni Simón Abril, ni Luis Vives, ni Francisco Sánchez, ni los otros varones insignes en armas y letras.

»Más es: que la multiplicación del *don* lo ha hecho despreciable entre la gente de primorosa educación. Llamarle a uno don Juan, don Pedro, don Diego a secas, es tratarle de criado. Es preciso llamarle *señor don*, que quiere decir dos veces *don*. Si el *señor don* llega también a multiplicarse en el siglo que viene como el *don* en el nuestro, ya no bastará el *señor don* para llamar a un hombre de forma sin agraviarle, y será preciso decir *don señor don;* y temiéndose igual inconveniente en lo futuro, irá creciendo el número de los *dones* y *señores* en el de los siglos, de modo que dentro de algunos se pondrán las gentes en el pie de no llamarse las unas a las otras, por el tiempo que se ha de perder miserablemente en repetir el *señor don* tantas y tan inútiles veces. Las gentes de Corte, que sin duda son las que menos tiempo tienen que perder, ya han conocido este daño y para ponerle competente remedio, si tratan a uno con alguna familiaridad, le llaman por el apellido a secas; y si no se hallan todavía en este pie, le añaden el señor de su apellido sin el nombre del bautismo. Pero aun de aquí nace otro embarazo. Si nos hallamos en una sala muchos hermanos, o primos, o parientes del mismo apellido, ¿cómo nos han de distinguir, sino por las letras del abecedario, como los matemáticos distinguen las partes de sus figuras, o por números, como los ingleses sus regimientos de infantería?»

A esto añadió Nuño otras mil reflexiones chistosas, y acabó levantándose con los demás para dar un paseo, diciendo:

---

[290] *Sancho Dávila:* el conocido general español Sancho de Ávila (1513-1573), que se distinguió en los Países Bajos.

[291] *Antonio de Leiva:* Véase la nota 90.

—Señores, ¿qué le hemos de hacer? Esto prueba lo que mucho tiempo ha se ha demostrado: a saber, que los hombres corrompen todo lo bueno. Yo lo confieso en este particular, y digo lisa y llanamente que hay tantos *dones* superfluos en España como marqueses en Francia, barones en Alemania y príncipes en Italia. Esto es, que en todas partes hay hombres que toman posesión de lo que no es suyo, y lo ostentan con más pompa que aquellos a quienes toca legítimamente; y si en francés hay un adagio que dice, aludiendo a esto mismo: *Baron allemand, marquis français et prince d'Italie, mauvaise compagnie*, así también ha pasado a proverbio castellano el dicho de Quevedo:

Don Turuleque me llaman,
pero pienso que es adrede,
porque no sienta muy bien
el don con el Turuleque[292].

CARTA LXXXI

Del mismo al mismo

No es fácil saber cómo ha de portarse un hombre para hacerse un lugar en el mundo. Si uno aparenta talento o instrucción, se adquiere el odio de las gentes, porque le tienen

---

[292] El romance de Quevedo titulado *Refiere su vida un embustero* comienza así: «Don Turuleque me llaman, / imagino que es adrede, / porque se zurcen muy mal / el don con el Turuleque» (en Quevedo, *Obras completas*, ed. de Felicidad Buendía, Madrid, Aguilar, 1967, t. II, pág. 319b). Es conocido el refrán: «Mal se aviene el don con el Turuleque». Y en el *Prólogo con morrión* de Isla a su novela, se convierte *turuleque* en sinónimo de *aditamento*: «¿qué motivo he tenido para pegar a mi Gerundio el *fray* más que el *padre* a secas o su *don*, sin otro turuleque?» (ed. cit., t. I, pág. 108). Cadalso seguramente conocería este pasaje y otro de *Fray Gerundio*, en el que se vuelven a combinar los elementos *don* y *turuleque*. En la descripción del personaje afrancesado don Carlos, Isla escribe: «por lo que tocaba a él, de buena gana trocaría por un *monsieur* todos los dones y turuleques del mundo» (ed. cit., t. II, pág. 153).

por soberbio, atrevido y capaz de cosas grandes. Si, al contrario, uno es humilde y comedido, le desprecian por inútil y necio. Si ven que uno es algo cauto, prudente y detenido, le tienen por vengativo y traidor. Si es uno sincero, humano y fácil de reconciliarse con quien le ha agraviado, le llaman cobarde y pusilánime. Si procura elevarse, ambicioso; si se contenta con la medianía, desidioso; si sigue la corriente del mundo, adquiere nota de adulador. Si se opone a los delirios de los hombres, sienta plaza de extravagante. Estas consideraciones, pesadas con madurez y confirmadas con tantos ejemplos como abundan, le dan al hombre gana de retirarse a lo más desierto de nuestra África, huir de sus semejantes y escoger la morada de los desiertos o montes entre fieras y brutos.

CARTA LXXXII

Del mismo al mismo

Alá me libre de creer que haya habido siglo en que los hombres hayan sido cuerdos. Las extravagancias humanas son tan antiguas como ridículas, y cada era ha tenido su locura favorita. Pero así como el que entra en un hospital de locos se admira del que ve en cada jaula hasta que pasa a otra en que halla otro loco más frenético, así el siglo que ahora vemos merece la primacía hasta que venga otro que lo supere. El inmediato será, sin duda, el superior, pero aprovechemos los pocos años que quedan de éste para divertirnos, por si no llegamos a entrar en el siguiente. Y vamos claros: son muy exquisitos sus delirios, singularmente el haber llegado a dar por falsos unos cuantos axiomas o proposiciones que se tenían por principios sentados e indubitables.

—Yo tengo —díjome Nuño— dos amigos que, a fuerza de estudiar las costumbres actuales y blasfemar de las antiguas, y a fuerza de querer sacar la quintaesencia del modernismo[293], han llegado a perder la cabeza, como puede acontecer a los que se empeñan mucho en el hallazgo de la piedra filosofal; pero lo más singular de su desgracia es la manía que han tomado: a saber, que el uno está moribundo y el otro le ayuda a bien morir. Para esto le hace hacer ciertas protestaciones de fe, que todas estriban sobre las máximas comunes de nuestros infatuados hombres de moda. Visitándolos muchas veces, por si puedo contribuir a un restablecimiento, he llegado a aprender de memoria varios de sus artículos, a más de que he encargado al criado que les asiste de que apunte todo lo que oiga gracioso en este particular, y todas las mañanas me presente la lista. Óyelo por preguntas y respuestas, según suelen repetirlas.

«*Pregunta.* ¿Creéis que[294] se pueda ser un excelente soldado sin haber visto más fuego que el de una chimenea; y que sólo baste llevar la vuelta de la manga muy estrecha, hablar mal de cuantos generales no dan buena mesa, decir que desde Felipe II acá no han hecho nada nuestros ejércitos, asegurar que de veinte años de edad se puede mandar cien mil hombres, mejor que con cuarenta años de experiencia, quince funciones[295] generales, cuatro heridas y conocimiento del arte?

»*Respuesta.* Sí, creo.

---

[293] *modernismo:* Sustantivo nuevo. *Moderno* está en el *Tesoro* (1611) de Covarrubias y en el tomo IV (1734) del *Diccionario de Autoridades.* Pero *modernismo* falta todavía en el diccionario académico de 1780 y en el de Terreros (1786-1792). Los dos primeros ejemplos de *modernism* que el *Oxford English Dictionary* cita son de 1737 y 1753, pero se refieren solamente a voces de acuñación reciente; y Paul Robert fecha la aparición de *modernisme* en francés en 1845. Álvarez de Miranda (*op. cit.*) no estudia este vocablo, al parecer por no existir ejemplos anteriores a 1760, pues el período estudiado por él concluye en ese año. ¿Será Cadalso el primero en haber utilizado *modernismo* en lengua española? Lo cierto es que no tarda en introducirse este sustantivo hasta las ediciones de 1899 ó 1914 del diccionario académico, que son las fechas que da Corominas.
[294] En el manuscrito Ferrari, todas estas preguntas empiezan por la fórmula *¿Tenéis por cierto que…?;* y las respuestas toman la forma de: *Tengo,* o bien *Sí, tengo.*
[295] *función:* «En la milicia se llama cualquiera acción de armas, como asalto de plaza o combate con los enemigos» *(Autoridades).*

»*Pregunta.* ¿Creéis que se pueda ser un pasmoso sabio sin haber leído dos minutos al día, sin tener un libro, sin haber tenido maestros, sin ser bastante humilde para preguntar, y sin tener más talento que para bailar un minuete?

»*Respuesta.* Sí, creo.

»*Pregunta.* ¿Creéis que para ser buen patriota baste hablar mal de la patria, hacer burla de nuestros abuelos, y escuchar con resignación a nuestros peluqueros, maestros de baile, operistas, cocineros, y sátiras despreciables contra la nación; hacer como que habéis olvidado vuestra lengua paterna, hablar ridículamente mal varios trozos de las extranjeras, y hacer ascos de todo lo que pasa y ha pasado desde los Pirineos por acá?

»*Respuesta.* Sí, creo.

»*Pregunta.* ¿Creéis que para juzgar de un libro no se necesita verlo, y baste el verlo por el forro o algo del índice y prólogo?

»*Respuesta.* Sí, creo.

»*Pregunta.* ¿Creéis que para mantener el cuerpo físico humano son indispensables cuatro horas de mesa con variedad de platos exquisitos y mal sanos, café que debilita los nervios, licores que privan la cabeza, y después un juego que arruine los bolsillos, contrayendo deudas vergonzosas para pagar?

»*Respuesta.* Sí, creo.

»*Pregunta.* ¿Creéis que para ser ciudadano útil baste dormir doce horas, gastar tres en el teatro, seis en la mesa y tres en el juego?

»*Respuesta.* Sí, creo.

»*Pregunta.* ¿Creéis que para ser buen padre de familia baste no ver meses enteros a vuestra mujer, sino a las ajenas, arruinar vuestros mayorazgos, entregar vuestros hijos a un maestro alquilado, o a vuestros lacayos, cocheros y mozos de mulas?

»*Respuesta.* Sí, creo.

»*Pregunta.* ¿Creéis que para ser grande hombre baste negaros al trato civil, arquear las cejas, tener grandes equipajes, grandes casas y grandes vicios?

»*Respuesta.* Sí, creo.

»*Pregunta.* ¿Creéis que para contribuir de vuestra parte al adelantamiento de las ciencias, baste perseguir a los que las cultivan o con desprecio a los que se dedican a cultivarlas; y mirar a un filósofo, a un poeta, a un matemático, a un orador, como a un papagayo, a un mico, a un enano y a un bufón?

»*Respuesta*. Sí, creo.

»*Pregunta*. ¿Creéis que todo hombre taciturno, especulativo y modesto en proferir su dictamen, merece desprecio y mofa, y hasta golpes y palos si los aguantara, y que, al contrario, para ser digno de atención es menester hablar como una cotorra, dar vueltas como mariposa y hacer más gestos que un mico?

»*Respuesta*. Sí, creo.

»*Pregunta*. ¿Creéis que la suma y final bienaventuranza del hombre consiste en tener un tiro de caballos frisones muy gordos, o de potros cordobeses muy finos, o de mulas manchegas muy altas?

»*Respuesta*. Sí, creo.

»*Pregunta*. ¿Creéis que si el siglo que viene abre los ojos sobre las ridiculeces del actual, será vuestro nombre y el de vuestros semejantes el objeto de la risa y mofa, y tal vez el odio y execración? Y no obstante esto, ¿vienes a prometer vivir en una extravagancia?

»*Respuesta*. Sí, creo y prometo».

—Y luego suele callar el preguntante, y el otro le hace otras tantas preguntas —añadió Nuño—. Lo sensible es que no hagan todo un catecismo completo análogo a esta especie de símbolo de sus extravagancias. Muy curioso estoy de saber qué mandamientos pondrían, qué obras de misericordia, qué pecados, qué virtudes opuestas a ellos, qué oraciones. Los que han profesado esta religión, venerado sus misterios, asistido a sus ritos y procurado propagar su doctrina, suelen pasar alegremente los años agradables de su vida. El alto concepto en que se tienen a sí mismos; el sumo desprecio con que tratan a los otros; la admiración que les atrae el mundo femenino; su porte extravagante; y, en fin, la ninguna reflexión seria que pueda tener un punto su continuo movimiento, les da sin duda una juventud muy gustosa. Pero cuando van llegando a la edad madura, y ven que van a caer en el mayor desaire, creo que se han de hallar en muy triste situación. Se desvanece todo aquel torbellino de superficialidades, y se hallan en otra esfera. Los hombres serios, forma-

343

les e importantes no los admiten, porque nunca los han tratado; las mujeres los desconocen ya, porque los ven despojados de todas las prendas que los hacían apreciables en el estrado, y se me figura cada uno de ellos como el murciélago, que ni es ratón ni pájaro.

«¿En qué clase, pues, de estado se ha de colocar uno de éstos cuando llega a la edad menos ligera y deliciosa? ¡Cuán amargos instantes tendrá cuando se vea en la imposibilidad de ser ni hombre ni niño! Le darán envidia los hombres que van entrando en la edad que él ha pasado, y le causarán extrañeza los hombres que se hallan con las canas que ya le amenazan. Si hubiese contraído la naturaleza, al tiempo de producirle, alguna obligación de mantenerle siempre en la edad florida, moriría sin haber dejado de gozar continuos placeres y felicidades. Si, conociendo lo corto de la juventud, hubiese mirado las cosas sólidas, se hallaría a cierto tiempo colocado en alguna clase de la república, más o menos feliz a la verdad, pero siempre con algún establecimiento; cuando en el caso del petimetre, éste no tiene que esperar más que mortificaciones y desaires desde el día que se le arrugó la cara, se le pobló la barba, se le embasteció el cuerpo, y se le ahuecó la voz; esto es, desde el día en que pudiera haber empezado a ser algo en el mundo.»

CARTA LXXXIII

Del mismo al mismo

Si yo creyese en los delirios de la astrología judiciaria[296], no emplearía la vida en cosa alguna con tanto gusto y curiosidad como en indagar el signo que preside el nacimiento de

---

[296] *judiciario:* «Adjetivo que se aplica a los que ejercitan el arte de adivinar [o sea juzgar; de donde el calificativo] por los astros, de que se jactan vanamente los astrólogos, que también se dice astrología judiciaria» *(Autoridades).* En el mismo sitio se añade que *judiciario,* «usado solo como sustantivo, significa el astrólogo».

los hombres literatos en España. En todas partes es, sin duda, desgracia, y muy grande, la de nacer con un grado más de talento que el común de los mortales; pero en esta Península, dice Nuño, es uno de los mayores infortunios que puede contraer el hombre al nacer.

—A la verdad —prosigue mi amigo—, si yo fuese casado y mi mujer se hallase próxima a dar sucesión a mi casa, la diría con frecuencia: Vete a la Iglesia, y pide a Dios te dé un hijo tonto; verás qué vejez tan descansada y honorífica nos da. Heredará a todos sus tíos y abuelos, y tendrá robusta salud. Hará una boda ventajosa y una fortuna brillante. Será reverenciado en el pueblo y favorecido de los poderosos; y moriremos llenos de conveniencias. Pero si el hijo que ahora tienes en tus entrañas saliese con talento, ¡cuánta pesadumbre ha de prepararnos! Me estremezco al pensarlo, y me guardaré muy bien de decírtelo por miedo de hacerte malparir de susto. Sea cual sea el fruto de nuestro matrimonio, yo te aseguro, a fe de buen padre de familia, que no le he de enseñar a leer ni a escribir, ni ha de tratar con más gente que el lacayo de casa.

Dejemos la chanza de Nuño y volvamos, Ben-Beley, a lo dicho. Apenas ha producido esta Península hombre superior a los otros, cuando han llovido miserias sobre él hasta ahogarle. Prescindo de aquellos que por su soberbia se atraen la justa indignación del gobierno, pues ésos en todas partes están expuestos a lo mismo. Hablo sólo de las desgracias que han experimentado en España los sabios inocentes de cosas que los hagan merecedores de tal castigo, y que sólo se le han adquirido en fuerza de la constelación que acabo de referirte, y forma el objeto de mi presente especulación.

Cuando veo que Miguel de Cervantes ha sido tan desconocido después de muerto como fue infeliz cuando vivía, pues hasta ahora poco no se ha sabido dónde nació[297], y que

---

[297] Cadalso piensa seguramente en la crítica del teniente coronel, cervantófilo y académico de número de la Española don Vicente de los Ríos, quien en 1780 publicaría en la nueva edición académica de la gran novela de Cervantes un brillante y merecidamente célebre *Análisis del Quijote*, en el que se anticipa a las ideas principales de la crítica cervantina posterior. Pero ya

este ingenio, autor de una de las pocas obras originales que hay en el mundo, pasó su vida parte en el hospital, parte en la cárcel, y parte en las filas de una compañía como soldado raso, digo que Nuño tiene razón en no querer que sus hijos aprendan a leer.

Cuando veo que don Francisco de Quevedo, uno de los mayores talentos que Dios ha criado, habiendo nacido con buen patrimonio y comodidades, se vio reducido a una cárcel en que se le acangrenaban[298] las llagas que le hacían los grillos, me da gana de quemar cuanto libro veo.

Cuando veo que Luis de León, no obstante su carácter en la religión y en la universidad, estuvo muchos años en la mayor miseria de una prisión algo más temible para los cristianos que el mismo patíbulo[299], me estremezco.

Es tan cierto este daño, tan seguras sus consecuencias y tan espantoso su aspecto, que el español que publica sus obras hoy las escribe con increíble cuidado, y tiembla cuando llega el caso de imprimirlas. Aunque le conste la bondad de su intención, la sinceridad de sus expresiones, la justificación del magistrado, la benevolencia del público, siempre teme los influjos de la estrella; así como el que navega cuando truena, aunque el navío sea de buena calidad, el mar poco peligroso, su tripulación robusta y su piloto muy práctico, siempre se teme que caiga un rayo y le abrase los

---

en 1773 Ríos había leído ante la Academia su *Elogio histórico de Cervantes*, base de la biografía que escribió después para la misma edición académica del *Quijote*. Cadalso conocería de primera mano las ideas del coronel porque éste participaba en la tertulia de la Fonda de San Sebastián. Anteriormente, Esquivias, Sevilla y Lucena se disputaban sobre la distinción de ser patria del alcalaíno Cervantes; y todavía en 1737, en su *Vida de Miguel de Cervantes Saavedra*, Gregorio de Mayans y Siscar sostenía equivocadamente que Madrid gozaba de ese honor (ed. de Antonio Mestre, Clásicos Castellanos, 172, Madrid, Espasa Calpe, 1972, págs. 9-11).

[298] *acangrenarse:* forma no registrada en los diccionarios, que significa lo mismo que *cangrenarse* o *gangrenarse.* Cadalso parece dar cierta preferencia a las variantes que empiezan por *a*, hallándose en cartas anteriores ejemplos de *aforrar* y *acampamento.*

[299] Es decir, la prisión de la Inquisición.

palos o las jarcias, o tal vez se comunique a la pólvora en la santabárbara[300].

De aquí nace que muchos hombres, cuyas composiciones serían útiles a ellos mismos y honoríficas a la patria, las ocultan; y los extranjeros, al ver las obras que salen a luz en España, tienen a los españoles en un concepto que no se merecen. Pero aunque el juicio es falso, no es temerario, pues quedan escondidas las obras que merecieran aplausos[301]. Yo trato poca gente; pero aun entre mis conocidos me atrevo a asegurar que se pudieran sacar manuscritos muy apreciables sobre toda especie de erudición, que naturalmente yacen como si fuese en el polvo del sepulcro, cuando apenas han salido de la cuna. Y de otros puedo afirmar también que, por un pliego que han publicado, han guardado noventa y nueve.

CARTA LXXXIV

Ben-Beley a Gazel

No enseñes a tus amigos la carta que te escribí contra esa cosa que llaman fama póstuma[302]. Aunque ésta es una de las mayores locuras del hombre, es preciso dejarla reinar como otras muchas. Pretender reducir el género humano a sólo lo que es naturalmente bueno, es pretender que todos los hombres sean filósofos, y esto es imposible. Después de escribirte meses ha sobre este asunto, he considerado que el tal deseo es una de las pocas cosas que pueden consolar al hombre de mérito desgraciado. Puede serle muy fuerte alivio el pensar que las generaciones futuras le harán la justicia que le niegan sus coetáneos, y soy de parecer que se han de dar cuantos gustos y consuelos pueda apetecer, aunque sean pueriles,

---

[300] *santabárbara:* Santa Bárbara, que protege al hombre contra los relámpagos, es asimismo la santa patrona de los artilleros, y por tanto se llama así el pañol donde se guarda la pólvora en los barcos.
[301] Tal fue la triste suerte de las *Cartas marruecas* y las *Noches lúgubres* hasta 1789.
[302] Se refiere Ben-Beley a la que lleva el número XXVIII.

como sean inocentes, al infeliz y cuitado animal llamado hombre[303].

CARTA LXXXV

Gazel a Ben-Beley. Respuesta de la anterior

Bien me guardaré de enseñar tu carta a algunas gentes. Me hace mucha fuerza la reflexión de que la esperanza de la fama póstuma es la única que puede mantener en pie a muchos que padecen la persecución de su siglo y apelan a los venideros; y que, por consiguiente, debe darse este consuelo y cualquiera otro decente, aunque sea pueril, al hombre que vive en medio de tanto infortunio. Pero mi amigo Nuño dice que ya es demasiado el número de gentes que en España siguen el sistema de la indiferencia sobre esta especie de fama. O sea carácter del siglo, o espíritu verdadero de filosofía; o sea consecuencia de la religión, que mira como vanas, transitorias y frívolas las glorias del mundo, lo cierto es que en la realidad es excesivo el número de los que miran el último día de su vida como el último de su existencia en este mundo.

Para confirmarme en ello, me contó la vida que hacen muchos, incapaces de adquirir tal fama póstuma. No sólo habló de la vida deliciosa de la Corte y grandes ciudades, que son un lugar común de la crítica, sino de las villas y aldeas. El primer ejemplo que saca es el del huésped que tuve y tanto estimé en mi primer viaje por la Península. A éste siguen otros varios muy parecidos a él, y suele concluir diciendo:

—Son muchos millares de hombres los que se levantan muy tarde, toman chocolate muy caliente, agua muy fría, se visten, salen a la plaza, ajustan un par de pollos, oyen misa, vuelven a la plaza, dan cuatro paseos, se informan en qué es-

---

[303] Repetición; pues en la carta XL, Cadalso dice que el hombre es «un animal tímido, sociable, cuitado». Son descripciones esencialmente románticas, que hacen pensar en Goethe y Larra, así como en el Cadalso de las *Noches lúgubres*.

tado se hallan los chismes y hablillas del lugar, vuelven a casa, comen muy despacio, duermen la siesta, se levantan, dan un paseo al campo, vuelven a casa, se refrescan, van a la tertulia, juegan a la malilla[304], vuelta a casa, rezan el rosario, cenan y se meten en la cama.

CARTA LXXXVI

Ben-Beley a Gazel

Pregunta a tu amigo Nuño su dictamen sobre un héroe famoso en su país por el auxilio que los españoles han creído deberle en la larga serie de batallas que tuvieron sus abuelos con los nuestros por la posesión de esa Península. En sus historias veo que, estando el rey don Ramiro[305], con un puñado de vasallos suyos, rodeado de un ejército innumerable de moros, y siendo su pérdida inevitable, se le apareció el tal héroe, llamado Santiago[306], y le dijo que al amanecer del día si-

---

[304] *malilla:* «Juego de naipes nuevamente introducido, que se dispone entre cuatro personas, cada dos de compañeros, repartiendo las cartas a doce a cada uno, y el que las da descubre la última suya, la cual es el triunfo aquella mano. Los demás palos se juegan como en el hombre, teniendo todos precisión de servir ganando siempre, si puede por el orden de las cartas, que es la malilla o nueve, superior a todas, luego el as, rey, caballo, sota, siete, seis, etc. y si está fallo poner triunfo. El fin del juego es hacer treinta y seis piedras, las cuales se cuentan del valor de las bazas, que cada uno hace, en las cuales vale el nueve o malilla cinco, el as cuatro, el rey tres, el caballo dos, y la sota uno; las blancas no valen nada, ni se cuenta más que la baza, que siempre añade un punto a los demás. Acabada la mano y cotejado el exceso de puntos, éste es el que se debe tantear, si no es que se hagan todas las bazas, lo cual llaman capote, que gana el juego» *(Autoridades)*.
[305] Véase la nota 86, sobre Ramiro y sobre la batalla aludida a continuación, que es la de Clavijo.
[306] La creencia popular en el papel de Santiago como campeón celeste que baja a ayudar a las fuerzas españolas (de la que se trata también en la carta siguiente) será incorporada en cierto modo a la acción de una novela de Pedro Montengón, en la que el tema es el mismo que Cadalso había tratado en parte en una «novelita» suya en verso. Trátase del bello poema cadalsiano *Carta de Florinda a su padre el conde don Julián después de su desgracia,* publicado entre

guiente, sin cuidar del número de sus soldados ni el de sus enemigos, se arrojase sobre ellos, confiado en la protección que él le traía del cielo. Añaden los historiadores que así lo hizo don Ramiro, y ganó una batalla tan gloriosa como hubiera sido temeraria si se hubiese graduado la esperanza por las fuerzas. Los que han escrito los anales de España refieren esto mismo. Dime qué hay en ello.

CARTA LXXXVII

Gazel a Ben-Beley. Respuesta de la anterior

He cumplido con tu encargo. He comunicado a Nuño tu reparo sobre el punto de su historia que menos nos puede gustar, si es verdadera, y más nos haga reír si es falsa; y aún he añadido algunas reflexiones de mi propia imaginación. Si el cielo, le he dicho yo, si el cielo quería levantar tu patria del yugo africano, ¿había menester las fuerzas humanas, la presencia efectiva de Santiago, y mucho menos la de su caballo blanco, para derrotar el ejército moro? El que ha hecho todo de la nada, con solas palabras y con solo su querer, ¿necesitó

---

los *Ocios de mi juventud*, en 1773, y *El Rodrigo. Romance épico* (1793), de Montengón, sobre el último rey visigodo, seductor de Florinda y destructor de España. He dicho *en cierto modo*, porque Montengón adapta tal leyenda religiosa, y las sombras protectoras serán las de Mahoma y Ataúlfo, que velan respectivamente por las tropas moras y cristianas. Al califa «le pareció ver levantarse de lejos la sombra de Mahoma a manera de gigante, que empuñando una lanza, se encaminaba a largos pasos a encarar los vientos, que amedrentados de su vista, sin esperar su llegada, se arrojan en pavor de las nubes, que cabalgaban y se entregan a una fuga precipitada»; y Rodrigo «ve de repente levantarse del seno de la ciudad la sombra de Ataúlfo, que en forma aérea le representaba al vivo, armada de escudo y lanza; iba a encontrarse contra otra sombra más feroz que hacia ella se encaminaba por el cielo y cuyos ojos parecían dos ascuas de fuego», siendo desde luego esta última sombra la de Mahoma *(El Rodrigo,* en Montengón, *Obras,* ed. de Guillermo Carnero, Alicante, Instituto Juan Gil-Albert, 1990, t. I, págs. 426-427, 462). Pero, por fin, es un mero mortal, aunque de conocido talante heroico, Pelayo, quien hiere a la sombra de Mahoma (pág. 463).

acaso una cosa tan material como la espada? ¿Crees que los que están gozando del eterno bien bajen a dar cuchilladas y estocadas a los hombres de este mundo? ¿No te parece idea más ajustada a lo que creemos de la esencia divina el pensar: *Dios dijo: «Huyan los moros», y los moros huyeron?*[307].

Esta conversación entre un moro africano y un cristiano español es sin duda odiosa; pero entre dos hombres racionales de cualquier país o religión, puede muy bien tratarse sin entibiar la amistad. A esto me suele responder Nuño, con la dulzura natural que le acompaña y la imparcialidad que hace tan apreciables sus controversias:

—De padres a hijos nos ha venido la noticia de que Santiago se apareció a don Ramiro en la memorable batalla de Clavijo, y que su presencia dio a los cristianos la victoria sobre los moros. Aunque esta época de nuestra historia no sea artículo de fe, ni demostración de geometría, y que por tanto pueda cualquiera negarlo sin merecer el nombre de impío ni el de irracional, parece no obstante que tradición tan antigua se ha consagrado en España por la piedad de nuestro carácter español, que nos lleva a atribuir al cielo las ventajas que han ganado nuestros brazos, siempre que éstas nos parecen extraordinarias; lo cual contradice la vanidad y orgullo que nos atribuyen los extraños. Esta humildad misma ha causado los mayores triunfos que ha tenido nación alguna del orbe. Los dos mayores hombres que ha producido esta Península experimentaron en lances de la mayor entidad la importancia de esta piedad en el vulgo de España.

«Cortés en América y Cisneros en África vieron a sus soldados obrar portentos de un valor verdaderamente más que humano, porque sus ejércitos vieron o creyeron ver la misma aparición. No hay disciplina militar, ni armas, ni ardides, ni método que infunda al soldado fuerzas tan invencibles y de efecto tan conocido como la idea de que los acompaña un esfuerzo sobrenatural y que los guía un caudillo bajado del cielo; de cuya verdad quedaron tan persuadidas las generaciones inmediatas, que duró muchos tiempos en los ejércitos

---

[307] Nótese el tono bíblico del estilo. Compárense, por ejemplo, en el Libro de Génesis: «Y dijo Dios: Sea la luz, y fue la luz» (cap. I, versículo 3).

españoles la costumbre de invocar a Santiago al tiempo del ataque. La disciplina más capaz de hacer superior un ejército sobre otro, se puede copiar fácilmente por cualquiera; la mayor destreza en el manejo de las armas y la más científica construcción de ellas, pueden imitarse; el mayor número de auxiliares aliados y mercenarios, se pueden lograr con dinero; con el mismo método se logran los espías y se corrompen los confidentes. En fin, ninguna nación guerrera puede tener la menor ventaja en una campaña, que no se la igualen los enemigos en la siguiente. Pero la creencia de que baja un campeón celeste a auxiliar a una tropa, la llena de un vigor inimitable.

»Mira, Gazel, los que pretenden disuadir al pueblo de muchas cosas que cree buenamente, y de cuya creencia resultan efectos útiles al estado, no se hacen cargo de lo que sucedería si el vulgo se metiese a filósofo y quisiese indagar la razón de cada establecimiento[308]. El pensarlo me estremece, y es uno de los motivos que me irritan contra la secta hoy reinante, que quiere revocar en duda cuanto hasta ahora se ha tenido por más evidente que una demostración de geometría. De los abusos pasan a los usos, y de lo accidental a lo esencial. No sólo niegan y desprecian aquellos artículos que pueden absolutamente negarse sin faltar a la religión, sino que pretenden ridiculizar hasta los cimientos de la misma religión. La tradición y revelación son, en dictamen de éstos, unas meras máquinas que el gobierno pone en uso según parece conveniente.

»Conceden que un ser soberano inexplicable nos ha producido, pero niegan que su cuidado trascienda del mero hecho de criarnos[309]. Dicen que, muertos, estaremos donde y como estábamos antes de nacer, y otras mil cosas dimanadas de éstas. Pero yo les digo: aunque supongamos por un minuto que todo lo que decís fuese cierto, ¿os parece convenien-

---

[308] *establecimiento:* «Ley, ordenanza, estatuto» *(Autoridades).*

[309] Compárense estas palabras con el ya mencionado verso censurado de la tragedia *Don Sancho García,* de Cadalso: «Dudo si el cielo de los hombres cuida.» Toda esta carta se caracteriza por el escepticismo pragmático de los ilustrados, gracias al cual prefieren a la negación total de Dios la afirmación de la existencia de un Ser Supremo, que se limita a poner la máquina terrestre en marcha hasta el día que decida pararla (deísmo).

te publicarlo y que todos lo sepan? La libertad que pretendéis no sólo gozar vosotros mismos, sino esparcir por todo el orbe, ¿no sería el modo más corto de hundir al mundo en un caos moral espantoso, en que se aniquilasen todo el gobierno, economía y sociedad? Figuraos que todos los hombres, persuadidos por vuestros discursos, no esperan ni temen estado alguno futuro después de esta vida. ¿En qué creéis que la emplearán? En todo género de delitos, por atroces y perjudiciales que sean[310].

»Aun cuando vuestro sistema arbitrario y vacío de todo fundamento de razón o de autoridad fuese evidente con todo el rigor geométrico, debiera guardarse oculto entre pocos individuos de cada república. Este debiera ser un secreto de estado, guardado misteriosamente entre muy pocos, con la condición de severo castigo a quien lo violase».

A la verdad, amigo Ben-Beley, esta última razón de Nuño me parece sin réplica. O lo que los libertinos se han esmerado en predicar y extender es verdadero, o es falso. Si es falso, como yo lo creo, son reprensibles por querer contradecir a la creencia de tantos siglos y pueblos. Y si es verdadero, este descubrimiento es al mismo tiempo más importante que el de la piedra filosofal, y más peligroso que el de la magia negra; y por consiguiente no debe llegar a oídos del vulgo.

CARTA LXXXVIII

Ben-Beley a Gazel

Veo y apruebo lo que me dices sobre los varios trámites por donde pasan las naciones desde su formación hasta su ruina total. Si cabe algún remedio para evitar la encadena-

---

[310] Montesquieu sostenía que la fe de los devotos en el premio o castigo después de esta existencia mortal apoyaba de modo importante el papel de la policía en el mantenimiento del orden público. Véanse *Lettres persanes* y *L'Esprit des lois*, ed. de Roger Caillois, Bibliothèque de la Pléiade, 81 y 86, París, Gallimard, 1949 y 1951, t. I, pág. 259; t. II, págs. 724-725.

ción de cosas que han de suceder a los hombres y a sus comunidades, no creo que lo haya para prevenir los daños de la época del lujo. Éste tiene demasiado atractivo para dar lugar a otra cualquiera persuasión; y así, los que nacen en semejantes eras se cansan en balde si pretenden contrarrestar la fuerza de tan furioso torrente. Un pueblo acostumbrado a delicadas mesas, blandos lechos, ropas finas, modales afeminados, conversaciones amorosas, pasatiempos frívolos, estudios dirigidos a refinar las delicias o lo restante del lujo, no es capaz de oír la voz de los que quieran demostrarle lo próximo de su ruina. Ha de precipitarse en ella como el río en el mar. Ni las leyes suntuarias, ni las ideas militares, ni los trabajos públicos, ni las guerras, ni las conquistas, ni el ejemplo de un soberano parco, austero y sobrio, bastan a resarcir el daño que se introdujo insensiblemente.

Reiráse semejante nación del magistrado que, queriendo resucitar las antiguas leyes y austeridad de costumbres, castigue a los que las quebranten; del filósofo que declame contra la relajación; del general que hable alguna vez de guerras; del poeta que cante[311] los héroes de la patria. Nada de esto se entiende ni se oye; lo que se escucha con respeto y se ejecuta con general esmero, es cuanto puede completar la obra de la ruina universal. La invención de un sorbete, de un peinado, de un vestido y de un baile, es tenido por prueba matemática de los progresos del entendimiento humano. Una composición nueva de una música deliciosa, de una poesía afeminada, de un drama amoroso, se cuentan entre los jefes de obras[312] del siglo. A esto reduce la nación todo el esfuerzo del entendimiento humano; a un nuevo resorte[313] de co-

---

[311] *cante:* En O se lee *canta*, pero la cualidad hipotética del antecedente *poeta* y la construcción paralela de todo el período, en cuyos otros miembros hay subjuntivos por el mismo motivo, requieren *cante*, y es precisamente esta forma la que se halla en S.

[312] *jefes de obras:* galicismo de intención burlesca, absurdo calco del sustantivo francés *chefs-d'oeuvres*, obras maestras.

[313] *resorte:* otro galicismo corriente entonces, por *muelle*, pero en el presente contexto también de intención burlesca. En sentido figurado, aparece incluso en textos de filosofía y teoría estética de la época. En las *Reflexiones so-*

che, toda la matemática; a una fuente extraña y un teatro agradable, toda la física; a más olores fragantes, toda la química; a modos de hacernos más capaces de disfrutar los placeres, toda la medicina; y a romper los vínculos de parentesco, matrimonio, lealtad, amistad y amor a la patria, toda la moral y filosofía.

Buen recibimiento tendría el que se llegase a un joven de diez y ocho años, diciéndole:

—Amigo, ya estás en edad de empezar a ser útil a tu patria; quítate esos vestidos, ponte uno de lana del país; deja esos manjares deliciosos y conténtate con un poco de pan, vino, hierbas, vaca y carnero; no pases siquiera por teatros y tertulias; vete al campo, salta, corre, tira la barra, monta a caballo, pasa el río a nado, mata un jabalí o un oso, cásate con una mujer honrada, robusta y trabajadora.

Poco mejor le iría al que se llegase a la mujer y le dijese:

—¿Tienes ya quince años? Pues ya no debes pensar en ser niña: tocador gabinete, coche, mesas, cortejos, máscaras, teatros, nuditos, encaje, cintas, parches, blondas, aguas de olor, batas, *deshabillés*, al fuego desde hoy. ¿Quién se ha de casar contigo, si te empleas en estos pasatiempos? ¿Qué marido ha de tener la que no cría sus hijos a sus pechos, la que no sabe hacerle las camisas, cuidarle en una enfermedad, gobernar la casa y seguirle si es menester a la guerra?

El pobre que fuese con estos sermones recibiría en pago mucha mofa y burla. Esta especie de discursos, aunque muy ciertos y venerados en un siglo, apenas se entienden en otro. Sucede al pie de la letra a quien los profiere como sucedería al que resucitase hoy en París hablando galo, o en Madrid hablando el lenguaje de la antigua Numancia; y si al estilo añadía el traje y ademanes competentes, todos los desocupados (que son la mayor parte de los habitantes de las cortes) irían

---

bre la poesía (1787), firmadas con el seudónimo N. Philoaletheias, y editadas modernamente por José Luis Cano, se lee: «El arte del poeta debe ser el hacer de las verdades filosóficas otros tantos cuadros: el hacerlas del *resorte* de la imaginación» (en Cano, *Heterodoxos y románticos*, Madrid, Ediciones Júcar, 1974, pág. 270; la cursiva es mía).

a verle por curiosidad, como quien va a oír a un pájaro o a un monstruo venido de lejanas tierras.

Si como me hallo en África, apartado de la corte del emperador, separado del bullicio, y en una edad ya decrépita, me viese en cualquiera corte de las principales de Europa, con pocos años, algunas introducciones y mediana fortuna, aunque me hallase con este conocimiento filosófico, no creas que yo me pusiese a declamar contra este desarreglo ni a ponderar sus consecuencias. Me parecería tan infructuosa empresa como la de querer detener el flujo y reflujo del mar o el oriente y ocaso de los astros.

CARTA LXXXIX

Nuño a Gazel

Las cartas familiares que no tratan sino de la salud y negocios domésticos de amigos y conocidos son las composiciones más frías e insulsas del mundo. Debieran venderse impresas y tener los blancos necesarios para la firma y la fecha, con distinción de cartas de padres a hijos, de hijos a padres, de amos a criados, de criados a amos, de los que viven en la Corte a los que viven en la aldea, de los que viven en la aldea a los que viven en la Corte. Con este surtido, que pudiera venderse en cualquiera librería, a precio hecho, se quitaría uno el trabajo de escribir una resma de papel llena de insulseces todos los años y leer otras tantas de la misma calidad, dedicando el tiempo a cosas más útiles.

Si son de esta especie las contenidas en el paquete que te remito y que me han enviado desde Cádiz para ti, no puedo menos de compadecerte. Pero creo que entre ellas habrá muchas del viejo Ben-Beley, en las cuales no pueden[314] menos de hallarse cosas más dignas de tu lectura.

---

[314] *pueden:* En el MS O hay *puede.* Sigo la lección gramaticalmente superior de S.

Te remitiré en breve un extracto de cierta obra de un amigo mío que está haciendo un paralelo entre el sistema de las ciencias en varios siglos y países. Es increíble que, habiéndose adelantado tan poco en lo esencial, haya sido tanta la variedad de los dictámenes en diferentes épocas.

Hay nación[315] en Europa (y no es la española) que pocos siglos ha prohibió la imprenta, después todos los teatros, luego toda la filosofía opuesta al peripateticismo, y sucesivamente el uso de la quina; y luego ha dado en el extremo opuesto. Quiso la misma hacer salir de la cáscara, en su propio país frío y húmedo, los pájaros traídos dentro de sus huevos desde su clima natural, que es caliente y seco. Otros de sus sabios se empeñaron en sostener que los animales pueden procrearse sin ser producidos del semen. Otros apuraron el sistema de la atracción newtoniana, hasta atribuir a dicha atracción la formación de los fetos dentro de las madres. Otros dijeron que los montes se habían formado de la mar. Esta libertad ha trascendido de la física a la moral. Han defendido algunos que lo de *tuyo* y *mío* eran delitos formales; que en la igualdad natural de los hombres es vicioso el establecimiento de las jerarquías entre ellos, que el estado natural del hombre es la soledad, como la de la fiera en el monte. Los que no ahondamos tanto en las especulaciones, no podemos determinarnos a dejar las ciudades de Europa y pasar a vivir con los hotentotes, patagones, araucos[316], iroqueses, apalaches[317] y otros tales pueblos que parecen más conformes a la naturaleza, según el sistema de estos filósofos o lo que sean.

---

[315] Dupuis-Glendinning opinan que Cadalso alude a Inglaterra, pues en esta nación se impusieron severas limitaciones a la imprenta durante los reinados de Isabel I y Jacobo I, y se suspendieron las representaciones teatrales en 1648. Las ideas filosóficas resumidas al final del párrafo hacen pensar en Rousseau, pero en su forma esencial ya estaban presentes en una de las principales fuentes del ginebrino: Hobbes, nuevo argumento, según los citados editores, para creer que se trata de Inglaterra. Haría falta añadir que la mención de la teoría de la atracción o gravedad del gran físico inglés Newton lleva a la misma conclusión.

[316] *arauco:* araucano.

[317] *apalache:* por *apache.*

CARTA XC

Gazel a Nuño

En la última carta de Ben-Beley que me acabas de remitir, según tu escrupulosa costumbre de no abrir las que vienen selladas, me hallo con noticias que me llaman con toda puntualidad a la corte de mi patria. Mi familia acaba de renovar con otra ciertas disensiones antiguas, en las que debo tomar partido, muy contra mi genio, naturalmente opuesto a todo lo que es facción, bando y parcialidad[318]. Un tío que pudiera manejar aquellos negocios está lejos de la corte, empleado en un gobierno sobre las fronteras de los bárbaros, y no es costumbre entre nosotros dejar las ocupaciones del carácter público por las del interés particular. Ben-Beley, sobre ser muy anciano, se ha apartado totalmente de las cosas del mundo, con que yo me veo indispensablemente precisado a acudir a ellos.

En este puerto se halla un navío holandés, cuyo capitán se obliga a llevarme hasta Ceuta, y de allí me será muy fácil y barato el tránsito hasta la corte. Es natural que toquemos en Málaga; dirígeme a aquella ciudad las cartas que me escribas, y encarga a algún amigo que tengas en ella que las remita al de Cádiz, en caso que en todo el mes que empieza hoy no me vea. Te aseguro que el pensamiento solo de que voy a la corte a pretender con los poderosos y lidiar con los iguales me desanima increíblemente.

Te escribiré desde Málaga y Ceuta, y a mi llegada. Siento dejar tan pronto tu tierra y tu trato. Ambos habían empezado a inspirarme ciertas ideas nuevas para mí hasta ahora, de las cuales me había privado mi nacimiento y educación, influyéndome otras que ya me parecen absurdas, desde que medito sobre el objeto de las conversaciones que tantas veces hemos tenido. Grande debe ser la fuerza de la verdad, cuando basta a contrastar dos tan grandes esfuerzos. ¡Dichoso

---

[318] Ya se señaló en una nota a la Introducción del autor que se mantienen a lo largo de toda la obra y hasta en esta carta final los ideales de la imparcialidad y el justo medio.

amanezca el día feliz cuyas divinas luces acaben de disipar las pocas tinieblas que aún oscurecen lo oculto de mi corazón! No me ha parecido jamás tan hermoso el sol después de una borrasca, ni el mar después de una furiosa agitación, ni el soplo blando del céfiro después del horroroso son del norte, como me pareciera el estado de mi corazón cuando llegué a gozar la quietud que me prometiste y empecé a experimentar en tus discursos. La privación sola de tan grande bien me hace intolerable la distancia de las costas de África a la de Europa. Trataré en mi tierra con tedio los negocios que me llaman, dejando en la tuya el único que merece mi cuidado, y al punto volveré a concluirlo, no sólo a costa de tan corto viaje, pero aunque fuese preciso hacer mil veces el de la nave española, *La Victoria*[319], que fue la primera que dio la vuelta al globo.

Hago ánimo de tocar estas especies a Ben-Beley. ¿Qué me aconsejas? Tengo cierto recelo de ofender su rigor, y cierto impulso interior a iluminarle, si aún está ciego, o a que su corazón, si ya ha recibido esta luz, la comunique al mío, y unidas ambas, formen mayor claridad. Sobre esto espero tu respuesta, aun más que sobre los negocios de pretensión, corte y fortuna.

Fin de las *Cartas marruecas*

NOTA

El manuscrito contenía otro tanto como lo impreso, pero parte tan considerable quedará siempre inédita, por ser tan mala la letra que no es posible entenderla[320]. Esto me ha sido

---

[319] *La Victoria:* Buque de la expedición de Magallanes. Cuando completó la primera circunnavegación del mundo (1522), su capitán era el famoso navegante Juan Sebastián Elcano.

[320] En esta Nota final se prosigue la parodia de la erudición textual, iniciada en la Introducción y mantenida a lo largo de la obra, con la referencia a la «mala letra», con la declaración de la voluntad del narrador de «ser tenido por

tanto más sensible, cuanto me movió a mayor curiosidad el índice de las cartas, así impresas como inéditas, hasta el número de ciento y cincuenta. Algunos fragmentos de las últimas que tienen la letra algo inteligible, aunque a costa de mucho trabajo, me aumentan el dolor de no poder publicar la obra completa. Los incluiría de buena gana aquí con los asuntos de las restantes, deseando ser tenido por editor exacto y escrupuloso, tanto por hacer este obsequio al público, cuanto por no faltar a la fidelidad de mi difunto amigo; pero son tan inconexos los unos con los otros y tan cortos los trozos legibles, que en nada quedaría satisfecho el deseo del lector. Y así, nos contentaremos uno y otro con decir que, así por los fragmentos como por los títulos, se infiere que la mayor parte se reducía a cartas de Gazel a Nuño, dándole noticia de su llegada a la capital de Marruecos, su viaje a encontrar a Ben-Beley, las conversaciones de los dos sobre las cosas de Europa, relaciones de Gazel y reflexiones de Ben-Beley, regreso de Gazel a la corte[321], su introducción en ella, lances que en ella le acaecen, cartas de Nuño sobre ellos, consejos del mismo a Gazel, muerte de Ben-Beley[322].

Asuntos todos que prometían ocasión de ostentar Gazel su ingenuidad y su imparcialidad Nuño, y muchas noticias del venerable anciano Ben-Beley. Pero tal es el mundo y tal los hombres, que pocas veces vemos sus obras completas.

---

editor exacto y escrupuloso», y con el análisis de los «trozos legibles», los «fragmentos», «el índice de las cartas» y los «títulos» de las cartas. Como hemos señalado en una de nuestras primeras notas, tanta preocupación erudita por el exacto y fiel análisis de unos documentos ficticios es a la par un truco del realismo cadalsiano para lograr que el mundo paralelo de la novela parezca tan verificable por la investigación objetiva como el nuestro.

[321] *corte:* Es decir, la del reino de Marruecos.

[322] Ya queda señalado en la Introducción que este resumen de las actividades de Gazel en los años que siguen a la conclusión de la obra, es en realidad uno de los epílogos típicos de la novela dieciochesca y decimonónica, con los que los novelistas querían satisfacer a la curiosidad de los lectores por saber algo de la vida posterior de unos seres a quienes habían llegado a querer tanto.

PROTESTA LITERARIA DEL EDITOR
DE LAS *CARTAS MARRUECAS*[323]

—*¡Oh tempora! ¡Oh mores!*[324] —exclamarán con mucho juicio algunos al ver tantas páginas de tantos renglones cada una—. ¡Obra tan voluminosa!, ¡pensamientos morales!, ¡observaciones críticas!, ¡reflexiones pausadas!, ¡y esto en nuestros días! ¡a nuestra vista!, ¡a nuestras barbas! ¿Cómo te atreves, malvado editor o autor, o lo que seas, a darnos un libro tan pesado, tan grueso, y sobre todo tan fastidioso? ¿Hasta cuándo has de abusar de nuestra benignidad? ¿Ni tu edad, que aún no es madura, ni la nuestra, que aún es tierna, ni la del mundo, que nunca ha sido más niño, te pueden apartar de tan pesado trabajo? Pesado para ti, que has de concluirlo, para nosotros, que lo hemos de leer, y para la prensa, que ahora habrá de gemir. ¿No te espanta la suerte de tanto libro en folio, que yace entre el polvo de las librerías, ni te estimula la fortuna de tanto libro pequeño, que se reimprime millares de veces, sin bastar su número a tanto tocador y chimenea que toma por desaire el verse sin ellos?

«Satirilla mordaz y superficial, aunque sea contra nosotros mismos, suplemento o segunda parte de ella, versos amorosos y otras producciones de igual ligereza[325], pasen en buena

---

[323] En realidad, se trata de dos protestas: primero, una relativamente larga, de los lectores y «amigos» del editor; y después, otra más corta, del editor, que es la anunciada en el título y que comienza con las palabras: *Esto soñé la otra noche…* en el quinto párrafo de este apartado.

[324] Cicerón, en *In L. Catalinam orationes*, 1, 2; y en *In Verrem actio*, 4, 25, 56: «¡Oh tiempos! ¡Oh costumbres!»

[325] Se alude, en primer lugar, a tres obras que Cadalso había publicado en la célebre Imprenta de don Antonio de Sancha, bajo su nombre y segundo apellido, José Vázquez: 1) *Los eruditos a la violeta, o curso completo de todas las ciencias, dividido en siete lecciones para los siete días de la semana.* Compuesto por don José Vázquez, quien lo publica en obsequio de los que pretenden saber mucho estudiando poco. Con licencia. Madrid: En la Imprenta de don Antonio de Sancha, 1772; 2) *Suplemento al papel intitulado Los eruditos a la violeta.*

hora de mano en mano, su estilo de boca en boca y sus ideas de cabeza en cabeza; pasen, vuelvo a decir, una y mil veces en hora buena. Nos agrada nuestra figura vista en este espejo, aunque el cristal no sea lisonjero; nos gusta el ver nuestros retratos pasar a la posteridad, aunque el pincel no nos adule. Pero cosas serias, como patriotismo, vasallaje, crítica de la vanidad, progresos de la filosofía, ventajas o inconvenientes del lujo, y otros artículos semejantes, no en nuestros días; ni tú debes escribirlas ni nosotros leerlas. Por poco que permitiésemos semejantes ridiculeces, por poco estímulo que te diésemos, te pondrías en breve a trabajar sobre cosas totalmente graves. El estilo jocoso en ti es artificio; tu naturaleza es tétrica y adusta. Conocemos tu verdadero rostro y te arrancaremos la máscara con que has querido ocultarte[326].

»No falta entre nosotros quien te conozca. De este conocimiento inferimos que desde la oscuridad de tu estudio no has querido subir de un vuelo a lo lucido de la literatura, sino que has primero rastreado, después elevado un poco más las alas, y ahora no sabemos hasta dónde te quieres remontar. Alguno de los nuestros sabe que preparas al público, con estos papelillos, para cosas mayores. Tememos que manifestándote favor, imprimas algún día *Los elementos del patriotismo*, pesadísima obra. Quieres reducir a sistema las obligaciones de cada individuo del estado a su clase, y las de cada clase al

---

Compuesto por don José Vázquez. Con licencia. Madrid: En la Imprenta de don Antonio de Sancha, 1772; y 3) *Ocios de mi juventud, o poesías líricas de don José Vázquez*. En Madrid: En la Imprenta de don Antonio de Sancha, 1773. En el etcétera de *otras producciones de igual ligereza*, pueden estar aludidas obras como la traducción de la tragedia *Zaïre*, de Voltaire, titulada *Combates de amor y ley. Tragedia según el más moderno estilo de los mejores teatros de Europa*, publicada bajo el seudónimo Fernando Jugaccís Pilotos, en Cádiz, en 1765; la sátira *Calendario manual y guía de forasteros en Chipre* (1768), que circuló manuscrita; la tragedia *Solaya o los circasianos* (compuesta en 1770, pero no publicada hasta el siglo xx); la tragedia *Don Sancho García* (Madrid, Ibarra, 1771); y *La numantina*, tragedia perdida.

[326] *ocultarte*: Sigo la lección superior de S. En el MS O se lee *ocultarla*, que carece de sentido; porque *máscara* lógicamente no puede ser el antecedente del pronombre *la; rostro* por su sentido pudiera serlo, pero no por su género; y *naturaleza* está muy remota para ser el antecedente de *la*. Con el pronombre acusativo *te* se resuelven todos los problemas.

conjunto. Si tal hicieras, esparcirías una densísima nube sobre todo lo brillante de nuestras conversaciones e ideas; lograrías apartarnos de la sociedad frívola, del pasatiempo libre y de la vida ligera, señalando a cada uno la parte que le tocaría de tan gran fábrica, y haciendo odiosos los que no se esmerasen en su trabajo[327].

»No, Vázquez[328], no lograrás este fin, si como eficaz medio para él esperas congraciarte con nosotros. Vamos a cortar la raíz del árbol que puede dar tan malos frutos. Has de saber que nos vamos a juntar todos en plena asamblea, y prohibir a nosotros mismos, a nuestros hijos, mujeres y criados, tan odiosa lectura; y si aun así logras que alguno te lea, también lograremos darte otras pesadumbres. Nos dividiremos en varias tropas; cada una te atacará por distinta parte. Unos dirán que eres malísimo cristiano en suponer que un moro como Ben-Beley dé tan buenos consejos a su discípulo. Otros gritarán que eres más bárbaro que todos los africanos en decir que nuestro siglo no es tan feliz como decimos nosotros, como si no bastara que nosotros lo dijéramos; y así los otros asuntos de tus *Cartas africanas*, escritas en el centro de Castilla la Vieja, provincia seca y desabrida que no produce sino buen trigo y leales vasallos.»

Esto soñé la otra noche que me decían con ceño adusto, voz áspera, gesto declamatorio y furor exaltado unos amigos,

---

[327] Se da un curioso paralelo entre la crítica que estos lectores ficticios asestan a las intenciones moralizadoras de Cadalso y el análisis que Vicente de los Ríos hace del fastidio de los lectores ante las novelas didácticas: «La mayor parte de los sabios creen que el fin de los autores de estas fábulas no es enseñar a los hombres una verdad sola, sino darles un tratado completo de moral; e igualmente convienen en que el objeto de las mismas fábulas es excitar la admiración de los lectores con la unión de lo maravilloso y heroico. [...] Por otra parte, el corazón humano, naturalmente inclinado a la felicidad, al ocio y a la libertad, oye regularmente con disgusto las represiones generales que le comprenden, escucha con repugnancia el tono magistral de los consejos serios, mira con despego los sucesos trágicos, y ve con indiferencia los ejemplos de la miseria humana en personas de otra esfera y clase distinta» (en *Análisis del Quijote*, ed. cit., pág. 5).

[328] En la nota 325, queda indicado que Cadalso publicó tres obras bajo su segundo apellido, Vázquez; y así es a Cadalso a quien se dirigen en esta forma los lectores. Este vocativo, en las páginas finales de las *Cartas marruecas*, precisamente donde se habla de ellas como obra publicable, parece indicar que si se le hubiera autorizado a Cadalso para darla a luz, habría vuelto a usar el mismo seudónimo.

al ver estas cartas. Soñé también que me volvieron las espaldas con aire majestuoso, y me echaron una mirada capaz de aterrar al mismo Hércules. Cuál quedaría yo en este lance, es materia dignísima de la consideración caritativa de mi piadoso, benévolo y amigo lector, a más de que soy pusilánime, encogido y pobre de espíritu. Despertéme del sueño con aquel susto y sudor que experimenta el que acaba de soñar que ha caído de una torre, o que le ha cogido un toro, o que le llevan al patíbulo. Y medio soñando y medio despierto, extendiendo los brazos por detener a mis furibundos censores y moverles a piedad, hincándome de rodillas y juntando las manos (postura de ablandar deidades, aunque sea Jove con su rayo, Neptuno con su tridente, Marte con su espada, Vulcano con su martillo, Plutón con sus furias, *et sic de caeteris*), les dije, dudando si era sueño o realidad:

—Sombras, visiones, fantasmas, protesto que desde hoy, día de la fecha, no escribiré cosa que valga un alfiler. Así como así, no vale mucho más lo que he escrito hasta hoy; conque sosegaos y sosegadme, que me dejáis, cual dice Ovidio, que quedó en cierta ocasión aun menos tremenda que ésta:

> *Haud aliter stupui, quam qui Jovis ignibus ictus*
> *Vivit et est vitae nescius ipse suae*[329].

«Ya veis cuán pronto es mi enmienda, pues ya empiezo uno de los infinitos rumbos de la ligereza, cual es la pedantería de estas citas, traídas de lejos, arrastradas por los cabellos y afectadas sin oportunidad.

»Rompo los cuadernillos del manuscrito que tanto os enfadan; quemo el original de estas *Cartas,* y prometo, en fin, no dedicarme en adelante sino a cosas más dignas de vuestro concepto»[330].

---

[329] Ovidio, *Tristia*, lib. I, 3, vv. 11-12: «No de otro modo me pasmé que como aquel que herido con los fuegos de Jove, vive y es él mismo inconsciente de su vida.»

[330] En la última hoja del manuscrito O, se halla esta «Nota para el impresor: El índice siguiente ha de colocarse entre la Introducción y la primera carta.» Mas no existe tal índice en el manuscrito, en su actual estado de conservación, como queda indicado antes.

Noches lúgubres

Imitando el estilo de las que escribió en inglés el doctor Young*

Crudelis ubique
Luctus, ubique pavor, et plurima noctis imago.

VIRGILIO, *Aeneidos*, II. vv. 368-369**.

---

* Para el sentido de este apunte cadalsiano, véase la Introducción.

** «Doquier cruel / llanto, doquier terror, y mil imágenes de la noche.» La mayoría de las ediciones de Virgilio tienen *mortis imago*; pero en algunas se anota la variante *noctis imago*, y Cadalso debió de preferir ésta por adaptarse mejor a su tema. En la LXVII de las *Cartas marruecas*, donde se alude a las *Noches lúgubres*, se cita este trozo de Virgilio en la misma forma.

NOCHES LUGUBRES

Por

EL CORONEL D. JOSE CADALSO.

VALENCIA POR MOMPIE.
AÑO 1817.

Portada de las *Noches lúgubres,* edición de Mompié, Valencia, 1817.

NOCHE PRIMERA

Tediato y un sepulturero

DIÁLOGO

TEDIATO.—¡Qué noche! La oscuridad, el silencio pavoroso interrumpido por los lamentos que se oyen en la vecina cárcel, completan la tristeza de mi corazón[1]. El cielo también se conjura contra mi quietud, si alguna me quedara. El nublado crece. La luz de esos relámpagos... ¡qué horrorosa! Ya truena. Cada trueno es mayor que el que le antecede, y parece producir otro más cruel. El sueño, dulce intervalo en las fatigas de los hombres, se turba. El lecho conyugal, teatro de delicias; la cuna en que se cría la esperanza de las casas; la descansada cama de los ancianos venerables; todo se inunda en llanto... todo tiembla. No hay hombre que no se crea mortal en este instante[2]... ¡Ay si fuese el último de mi vida!

---

[1] Espíritu triste del poeta y aspecto pavoroso del mundo natural —uno invisible, otro visible— son acompañantes el uno del otro; se hallan en perpetuo diálogo, y no queda *completo* ninguno de los dos sin el otro. He aquí, en las primeras líneas, la característica postura del poeta romántico ante la naturaleza. Y quien interviene en tan desesperante intercambio se llama apropiadamente Tediato, nombre que deriva de *tedio*, pues el protagonista existe tan sólo en la medida en que es víctima del hastío y la melancolía.

[2] Tan fúnebre ocurrencia puede haberse inspirado en la carta CXVII de *The Citizen of the World*, de Goldsmith: «an hour like this may well display the emptiness of human vanity (una hora como ésta bien puede mostrar la vacuidad de la vanidad humana)» *(The Citizen of the World. The Bee,* Everyman's Library, 902, Londres, J. M. Dent & Sons, Ltd., 1934, pág. 311). En ambas obras, son las dos de la madrugada; en ambas obras, el hablante se ha-

¡Cuán grato sería para mí! ¡Cuán horrible ahora! ¡Cuán horrible! Más lo fue el día, el triste día que fue causa de la escena en que ahora me hallo[3].

Lorenzo no viene. ¿Vendrá acaso? ¡Cobarde! ¡Le espantará este aparato que naturaleza le ofrece! No ve lo interior de mi corazón... ¡cuánto más se horrorizaría![4].¿Si la esperanza del premio le trajera? Sin duda... el dinero... ¡ay, dinero, lo que puedes! Un pecho solo se te ha resistido... ya no existe... ya tu dominio es absoluto... ya no existe el solo pecho que se te ha resistido[5].

Las dos están al caer[6]... ésta es[7] la hora de la cita para Lorenzo... ¡Memoria! ¡Triste memoria! Cruel memoria, más tempestades formas en mi alma que esas nubes en el aire[8]. También ésta es la hora en que yo solía pisar estas mismas calles, en otros tiempos muy diferentes de éstos. ¡Cuán diferen-

---

lla solo y desvalido ante el inmenso universo; y en ambos hablantes, la ocurrencia lleva a meditaciones seudo-ascéticas sobre la impermanencia de la vida humana.

[3] Alusión al motivo de la obra, la muerte de la amante innominada de Tediato, aunque en una fase anterior de su composición Cadalso había pensado dedicarla al óbito de un amigo.

[4] Esta observación rotundamente romántica tiene sus orígenes en la ascética, cuyos practicantes veían en el propio corazón o alma un muladar lleno de los pecados más sucios. En el *Libro de la oración y meditación* (1554), de fray Luis de Granada, el pecador contempla su alma y exclama ante la horrorosa perspectiva: «Lejos sea de mí presumir otra cosa más que de un muladar vilísimo y abominable, cuyo hedor yo mismo no puedo computar! [...] hasta mi misma conciencia ladra contra mí, y todas mis entrañas me acosan y despedazan» (ed. de Barcelona, Imprenta y Litografía de la Viuda e Hijos de D. Antonio Brusi, 1823, págs. 60, 64).

[5] Nueva referencia al fallecimiento de la amante innombrada de Tediato, o bien a la también entonces recién muerta amante de Cadalso, María Ignacia Ibáñez. Ni en esta alusión ni en la anterior se menciona el sexo de la persona lamentada, y no se aclarará esta seña de identidad hasta el final de la noche I. La razón de esto queda explicada en nuestra Introducción.

[6] He aquí otro eco de la ya citada carta CXVII de Goldsmith: «The clock just struck two (El reloj acaba de dar las dos)» *(loc. cit.).*

[7] Falta este verbo en los manuscritos. Sigo a Glendinning, quien suple el verbo basándose en correcciones ya introducidas en ediciones del siglo XIX.

[8] Véase la nota 1, así como la Introducción. El romántico se representa a menudo como eje del universo; y a la vista del paralelo entre meteorología y melancolía, por poco se persuade de que dependen de él los fenómenos de la máquina cósmica.

tes! Desde aquéllos a éstos todo ha mudado en el mundo; todo, menos yo.

¿Si será de Lorenzo aquella luz trémula[9] y triste que descubro? Suya será. ¿Quién sino él, y en este lance, y por tal premio, saldrá de su casa? Él es: el rostro pálido, flaco, sucio, barbado y temeroso; el azadón y pico que trae al hombro; el vestido lúgubre, las piernas desnudas; los pies descalzos, que pisan con turbación; todo me indica ser Lorenzo, el sepulturero del templo[10], aquel bulto cuyo encuentro horrorizaría a quien le viese[11]. Él es, sin duda; se acerca; desembózome, y le enseño mi luz. Ya llega. ¡Lorenzo! ¡Lorenzo!

LORENZO.—Yo soy. Cumplí mi palabra. Cumple ahora tú la tuya. ¿El dinero que me prometiste?

TEDIATO.—Aquí está. ¿Tendrás valor para proseguir la empresa como me lo has ofrecido?

LORENZO.—Sí; porque tú también pagas el trabajo.

TEDIATO.—¡Interés! ¡Único móvil del corazón humano! Aquí tienes el dinero que te prometí. Todo se hace fácil cuando el premio es seguro; pero el premio es justo una vez prometido.

LORENZO.—¡Cuán pobre seré cuando me atreví a prometerte lo que voy a cumplir! ¡Cuánta miseria me oprime! Piénsalo tú; y yo... harto haré en llorarla. Vamos.

TEDIATO.—¿Traes la llave del templo?

LORENZO.—Sí, ésta es.

TEDIATO.—La noche es tan oscura y espantosa.

LORENZO.—Y tanto, que tiemblo y no veo.

TEDIATO.—Pues dame la mano, y sigue; te guiaré y te esforzaré.

---

[9] La luz trémula, más bien que iluminación, es una puntuación de la negrura; recurso indispensable para la ambientación psicológica de la obra que se ha comentado en la Introducción. En otras páginas el lector encontrará momentáneos destellos del relámpago, temblantes llamas de lámparas próximas a apagarse, la última luz de la tarde o la primera de la mañana. Mas son simples variantes de una misma y constante luminotecnia.

[10] Para el sentido de *templo* en esta obra, véase la nota 29.

[11] Todo lo exterior se recrea a la imagen del alma del protagonista; y por tanto, al enfocarse en las notas tétricas de la figura física de Lorenzo, Tediato simplemente encuentra una nueva metáfora para seguir pintando su propio espíritu atormentado.

LORENZO.—En treinta y cinco años que soy sepulturero, sin dejar un solo día de enterrar alguno o algunos cadáveres, nunca he trabajado en mi oficio hasta ahora con horror.

TEDIATO.—Es que en ella[12] me vas a ser útil; por eso, te quita el cielo la fuerza del cuerpo y del ánimo. Ésta es la puerta.

LORENZO.—¡Que tiemblo yo!

TEDIATO.—Anímate... imítame.

LORENZO.—¿Qué interés tan grande te mueve a tanto atrevimiento? Paréceme cosa difícil de entender.

TEDIATO.—Suéltame el brazo... como me le tienes asido con tanta fuerza, no me dejas abrir con esta llave... Ella parece también resistirse a mi deseo... Ya abrí; entremos.

LORENZO.—Sí, entremos. ¿He de cerrar por dentro?

TEDIATO.—No; es tiempo perdido, y nos pudieran oír. Entorna solamente la puerta, porque la luz no se vea desde fuera si acaso pasa alguno... tan infeliz como yo; pues de otro modo no puede ser[13].

LORENZO.—He enterrado por mis manos tiernos niños, delicias de sus madres; mozos robustos, descanso de sus padres ancianos; doncellas hermosas, envidiadas de las que quedaban vivas; hombres en lo fuerte de su edad, y colocados en altos empleos; viejos venerables, apoyos del Estado... nunca temblé. Puse sus cadáveres entre otros muchos ya corruptos; rasgué sus vestiduras en busca de alguna alhaja de valor; apisoné con fuerza, y sin asco, sus fríos miembros; rompíles las cabezas y huesos; cubrílos de polvo, ceniza, gusanos y podre, sin que mi corazón palpitase... y ahora, al pisar estos umbrales, me caigo... al ver el reflejo de esa lámpara, me deslumbro... al tocar esos mármo-

[12] *ella*: Concuerda con *noche*, idea en la que sigue pensando Tediato cuatro parlamentos después de haberla mencionado («La noche es tan oscura y espantosa»).

[13] Tediato continúa elaborándose un mundo a la medida de su propia psique; no quiere que existan seres menos desesperados que él. Visión que se mantendrá a lo largo de la obra; pues hacia el final de la noche II, Tediato le dirá al niño Lorenzo: «tristes como tú busco yo. Sólo me conviene la compañía de los míseros». Todo, todo es espejo de su desencanto interior.

les, me hielo... me avergüenzo de mi flaqueza; no la refieras a mis compañeros. Si lo supieran, harían mofa de mi cobardía.

TEDIATO.—Más harían de mí los míos al ver mi arrojo. ¡Insensatos! ¡Qué poco saben!... ¡Ah, me serían tan odiosos por su dureza, como yo sería necio en su concepto por mi pasión!

LORENZO.—Tu valor me alienta. Mas, ¡ay, nuevo espanto! ¿Qué es aquello?... Presencia humana tiene... Crece conforme nos acercamos... Otro fantasma le sigue... ¿Qué será? Volvámonos mientras podemos; no desperdiciemos las pocas fuerzas que aún nos quedan... Si aún conservamos algún valor, válganos para huir.

TEDIATO.—¡Necio! Lo que te espanta es tu misma sombra con la mía. Nacen de la postura de nuestros cuerpos respecto de aquella lámpara[14]. Si el otro mundo abortase esos prodigiosos entes a quienes nadie ha visto, y de quienes todos hablan, sería el bien o mal que nos traerían siempre inevitable. Nunca los he hallado; los he buscado.

LORENZO.—Si los vieras...

TEDIATO.—Aún no creería a mis ojos. Juzgara tales fantasmas monstruos producidos por una fantasía llena de tristeza. ¡Fantasía humana, fecunda sólo en quimeras, ilusiones y ob-

---

[14] La postura de razonador científico ilustrado que Tediato adopta aquí está modelada sobre la de Feijoo al enfrentarse una noche con un aparente fantasma, pero sin ánimo de ceder a la superstición. «No llegó ese caso por haberme mantenido en el puesto, aunque no sin algún susto, resuelto a examinar en qué consistía la aparición.» Descubrió que era la sombra de su propia persona reflejada en una densísima niebla, cuya profundidad tenía el efecto de alejar esa vaga figura, «y como la sombra crece a proporción de su distancia del cuerpo que la causa —sigue explicando el benedictino—, combinada con la pequeñez y distancia de la luz respecto del cuerpo interpuesto, de aquí venía la estatura gigantea de mi sombra. Para acabar de certificarme hice algunos movimientos con el cuerpo, y observé que los mismos correspondían en la imagen. Pero ¡cuántos, aun cuando tuviesen valor para perseverar en el puesto, por no hacer estas reflexiones, quedarían en la firme persuasión de haber visto una cosa del otro mundo» (adición al discurso «Regla matemática de la fe humana», en *Teatro crítico universal*, nueva impresión, Madrid, Joaquín Ibarra, 1769-1770, t. V, pág. 22).

jetos de terror! La mía me los ofrece tremendos en estas circunstancias[15]... Casi bastan a apartarme de mi empresa.

LORENZO.—Eso dices, porque no los has visto. Si los vieras, temblaras aun más que yo.

TEDIATO.—Tal vez en aquel instante, pero en el de la reflexión me aquietara. Si no tuviese miedo de malgastar estas pocas horas, las más preciosas de mi vida, y tal vez las últimas de ella, te contara con gusto cosas capaces de sosegarte... pero dan las dos... ¡Qué sonido tan triste el de esa campana! El tiempo urge[16]. Vamos, Lorenzo.

LORENZO.—¿Adónde?

TEDIATO.—A aquella sepultura. Sí, a abrirla.

LORENZO.—¿A cuál?

TEDIATO.—A aquélla.

LORENZO.—¿A cuál? ¿A aquella humilde y baja? Pensé que querías abrir aquel monumento alto y ostentoso, donde enterré pocos días ha al duque de Faustotimbrado[17], que había sido muy hombre de palacio y, según sus criados me dijeron, había tenido en vida el manejo de cosas grandes. Figuróseme que la curiosidad u[18] interés te llevaba a ver si encon-

---

[15] Edith Helman observa que este parlamento puede considerarse como una inspiración de tipo general para la temática de los *Caprichos* de Goya («*Caprichos* and *Monstruos* of Cadalso and Goya», *Hispanic Review*, t. XXVI (1958), pág. 214; recogido en el libro de la autora, *Jovellanos y Goya*, Madrid, Taurus, 1970, pág. 140). Pero, según la psicología clásica, no puede dominar la fantasía sin que la razón se duerma, cediéndole el paso; y así, en términos más concretos, las presentes palabras de Tediato vienen a ser un modelo muy sugerente para el *Capricho* número 43: «El sueño de la razón produce monstruos.»

[16] Es triste el sonido de la campana, no solamente por la macabra empresa que trae a Tediato al templo a las dos de la madrugada, sino por la tristeza de las reflexiones que la cercanía de esa hora le estimulaba desde el comienzo de la obra. Tediato tiene conciencia de la realidad objetiva sólo en esos momentos en que un determinado aspecto de ella (la hora) se relaciona con su designio psicótico y obsesionante: «El tiempo urge.»

[17] *duque de Faustotimbrado*: Con este título inventado, Cadalso quiere sugerir un duque con grandeza de España, según se deduce de los elementos del mismo: *fausto*, «ornato y pompa excesiva» + *timbrado* < *timbre*, «insignia que se coloca sobre el escudo de armas, para distinguir los grados de nobleza» (*Autoridades*, artículos *fausto* y *timbre*).

[18] En el *Diccionario de Autoridades*, se explica que u «sirve muchas veces de partícula disyuntiva, especialmente cuando la dicción acaba en o, o la siguiente empieza con ella, para evitar la cacofonía, o cuando la dicción si-

trabas algunos papeles ocultos que tal vez se enterrasen con su cuerpo. He oído no sé dónde que ni aun los muertos están libres de las sospechas y aun envidias de los cortesanos.

TEDIATO.—Tan despreciables son para mí muertos como vivos, en el sepulcro como en el mundo[19], podridos como triunfantes, llenos de gusanos como rodeados de aduladores... No me distraigas... vamos, te digo otra vez, a nuestra empresa.

LORENZO.—No; pues al túmulo inmediato a ése, y donde yace el famoso indiano, tampoco tienes que ir, porque aunque en su muerte no se le halló la menor parte del caudal que se le suponía, me consta que no enterró nada consigo; porque registré su cadáver. No se halló siquiera un doblón en su mortaja.

TEDIATO.—Tampoco vendría yo de mi casa a su tumba por todo el oro que él trajo de la infeliz América a la tirana Europa[20].

---

guiente empieza con *d*, para quitar la malsonancia». En la práctica podía tomarse en cuenta la *d* final precedente, como sucede en el presente caso. Pero a veces se usaba *u* sin intervención de la *o* ni de la *d*.

[19] *mundo*: B tiene *mando*. Es más convincente la lección *mundo* de C y las demás ediciones, pensando en el lugar común ascético de oponer mundo a sepulcro.

[20] En una carta escrita en Salamanca, en febrero de 1774, Cadalso retomará el tema de las injusticias cometidas contra los inocentes americanos: «Desde que tuve uso de razón (digo *rationis ratiocinantis)*, me ha llenado de espanto la posesión de América y destrucción de unos catorce millones de almas por unos cuantos extremeños, que fueron allá a predicar a cañonazos la ley del Cordero» (en *Escritos autobiográficos y Epistolario*, ed. de Nigel Glendinning y Nicole Harrison, Londres, Tamesis Books Limited, 1979, pág. 79). El sustantivo usado por Cadalso, *destrucción*, hace preguntar si habrá leído la *Brevísima relación de la destrucción de las Indias* (1552), del P. Bartolomé de las Casas. En los tiempos de Cadalso, Rousseau —el padre de la Revolución Francesa y el romanticismo— se interesa mucho por el conflicto entre América y Europa. Los sencillos habitantes de América y África eran para éste muestras del hombre primitivo o buen salvaje, que seguía siendo un dechado de las virtudes naturales mientras evitaba todo contacto con la civilización, incluida la siniestra y corrumpente influencia de la jerarquía católica romana, según caracterizaban a ésta los filósofos setecentistas. El conflicto entre la bondad moral de los indios americanos y la torcida moralidad de los europeos será el mismo eje de *Don Álvaro o la fuerza del sino*, del duque de Rivas.

LORENZO.—Sí será; pero no extrañaría yo que vinieses en busca de su dinero. Es tan útil en el mundo...

TEDIATO.—Poca cantidad, sí, es útil; pues nos alimenta, nos viste y nos da las pocas cosas necesarias a la breve y mísera vida del hombre; pero mucha[21] es dañosa.

LORENZO.—¡Hola! ¿Y por qué?

TEDIATO.—Porque fomenta las pasiones, engendra nuevos vicios[22], y a fuerza de multiplicar delitos, invierte todo el orden de la naturaleza[23]; y lo bueno se sustrae de su dominio, sin el fin dichoso... con él no pudieron arrancarme mi dicha. ¡Ay!, vamos.

---

[21] *mucha*: Es decir, mucha cantidad.

[22] He aquí la primera de varias referencias a un grupo de ideas que, aunque comunes a los ilustrados de todos los países, suelen considerarse como elaboradas por Rousseau; pues con su retórica emocional el ginebrino las expresó mejor que nadie. El deseo exagerado de riquezas representa en su forma ya decaída uno de los dos instintos innatos del hombre: el de la propia conservación, que servía bien a nuestros primeros antepasados, amenazados sin tregua por desastres naturales y temibles fieras, y seguía sirviéndoles bien para su común protección al unirse en sencillas sociedades patriarcales. Pero cuando se habían formado sociedades más complejas, por lo mismo que existían en ellas autoridades humanas absolutas, todos querían protegerse contra esta nueva amenaza haciéndose con el nuevo poder, y el instinto de la propia conservación se fue convirtiendo en voluntad agresiva de dominio personal, social y político; y eran ya legión los conflictos que se producían entre los hombres — especialmente los moradores de las ciudades— y entre todas sus instituciones, políticas, sociales, religiosas, educativas, corrompiéndose todas éstas y todos aquéllos a cual más. Al mismo tiempo, bajo el peso de tanto egoísmo, codicia y agresión sofocóse el instinto secundario pasivo del hombre primitivo o buen salvaje, que era el de la compasión hacia los prójimos, o el amor social, según decía Pope. Los intentos de los pensadores ilustrados de resucitar la candorosa compasión de esos bellos tiempos primitivos, como remedio de los males de la ya vieja y enferma sociedad, fueron una inspiración indispensable para el nacimiento del romanticismo. En las *Cartas marruecas* hemos visto alusiones a ese añorado instinto secundario del hombre, y veremos otras más abajo.

[23] El *orden de la naturaleza*, según los filósofos ilustrados, consistía en la armoniosa colaboración del instinto primario activo de la propia conservación y el instinto secundario pasivo de la compasión para perfeccionar la convivencia humana. Una sociedad modélica de esta índole sería la gobernada por esos ilustrados *hombres de bien* que Cadalso caracteriza como «hombres que se miran sin competencia» *(Cartas marruecas,* carta XXXIII). Con la frase *orden de la naturaleza* alterna por lo menos desde Hobbes otra quizá más usada: *estado de la naturaleza,* que es el medio original, casi edénico, en el que moraban los idealizados primeros hombres pintados por los pensadores de la Ilustración.

LORENZO.—Sí; pero antes de llegar allá hemos de tropezar en aquella otra sepultura, y se me eriza el pelo cuando paso junto a ella.

TEDIATO.—¿Por qué te espanta ésa más que cualquiera de las otras?

LORENZO.—Porque murió de repente el sujeto que en ella se enterró. Estas muertes repentinas me asombran.

TEDIATO.—Debiera asombrarte el poco número de ellas. Un cuerpo tan débil como el nuestro; agitado por tantos humores; compuesto de tantas partes invisibles; sujeto a tan frecuentes movimientos; lleno de tantas inmundicias; dañado por nuestros desórdenes y, lo que es más, movido por una alma ambiciosa, envidiosa, vengativa, iracunda, cobarde y esclava de tantos tiranos... ¿qué puede durar? ¿cómo puede durar? No sé cómo vivimos. No suena campana que no me parezca tocar a muerto... A ser yo ciego, creería que el color negro era el único de que se visten... ¡Cuántas veces muere un hombre de un aire que no ha movido la trémula llama de una lámpara! ¡Cuántas de una agua que no ha mojado la superficie de la tierra! ¡Cuántas de un sol que no ha entibiado una fuente! ¡Entre cuántos peligros camina el hombre el corto trecho que hay de la cuna al sepulcro! Cada vez que siento el pie, me parece hundirse el suelo, preparándome una sepultura... Conozco dos o tres hierbas saludables; las venenosas no tienen número. Sí, sí... el perro me acompaña, el caballo me obedece, el jumento lleva la carga... ¿y qué? El león, el tigre, el leopardo, el oso, el lobo e innumerables otras fieras nos prueban nuestra flaqueza deplorable[24].

---

[24] Para este bello y espeluznante pasaje de estilo neo-ascético se han señalado como posibles fuentes interesantes trozos de las obras de fray Luis de Granada y Quevedo, pero no hay ningún modelo más convincente que la página siguiente de las *Meditations Among the Tombs —Meditaciones entre las tumbas—* (1745-1747), de James Hervey, autor inglés a quien había leído Cadalso: «Legiones y legiones de desastres [...] acechan para lograr nuestra perdición. Un caballo espantado puede arrojar a su jinete; puede al mismo tiempo aplastar su cuerpo contra las piedras, y lanzar su alma al mundo invisible. Un cañón de chimenea puede caer a la calle y aplastar bajo sus ruinas al que pasa inadvertido [...] Tan frágil, tan débil es el hilo de la vida, que no sólo se parte ante la tempestad, sino que se rompe incluso con una brisa. Los sucesos más comunes, aquellos de que no sospechamos el menor daño, puede

LORENZO.—Ya estamos donde deseas.

TEDIATO.—Mejor que tu boca, me lo dice mi corazón[25]. Ya piso la losa que he regado tantas veces con mi llanto, y besado tantas veces con mis labios. Ésta es. ¡Ay, Lorenzo! Hasta que me ofreciste lo que ahora me cumples, ¡cuántas tardes he pasado junto a esta piedra, tan inmóvil como si parte de ella fuesen mis entrañas! Más que sujeto sensible, parecía yo estatua, emblema del dolor. Entre otros días, uno se me pasó sobre ese banco. Los que cuidan de este templo, varias veces me habían sacado del letargo, avisándome ser la hora en que se cerraban las puertas. Aquel día olvidaron su obligación y mi delirio; fuéronse y me dejaron. Quedé en aquellas sombras rodeado de sepulcros, tocando imágenes de muerte, envuelto en tinieblas, y sin respirar apenas, sino los cortos ratos que la congoja me permitía, cubierta mi fantasía, cual si fuera con un negro manto de densísima tristeza. En uno de estos amargos intervalos yo vi, no lo dudes, yo vi salir de un hoyo inmediato a ése, un ente que se movía. Resplandecían sus ojos con el reflejo de esa lámpara, que ya iba a extinguirse. Su color era blanco, aunque algo ceniciento. Sus pasos eran pocos, pausados y dirigidos a mí... Dudé... me llamé cobarde... me levanté... y fui a encontrarle... el bulto proseguía... y al ir a tocarle yo, y él a mí... óyeme...

LORENZO.—¿Qué hubo, pues?

TEDIATO.—Óyeme... al ir a tocarle yo, y el horroroso bul-

---

que resulten ser las armas de nuestra destrucción. Una simiente de uva, una despreciable mosca [...] el aire que respiramos es nuestro veneno; y el alimento que comemos, el vehículo de la muerte» (ed. de Nueva York, Robert Carter Brothers, s.a. (hacia 1870), págs. 62-63; para esta cita no he usado la versión española de Hervey consultada abajo, porque en ella está muy mal traducido el presente pasaje). En Hervey y Cadalso está presente el mismo estilo jadeante, iterativo que en los sombríos moralistas ascéticos de la Reforma y la Contrarreforma, el mismo *contemptus mundi*. Pero nuestro romántico descreído ya no aprovecha tal estilo y su devastadora visión del mundo para levantar los ojos del lector del mundo del pecado hacia lo eterno, sino que le sirve para coronar su sombrío desencanto puramente humano, poniendo el más absoluto punto final a la prosa de nuestra existencia en el momento de la muerte.

[25] Acepto la lección más sencilla y natural de C. En B, se lee: «Mejor que tu boca me lo dice, me lo dice mi corazón.»

to a mí, en aquel lance de tanta confusión... apagóse del todo la luz.

LORENZO.—¿Qué dices? ¿Y aún vives?

TEDIATO.—Y viviré, pues no morí entonces. Escucha.

LORENZO.—Sí, y con grande atención. En aquel apuro, ¿qué hiciste? ¿qué pudiste hacer?

TEDIATO.—Me mantuve en pie, sin querer perder el terreno que había ganado a costa de tanto arrojo y valentía. Era invierno. Las dos serían cuando se esparció la oscuridad por el templo. Oí la una... las dos... las tres... las cuatro... siempre en pie; haciendo el oído el oficio de la vista.

LORENZO.—¿Qué oíste? Acaba, que me estremezco.

TEDIATO.—Oí una especie de resuello no muy libre. Procurando tentar, conocí que el cuerpo del bulto huía de mi tacto. Mis dedos parecían mojados en sudor frío y asqueroso; y no hay especie de monstruo, por horrendo, extravagante e inexplicable que sea, que no se me presentase. Pero ¿qué es la razón humana, si no sirve para vencer a todos los objetos, y aun a sus mismas flaquezas? Vencí todos estos espantos[26]; pero la primera impresión que hicieron, el llanto derramado antes de la aparición, la falta de alimento, la frialdad de la noche y el dolor que tantos días antes rasgaba mi corazón, me pusieron en tal estado de debilidad, que caí desmayado en el mismo hoyo de donde había salido el objeto terrible. Allí me hallé por la mañana en brazos de muchos concurrentes piadosos, que habían acudido a dar al Criador[27] las

---

[26] El razonamiento de Tediato contenido en estas líneas es un nuevo ejemplo de la actitud científica feijoniana de Cadalso, comentada arriba en la nota 14.

[27] Cadalso utiliza *Criador*, término característico de los deístas, dos veces en esta primera noche, una vez en la segunda noche, y cero veces en la tercera, como si tuviera la intención de subrayar que Tediato va perdiendo paso a paso lo que reste de su ya limitada fe. No se encuentran en ninguna de las tres noches palabras como *Dios, Redentor, Salvador, divinidad, divino*, etc. Sí, se encuentra en la segunda y la tercera noche ese otro término deísta *Ser Supremo*. Tanto por el léxico como por sus ideas Tediato va revelando esa postura escéptica ante lo religioso que expresaba el personaje Elvira en la versión original de la escena 4 del acto IV de la tragedia cadalsiana *Don Sancho García*: «Dudo si el cielo de los hombres cuida.» Sobre este verso y la censura, véase Nigel Glendinning, *Vida y obra de Cadalso*, Biblioteca Románica Hispánica, Gredos, 1962, pág. 51.

alabanzas y cantar los himnos acostumbrados. Lleváronme a mi casa, de donde volví en breve al mismo puesto. Aquella misma tarde hice conocimiento contigo, y me prometiste lo que ahora vas a finalizar.

LORENZO.—Pues esa misma tarde eché menos[28] en casa (poco te importará lo que voy a decirte, pero para mí es el asunto de más importancia), eché menos un mastín que suele acompañarme, y no pareció hasta el día siguiente. ¡Si vieras qué ley me tiene! Suele entrarse conmigo en el templo, y mientras hago la sepultura, no se aparta de mí un instante. Mil veces, tardando en venir los entierros, le he solido dejar echado sobre mi capa, guardando la pala, el azadón y los demás trastos de mi oficio.

TEDIATO.—No prosigas; me basta lo dicho. Aquella tarde no se hizo el entierro; te fuiste; el perro se durmió dentro del hoyo mismo. Entrada ya la noche despertó. Nos encontramos solos él y yo en la iglesia[29], ¡mira qué causa tan trivial para un miedo tan fundado al parecer! No pudo salir entonces, y lo ejecutaría al abrir las puertas y salir el sol; lo que yo no pude ver por causa de mi desmayo.

LORENZO.—Ya he empezado a alzar la losa de la tumba. Pesa infinito. ¡Si verás en ella a tu padre! Mucho cariño le tienes, cuando por verle pasas una noche tan dura... ¡Pero el amor de hijo! Mucho merece un padre...

TEDIATO.—¡Un padre! ¿Por qué? Nos engendran por su gusto, nos crían por obligación[30], nos educan para que les sir-

---

[28] *echar menos* (ant.): echar de menos. Se registra sólo sin la preposición en el *Diccionario de Autoridades*.

[29] El sustantivo *iglesia* aparece usado una vez en la primera noche y una vez en la segunda, en ambos casos como designación de un edificio físico concreto, no como nombre de una institución que acoja a los fieles y desvalidos. El Tediato deísta prefiere la palabra *templo*, que no tiene referencia directa ni necesaria al cristianismo (en el *DRAE*, 1992, se define como un «lugar destinado pública y exclusivamente a *un* culto» [la cursiva es mía]), y la emplea seis veces en la primera noche, seis veces en la segunda, y dos veces en la tercera: total, catorce casos de *templo*, frente a dos de *iglesia*.

[30] En *El casarse pronto y mal*, donde se trata de padres libertinos y madres de moralidad relajada, Larra se refiere a este parlamento de Tediato al explicar por qué el personaje Augusto no siente ninguna gratitud hacia su proge-

vamos, nos casan para perpetuar sus nombres, nos corrigen por caprichos, nos desheredan por injusticia, nos abandonan por vicios suyos.

LORENZO.—Será tu madre... mucho debemos a una madre.

TEDIATO.—Aún menos que al padre; nos engendran también por su gusto, tal vez por su incontinencia; nos niegan el alimento de la leche que naturaleza les dio para este único y sagrado fin[31], nos vician con su mal ejemplo, nos sacrifican a sus intereses, nos hurtan las caricias que nos deben, y las depositan en un perro o en un pájaro[32].

---

nitor: «en cuanto a haberle criado y educado [su padre], nada le debía, pues lo había hecho por una obligación imprescindible, y a lo del ser que le había dado, menos, pues no se lo había dado por él, sino por las razones que dice nuestro Cadalso, entre otras lindezas sutilísimas de este jaez» (en Mariano José de Larra, *Artículos completos*, ed. de Melchor de Almagro San Martín, Madrid, Aguilar, 1944, pág. 63). En la edición del *Correo de Madrid* se insertó la siguiente nota relativa a estas palabras de Tediato: «Esta moralidad se ha de entender de los malos padres, y del mismo modo las siguientes», pues se temía la intervención de la censura. Y en efecto, he aquí un juicio posterior de la Inquisición (Córdoba, 1819), según lo reproduce Glendinning en su nota correspondiente: «doctrina impía [...] muy consonante y análoga con la de Rousseau y Hobbes, que establecen el origen del estado conyugal en el enlace y unión recíproca *viri et feminæ* del propio modo que las bestias». En realidad, no obstante, coinciden Inquisición, Rousseau y Cadalso en el horror que sienten ante las costumbres inhumanas de ciertos padres en la corrompida sociedad europea. En la óptima sociedad, según Rousseau, en su *Émile*, el mismo padre, guiado por el amor que naturaleza infunde en los procreadores, debe encargarse de modo directo de la crianza y educación del hijo, o cuando menos buscarle a éste un preceptor que sea como un segundo padre. Intelectualmente, Cadalso y Larra estaban de acuerdo con Rousseau, mas veían muy difícil la institución de tan nobles prácticas, y de ahí su tono cínico.

[31] Al decir de Rousseau, si la madre no renunciaba a su vanidad amamantando ella misma a su hijo y compartiendo con el padre la labor de la educación del pequeño, en íntima y tierna relación familiar, no podía estimularse en el niño ni la más leve manifestación de esa capacidad compasiva que para la mayor parte de la humanidad se perdió junto con el estado de la naturaleza.

[32] En la lección sobre filosofía antigua y moderna, en su parodia *Los eruditos a la violeta o curso completo de todas las ciencias*, Cadalso pinta un retrato similar de la mujer frívola de alta sociedad, más interesada en los animalitos que en sus propios hijos: «Si en el concurso viereis algunas damas atentas a lo que decís, lo que no es del todo imposible, como no vaya por allí algún papagayo con quien hablar, algún perrito a quien besar, algún mico con

LORENZO.—¿Algún hermano tuyo te fue tan unido que vienes a visitar los huesos?

TEDIATO.—¿Qué hermano conocerá la fuerza de esta voz? Un año más de edad, algunas letras de diferencia en el nombre, igual esperanza de gozar un bien de dudoso derecho y otras cosas semejantes imprimen tal odio en los hermanos, que parecen fieras de distintas especies, y no frutos de un vientre mismo[33].

LORENZO.—Ya caigo en lo que puede ser: aquí yace, sin duda, algún hijo que se te moriría en lo más tierno de su edad.

TEDIATO.—¡Hijos! ¡Sucesión! Éste, que antes era tesoro con que naturaleza regalaba a sus favorecidos, es hoy un azote con que no debiera castigar sino a los malvados. ¿Qué es un hijo? Sus primeros años... un retrato horrendo de la miseria humana. Enfermedad, flaqueza, estupidez, molestia y asco... Los siguientes años... un dechado de los vicios de los brutos, poseídos en más alto grado... Lujuria, gula, inobediencia... ambición, soberbia, envidia, codicia, venganza, traición y malignidad[34]: pasando de ahí... ya no se mira el

---

quien jugar o algún petimetre con quien charlar, ablandad vuestra erudición, dulcificad vuestro estilo, modulad vuestra voz, componed vuestro semblante y dejaos caer con gracia sobre las filósofas que ha habido en otras edades» (en *Cartas marruecas. Los eruditos a la violeta*, Colección Crisol, 82, Madrid, Aguilar, 1944, págs. 380-381).

[33] Nuevo ejemplo de la degeneración del instinto primario de la propia conservación en impulso adquisitivo y dominador inhumano bajo el influjo de la falsa civilización. Las fieras contra las que ese instinto protegía al buen salvaje, las encuentra el miserable descendiente de éste en sus mismos hermanos.

[34] Es convincente la fuente que Glendinning propone para estas líneas. En el *Libro de la oración*, de fray Luis de Granada, se lee: «¡Cuán llena de ignorancia la niñez, cuán liviana la mocedad, cuán arrebatada la juventud, y cuán pesada la vejez! ¿Qué es el niño, sino un animal bruto en figura de hombre? ¿Qué es el mozo sino un caballo desbocado y sin freno? ¿Qué es el viejo ya pasado, sino un saco de enfermedades y dolores?» (ed. cit., págs. 105-106). Por el contraste entre el tono del modelo y el de la imitación se descubre una vez más el proceso de romantización al que Cadalso somete los materiales ascéticos. Haciendo aun más abarcadoras, aun más absolutas las observaciones negativas generales del buen dominico («retrato horrendo de la miseria humana») y acumulando una serie de sustantivos a cual más repugnante y tre-

hombre como hermano de los otros, sino como a un ente supernumerario en el mundo. Créeme, Lorenzo, créeme. Tú sabrás cómo son los muertos, pues son el objeto de tu trato... yo sé lo que son los vivos... Entre ellos me hallo con demasiada frecuencia... Éstos son... no... no hay otros; todos a cual peor... yo sería peor que todos ellos si me hubiera dejado arrastrar de sus ejemplos.

LORENZO.—¡Qué cuadro el que pintas!

TEDIATO.—La naturaleza es el original[35]. No la adulo; pero tampoco la agravio. No te canses, Lorenzo; nada significan esas voces que oyes de padre y madre, hermano, hijo y otras tales; y si significan el carácter que vemos en los que así se llaman, no quiero ser ni tener hijo, hermano, padre, madre, ni me quiero a mí mismo, pues algo he de ser de todo[36] esto.

LORENZO.—No me queda que preguntarte más que una cosa; y es a saber, si buscas el cadáver de algún amigo.

TEDIATO.—¿Amigo? ¿Eh? ¿Amigo? ¡Qué necio eres!

---

mebundo, el autor de las *Noches* borra esa esperanza de un mañana salvador siempre implícito en el severo pero más esperanzador estilo del *Libro de la oración*. El término pictórico *retrato*, aplicado a las costumbres humanas, habría que relacionarlo a la vez con el tema tratado en la próxima nota.

[35] El parlamento precedente de Lorenzo y el presente de Tediato constituyen juntos un valioso documento para la historia del costumbrismo moderno. Para ésta suelen tomarse en cuenta las *Cartas marruecas*, pero no las *Noches lúgubres*; y sin embargo, en estas páginas de la primera noche se vienen «pintando» las costumbres de diferentes clases sociales, diferentes oficios, diferentes edades y diferentes miembros de la familia, y de repente sale el término que será más característico que ningún otro de Mesonero, Larra y todo el costumbrismo decimonónico: quiero decir, *cuadro*. Es más: aparece unido a un verbo —*pintar*—, que será de uso igualmente frecuente en la obra de los costumbristas. Y no deja de llamar la atención la presencia aquí de otro término pictórico: *original*, en el sentido de «modelo», que reaparecerá en el cuadro de costumbres del ochocientos, en compañía con *modelo, lienzo, pincel, pincelada, perspectiva*, etc. Asoma a la vez, en las palabras de Tediato, el principio realista que será el fundamento del costumbrismo: es fiel el traslado artístico para el que se busca el modelo *(original)* en el mundo real que tenemos en torno nuestro *(la naturaleza)*. Sobre esto véase mi ensayo «El subtexto costumbrista de las *Noches lúgubres*», en *Dieciocho*, t. 21.1 (primavera 1998), páginas 7-20; o aquí, en la Introducción, cap. III.4.

[36] Este adjetivo falta en B. Lo tomo de C por creer que tal lección está más conforme con el carácter global de la cosmovisión romántica de Tediato.

LORENZO.—¿Por qué?

TEDIATO.—Sí, necio eres, y mereces compasión, si crees que esa voz tenga el menor sentido. ¡Amigos! ¡Amistad! Esa virtud sola haría feliz a todo el género humano. Desdichados son los hombres desde el día que la desterraron, o que ella los abandonó. Su falta es el origen de todas las turbulencias de la sociedad[37]. Todos quieren parecer amigos; nadie lo es. En los hombres la apariencia de la amistad es lo que en las mujeres el afeite[38] y compostura. Belleza fingida y engañosa... nieve que cubre un muladar[39]... Darse las manos y rasgarse los corazones, ésta es la amistad que reina. No te canses; no busco el cadáver de persona alguna de los[40] que puedes juzgar. Ya no es cadáver.

LORENZO.—Pues, si no es cadáver, ¿qué buscas? Acaso tu intento sería hurtar las alhajas del templo, que se guardan en algún soterráneo, cuya puerta se te figura ser la losa que empiezo a levantar.

TEDIATO.—Tu inocencia te sirva de excusa. Queden en buen hora esas alhajas establecidas por la piedad, aumentadas por la superstición de los pueblos y atesoradas por la codicia de los ministros del altar.

LORENZO.—No te entiendo.

TEDIATO.—Ni conviene[41]. Trabaja con más brío.

---

[37] Pensadores setecentistas como Pope, Goldsmith y Rousseau ven en la amistad, el amor social, la benevolencia o la compasión natural —pues tiene todos estos nombres en sus escritos— la solución de los más ardorosos problemas sociales. Véase la nota 116 a la carta XXXIII de las *Cartas marruecas*.

[38] B tiene *aceite*; C tiene *composturas*. Pero en una carta Cadalso cita este pasaje, y aparece la lección correcta: «En los hombres la apariencia de la amistad es lo que en las mujeres el afeite y compostura...» *(Epistolario,* ed. cit., pág. 99).

[39] Como fuente de la presente comparación, Glendinning propone el siguiente trozo del *Libro de la oración,* de fray Luis de Granada: «¿Qué es el cuerpo humano sino un muladar cubierto de nieve, que por defuera parece blanco y dentro está lleno de inmundicias?» (ed. cit., pág. 78).

[40] Concuerda con *cadáveres,* plural sobrentendido.

[41] La postura de Tediato, al rehusar explicar a Lorenzo su observación sobre la supersticiosa fe de los humildes y la deshonradez de los sacerdotes, es igual a la de Nuño Núñez, en las *Cartas marruecas,* cuando se trata de la posibilidad de demostrar la falsedad de la fe vulgar en la milagrosa aparición de

LORENZO.—Ayúdame; mete esotro pico por allí, y haz fuerza conmigo.

TEDIATO.—¿Así?

LORENZO.—Sí, de este modo; ya va en buen estado.

TEDIATO.—¿Quién me diría dos meses ha que me había de ver en este oficio? Pasáronse más aprisa que el sueño, dejándome tormento al despertar. Desapareciéronse como humo que deja las llamas abajo y se pierde en el aire[42]. ¿Qué haces, Lorenzo?

LORENZO.—¡Qué olor! ¡Qué peste sale de la tumba! No puedo más.

TEDIATO.—No me dejes, no me dejes, amigo; yo solo no soy capaz de mantener esta piedra.

LORENZO.—La abertura que forma ya da lugar para que salgan esos gusanos que se ven con la luz de mi farol.

TEDIATO.—¡Ay, qué veo! Todo mi pie derecho está cubierto de ellos. ¡Cuánta miseria me anuncian! En éstos, ¡ay!, ¡en éstos se ha convertido tu carne! ¡De tus hermosos ojos se han engendrado estos vivientes asquerosos! ¡Tu pelo, que en lo fuerte de mi pasión llamé mil veces no sólo más rubio, sino

---

Santiago para animar a los ejércitos españoles en la batalla: «los que pretenden disuadir al pueblo de muchas cosas que cree buenamente, y de cuya creencia resultan efectos útiles al estado, no se hacen cargo de lo que sucedería si el vulgo se metiese a filósofo y quisiese indagar la razón de cada establecimiento» (carta LXXXVII). El ilustrado, minoritario por definición, ha de guiar generosa y cordialmente a su prójimo más humilde, poniendo los beneficios de la Ilustración a su alcance, pero siguiendo la práctica protectiva, esencialmente hipocrática, de no compartir con él la receta de tan sana medicina. Ya en las primeras páginas de la noche I, el ilustrado Tediato dirigió al supersticioso Lorenzo unas palabras clave en este sentido: «Pues dame la mano, y sigue; te guiaré y te esforzaré».

[42] Las figuras retóricas usadas por Tediato para ponderar la rapidez con que han pasado dos meses tienen su inspiración en aquellas con que los ascetas representaban la brevedad de la vida humana. En sus *Discursos de la paciencia cristiana* (1592), el agustino fray Hernando de Zárate escribe: «Los santos y la Escritura usan de otras muchas comparaciones para significar esta brevedad, compáranla a ceniza, que con un soplo desparece; [...] humo, que el viento brevemente le deshace; [...] a sueño breve...» (en *Escritores del siglo XVI, I*, Biblioteca de Autores Españoles, t. XXVII, Madrid, Rivadeneyra, 1853, página 518a). En la Introducción, se explica cómo se ha podido fechar la composición de las *Noches lúgubres* por el presente parlamento de Tediato.

más precioso que el oro, ha producido esta podre! ¡Tus blancas manos, tus labios amorosos, se han vuelto materia y corrupción! ¡En qué estado estarán las tristes reliquias de tu cadáver![43]. ¡A qué sentido no ofenderá la misma[44] que fue el hechizo de todos ellos!

LORENZO.—Vuelvo a ayudarte, pero me vuelca ese vapor... Ahora empieza... Más, más... ¿Qué? ¿Lloras?... No pueden ser sino lágrimas tuyas las gotas que me caen en las manos... ¡Sollozas! ¡No hablas! Respóndeme.

TEDIATO.—¡Ay! ¡Ay!

LORENZO.—¿Qué tienes? ¡Te desmayas!

TEDIATO.—No, Lorenzo.

LORENZO.—Pues habla. Ahora caigo en quién es la persona que se enterró aquí... ¿Eras pariente[45] suyo? No dejemos de trabajar por eso. La losa está casi vencida, y por poco que ayudes la volcaremos, según vemos. Ahora, ahora, ¡ay!

TEDIATO.—Las fuerzas me faltan.

LORENZO.—Perdimos lo adelantado.

---

[43] Se han sugerido dos fuentes para este pasaje. Se trata en cada caso de la contemplación del cadáver de una mujer antes hermosa. Hervey, propuesto por Helman y Glendinning: «¿Cómo es posible que este objeto deforme y espantoso sea el mismo que yo adoraba pocas semanas hace? ¡Qué mudanza tan horrible en tan breve tiempo! ¿Qué tiene ahora de aquellos encantos que me habían robado a mí mismo? ¡Insensato! Ya no encuentro aquí sino polvo y ceniza. Reposa, infeliz Florela, reposa en el fondo de esas sombras; cúbrete la noche con sus tinieblas» *(Los sepulcros, escritos en inglés por Hervey, traducidos del francés* [de Le Tourneur] *al castellano por el Dr. Román Leñoguri*, México, Mariano José de Zúñiga y Ontiveros, 1811, págs. 56-57). Fray Luis de Granada, propuesto por Glendinning: «¿Ésta es aquella Jezabel? Ésta es aquella cara que yo conocí tan viva? ¿Éstos aquellos ojos claros? ¿Ésta aquella lengua tan ligera? ¿Éste aquel cuerpo tan pulido? [...] Salgo, después, de aquel lugar atónito, y encontrando con algunos hombres, pongo los ojos en ellos, y miro que éstos también y yo con ellos nos hemos de ver presto de aquella manera y en aquella misma vileza. Pues, ¡oh miserable de mí! ¿Para qué son las riquezas, si aquí me tengo de ver tan desnudo? ¿Para qué las galas y atavíos, pues aquí me tengo de ver tan feo? ¿Para qué los deleites y comidas, pues aquí tengo de ser manjar de gusanos?» (ed. cit., págs. 152-153). (Desde luego, la propia reina Jezabel fue comida, no de gusanos, sino de perros, según se lee en II Reyes, IX, 34-37, y dice fray Luis en su página anterior).

[44] Estas palabras —*la misma*— son la primera de las pocas referencias especificativas al sexo de la persona fallecida.

[45] *pariente*: en su acepción de «marido».

384

TEDIATO.—Ha vuelto a caer.

LORENZO.—Y el sol va saliendo, de modo que estamos en peligro de que vayan viniendo las gentes y nos vean.

TEDIATO.—Ya han saludado al Criador algunas campanas de los vecinos templos con el toque matutino. Sin duda lo habrán ya ejecutado los pájaros en los árboles con música más natural y más inocente y, por tanto, más digna[46]. En fin, ya se habrá desvanecido la noche. Sólo mi corazón aún permanece cubierto de densas y espantosas tinieblas. Para mí nunca sale el sol. Las horas todas se pasan en igual oscuridad para mí. Cuantos objetos veo en lo que llaman día, son a mi vista fantasmas, visiones y sombras, cuando menos... algunos son furias infernales[47].

Razón tienes. Podrán sorprendernos. Esconde ese pico y ese azadón; no me faltes mañana a la misma hora y en el

---

[46] Con las dos primeras frases de este parlamento se confirma clarísimamente la postura deísta de Tediato-Cadalso; pues se proclama la oposición total entre la religión natural (la música natural de las aves) y la religión cristiana oficial (las campanas de la iglesia), o bien entre la inocencia inherente a la naturaleza y la escasez de tal virtud en el seno del catolicismo, insinuado esto último por el grado comparativo de los adjetivos *natural, inocente* y *digna*. El carácter deísta de estas líneas se corrobora a la vez por la nueva presencia aquí de elementos léxicos ya comentados *(Criador* y *templo)*, así como por el sesgo que se da a los referidos adjetivos. Estas líneas reflejan fielmente las ideas de quien escribió: «Dudo si el cielo de los hombres cuida»; y tales ideas, que se encontraban por otra parte en las bocas de todos los europeos ilustrados, están a la base de ideas como la llamada religión natural, la oposición Europa-América y la moralidad del buen salvaje, a las que hemos aludido en notas anteriores.

[47] Este corazón hundido en espantosas y densas tinieblas es de los mejores ejemplos del concepto de paisaje interior explicado en la Introducción. Y semejante realidad interior es la única operante para tan solipsista contemplador del mundo y la vida humana como Tediato. No puede ser otro el sentido de una frase como «Para mí *nunca* sale el sol», y subrayo el adverbio. Con la frase preposicional *para mí,* usada dos veces, y las palabras *lo que llaman día,* se demuestra claramente la completa oposición existente entre la visión tediatesca y la normal. Queda evidente a la vez que para Tediato no existen sino con perfil fantasmal *cuantos objetos* definen los parámetros de la existencia cotidiana para los demás. Al aludir al paisaje interior, pienso en ejemplos como los de Torres, la Avellaneda y Unamuno reproducidos en la Introducción. Esta nueva alusión cadalsiana a los *fantasmas, visiones y sombras* que ve el casi sonámbulo Tediato es a la vez otro posible modelo para el *Capricho* 43 de Goya: «El sueño de la razón produce monstruos.»

mismo puesto. Tendrás menos miedo; menos tiempo se perderá. Vete, te voy siguiendo.

Objeto antiguo de mis delicias... ¡Hoy objeto de horror para cuantos te vean! Montón de huesos asquerosos... ¡En otros tiempos, conjunto de gracias! Oh tú, ahora imagen de lo que yo seré en breve; pronto volveré a tu tumba, te llevaré a mi casa, descansarás en un lecho junto al mío; morirá mi cuerpo junto a ti, cadáver adorado, y expirando incendiaré mi domicilio, y tú y yo nos volveremos ceniza en medio de las de la casa[48].

Fin de la primera noche[49]

---

[48] Cadalso usa el sustantivo *objeto* para referirse a la persona lamentada, en la misma forma en que lo había hecho Hervey (véase la nota 43 arriba), y esta voz contribuye a la falta de especificidad genérica de las referencias a dicha persona. En relación con esto y el posible dedicatorio masculino original de las *Noches lúgubres*, recuérdese el tópico poético dieciochesco de la muerte simultánea de dos amigos o su suicidio doble, seguido de su inhumación en una tumba común como expresión de la perfecta amistad. Véase mi libro sobre Cadalso, págs. 167-170, así como lo dicho en la nota 231 a la LXVII de las *Cartas marruecas*. El estilo a lo *Memento mori* de este párrafo nos recuerda los modelos ascéticos de Cadalso, y a la par se nos brinda en él una muestra iluminadora de cómo tales materiales se adaptan a su nuevo contexto en el marco de la cosmovisión romántica. Al final de las líneas del *Libro de la oración* citadas en la nota 43, fray Luis de Granada aplica la lección moral derivada de los tristes restos de la reina Jezabel a un grupo de sus contemporáneos, incluyéndose a sí mismo en la aplicación; mas Tediato aplica *únicamente* a su yo la melancólica toma de conciencia suscitada por la contemplación de los despojos de la difunta en el templo deísta. Ya se observó en la Introducción que el cadáver de la difunta no es en realidad sino el símbolo —«imagen»— del desencanto de Tediato consigo mismo y con su mundo, que es el objeto principal de su llanto.

[49] En B se marca de este modo el final de la noche II, mas no se hallan semejantes letreros al final de las noches I y III en ese manuscrito. Tomo el presente letrero y el de la noche III de C; porque si Cadalso hubiese vivido para vigilar la edición de la obra, no cabe duda de que habría regularizado estas fórmulas.

386

NOCHE SEGUNDA

Tediato, la Justicia y después un Carcelero

DIÁLOGO

TEDIATO.—¡Qué triste me ha sido este día! Igual a la noche más espantosa me ha llenado de pavor, tedio, aflicción y pesadumbre. ¡Con qué dolor han visto mis ojos la luz del astro a quien llaman benigno los que tienen el pecho menos oprimido que yo! El sol, la criatura que dicen menos imperfecta imagen del Criador, ha sido objeto de mi melancolía[50]. El tiempo que ha tardado en llevar sus luces a otros climas me ha parecido tormento de duración eterna. ¡Triste de mí! ¡Soy el solo viviente a quien sus rayos no consuelen! Aun la noche, cuya tardanza me hacía tan insufrible la presencia del sol, es menos gustosa, porque en algo se parece al día. No está tan oscura como yo quisiera. ¡La luna! ¡Ah luna, escón-

---

[50] El Ser Supremo de los deístas no cuida de los hombres; encarga esto a su sierva, la naturaleza; y en el presente pasaje, por la figura de la sinécdoque, sol, cabeza de la naturaleza, viene a ser otro nombre de ésta. Por tanto, cuando Tediato dice que siente melancolía ante el sol, alude a esa falta de armonía existencial que pone su ser en contradicción con todo lo creado; base de su visión ruptural romántica del mundo. Nótese a la vez que se trata de una nueva reelaboración romántica de materiales religiosos tradicionales. Glendinning señala el siguiente modelo en fray Luis de Granada: «entre las criaturas corporales, la que más representa la hermosura y omnipotencia del Criador en muchas cosas es el sol» (*Introducción del símbolo de la fe*, Colección Austral, 642, 2.ª ed., Buenos Aires, Espada-Calpe, 1947, pág. 53).

dete! ¡No mires en este puesto al más infeliz mortal![51]. ¡Que no se hayan pasado más de diez y seis horas desde que dejé a Lorenzo! ¿Quién lo creería? ¡Tales han sido para mí! Llorar, gemir, delirar[52]... Los ojos fijos en su retrato, las mejillas bañadas en lágrimas, las manos juntas pidiendo mi muerte al cielo, las rodillas flaqueando bajo el peso de mi cuerpo casi desmayado, sólo un corto resuello me distinguía de un cadáver.

¡Qué asustado quedó Virtelio[53], mi amigo, al entrar en mi cuarto y hallarme de esa manera! ¡Pobre Virtelio! ¡Cuánto trabajaste para hacerme tomar algún alimento! Ni fuerza en mis manos para tomar el pan, ni en mis brazos para llevarlo a la boca si alguna vez llegaba. ¡Cuán amargos son bocados

---

[51] En notas anteriores hemos insistido en la ilación simbólica, psicológica, casi ontológica entre las tinieblas y tempestades exteriores del cosmos y las interiores del alma de Tediato. Al contrario de los demás seres, el romántico, el «más infeliz mortal», depende para su misma existencia —que es penar— del ritmo que siente en común con la noche o la tormenta. Al no encontrar ese ritmo, apoyo de su exquisito dolor, se siente tentado a rivalizar con el Ser Supremo, erigiéndose en nueva divinidad con el fin de sujetar los fenómenos naturales a su voluntad y sombrío humor. Tediato volverá a expresar esta idea, a la conclusión de este parlamento, dirigiéndose a la noche en forma imperativa: «Duplica tus horrores», y también lo hará más adelante en esta segunda noche: «Domina, noche, domina más y más...» Medio siglo más tarde, Gertrudis Gómez de Avellaneda proclamará su «omnipotencia terrestre», y llegará a pretender: «¡Con mi solo poder haré, si quiero / mudar de rumbo al céfiro ligero / y arder al mármol frío» (Avellaneda, *Poesías y epistolario de amor y amistad*, ed. de Elena Catena, Biblioteca de Escritoras, 9, Madrid, Castalia, 1989, pág. 271; Avellaneda, *Obras, I*, ed. de José María Castro y Calvo, BAE, t. CCLXXII, Madrid, Atlas, 1974, pág. 268a).

[52] Torcuato, el protagonista de la comedia lacrimosa de Jovellanos, *El delincuente honrado* (1773), resume la nueva tonalidad emocional de la literatura a partir de 1770: «Si las lágrimas son efecto de la sensibilidad del corazón —exclama—, ¡desdichado de aquel que no es capaz de derramarlas!» (en Gaspar Melchor de Jovellanos, *Escritos literarios*, ed. de José Miguel Caso González, Clásicos Castellanos, serie nueva, 7, Madrid, Espasa-Calpe, 1987, página 360).

[53] *Virtelio*: Nombre, por una parte, alegórico, pues sugiere la virtud ilustrada que el falso amigo de Tediato parece por algún tiempo encarnar; y por otra parte, ficticio-poético, que puede encubrir la identidad de Joaquín Oquendo, favorito del conde de Aranda e íntimo amigo de Cadalso, que, en efecto, atendió a éste solícitamente durante una enfermedad y luego le traicionó (*Autobiografía*, ed. de Camarero, pág. 111).

mojados con lágrimas! Instaste[54]; me mantuve inmóvil. Se fue, sin duda, cansado. ¿Quién no se cansa de un amigo como yo, triste, enfermo, apartado del mundo[55], objeto de la lástima de algunos, del menosprecio de otros, de la burla de muchos? ¡Qué mucho me dejase! Lo extraño es que me mirase alguna vez. ¡Ah, Virtelio, Virtelio! Pocos instantes más que hubieses permanecido mío, te hubieran dado fama de amigo verdadero[56]. Pero ¿de qué te serviría? Hiciste bien en dejarme; también te hubiera herido la mofa de los hombres. Dejar a un amigo infeliz, conjurarte con la suerte contra un triste, aplaudir la inconstancia del mundo, imitar lo duro de las entrañas comunes, acompañar con tu risa la risa universal[57], que es eco de los llantos de un mísero... Sigue, sigue...

---

[54] *Instaste*: Para esta lección sigo una sugerencia de Camarero, no incorporada, sin embargo, al texto de su edición. B y todas las ediciones coinciden en lo que parece ser un error de copista que prosperó; pues tienen *Instante*, que casi destruye el sentido del pasaje.

[55] En la primera carta de las *marruecas*, se nos explica que Nuño Núñez «se halla ahora separado del mundo y, según su expresión, encarcelado dentro de sí mismo». También en Tediato el abandono de la compañía de sus prójimos es el correlato de su encarcelamiento en su propio castillo interior.

[56] El tema de la traición por quien es al parecer el mejor amigo de uno aparece también en las *Cartas marruecas*, al preguntar Ben-Beley: «¿Adónde te refugiaste, santa amistad? ¿Dónde te hallaremos? ¡Creíamos que tu asilo era el pecho de cualquiera de estos dos, y ambos te destierran!» (carta XLVI). Mas en el presente soliloquio Tediato también piensa callada y nostálgicamente en el ideal de la «amistad universal» *(Cartas marruecas*, XI), la compasión rousseauniana o el amor social a lo Pope, del que hemos hablado en notas anteriores y que en algún momento le parecía a Cadalso brindar la solución de todos los males humanos. En el amigo traidor, Tediato ve a la par la podre moral de todos los hombres civilizados; y —reacción psicológica natural para el «más infeliz mortal»— en el momento inmediato vira del extremo de la «amistad universal» al otro de la «risa universal».

[57] Con las frases «la mofa de los hombres» y «la risa universal», Cadalso se anticipa a esa dolorida figura que tiembla ante el escarnio universal en *El estudiante de Salamanca*, de Espronceda: «¡Y él mismo, la befa del mundo temblando, / su pena en su pecho profunda escondió, / y dentro en su alma su llanto tragando, / con falsa sonrisa su labio vistió!... *(El estudiante de Salamanca. El diablo mundo*, ed. de Robert Marrast, Clásicos Castalia, 81, Madrid, Castalia, 1978, pág. 128). En ambos casos, el desconsolado personaje se siente rechazado por sus prójimos; vacío absoluto terrestre, que al unirse con el rechazo por el Criador, le llevará al *fastidio universal*.

éste es el camino de la fortuna, adelántate a los otros; admirarán tu talento.

Yo le vi salir. Murmuraba de la flaqueza de mi ánimo. La naturaleza sin duda murmuraba de la dureza del suyo. Éste es el menos pérfido de todos mis amigos; otros ni aun eso hicieron. Tediato se muere, dirían unos. Otros repetirían: Se muere Tediato. De mi vida y de mi muerte hablarían como del tiempo bueno o malo suelen hablar los poderosos, no como los pobres, a quien tanto importa el tiempo. La luz del sol que iba faltando me sacó del letargo cruel. La tiniebla[58] me traía el consuelo que arrebata a todo el mundo. Todo el consuelo que siente toda la naturaleza al parecer el sol, le sentí todo junto al ponerse. Dije mil veces preparándome a salir: ¡Bienvenida seas, noche, madre de delitos, destructora de la hermosura, imagen del caos de que salimos! Duplica tus horrores; mientras más densas, más gratas me serán tus tinieblas. No tomé alimento. No enjugué las lágrimas. Púseme el vestido más lúgubre[59]. Tomé este acero, que será... ¡ay!, sí, será quien consuele de una vez todas mis cuitas[60]. Vine a este puesto; espero a Lorenzo.

Desengañado de las visiones y fantasmas, duendes, espíritus y sombras, me ayudará con firmeza a levantar la losa;

---

[58] Es el primero de dos casos en la noche segunda en que se utiliza *tiniebla* en el singular, aunque ya en el siglo XVIII era usual construirlo en el plural, según advierten *Autoridades* y Terreros. «El singular es *tiniebla* —explica éste—, pero comúnmente se dice en plural.» Cadalso por lo visto se aprovecha de lo extraño del singular para llamar más fuertemente la atención sobre la luminotecnia de la obra y el consuelo que el personaje encuentra en la oscuridad.

[59] He aquí el primer antecedente histórico de la moda bohemia romántica tan universalmente afectada en el siglo XIX, que todavía hoy son legión las bromas sobre románticos que se dejaban crecer las barbas, el cabello y las uñas, no se bañaban y se ponían ropa de color tétrico, corte extraño y tampoco muy limpia, para protestar contra el común sentir de los hombres. En 1837, Mesonero Romanos parodiaría tales costumbres románticas en la descripción de la indumentaria de su sobrino en *El romanticismo y los románticos*. Ya hemos visto que el hastío de Tediato tiene otro espejo en la sombría ropa de Lorenzo. Sobre la figura del bohemio, véase el capítulo III.4 de la Introducción.

[60] Viendo en el acero o espada el solaz de sus cuitas, Tediato alude al acto suicida en el que acostumbraba a meditar para dramatizar su fastidio universal.

haré el robo... ¡El robo! ¡Ay, no!, la[61] agravio, me agravio, éramos uno. Su alma, ¿qué era sino la mía? La mía, ¿qué era sino la suya?

Pero ¿qué voces se oyen? Muere, muere, dice una de ellas. ¡Que me matan, que me matan!, dice otra voz[62]. Hacia mí vienen corriendo varios hombres. ¿Qué haré? ¿Qué veo? El uno cae herido al parecer... Los otros huyen retrocediendo por donde han venido. Hasta mis plantas viene batallando con las ansias de la muerte. ¿Quién eres? ¿Quién eres? ¿Quiénes son los que te siguen? ¿No respondes? El torrente de sangre que arroja por boca y por herida me mancha todo... Es muerto. Ha expirado, asido de mi pierna. Siento pasos a este otro lado. Mucha gente llega. El aparato es de ser comitiva de la justicia.

JUSTICIA.—Pues aquí está el cadáver; y ese hombre está ensangrentado, tiene la espada en la mano, y con la otra procura desasirse del muerto[63], que parece indicar no ser otro el asesino. Prended a ese malvado. Ya sabéis lo importante de este caso. El muerto es un personaje cuyas calidades no permiten el menor descuido de nuestra parte. Sabéis los antecedentes de este asesinato y los fines que se proponían. Atadle. Desde esta noche te puedes contar por muerto e infame. Sí, ese rostro, lo pálido de su semblante, su turbación, todo indica o aumenta los indicios que ya tenemos. En breve tendrás muerte ignominiosa y cruel.

TEDIATO.—Tanto más gustosa. Por extraño camino me concede el cielo lo que le pedí días ha con todas mis veras...

JUSTICIA.—¡Cuál se complace con su delito!

TEDIATO.—¡Delito! Jamás le tuve. Si le hubiera tenido, él mismo hubiera sido mi primer verdugo, lejos de complacer-

---

[61] Este pronombre acusativo, *la*, es el último indicio del sexo de la persona lamentada.

[62] *otra voz*: Corrijo B siguiendo C, porque el manuscrito presenta la equivocada lección de *otra vez*.

[63] *desasirse del muerto*: Prefiero esta lección de C a la evidentemente equivocada de B: *deshacerse del muerto*. Con esta corrección parece restituirse el texto de Cadalso, tanto más cuanto que se apoya en un lexema utilizado en el parlamento anterior de Tediato: «Ha expirado *asido* de mi pierna.»

me en él. Lo que me es gustosa es la muerte[64]. Dádmela cuanto antes, si os merezco alguna misericordia. Si no sois tan benignos, dejadme vivir; ése será mi mayor tormento. No obstante, si alguna caridad merece un hombre que la pide a otro hombre, dejadme un rato llegar más cerca de ese templo, no por valerme de su asilo, sino por ofrecer mi corazón a[65]...

JUSTICIA.—¡Tu corazón en que engendras maldades!

TEDIATO.—No injuries a un infeliz; mátame sin afrentarme. Atormenta mi cuerpo en quien tienes dominio; no insultes una alma que tengo más noble... un corazón más puro... sí, más puro, más digna habitación del Ser Supremo que el mismo templo[66] en que yo quería... Ya nada quiero... Haz lo que quieras... No me preguntes quién soy, cómo vine aquí, qué hacía, qué intentaba hacer, y apuren los verdugos sus crueldades en mí; las verás todas vencidas por mi fineza.

JUSTICIA.—Llevadle aprisa; no salgan al encuentro sus compañeros.

TEDIATO.—Jamás los tuve, ni en la maldad porque jamás fui malo, ni en la bondad porque ¡ninguno me ha igualado en lo bueno! Por eso soy el más infeliz de los hombres[67]. Car-

---

[64] Tediato vuelve a pensar en la muerte voluntaria, según también se decía entonces. El lector encontrará ya por su cuenta otras referencias al suicidio en boca del protagonista.

[65] Nueva alusión a la mujer amada cuya falta aflige a Tediato.

[66] Alma tan noble, corazón tan puro, como si fueran de buen salvaje a lo Rousseau, le han permitido a Tediato comprender el saludo matutino de las aves al Ser Supremo que se oía cuando cedían las sombras de la primera noche a la aurora. En la Introducción se ha comentado el parentesco de este pasaje con el concepto místico del castillo interior del alma donde Dios visita a sus favorecidos. Estas líneas tienen antecedentes asimismo en pensadores católicos liberales de la Ilustración, que veían con horror el culto excesivamente elaborado e idólatra de la Iglesia romana y añoraban esos tiempos de la fe sencilla «cuando los cristianos no tenían otros templos que las cavernas más oscuras ni otras imágenes de Dios y de sus santos que las que traían grabadas en sus corazones» (Feijoo, *Glorias de España, I*, en *Obras escogidas*, ed. de Vicente de la Fuente, BAE, t. LVI, Madrid, Atlas, 1952, pág. 201a). Por cierto que la insinuación de que «el mismo templo» fuese una habitación indigna del Ser Supremo era suficientemente herética para merecer la censura de cualquier inquisidor.

[67] Tediato es «el más infeliz de los hombres» por los funestos avatares de su existencia individual, porque le aísla la arrogancia moral rousseauniana, que ex-

392

gad más prisiones sobre mí, ministros feroces. Ligad más esos cordeles con que me arrastráis cual víctima inocente. Y tú que en este templo quedas, únete a tu espíritu inmortal que exhalaste entre mis brazos[68], si lo permite quien puede, y ven a consolarme en la cárcel, o a desengañar a mis jueces. Salga yo valeroso al suplicio, o inocente al mundo. Pero no; agraviado o vindicado, muera yo, muera yo, y en breve.

JUSTICIA.—Su delito le turba los sentidos; andemos, andemos[69].

TEDIATO.—¿Estamos ya en la cárcel?

JUSTICIA.—Poco falta.

TEDIATO.—Quien encuentre la comitiva de la justicia, llevando a un preso ensangrentado, pálido, mal vestido, cargado de cadenas que le han puesto y de oprobios que le dicen, ¿qué dirá? Allá va un delincuente. Pronto le veremos en el patíbulo. Su muerte será horrorosa, pero saludable espectáculo. ¡Viva la justicia! Castíguense los delitos. Arránquense de la sociedad los que turben su quietud. De la muerte de un malvado se asegura la vida de muchos buenos. Así irán diciendo de mí. Así irán diciendo. En vano les diría mi inocencia. No me creerían[70]. Si la jurara me llamarían perjuro sobre

_____

presa en estas líneas, porque su desacuerdo filosófico con sus prójimos le lleva a ser víctima de «la risa universal», y porque a la vez sufre los males de toda la humanidad como si fuesen los suyos propios, según explicará en la noche III.

[68] Este abrazo final de Tediato a su amada parece reflejar la experiencia de Cadalso a la hora de la muerte de María Ignacia Ibáñez. La presencia de Cadalso a la cabecera de la actriz al expirar ésta se deduce de ciertos versos de una letrilla dedicada a la muerte de Filis, o sea María Ignacia: «Lo que no pudieron / sus labios decir, / quisieron sus ojos, / volviéndose a mí; / pero en aquel punto / cerrarse los vi / ... /De su fino pecho / el blanco marfil / en pálida cera / convertirse vi» (BAE, t. LXI, pág. 275b). Como confirmación de que Cadalso le hacía compañía a su amada en tan sublime momento, Glendinning se refiere a la declaración de pobre que otorgó María Ignacia el 21 de abril, un día antes de su muerte, y de la que Cadalso fue uno de los testigos (véase Emilio Cotarelo y Mori, *Iriarte y su época*, Madrid, Rivadeneyra, 1897, pág. 99, nota).

[69] *andemos, andemos*: Este verbo doble representa un anticipo de las últimas palabras que Tediato dirigirá a Lorenzo al final de la obra: «Andemos, amigo, andemos»; y es importante porque el tema de la obra es el proceso del suicidio, el acercamiento a él, no el suicidio en sí.

[70] *creerían*: B tiene *creerán*. Sigo la lección de C, pues se armoniza mejor con la sintaxis temporal de los demás verbos del pasaje, y representa más fielmente el estado de ánimo de Tediato.

malvado. Tomaría por testigos de mi virtud a esos astros. Los astros darían su giro sin cuidarse del virtuoso que padece ni del inicuo que triunfa[71].

JUSTICIA.—Ya estamos en la cárcel.

TEDIATO.—Sepulcro de vivos, morada de horror, triste descanso en el camino del suplicio, depósito de malhechores, abre tus puertas; recibe a este infeliz.

JUSTICIA.—Ese hombre quede asegurado; nadie le hable. Ponedle en el calabozo más apartado y seguro; doblad el número y peso de los grillos acostumbrados. Los indicios que hay contra él son casi evidencias. Mañana se le examinará. Prepárese el tormento, por si es tan obstinado como inicuo. Eres responsable de este preso, tú, carcelero. Te aconsejo que no le pierdas de vista. Mira que la menor compasión para él puede ser tu perdición.

CARCELERO.—¿Compasión, yo?[72]. ¿De quién? ¿De un preso que se me encarga? No me conocéis. Años ha que soy carcelero, y en el discurso de este tiempo he guardado los presos que he tenido, como si guardara fieras en las jaulas. Pocas palabras, menos alimento, ninguna lástima, mucha dureza, mayor castigo y mucha amenaza. Así me temen. Mi voz, entre las paredes de esta cárcel, es como el trueno entre

---

[71] Antes Tediato se creía abandonado por la masa de sus prójimos («la mofa de los hombres»), lo mismo que por «el menos pérfido» de sus amigos. Con las palabras que comentamos ahora, se completa el doble abandono humano y divino que hacen al romántico víctima del *fastidio universal*. En la misma situación, Espronceda casi coincide con los términos de Tediato: «Los ojos vuelvo en incesante anhelo, / y gira en torno indiferente el mundo, / en torno gira indiferente el cielo» (Espronceda, *Poesías líricas y fragmentos épicos*, ed. de Robert Marrast, Clásicos Castalia, 20, Madrid, Castalia, 1970, página 265).

[72] Sobre la compasión, véanse la Introducción y las notas 22 y 37 a la noche I. La lenta agonía de la compasión humana a lo largo de las centurias, en el sentir de los filósofos, dio origen a la crueldad sin límite de las prácticas penales representadas aquí y que intentaron reformar Rousseau, en *Du contrat social* (1762), Cesare Bonesana, marqués de Beccaria, en *Dei delitti e delle pene* (1764), y Jovellanos, en *El delincuente honrado* (1773). La crítica humanitaria implícita en las líneas que miramos ahora se acerca mucho, en efecto, a la postura reformista de *El delincuente honrado*. En *El verdugo*, poema social de Espronceda, se oyen todavía notables ecos de esta profunda preocupación por la severidad de la tortura.

montes; asombra a cuantos la oyen. He visto llegar facinerosos de todas las provincias... hombres a quienes los dientes y las canas habían salido entre muertes y robos... El camino por donde habían venido había quedado horrorizado... Los soldados al entregármelos se aplaudían más que de una batalla que hubiesen ganado. Se alegraban de dejarlos en mis manos, más que si de ellas sacaran el más precioso saqueo[73] de una plaza sitiada muchos meses; y todo esto no obstante... a pocas horas de estar bajo mi dominio han temblado los hombres más atroces.

JUSTICIA.—Pues ya queda asegurado; adiós.

CARCELERO.—Sí, sí; grillos, cadenas, esposas, cepo, argolla, todo le sujetará.

TEDIATO.—Y más que todo mi inocencia.

CARCELERO.—Delante de mí no se habla; y si el castigo no basta a cerrarte[74] la boca, mordazas hay.

TEDIATO.—Haz lo que quieras; no abriré mis labios. Pero la voz de mi corazón... aquella voz que penetra el firmamento[75], ¿cómo me privarás de ella?

CARCELERO.—Éste es el calabozo destinado para ti. En breve volveré.

TEDIATO.—No me espanta su tiniebla[76], su frío, su humedad, su hediondez; no el ruido que han hecho los cerrojos de esa puerta; no el peso de mis cadenas. Peor habitación ocupa[77]

---

[73] *saqueo*: por *botín* o *despojo*.

[74] *cerrarte*: Ésta es la lección de C. El copista de B se equivocó escribiendo *cerrarle*.

[75] Lo mismo que el místico, el romántico busca un diálogo suprahumano; pero el romántico es al mismo tiempo heredero de los filósofos deístas y el buen salvaje o hijo de la naturaleza concebido por éstos, y así no entabla ya su diálogo directamente con Dios, sino con la naturaleza, que es la sierva del Criador, según la religión natural dieciochesca. Por otro lado, tener voz que penetra el firmamento es lógico en quien no ha conocido a ninguno que le igualara en lo bueno y se mira como el más digno receptáculo de lo divino en la tierra. Tales actitudes no dejan de ser similares a las del engreído y por fin loco filósofo ginebrino que consideraba a Jesucristo como un Jean-Jacques Rousseau *avant la lettre*.

[76] Véase la nota 58.

[77] El asunto gramatical no expresado de este verbo es la amada muerta, que está en su sepulcro.

ahora... ¡Ay, Lorenzo! Habrás ido al señalado puesto; no me habrás hallado... ¿Qué habrás juzgado de mí? Acaso creerás que miedo, inconstancia... ¡Ay! No, no, Lorenzo; nada de este mundo ni del otro me parece espantoso; constancia no me puede faltar, cuando no me ha faltado ya. Sobre la muerte de quien vimos ayer cadáver medio corrompido me acometieron mil desdichas: ingratitud de mis amigos, enfermedad, pobreza, odio de poderosos, envidia[78] de iguales, mofa de parte de mis inferiores... La primera vez que dormí, figuróseme que veía el fantasma que llaman Fortuna[79]. Cual suele pintarse la muerte con una guadaña que despuebla el universo, tenía la Fortuna una vara con que volvía a todo el globo. Tenía levantado el brazo contra mí. Alcé la frente; la miré[80]. Ella se irritó; yo me sonreí, y me dormí. Segunda vez se venga de mi desprecio. Me pone, siendo yo justo y bueno, entre facinerosos hoy; mañana, tal vez entre las manos del verdugo. Éste me dejará entre los brazos de la muerte. ¡Oh muerte! ¿por qué dejas que te llamen daño, el mayor de ellos, el último de todos? ¡Tú, daño! Quien así lo diga no ha pasado lo que yo.

¡Qué voces oigo, ay, en el calabozo inmediato! Sin duda hablan de morir. ¡Lloran! ¡Van a morir y lloran![81]. ¡Qué delirio! Oigamos lo que dice el mísero insensato que teme burlar de una vez todas sus miserias. No, no escuchemos. Indignas voces de oírse son las que articula el miedo al aparato de la muerte.

---

[78] *envidia*: B y C tienen *envidiado*. Acojo la corrección de Glendinning, tomada de las ediciones posteriores.

[79] Fortuna es hija de Júpiter y hermana del Hado, o bien hija del Océano y hermana de las Parcas. Distribuye los bienes y los males siguiendo su capricho, y así se la suele describir de pie sobre una rueda y con los ojos vendados. Lleva como atributos del globo terrestre y el cuerno de la abundancia. Quevedo la imagina así: «... la Fortuna [...] con un bordón en la una mano venía tentando y de la otra tiraba de la cuerda que servía de freno a un perrillo. Traía por chapines una bola, sobre que venía de puntillas, y hecha pepita de una rueda, que la cercaba como a centro, encordelada de hilos y trenzas, y cintas, y cordeles y sogas, que con sus vueltas se tejían y destejían» *(La Fortuna con seso y la hora de todos*, en *Obras completas*, ed. de Felicidad Buendía, Madrid, Aguilar, 1969, t. I, pág. 229ab). Cadalso dedicó dos poemas a la Fortuna (BAE, t. LXI, págs. 250-251, 255-256); y al principio de la tercera noche Tediato la apostrofará.

[80] Por error del copista, B tiene *miró*. Es preferible la lección lógica de C.

[81] En el uso de las lágrimas para caracterizar la inhumanidad de las prácticas penales, se da un nuevo paralelo con la comedia lacrimosa de Jovellanos.

Éste es el calabozo destinado para ti
En breve volveré. Pag. 74.

Tediato en la cárcel, en la edición de las *Noches lúgubres*,
de Mompié, Valencia, 1817.

¡Ánimo, compañero! Si mueres dentro del breve plazo que te señalan, poco tiempo estarás expuesto a la tiranía, envidia, orgullo, venganza, desprecio, traición, ingratitud... Esto es lo que dejas en el mundo. Envidiables delicias dejas por cierto a los que se queden en él[82]. Te envidio el tiempo que me ganas, el tiempo que tardaré en seguirte.

Ha callado el que sollozaba, y también dos voces que le acompañaban, una hablándole de... Sin duda fue ejecución secreta. ¿Si se llegarán ahora los ejecutores a mí? ¡Qué gozo! Ya se disipan todas las tinieblas de mi alma[83]. Ven, muerte, con todo tu séquito. Sí; ábrase esa puerta; entren los verdugos feroces manchados aún con la sangre que acaban de derramar a una vara de mí. Si el ser infeliz es culpa, ninguno más reo que yo[84]. ¡Qué silencio tan espantoso ha sucedido a los suspiros del moribundo! Las pisadas de los que salen de su calabozo, las voces bajas con que se hablan, el ruido de las cadenas que sin duda han quitado del cadáver, el ruido de la puerta, estremecen lo sensible de mi corazón, no obstante lo fuerte de mi espíritu. Frágil habitación de una alma superior a todo lo que naturaleza puede ofrecer[85], ¿por qué tiemblas? ¿Ha de horrorizarme lo que desprecio? ¿Si será sueño esta

---

[82] En estas líneas se recuerda el tema del «cuadro» social que «pintó» Tediato en la noche I y que queda comentado en la nota 35.

[83] En la Introducción, se ha comentado el elemento de las tinieblas en conexión con el concepto místico del alma como lugar, escenario de pasiones o acciones espirituales.

[84] Para sostener su privilegio moral de buen salvaje, hijo o vicario de la naturaleza entre los hombres, el romántico se vale de una lógica especial que a un mismo tiempo le permite reconocer sus transgresiones y declararse inocente de ellas. Compárense los siguientes razonamientos del trovador Macías mientras departe con la dama casada, doña Elvira, con quien tiene amores adulterinos, en *El doncel de don Enrique el Doliente*, de Larra: «Si es virtud el amar, ¿quién como yo virtuoso? Si es crimen, soy un monstruo»; «Si fui imprudente, lo confieso, tú tuviste la culpa» (ed. de José Luis Varela, Letras Hispánicas, 76, Madrid, Cátedra, 1978, págs. 293, 295).

[85] Se ha comentado este pasaje en la Introducción, en lo relativo al corazón sensible de Tediato, la superioridad de su alma natural y la visión figurativa mística del corazón o alma como lugar interior, en este caso habitación, con lo que se recuerda el alma o el castillo interior de Santa Teresa, que estaba dividido en diferentes moradas o habitaciones *(Las moradas)*. Véase la nota 66, donde se comentan temas y figuras semejantes.

debilidad que siento? Los ojos se me cierran por sí mismos, no obstante la debilidad que en ellos ha dejado el llanto. Sí; reclínome. Agradable concurso, música deliciosa, espléndida mesa, delicado lecho, gustoso sueño, encantarán a estas horas a alguno en el tropel del mundo. No se envanezca; lo mismo tuve yo; y ahora... una piedra es mi cabecera, una tabla mi cama, insectos mi compañía[86]. Durmamos. Quizá me despertará una voz que me diga: Ven al tormento; u otra que me diga: Ven al suplicio. Durmamos. ¡Cielos! Si el sueño es imagen de la muerte[87]... ¡Ay! Durmamos.

¡Qué pasos siento! Una corta luz parece que entra por los resquicios de la puerta. La abren; es el carcelero, y le siguen dos hombres. ¿Qué queréis? ¿Llegó por fin la hora inmediata a la hora de mi muerte? ¿Me la vais a anunciar con semblante de debilidad y compasión, o con rostro de entereza y dominio?

CARCELERO.—Muy diferente es el objeto de nuestra venida. Cuando me aparté de ti, juzgué que a mi vuelta te llevarían al tormento, para que en él declarases los cómplices del asesinato que se te atribuía. Pero se han descubierto los autores y ejecutores de aquel delito. Vengo con orden de soltarte. ¡Ea! Quítenle las cadenas y grillos. Libre estás.

TEDIATO.—Ni aun en la cárcel puedo gozar del reposo que ella me ofrece en medio de sus horrores. Ya iba yo acomodando los cansados miembros de mi cuerpo sobre esa tarima; ya iba tolerando mi cabeza lo duro de esa piedra, y me vienes a despertar, ¿y para qué? Para decirme que no he de morir. Ahora sí que me turbas mi reposo... Me vuelves a arro-

---

[86] Las líneas precedentes son una nueva muestra de la condena seudo-ascética de las vanidades del mundo y la fugacidad de los placeres humanos. Nótese el verbo *despreciar*, característico de los practicantes del *contemptus mundi* ascético. Véase la nota 24. Es preciso insistir en que la modalidad ascética está presente en las *Noches*, no como sostén de ninguna moralización, sino por su utilidad como instrumento para pintar el horror material de la situación puramente humana de Tediato.

[87] La idea del sueño como prefiguración de la muerte tan frecuente en la literatura universal, al unirse aquí al repetido imperativo *Durmamos, Durmamos*, se convierte en una nueva expresión de la voluntad de Tediato de lograr la inconsciencia permanente.

jar otra vez al mundo; al mundo, de donde se ausentó lo poco bueno que había en él[88]. ¡Ay! Decidme, ¿es de día?

CARCELERO.—Aún faltará una hora de noche.

TEDIATO.—Pues voyme. Con tantas contingencias como ofrece la suerte, ¿qué sé yo si mañana nos volveremos a ver?

CARCELERO.—Adiós.

TEDIATO.—Adiós. Una hora de noche aún falta. ¡Ay! Si Lorenzo estuviese en el paraje de la cita, tendríamos tiempo para concluir nuestra empresa. Se habrá cansado de esperarme. Mañana, ¿dónde le hallaré? No sé su casa. Acudir al templo parece más seguro. Pasaréme ahora por el atrio. ¡Noche!, dilata tu duración. Importa poco que te esperen con impaciencia el caminante para continuar su viaje y el labrador para seguir su tarea. Domina, noche, domina más y más sobre un mundo que por sus delitos se ha hecho indigno del sol. Quede este astro alumbrando a hombres mejores que los de estos climas[89]. Mientras más dura tu oscuridad, más tiempo tendré de cumplir la promesa que hice al cadáver encima de su tumba, en medio de otros sepulcros, al pie de los altares y bajo la bóveda sagrada del templo. Si hay alguna cosa más santa en la tierra, por ella juro no apartarme de mi

---

[88] He aquí una nueva alusión a la muerte de la amada de Tediato.

[89] En la nota 51 se ha comentado ya la tendencia del romántico a controlar los fenómenos naturales de su mundo. En el presente pasaje Tediato quiere decir que el viajero y el agricultor esperan la luz del día para renovar sus actividades, pero por un curioso lapsus dice que esperan la noche, porque se anticipa mentalmente a la idea del sol al que aludirá un momento más tarde. También en los poemas románticos en verso de estos años se acostumbra distinguir entre el feliz y virtuoso labrador, cuyas benditas labores se asocian con el sol, y el melancólico poeta de destino adverso que se acoge a las sombras de la noche, horrorizándose con el acercamiento del día. Ejemplos son la canción *A la mañana, en mi desamparo y orfandad* (1777) y la elegía II, *El melancólico: a Jovino* (1794), de Meléndez Valdés. A continuación, Tediato parece distinguir durante un momento entre el mundo objetivo y el mundo que él se ha creado a su imagen como refugio; pues, medio directa, medio indirectamente, alude a climas de hombres dichosos y climas de hombres desdichados. Viene a la memoria el castigo que Torcuato se imagina para sí en *El delincuente honrado*. «Voy a huir de ti —le dice desesperado a su amada esposa Laura—, y a esconder mi vida detestable en los horribles climas donde no llega la luz del sol y donde reinan siempre el horror y la oscuridad» (ed. cit., págs. 387-388).

intento. Si a ello faltase, yo si a ello faltase... ¿cómo había de faltar?

Aquella luz que descubro será... ¿Qué? Será acaso la que arde alumbrando a una imagen que está fija en la pared exterior del templo. Adelantemos el paso. Corazón, esfuérzate; o saldrás en breve victorioso de tanto susto, cansancio, terror, espanto y dolor, o en breve dejarás de palpitar en ese miserable pecho. Sí, aquélla es la luz. El aire la hace temblar de modo que tal vez se apagará antes que yo llegue a ella. Pero, ¿por qué he de temer la oscuridad? Antes debe serme más gustosa. Las tinieblas son mi alimento[90]. El pie siente algún obstáculo... ¿Qué será? Tentemos. Un bulto, y bulto de hombre. ¿Quién es? Parece como que sale de un sueño. ¡Amigo! ¿Quién es? Si eres algún mendigo necesitado, que de flaqueza has caído, y duermes en la calle por faltarte casa en que recogerte y fuerzas para llegarte a un hospital, sígueme. Mi casa será tuya. No te espanten tus desdichas; muchas y grandes serán, pero te habla quien las pasa mayores[91]. Respóndeme, amigo. Desahóguese en mi pecho el tuyo; tristes como tú busco yo. Sólo me conviene la compañía de los míseros[92];

---

[90] Se unen la habitual luminotecnia de las *Noches* y una nueva afirmación de la relación psíquica entre la naturaleza y el alma del protagonista: «Las tinieblas son mi alimento», palabras que recuerdan la observación inicial de Tediato de que «la oscuridad, el silencio pavoroso [...] completan la tristeza de mi corazón». Pues tanto en las voces *completan la tristeza de «mi» corazón* como en *son «mi» alimento* se refleja, a la vez que el enlace espiritual con la naturaleza, la voluntad creadora de quien elabora un mundo cortado a la medida de su estado de ánimo.

[91] No hay mayor arrogancia que afirmar ser más profunda la pena de uno mismo que la de un semejante. *Fastidio universal* quiere decir, ya preocupación por todos los males de la humanidad, ya preocupación por una aflicción personal con referencia a todos los elementos del universo que la condicionan. Mas con el presente pasaje y otro parecido de la noche III, que ya comentaremos, se aclara que la conmiseración del romántico con sus prójimos es en gran parte de puro aparato literario. El altruismo, el amor social, el abrazo a la humanidad se convierten en una metáfora con la que el romántico quiere encarecer lo que él ve como la inmensidad, el alcance, la trascendencia de su propia pena. En el romántico sufrir por los prójimos es a la larga aspirar a que todos ellos sufran por él.

[92] En la nota 13 a la noche I, se comenta otra observación parecida de Tediato, quien no deja de imaginarse un mundo aparte, poblado de semejantes suyos más bien que nuestros.

harto tiempo viví con los felices. Tratar con el hombre en la prosperidad, es tratarle fuera de él mismo[93]. Cuando está cargado de penas, entonces está cual es, cual naturaleza lo entrega a la vida y cual la vida le entregará a la muerte, cuales[94] fueron sus padres y cuales serán sus hijos. Amigo, ¿no respondes? Parece joven de muy corta edad. Niño, ¿quién eres? ¿Cómo has venido aquí?

NIÑO.—¡Ay!, ¡ay!, ¡ay!

TEDIATO.—No llores; no quiero hacerte mal. Dime, ¿quién eres? ¿Dónde viven tus padres? ¿Sabes tu nombre, y el de la calle en que vives?

NIÑO.—Yo soy... mire usted... vivo... Venga usted conmigo para que mi padre no me castigue. Me mandó quedar aquí hasta las dos, y ver si pasaba alguno por aquí muchas veces, y que fuera a llamarle. Me he quedado dormido.

TEDIATO.—Pues no temas, dame la manita. Toma este pedazo de pan que me he hallado no sé cómo en el bolsillo, y llévame a casa de tu padre.

NIÑO.—No está lejos.

TEDIATO.—¿Cómo se llama tu padre? ¿Qué oficio tiene? ¿Tienes madre y hermanos? ¿Cuántos años tienes tú, y cómo te llamas?

NIÑO.—Me llamo Lorenzo como mi padre. Mi abuelo murió esta mañana. Tengo ocho años y seis hermanos más chicos que yo. Mi madre acaba de morir de sobreparto. Dos hermanos tengo muy malos con viruelas; otro está en el hospital; mi hermana se desapareció desde ayer de casa. Mi padre no ha comido en todo hoy un bocado de la pesadumbre.

TEDIATO.—¿Lorenzo dices que se llama tu padre?

---

[93] *fuera de él mismo*: Tal es la lección de B. C tiene *fuera del mismo*, versión acatada por Helman y Arce. Glendinning y Camarero, que han basado sus ediciones en B, también dan su preferencia a *fuera del mismo*. Pero la construcción de B, que conservamos, dota a la afirmación general: «Tratar con el hombre en la prosperidad...», de un tono más personal, más dramático, más a tono con la retórica de Tediato.

[94] *cuales fueron sus padres*: B, C y ME tienen *cual fueron sus padres*. Ya Helman corrigió esta falta acogiendo la lección de las ediciones posteriores *(cuales)*, y Glendinning hace lo mismo. Solamente Arce, por razones no muy claras, insiste en la lección *cual*.

NIÑO.—Sí, señor.

TEDIATO.—¿Y qué oficio tiene?

NIÑO.—No sé cómo se llama.

TEDIATO.—Explícame lo que es.

NIÑO.—Cuando uno se muere y le llevan a la iglesia, mi padre es quien...

TEDIATO.—Ya te entiendo. Es sepulturero, ¿no es verdad?

NIÑO.—Creo que sí, pero aquí estamos ya en casa.

TEDIATO.—Pues llama, y recio.

LORENZO[95].—¿Quién es?

NIÑO.—Abra usted, padre; soy yo, y un señor.

LORENZO.—¿Quién viene contigo?

TEDIATO.—Abre, que soy yo.

LORENZO.—Ya conozco la voz. Ahora bajaré a abrir.

TEDIATO.—¡Qué poco me esperabas aquí! Tu hijo te dirá dónde le he hallado. Me ha contado el estado de tu familia. Mañana nos veremos en el mismo puesto para proseguir nuestro intento; y te diré por qué no nos hemos visto esta noche hasta ahora. Te compadezco tanto como a mí mismo, Lorenzo; pues la suerte te ha dado tanta miseria, y te la multiplica en tus deplorables hijos... Eres sepulturero... Haz un hoyo muy grande... Entiérralos a todos ellos vivos[96], y

---

[95] En este caso, así como en los dos siguientes, B, C y ME tienen *SEPUL-TURERO*, en lugar de *LORENZO*; lección que Helman, Glendinning, Arce y Camarero respetan. No obstante, ninguna de las versiones antiguas representa la última voluntad del propio Cadalso, quien no sabemos si en algún momento repasó su desaparecido original con la esperanza de darlo a la imprenta, o no. Pero lo más probable es que si lo hubiera hecho así, o si hubiera vivido para ver las pruebas de su obra, hubiera uniformado la presente designación del hablante con el uso establecido ya en la primera noche. Si la lección *SEPULTURERO* se originó como lapsus, ni aun podemos estar seguros de que fuera del autor tal lapsus. Por otra parte, la corrección que hacemos aquí ya la hicieron varios editores del siglo XIX.

[96] En todas las ediciones falta la preposición *a* antes de *todos*, aunque en los clásicos, lo mismo que en los modernos, es indispensable esta partícula para la construcción acusativa correcta cuando *todos* significa personas. Parece probable que la preposición estuviera en el perdido autógrafo, y así yo la he suplido. Véanse: Real Academia Española, *Gramática de la lengua española*, Madrid, Espasa Calpe, 1959, §241, pág. 192; Samuel Gili Gaya, *Curso superior de sintaxis española*, Barcelona, Bibliograf, 1964, §51, pág. 69; Emilio M. Martínez Amador, *Diccionario gramatical y de dudas del idioma*, Barcelona, Editorial

sepúltate también con ellos. Sobre tu losa me mataré, y moriré diciendo: Aquí yacen unos niños tan felices ahora como eran infelices poco ha, y dos hombres los más míseros[97] del mundo[98].

Fin de la segunda noche[99]

Ramón Sopena, 1985, pág. 10b. Considérese el siguiente ejemplo clásico: «Según vuelan por el agua / tres galeotas de Argel, / un Aquilón africano / las engendró *a todas tres*» (Luis de Góngora y Argote, romance 49 [1602], en *Obras completas*, ed. de Juan e Isabel Millé y Giménez, Madrid, Aguilar, 5.ª ed., 1961, pág. 145; la cursiva es mía).

[97] Véase la nota 166 a las *Cartas marruecas*, sobre la misma construcción superlativa clásica que Cadalso vuelve a usar aquí.

[98] La numerosa familia de Lorenzo y los variados males de sus miembros, a cual peor, forman un microcosmo de nuestro mundo y así son un objeto idóneo para el altruismo retórico romántico de Tediato. La compasión expresada en este parlamento significa el uso del concepto rousseauniano para fines estéticos puramente personales, porque nótese que Tediato es incapaz de compadecerse de los infelices sin meterse a sí mismo en ello. Sin embargo, lo más interesante es que en el entierro, vivos, de Lorenzo y todos sus hijos, Tediato se busca algo así como un suicidio en masa que como símbolo dote a un sentido seudo-universal a la pena personal que puede llevar a su propia sonada muerte voluntaria. En el epitafio que inventa para la mortífera acción que imagina —«Aquí yacen unos niños tan felices ahora como eran infelices poco ha, y dos hombres los más míseros del mundo»— Tediato finge ver en Lorenzo tanta miseria como en sí mismo, pero tomemos nota de que al idear esta variante de la escena final del drama de su vida él se sitúa como pináculo encima de esta pirámide de muertos y se mata a sí mismo al final como el artista que pone el último toque a su obra. Por fin, en este pasaje se da una variante de la idea del suicidio doble que es central a toda la obra. El cadáver de la amada hemos dicho que es símbolo, imagen, espejo de los perdidos ideales de Tediato, y esto es lo que él realmente lamenta. Por el parlamento que comentamos se ve que, siendo esta última la única pérdida importante para el poeta, cualquier otro espejo de la misma clase —cualquier otro cadáver o grupo de cadáveres— serviría igualmente bien; y a la luz de estas líneas finales de la segunda noche se entiende todavía mejor cómo Cadalso pudo, según el plan original de la obra, encontrar el símbolo de su desilusión en la muerte de un amigo y buscar en éste el motivo de las *Noches*.

[99] Esta vez el letrero sí está en B.

NOCHE TERCERA

Tediato y el Sepulturero

DIÁLOGO

TEDIATO.—Aquí me tienes, Fortuna[100], tercera vez expuesto a tus caprichos. Pero ¿quién no lo está? ¿Dónde, cuándo, cómo sale el hombre de tu imperio? Virtud, valor, prudencia, todo lo atropellas. No está más seguro de tu rigor el poderoso en su trono, el sabio en su estudio, que el mendigo en su muladar, que yo en esta esquina, lleno de aflicciones, privado de bienes, con mil enemigos por fuera y un tormento interior capaz, por sí solo, de llenarme de horrores, aunque todo el orbe procurara mi infelicidad[101].

¿Si será esta noche la que ponga fin a mis males? La primera, ¿de qué me sirvió? Truenos, relámpagos, conversación con un ente que apenas tenía la figura humana, sepulcros, gusanos y motivos de cebar mi tristeza en los delitos y flaqueza de los hombres. Si más hubiera sido mi mansión al pie

---

[100] También al apostrofar a la Fortuna en su poesía, Cadalso asocia con ella las emociones románticas que llevan a la desilusión y el *fastidio universal*, por ejemplo: «¡Oh, cuántas veces se inflamó el deseo / en este pecho joven e inocente, / que ya por fin desengañado veo!» (*A la fortuna*, BAE, t. LXI, 250a).

[101] En las palabras finales de este párrafo y en los versos finales de la anacreóntica cadalsiana «En lúgubres cipreses», dedicada a la muerte de Filis-María Ignacia («Y a la ninfa que amaba / el infeliz Narciso, / mandad que diga al orbe / la pena de Dalmiro» [BAE, t. LXI, pág. 275a]) tenemos, respectivamente, la primera definición y la primera declaración del *fastidio universal* (*orbe, pena*).

de la sepultura, ¿cuál sería el éxito de mi temeridad? Al acudir al templo el concurso religioso y hallarme en aquel estado, creyendo que... ¿qué hubieran creído? Gritarían: Muera ese bárbaro que viene a profanar el templo con molestia de los difuntos y desacato a quien los crió.

La segunda noche... ¡ay!, vuelve a correr mi sangre por las venas con la misma turbación que anoche. Si no has de volver a mi memoria para mi total aniquilación, huye de ella, ¡oh, noche infausta! Asesinato, calumnia, oprobios, cárcel, grillos, cadenas, verdugo, muerte y gemidos... por no sentir mi último aliento, huye de mí un instante la tristeza; pero apenas se me concede gozar el aire que está libre para las aves y brutos, cuando me vuelve a cubrir[102] con su velo la desesperación. ¡Qué vi! Un padre de familia pobre con su mujer moribunda, hijos parvulillos y enfermos; uno perdido, otro muerto aun antes de nacer y que mata a su madre aun antes de que ésta le acabe de producir. ¡Qué más vi! ¡Qué corazón el mío![103]. ¡Qué inhumano si no se partió al ver tal espectáculo!... Excusa tiene: mayores son sus propios males y aún subsiste[104]. ¡Oh Lorenzo! Oh, vuélveme a la cárcel, Ser Supremo[105], si sólo me sacaste de ella para que viese tal miseria en las criaturas[106].

---

[102] *cubrir*: Acepto la lección de C. En B hay *acudir*, que resulta menos gráfico, menos lógico, y sin duda menos fiel a la voluntad del autor.

[103] *¡Qué corazón el mío!*: Lo mismo en C que en B, esta frase es interrogativa, en lugar de admirativa (*¿Qué corazón el mío?*), puntuación que carece de todo sentido en el marco retórico de estas líneas. Por tanto, la mayoría de los editores modernos han preferido la interpretación exclamativa.

[104] Reiteración de la actitud expresada en el pasaje que se comenta en la nota 91 a la segunda noche. Pocas veces se parte de verdad el corazón del romántico ante el espectáculo del dolor ajeno; porque, a pesar de la gran teatralidad de la retórica altruista romántica, el único dolor que le concierne al egoísta de visión egocéntrica a quien llamamos romántico es el suyo propio; el de los demás no le sirve sino como metáfora para el suyo.

[105] Sobre el Ser Supremo, véanse las notas 27 a la primera noche y 50, 51 y 66 a la segunda noche.

[106] Es frecuente que sean reiterativas las conclusiones de obras pertenecientes a todos los géneros, y nótese que los párrafos iniciales de esta noche III son en realidad un resumen de las dos anteriores. En fin: desembocando tal resumen directamente en el exiguo material nuevo de la presente noche, se

Esta noche, ¿cuál será?... ¡Lorenzo, infeliz Lorenzo! Ven, si ya no te detiene la muerte de tu padre, la de tu mujer, la enfermedad de tus hijos, la pérdida de tu hija, tu misma flaqueza. Ven, hallarás en mí un desdichado que padece no sólo sus infortunios propios, sino los de todos los infelices[107] a quienes conoce[108], mirándolos a todos como hermanos. Ninguno lo es más que tú. ¿Qué importa que nacieras tú en la mayor miseria y yo en cuna más delicada? Hermanos nos hace un superior destino, corrigiendo los caprichos de la suerte, que divide en arbitrarias e inútiles clases a los que somos de una misma especie. Todos lloramos... todos enfermamos... todos morimos[109].

---

produce un movimiento estilístico que lleva a la resolución de las *Noches*; y he aquí un convincente testimonio literario de que es intencional el final en realidad nada trunco de la noche III y de la obra entera.

[107] *infelices*: B tiene *infieles*, evidente descuido del copista; acojo el adjetivo más correcto de C.

[108] En este caso, el nada desinteresado altruismo de Tediato tiene un claro antecedente en uno de los primeros y más importantes textos poéticos para la historia del romanticismo europeo, esto es, un iluminativo pasaje del poema de Mark Akenside titulado *The Pleasures of Imagination* (1744), en el que se expresa por vez primera el *fastidio universal*. Con un tono que recuerda la «pasión romántica» de la que ya en 1709 habla el conde de Shaftesbury, y presagiando a Rousseau, el poeta inglés caracteriza el sufrimiento sin límite de «my afflicted bosom, thus decreed / the universal sensitive of pain, / the wretched heir of evils not its own (mi afligido pecho, así condenado / a ser el sensorio universal del dolor, / el mísero heredero de males que no son suyos)» (Akenside, *Poetical Works*, Londres, Bell and Daldy, 1867, pág. 29).

[109] La hermandad universal y la ciudadanía universal son conceptos estrechamente relacionados para los ilustrados. Cuando Gazel describe las amistades de Nuño Núñez con los extranjeros, en la LXXX de las *Cartas marruecas*, surge el tema de la ciudadanía universal: «De éstos trata Nuño algunos de los que residen en Madrid, y los quiere como paisanos suyos, pues tales le parecen todos los hombres de bien en el mundo, siendo para ellos un verdadero cosmopolita, o sea ciudadano universal.» El mismo programa social ilustrado influye sobre ambas obras maestras de Cadalso; y en ambas se alterna entre la desilusión y otros momentos más esperanzadores en los que se aboga por una sociedad democrática cuyas clases y fronteras se abran a nuevas ideas y a la comprensión universal. De ahí el asomo de retórica revolucionaria en el presente pasaje, que no desentonaría en absoluto en uno de los grandilocuentes escritos socialistas del sacerdote renegado decimonónico Lamen-

El mismo horroroso conjunto de la noche antepasada vuelve a herir mi vista con aquella dulce melancolía[110]... Aquel que allí viene es Lorenzo... Sí, Lorenzo. ¡Qué rostro! Siglos parece haber envejecido en pocas horas. ¡Tal es el efecto del pesar! Semejante al que produce la alegría...

nais; y por tanto, no sorprende que se hayan censurado estas líneas al editarse las *Noches* en el *Correo de Madrid*, durante la Revolución Francesa.

[110] «Siempre la melancolía / fue de la muerte parienta» —dice un personaje de la *Comedia famosa de La Entretenida*, de Cervantes (en *Obras completas*, ed. de Ángel Valbuena Briones, Madrid, Aguilar, 1970, 17ª ed., t. I, pág. 552a). Mas es en los años de la gran trayectoria romántica de los siglos XVIII y XIX cuando se insiste en esa extraña dulzura que nos brinda la melancolía. En *El estudiante de Salamanca*, de Espronceda, se asocian música, melancolía y dulzura: «Música triste, / lánguida y vaga, / que a par lastima / y el alma halaga; / dulce armonía / que inspira al pecho / melancolía, / como el murmullo / de algún recuerdo / de antiguo amor, / a un tiempo arrullo / y amarga pena / del corazón» (ed. cit., págs. 145-146). Alfred de Musset no rehúye en absoluto la melancolía: «Je ne fais pas la guerre à la mélancolie. / Après l'oisiveté, c'est le meilleur des maux (Yo no lucho contra la melancolía. / Después de la ociosidad, es el mejor de los males)» (*À Quoi rêvent les jeunes filles*, en *Poésies complètes*, ed. de Maurice Allem, Bibliothèque de la Pléiade, 17, París, Gallimard, 1967, pág. 222). Son del romántico menor inglés Samuel Rogers estos versos: «Go! You may call it madness, folly; / you shall not chase my gloom away! / There's such a charm in melancholy, / I would not, if I could, be gay (¡Vete! Puedes llamarla locura, folía; / ¡no ahuyentarás mi atrabilis! / Tiene tal encanto la melancolía / que, aun cuando pudiera, no quisiera estar alegre)» (*To____*, en *The Poems of Samuel Rogers*, Filadelfia, Lea and Blanchard, 1843, pág. 213). En 1866, Víctor Hugo apunta lo siguiente: «La mélancolie, c'est le bonheur d'être triste (La melancolía es la dicha de estar triste)» (*Les Travailleurs de la mer. L'Arhipel de la Manche*, París, Hachette, 1979, pág. 401). Y en su fascinante libro *El aburrimiento*, donde estudia la psicología humana y la literatura del período que nos ocupa, E. Tardieu hace este análisis iluminador: «La melancolía es una languidez del alma. [...] Susceptible de ser profundizada, tiene sus ensueños, sus impulsos, su dulzura voluptuosa, su mundo encantado; inspira a los poetas, se alimenta con delicia de los dolores que la han herido» (trad. esp. de Ricardo Rubio, Madrid, Daniel Jorro, Editor, 1904, págs. 221-222). Decir que el goce en el dolor es sintomático del romanticismo es hoy un lugar común, pero ya en el siglo XVIII buscarle la sede concreta a ese placer en la lánguida variante del dolor que se llama melancolía —el sintagma oximorónico «dulce melancolía»— es un claro indicio de la sutileza y modernidad románticas de Cadalso en las *Noches lúgubres*.

o destruye nuestra débil máquina[111] en el momento que la hiere, o la debilita para siempre al herirnos en un instante[112].

LORENZO.—¿Quién es?

TEDIATO.—Soy el mismo a quien buscas... El cielo te guarde.

LORENZO.—¿Para qué? ¿Para pasar cincuenta años de vida como la que he pasado, lleno de infortunios; y cuando apenas tengo fuerzas para ganar un triste alimento... hallarme con tantas nuevas desgracias en mi mísera familia, expuesta toda a morir con su padre en la más espantosa infelicidad? Amigo, si para eso deseas que me guarde el cielo, ¡ah!, pídele que me destruya[113].

TEDIATO.—El gusto de favorecer a un amigo debe hacerte la vida apreciable, si se conjuran en hacértela odiosa todas las calamidades que pasas. Nadie es infeliz si puede hacer al otro dichoso[114]. Y, amigo, más bienes dependen de tu mano que de la magnificencia de todos los reyes. Si fueras emperador de medio mundo... con el imperio de todo el universo, ¿qué podrías darme que me hiciese feliz? ¿Empleos, dignidades, rentas? Otros tantos motivos para mi propia inquietud, y para la malicia ajena... Sembrarías en mi pecho zozobras, recelos, cuidados... tal vez ambición y codicia... y en los de mis amigos... envidia. No te deseo con corona y cetro para mi

---

[111] *nuestra débil máquina*: el cuerpo humano; pues ya los humanistas del Renacimiento creían ver en éste un reflejo del perfecto orden de la «máquina del cosmos». En el setecientos, Julien Offroy de La Mettrie dio una interpretación mecanicista y materialista a tal comparación en *L'Homme machine* (1748).

[112] *instante*: Por un nuevo descuido, B tiene *instantes*, plural.

[113] Aquí en las palabras del sepulturero se oye como un eco de la voluntad suicida del protagonista.

[114] El egoísta Tediato busca en los demás una conducta desinteresada y generosa que él es incapaz de manifestarles a ellos. En efecto, en las primeras palabras de este su último parlamento describe una postura absolutamente opuesta a la suya propia de un momento antes, cuando pronunciaba esas sentidas pero nada altruistas voces: «¡Qué corazón el mío! ¡Qué inhumano si no se partió al ver tal espectáculo!... Excusa tiene: mayores son sus propios males y aún subsiste.»

bien... Más contribuirás a mi dicha con ese pico, ese azadón... viles instrumentos a otros ojos... venerables a los
míos... Andemos, amigo, andemos[115].

Fin de la tercera noche[116]

---

[115] Las palabras «Andemos, amigo, andemos», con que termina la obra,
sin que termine el sufrimiento de su protagonista, quedan analizadas en la Introducción.

[116] *Fin de la tercera noche*: Tomo este letrero de C. De los tres éste es el más
importante, porque ilustra el hecho de que en los años anteriores a la publicación de las falsas continuaciones de las *Noches*, quiere decirse, hasta el segundo decenio del siglo XIX, se sostenía la opinión muy correcta de que el autor original había llevado su obra a la conclusión que tenía pensada para ella.
Muy correcta, porque se comprueba por la técnica de la obra y porque, en su
Epistolario (ed. cit., pág. 102) y en las *Cartas marruecas* (carta LXVII), Cadalso
habla de las *Noches lúgubres* como de una obra acabada.

Colección Letras Hispánicas

ÚLTIMOS TÍTULOS PUBLICADOS

797 *Cartas (1604-1633)*, LOPE DE VEGA.
  Edición de Antonio Carreño.
798 *La colmena*, CAMILO JOSÉ CELA.
  Edición de Jorge Urrutia (21.ª ed.).
799 *La cisma de Ingalaterra*, PEDRO CALDERÓN DE LA BARCA.
  Edición de Juan Manuel Escudero Baztán.
800 *Poesía*, PEDRO CALDERÓN DE LA BARCA.
  Edición de Luis Iglesias Feijoo y Antonio Sánchez
  Jiménez.
801 *Juegos de la edad tardía*, LUIS LANDERO.
  Edición de Elvire Gomez-Vidal Bernard.
802 *Andanzas y viajes*, PERO TAFUR.
  Edición de Miguel Ángel Pérez Priego.
803 *El cuarto de atrás*, CARMEN MARTÍN GAITE.
  Edición de José Teruel.
804 *Romances de senectud*, LOPE DE VEGA.
  Edición de Antonio Sánchez Jiménez.
805 *Diván del Tamarit*, FEDERICO GARCÍA LORCA.
  Edición de Pepa Merlo.
806 *Poesía política*, PABLO NERUDA.
  Edición de Gabriele Morelli.
807 *Autos sacramentales del Siglo de Oro*.
  Edición de Ignacio Arellano.
808 *Matices. Antología poética (1974-2016)*, DIEGO MARTÍNEZ
  TORRÓN.
  Edición del autor.
809 *Antología poética (1960-2018)*, HOMERO ARIDJIS.
  Edición de Aníbal Salazar Anglada.
811 *Naufragios*, ÁLVAR NÚÑEZ CABEZA DE VACA.
  Edición de Eloísa Gómez-Lucena y Rubén Caba

DE PRÓXIMA APARICIÓN

Metropolitano, CARLOS BARRAL.
  Edición de Juan José Rastrollo.
Información de Argel, MIGUEL DE CERVANTES.
  Edición de Adrián J. Sáez.